本輯得到

武漢大學基礎學科振興行動計劃
中央高校基本科研業務費專項資金武漢大學自主科研項目

資助出版

魏晉南北朝隋唐史資料

武漢大學中國三至九世紀研究所 編

Journal of the 3-9th Century Chinese History

（第三十八輯）

上海古籍出版社

主編：凍國棟

編委：（以拼音字母爲序）
　　　陳明光　　凍國棟　　關尾史郎　　郝春文　　何德章
　　　侯旭東　　胡寶國　　黄正建　　　劉安志　　陸　揚
　　　羅　新　　妹尾達彦　孟彦弘　　　牟發松　　氣賀澤保規
　　　榮新江　　辻正博　　孫繼民　　　王承文　　王　素
　　　魏　斌　　閻步克　　張國剛　　　張榮强　　佐川英治

執行編輯：朱　海

目　　録

漢代察舉科目"有道"考釋 …………………………………………… 胡秋銀（ 1 ）

衛將軍"復興"——漢魏制度變遷的一則案例 …………………… 羅　凱（ 23 ）

長沙走馬樓吴簡中所見"帥"的探討 ……………………………… 戴衛紅（ 33 ）

語境、參談意念與魏晉玄學之屬性 ………………………………… 嚴耀中（ 59 ）

《宋書·宣貴妃傳》流傳及佚文考——兼考今本《宋書·劉子鸞傳》的

　　錯頁 ………………………………………………………………… 赫兆豐（ 70 ）

中古史籍與道經中所見"六夷"與"中國" ………………………… 姜望來（ 83 ）

蕭梁前期的晚渡北人——新刊梁《普通二年墓誌》小考 ………… 陸　帥（ 98 ）

南朝官職除拜考述——以制度程序及過程爲中心 ………………… 周文俊（116）

北魏長川與牛川位置考 ……………………………………………… 趙　傑（139）

中古源氏的郡望變遷與身份認同 …………………………………… 郭　碩（147）

略論隋唐之際江淮黄淮間文人群體——以《文選》的傳播爲例 … 朱　海（168）

五代都城設置與府縣等級升降考 …………………………………… 齊子通（185）

吐蕃時期沙州永壽寺研究二三題 …………………………………… 楊　銘（197）

浙江圖書館藏清抄本《唐會要》述略 ……………………… 曹海花　劉安志（213）

《唐刺史考全編》拾誤 ……………………………………………… 曾　澗（221）

葛洪著作中的山與早期道家 ………………………… 馬思勱　著　姜虎愚　譯（249）

本輯作者工作和學習單位 …………………………………………………………（274）
稿約 …………………………………………………………………………………（275）

Contents

A Texual Research and Paraphrase on the Investigation and Recommendation
   Item "Youdao" in the Han Dynasty ········· Hu Qiuyin(1)
General of Martial Might's "Renaissance": A Case of the Institutional Change
   Between Han and Wei Dynasties ········· Luo Kai(23)
Study on the "Shuai" in the Sun Wu's Bamboo Slips of Changsha ······ Dai Weihong(33)
Context, Intentions in Converses and Characteristics of Metaphysics
   in the Wei-Jin Period ········· Yan Yaozhong(59)
The Transmission and Lost Articles of *the Biography of Xuan Guifei in
   Songshu*: With a Discussion on the Disarranged Page in *the Biography of
   Liu Ziluan in Songshu* ········· He Zhaofeng(70)
"Liuyi" and "China" in Medieval History Books and Taoist Scriptures
   ········· Jiang Wanglai(83)
The Late-arriving Northerners in Early Southern Liang Dynasty: A Textual
   Research on the Newly-published Epitaph of the Second Year of Putong
   Period ········· Lu Shuai(98)
Research on the Official Appointment about Chu and Bai in Southern Dynasties,
   Focused on the Systematic Procedure and Process ········· Zhou Wenjun(116)
The Research for the Position of Changchuan and Niuchuan in the Northern
   Wei Dynasty ········· Zhao Jie(139)
The Transition of Yuans' Noble Commandery in Mediaeval China ········· Guo Shuo(147)
On the Intellectuals in the Jianghuai and Huanghuai Region During the Sui and
   Tang Periods — A Case Study of the Circulation of *Wenxuan* ········· Zhu Hai(168)
The Establishment of Capital and the Grade Change of Fu, County in the
   Five Dynasties ········· Qi Zitong(185)
Notes on the Studies of Yongshou Temple at Sha-zhou in its Tibetan
   Period ········· Yang Ming(197)
The General Situation of *Tanghuiyao* Transcriptied by the Qing Dynasty
   in the Zhejiang Library ········· Cao Haihua, Liu Anzhi(213)
The Errors Correction for *Complete Works of Study on Prefectural Governors
   in Tang Dynasty* ········· Zeng Jian(221)
Mountains and Early Daoism in the Writings of Ge Hong
   ········· Thomas Michael (Translated by Jiang Huyu) (249)

List of Contributors ········· (274)
Note from the Editor ········· (275)

漢代察舉科目"有道"考釋

胡秋銀

漢代通過察舉徵辟制選拔人才。據《後漢書》卷六一《左雄列傳》"論"云：

> 漢初，詔舉賢良、方正，州郡察孝廉、秀才，斯亦貢士之方也。中興以後，復增敦樸、有道、賢能、直言、獨行、高節、質直、清白、淳厚之屬，榮路既廣，觖望難裁。

其中列舉了最有代表性的察舉科目。閻步克先生《察舉制度變遷史稿》考察了兩漢魏晉南北朝時期察舉制度的變遷，概括其間有"以言取人""以德取人""以能取人""以文取人"等爲主導的原則、標準和方法。① 《後漢書·左雄列傳》所提及的察舉科目，大多可歸爲"以德取人"，反映了漢代儒家思想作爲統治思想的背景下的道德本位立場。"直言"可歸爲"以言舉人"。值得關注的是"有道"，學界較少論及，閻先生曾指出"有道"是"賢良一科的變體"。② 此結論引起筆者的遐想：此名目何時確立？歷史上哪些人在何種背景下曾被舉有道？這些人具有何種素養？它揭示了中國政治文化怎樣的特點？本文旨在梳理歷史上實行舉有道措施的相關史實，進而考察其屬性及其與中國政治傳統的關聯。

孔子云："君子食無求飽，居無求安，敏於行而慎於言，就有道而正焉，可謂好學也已。"③ 結合語境分析，有道當指與道合一的人，是儒家的理想人格形象。在重視道德人格建樹的儒家的視閾裏，有道必然是有道德的人，而且是有高度人生境界、修爲的人。

---

① 閻步克：《察舉制度變遷史稿》，沈陽：遼寧大學出版社，1997年，第319頁。
② 閻步克：《察舉制度變遷史稿》，第6頁。
③ （魏）何晏注、（宋）邢昺疏：《論語注疏》卷一《學而》，《十三經注疏》，北京：中華書局，1980年，第2458頁。

西漢孔安國釋："有道，謂有道德者。"①則只強調其道德意味，顯然只注意到有道者的道德修養水平，而忽視了孔子語境下有道者的高尚人格層次。

作爲察舉科目的"有道"則完全脱離儒家道德人格的因素。翻檢史籍，不難發現，東漢朝廷在發生日食、旱災、雨潦等災異時，常要求中央或地方官員舉"有道""修道""有道術"之士，語詞有時連及"明習災異陰陽之度、璿璣之數"，顯然這類被舉者是作爲精通術數方技、被期待能憑借這類知識和技能來應對災異的人才被推薦的。

天象與人事相感應，災異與政治相聯繫，本是先秦時期即有的思路。西漢中期大儒董仲舒系統推阴阳以明災異，建構災異譴告説和天人感應神學體系，進一步發展此種觀點。伴隨着儒家思想被確立爲官方思想，以經治國成爲統治理念，通經入仕成爲利禄之途，經由官、私儒學教育，董仲舒的觀點成爲常識。通過舉薦才德之士來改善政治，加強教化，是先秦以來人才選拔的慣常舉措。選拔才德之士以消除天災，或許是漢元帝時今文經學大師京房的發展。《續漢書·五行志三》"（安帝永初）五年夏，九州蝗"條劉昭注引《京房占》曰：

> 天生萬物百穀，以給民用。天地之性人爲貴。今蝗蟲四起，此爲國多邪人，朝無忠臣，蟲與民爭食，居位食禄如蟲矣。不救，致兵起。其救也，舉有道置於位，命諸侯試明經，此消災也。

"舉有道"與"試明經"對舉，被列爲消災二方。結合語境分析，京房所謂"有道"當指得道之人。"舉有道"以消災，始見於此。而何以有道能消災呢？《漢書》卷三〇《藝文志》載：

> 儒家者流，蓋出於司徒之官，助人君順陰陽明教化者也。
> 陰陽家者流，蓋出於義和之官，敬順昊天，曆象日月星辰，敬授民時，此其所長也。
> 天文者，序二十八宿，步五星日月，以紀吉凶之象，聖王所以參政也。

儒家、陰陽家、天文者均有助於施政。有道就是精通阴阳、天文等知識和技能的儒者。

---

① （魏）何晏注、（宋）邢昺疏：《論語注疏》卷一《學而》，《十三經注疏》，第2458頁。

"舉有道"作爲消災之方,從理論落實到實踐,經歷了一段時間。與此同時,"有道"逐漸失去其得道之士的本義,而專指有道術之士。導致這種轉向發生的最關鍵環節,是經學讖緯化的發展和統治者對讖緯的崇信。誠如《後漢書》卷八二上《方術列傳》序所云:

> 漢自武帝頗好方術,天下懷協道藝之士,莫不負策抵掌,順風而屆焉。後王莽矯用符命,及光武尤信讖言,士之赴趣時宜者,皆騁馳穿鑿,爭談之也。

漢武帝對於方術的喜好,對董仲舒以陰陽五行解釋儒經的認可和宣導,促進了政治與神秘術數的結合。東漢光武帝因借助讖語籠絡人心,建立政權,即位後宣布圖讖於天下,推動了儒家經學讖緯化的發展和政治文化中非理性因素的強化。加之東漢儒學發展,無論官學還是私學,均以讖緯解經,由此培養出一批批精通術數的儒生。大臣上書,每每援引讖書來解釋天災,神秘文化與政治的結合,至此逐漸走向上升期。正是在這一形勢下,舉有道成爲一項政治舉措。

《後漢書》卷八二上《方術·郭憲傳》載:

> 光武即位,求天下有道之人,乃徵(郭)憲,拜博士。再遷,建武七年,代張堪爲光祿勳。從駕南郊。憲在位,忽回向東北,含酒三潠。執法奏爲不敬。詔問其故,憲對曰:"齊國失火,故以此厭之。"後齊果上火災,與郊同日。

篤信讖緯的光武帝即位後在全國訪求有道之人。這是"有道"作爲察舉徵辟項目的開端。郭憲作爲"有道之人"被徵,拜博士。建武七年(31),郭憲已晉升爲光祿勳。從郭憲在南郊的舉動來看,他是通方術的技能之士。《隋書》卷三三《經籍志三》著錄有郭氏撰《漢武洞冥記》一卷。①《四庫全書》子部小説家類"異聞之屬"收録《漢武洞冥記》四卷。四庫館臣以爲:"考范史……(郭憲)蓋亦剛正忠直之士。范史徒以世傳噀酒救火

---

① 《舊唐書》卷四六《經籍志上》載"《漢別國洞冥記》四卷",《新唐書》卷五九《藝文志三》載"《漢武帝別國洞冥記》四卷",均記爲郭憲撰。

一事,遂抑居《方術》之中。其事與欒巴相同,或有或無,已不可定。① 至於此書所載,尤皆俶詭之談,似未必真出憲手。又詞采綿豔,亦迥異東京。或六朝文士依託爲之歟?"② 考其內容,無論郭憲是《洞冥記》真實的作者還是僞託的作者,均源於他作爲"有道之人"的學識和技能背景。

光武帝首創徵求有道之士的政治舉措,被沿襲下來,通常在出現天災、動亂或異常的自然現象時,朝廷要求官員舉有道,而被薦舉者研習讖緯化經學,精通術數,是其共性。

章帝時被舉有道者有趙曄、張匡。

《後漢書》卷七九下《儒林·趙曄傳》載:

> 趙曄字長君,會稽山陰人也。少嘗爲縣吏,奉檄迎督郵,曄恥於斯役,遂棄車馬去。到犍爲資中,詣杜撫受《韓詩》,究竟其術。積二十年,絶問不還,家爲發喪制服。[撫]卒乃歸。州召補從事,不就。舉有道,卒於家。……時山陽張匡,字文通,亦習《韓詩》,作章句。後舉有道,博士徵,不就。卒於家。

同卷《杜撫傳》載:

> 杜撫字叔和,犍爲武陽人也。少有高才。受業於薛漢,定《韓詩章句》,後歸鄉里教授。沈静樂道,舉動必以禮。弟子千餘人。後爲驃騎將軍東平王蒼所辟,及蒼就國,掾史悉補王官屬,未滿歲,皆自劾歸。時,撫爲大夫,不忍去,蒼聞,賜車、馬、財物遣之。辟太尉府。建初中,爲公車令,數月卒官。

東平王劉蒼是光武帝劉秀之子,明帝即位,劉蒼爲驃騎將軍,永平五年(62)還國。杜撫卒於建初(76—84)中,約在公元80年左右。趙曄在杜撫去世後歸鄉,他被舉有道當在漢章帝時。與趙曄同時期的張匡被舉有道時間可能差不多。張匡"舉有道,博士徵",應該是兩回事,他都没有響應。

---

① 關於欒巴的事迹,見於《後漢書》卷五七《欒巴傳》:"再遷豫章太守。郡土多山川鬼怪,小人常破貲産以祈禱。巴素有道術,能役鬼神,乃悉毁壞房祀,剪理奸誣。於是妖異自消,百姓始頗爲懼,終皆安之。"欒巴精通道術,憑借技能剷除地方淫祀之風。

② 《欽定四庫全書總目》子部五十二《小説家類三·漢武洞冥記四卷》,北京:中華書局,1997年,第1874頁。

趙曄、張匡均通《韓詩》。韓詩屬今文經學派,其開創者韓嬰與董仲舒同時而稍早,精熟《詩經》和《周易》。"武帝時,(韓)嬰嘗與董仲舒論於上前,其人精悍,處事分明,仲舒不能難也。"①韓嬰與董仲舒觀點不同,但韓詩的流傳不能不受時代影響,而逐漸讖緯化。趙曄的老師杜撫和張匡所撰《韓詩章句》,應是此種學術趨勢下的作品。

和帝時被舉有道者有樊英、王輔、杜繁賓。

《後漢書》卷八二上《方術·樊英傳》載:

> (樊英)少受業三輔,習《京氏易》,兼明《五經》。又善風角、星算、《河洛》七緯、推步災異。隱於壺山之陽,受業者四方而至。州郡前後禮請,不應。公卿舉賢良、方正、有道,皆不行。……安帝初,徵爲博士。至建光元年,復詔公車賜策書,徵英及同郡孔喬、李昺、北海郎宗、陳留楊倫、東平王輔六人,唯郎宗、楊倫到洛陽,英等四人並不至。

由上推知,樊英被舉有道是在和帝時。樊英的知識背景相當駁雜,通《京氏易》,兼明五經,善風角、星算、《河洛》七緯、推步災異,這是他被舉有道的堅實基礎。

《後漢書》卷八二上《方術·樊英傳》注引《謝承書》:

> (王)輔字公助,平陸人也。學《公羊傳》《援神契》。常隱居野廬,以道自娛。辟公府,舉有道,對策拜郎中。陳災異,甄吉凶有驗,拜議郎,以病遜。安帝公車徵,不行,卒於家。

王輔可能在和帝時被舉有道,對策而拜郎中。若將此條材料與《後漢書》卷五七《謝弼傳》合看,則被舉有道者接受朝廷對策,拜郎中,似是普遍現象。王輔精通《公羊傳》和《孝經援神契》。《公羊傳》屬今文經學,董仲舒以陰陽五行説解釋《公羊傳》,使其與政治緊密結合。《援神契》是緯書之一。王輔因"陳災異,甄吉凶有驗",升任議郎,則其以學識和技能服務於朝廷,得到肯定。

據《新唐書》卷七二上《宰相世系表》,出身於京兆杜氏家族的西晉杜預的高祖杜繁賓曾被舉有道,未就。

---

① 《漢書》卷八八《儒林·韓嬰傳》,北京:中華書局,1962年,第3613頁。

(杜)繁賓字叔達,舉有道,不就。二子禽、崇。崇字伯括,司空掾。生畿,畿爲伯侯、魏河東太守、豐樂戴侯。三子恕、理、寬。恕字伯務,弘農太守、幽州刺史。生預,字元凱,晉荆州刺史、征南大將軍、當陽侯。

《魏書》卷一六《杜畿傳》載杜畿"少孤",説明其父杜崇早亡。據《後漢書》卷四《和帝紀》載:

（永元六年）南單于安國從弟子逢侯率叛胡亡出塞。九月癸丑,以光禄勳鄧鴻行車騎將軍事,與越騎校尉馮柱、行度遼將軍朱徽、使匈奴中郎將杜崇討之。

參同書卷八九《南匈奴列傳》:

時單于與中郎將杜崇不相平,乃上書告崇,崇諷西河太守令斷單于章,無由自聞。

同書卷四《和帝紀》載:

（永元）七年春正月,行車騎將軍鄧鴻、度遼將軍朱徽、中郎將杜崇皆下獄死。①

杜崇因與單于安國相處不和,故意令西河太守阻攔單于上章,導致漢軍與南匈奴的戰爭失敗,於永元六年(94)十二月抵罪,次年春被處死。根據杜崇活動的年代,推測杜崇父親杜繁賓被舉有道的時間在章帝、和帝時。

安帝時曾數次下詔要求薦舉有道。《後漢書》卷五《安帝紀》載:

（永初元年）三月癸酉,日有食之。詔公、卿、内外衆官、郡國守相舉賢良、方正、有道術之士,明政術達古今、能直言極諫者各一人。

---

① 《續漢書·天文志中》載:"（永元六年）九月,行車騎將軍事鄧鴻、越騎校尉馮柱發左右羽林、北軍五校士及八郡迹射、烏桓、鮮卑,合四萬騎,與度遼將軍朱徽、護烏桓校尉任尚、中郎將杜崇征叛胡。十二月,車騎將軍鴻坐追虜失利,下獄死;度遼將軍徽、中郎將崇皆抵罪。"

永初元年(107)三月,因發生日食,朝廷下詔命令推薦賢良、方正、有道術之士等特殊人才。

同篇又載:

> (永初)二年……六月,京師及郡國四十大水、大風、雨雹。秋,七月戊辰,詔曰:"昔在帝王,承天理民,莫不據璇璣玉衡,以齊七政。朕以不德,遵奉大業,而陰陽差越,變異并見,萬民饑流,羌、貊叛戾,夙夜克己,憂心京京。間令公、卿、郡國舉賢良、方正,遠求博選,開不諱之路,冀得至謀以鑒不逮,而所對皆循尚浮言,無卓爾異聞。其百僚及郡國吏人有道術、明習災異、陰陽之度、璇璣之數者,各使指變以聞。二千石長吏明以詔書博衍幽隱,朕將親覽,待以不次,冀獲嘉謀,以承天誡。"

文中提到公、卿、郡國所舉賢良、方正對策浮虛尋常,其中賢良、方正當即公、卿、郡國因應去年三月詔書而推薦的人才,但顯然皇帝對他們的對策不滿。針對天災、人禍,朝廷再次下詔博求幽隱,廣開言路,要求"百僚及郡國吏人有道術、明習災異、陰陽之度、璿璣之數者,各使指變以聞",明確希冀有道術、精通陰陽術數者提出有效對策。

關於永初二年(108)七月詔令的實行情況,《後漢書》卷四六《陳寵傳附子忠傳》的相關記載爲我們提供了具體的情節:

> 及鄧太后崩,安帝始親朝事。(陳)忠以爲臨政之初,宜徵聘賢才,以宣助風化,數上薦隱逸及直道之士馮良、周燮、杜根、成翊世之徒。於是公車禮聘良、燮等。後連有災異,詔舉有道,公卿百僚各上封事。忠以詔書既開諫争,慮言事者必多激切,或致不能容,乃上疏豫通帝意曰:"……雖苦口逆耳,不得事實,且優遊寬容,以示聖朝無諱之美。若有道之士,對問高者,宜垂省覽,特遷一等,以廣直言之路。"書御,有詔拜有道高第士沛國施延爲侍中。……自帝即位以後,頻遭元二之厄,百姓流亡,盜賊並起,郡縣更相飾匿,莫肯糾發。忠獨以爲憂,上疏曰:"……所舉有道之士,可策問國典所務,土事過差,令處暖氣不效之意。庶有讜言,以承天誡。"

由此可知,安帝時因災異頻現,曾舉有道。安帝采納陳忠的建議,對有道之士策問國事。對問高者,特遷一等。沛國施延即因策問高第而拜爲侍中。

永初五年(111),針對天災和內亂外擾,安帝下詔求賢才,其中要求中央和地方官員各舉有道術之士一人：

> （永初五年閏月）戊戌，詔曰："朕以不德，奉郊廟，承大業，不能興和降善，爲人祈福。災異蜂起，寇賊縱橫，夷狄猾夏，戎事不息，百姓匱乏，疲於徵發。重以蝗蟲滋生，害及成麥，秋稼方收，甚可悼也。朕以不明，統理失中，亦未獲忠良以毗闕政。……思得忠良正直之臣，以輔不逮。其令三公、特進、侯、中二千石、二千石、郡守、諸侯相舉賢良方正、有道術、達於政化、能直言極諫之士各一人，及至孝與衆卓異者，并遣詣公車，朕將親覽焉。"

《後漢書》卷三九《周磐傳》載：

> （周）磐少游京師，學《古文尚書》《洪範五行》《左氏傳》，好禮有行，非典謨不言，諸儒宗之。居貧養母，儉薄不充。……就孝廉之舉。和帝初，拜謁者，除任城長，遷陽夏、重合令，頻歷三城，皆有惠政。後思母，棄官還鄉里。……教授門徒常千人。公府三辟，皆以有道特徵，磐……遂不應。

周磐精熟經文，曾應舉孝廉，擔任地方官。他因思念母親而還鄉授徒，後以親没、無意仕途而不應有道之徵，卒於建光元年（121）。他被舉有道，可能是在永初年間。

建光元年（121），安帝明令舉有道之士各一人：

> （建光元年夏四月）己巳，令公、卿、特進、侯、中二千石、二千石、郡國守相，舉有道之士各一人。

本次薦舉無特殊自然或政治背景。關於此次薦舉，前揭《後漢書》卷八二上《樊英傳》的相關記載值得注意：

> 至建光元年，復詔公車賜策書，徵（樊）英及同郡孔喬、李昺、北海郎宗、陳留楊倫、東平王輔六人，唯郎宗、楊倫到洛陽，英等四人並不至。

史書雖未明言以上諸人是應有道之舉而被徵，但結合《安帝紀》的敍事，時間和事件似可對應。前引本條李賢注引《謝承書》載王輔"安帝公車徵,不行,卒於家",①當指此次舉有道事。則此次應舉者有郎宗和楊倫。《後漢書》卷三〇下《郎顗傳》有關於郎顗父親郎宗的記載:

> 父(郎)宗……學《京氏易》,善風角、星算、六日七分,能望氣占候吉凶,常賣卜自奉。安帝徵之,對策爲諸儒表,後拜吴令。時卒有暴風,宗占知京師當有大火,記識時日,遣人參候,果如其言。諸公聞而表上,以博士徵之。宗恥以占驗見知,聞徵書到,夜縣印綬於縣廷而遁去,遂終身不仕。

郎宗應徵有道,在對策時表現優秀,拜吴令。他精通風角,在任上預知京師大火,被徵爲博士,而他"恥以占驗見知",逃官遁隱。

《後漢書》卷七九上《儒林上·孔僖傳附孔季彦傳》載:

> 延光元年,河間大雨雹,大者如斗。安帝詔有道術之士極陳變告,乃召(孔)季彦見於德陽殿,帝親問其故。對曰:"此皆陰乘陽之徵也。今貴臣擅權,母后党盛,陛下宜修聖德,慮此二者。"帝默然,左右皆惡之。

延光元年(122),安帝因河間大雨雹而詔見有道術之士。孔季彦根據陰陽關係,指出河間大雨雹源於"貴臣擅權,母后党盛",以致安帝沉默不語,其左右對他很不滿。孔季彦作爲"有道術之士",何時被舉有道,無從得知。但安帝在位期間屢次召見有道之士諮詢時政,顯然可知。

據《後漢書》卷八二上《方術·李南傳》載,李南"明風角"。在和帝永元年間,丹陽太守馬棱坐盗賊事被徵往廷尉,李南預言他將於第二天中午被釋放。他"後舉有道,辟公府,病不行,終於家"。李南之被舉有道,可能在安帝時。

順帝時被舉有道者有如下人物。

據《後漢書》卷三〇上《楊厚傳》載:

> (楊厚)不應州郡、三公之命,方正、有道、公車特徵,皆不就。永建二年,順帝

---

① 《後漢書》卷八二《方术上·樊英传》注引《谢承书》,第2723頁。

特徵,詔告郡縣督促發遣。厚不得已,行到長安,以病自上,因陳漢三百五十年之厄,宜蠲漢改憲之道,及消伏災異,凡五事。制書襃述,有詔太醫致藥,大官賜羊酒。及至,拜議郎,三遷爲侍中,特蒙引見,訪以時政。

廣漢楊氏自楊厚之祖父以來三代均善圖讖學。按照敍述順序,楊厚被舉有道是順帝永建二年(127)之前的事。永建二年,順帝特徵問事,後拜議郎,三遷爲侍中。根據其上書内容及受到順帝襃獎後的待遇,頗疑楊厚是以有道之士被徵。

類似的情形見於《後漢書》卷三〇下《郎顗傳》的記載:

> (郎)顗少傳父業,兼明經典,隱居海畔,延致學徒常數百人。晝研精義,夜占象度,勤心鋭思,朝夕無倦。州郡辟召,舉有道、方正,不就。順帝時,災異屢見,陽嘉二年正月,公車徵,顗乃詣闕拜章……書奏,帝復使對尚書。顗對曰:"……宜因斯際,大蠲法令,官名稱號、輿服器械,事有所更,變大爲小,去奢就儉,機衡之政,除煩爲簡。改元更始,招求幽隱,舉方正,徵有道,博采異謀,開不諱之路……"
>
> 臺詰顗曰:"對云'白虹貫日,政變常也'。朝廷率由舊章,何所變易而言變常?又言'當大蠲法令,革易官號'。或云變常以致災,或改舊以除異,何也?又陽嘉初建,復欲改元,據何經典?其以實對。"顗對曰:……
>
> 書奏,特詔拜郎中,辭病不就,即去歸家。……後復公車徵,不行。

在順帝陽嘉二年(133)前,郎顗曾被舉有道。陽嘉二年,他應公車徵,上章建議更始,"徵有道"成爲其對策建言之一。郎顗很可能即是因有道術而被公車徵。值得注意的是,郎顗詣闕拜章之後,順帝命他接受尚書臺對策。尚書臺針對其上章,提出質疑。之後他被拜郎中。上章後接受尚書臺對策,這是其他有道之士未曾經歷過的,至少史書未載。對策之後拜郎中,與之前王輔拜郎中、施延特遷侍中、楊厚拜議郎相似,似乎可以説明以有道應舉或應徵者都會接受對策,對策後拜以朝官,後來可能外調如郎顗父親出任吳令。

《後漢書》卷三六《張霸傳》載:

> 後徵,四遷爲侍中。時皇后兄虎賁中郎將鄧騭,當朝貴盛,聞(張)霸名行,欲與爲交,霸逡巡不答,衆人笑其不識時務。後當爲五更,會疾卒,年七十。

清代惠棟《後漢書補注》卷一〇引《華陽國志》云：

> （張）霸在郡十年，以有道徵，拜侍郎，遷侍中也。①

本傳載他曾"就長水校尉樊儵受《嚴氏公羊春秋》，遂博覽五經"，②并刪定樊氏書爲《張氏學》。張霸可能在順帝時期被舉有道。

《後漢書》卷六《冲帝紀》載：

> （建康元年〔144〕九月）庚戌，詔三公、特進、侯、卿、校尉，舉賢良、方正、幽逸修道之士各一人，百僚皆上封事。

此次薦舉當是針對同月丙午那天"京師及太原、雁門地震，三郡水湧土裂"的地震災害而實施的舉措，"幽逸修道之士"可能是指有道之士。

桓帝時被舉有道者有宗慈、劉寬、趙谘、尹勳、徐穉、趙典、向栩、申屠蟠、郭太、董扶、庾乘等。

《後漢書》卷六七《黨錮・宗慈傳》載：

> 舉孝廉，九辟公府，有道徵，不就。後爲修武令。時太守出自權豪，多取貨賂，（宗）慈遂棄官去。徵拜議郎，未到，道疾卒。

參同卷《岑晊傳》：

> （岑）晊年少未知名，往候同郡宗慈。慈方以有道見徵，賓客滿門，以晊非良家子，不肯見。晊留門下數日，晚乃引入。慈與語，大奇之，遂將俱至洛陽，因詣太學受業。晊有高才，郭林宗、朱公叔等皆爲友，李膺、王暢稱其有國器。雖在閭里，慨然有董正天下之志。

---

① （清）惠棟：《後漢書補注》卷一〇，《續修四庫全書》編纂委員會編：《續修四庫全書》，第 270 册，影印上海圖書館藏清嘉慶九年馮集梧刻本，上海古籍出版社，2002 年，第 561 頁。
② 《後漢書》卷三六《張霸傳》，第 1241 頁。

宗慈以有道徵,不少賓客登門慶賀,後來他和同郡岑晊一起到洛陽去。則宗慈雖未應舉,但實際上趁機到洛陽去過。岑晊與郭太、朱穆爲友,受到李膺、王暢的賞識。按:朱穆卒於延熹六年(163)。永興元年(153),黃河泛濫,朱穆出任冀州刺史,因得罪宦官趙忠,被輸作左校。太學生劉陶等數千人上書陳訴,桓帝赦免朱穆。之後,朱穆居家數年,復被起用爲尚書。郭太在太學活動時間約是和平元年(150)至永興元年,且爲三萬太學生的領袖。此後至延熹二年(159)間,郭太周遊郡國,獎拔士類,其間常到京師活動。故宗慈以有道徵的時間最有可能是郭太、朱穆均在京師期間,即永興元年(153)前後。

《後漢書》卷二五《劉寬傳》載:

> 桓帝時,大將軍辟,五遷司徒長史。時京師地震,特見詢問。

惠棟《後漢書補注》卷七引《太尉劉寬碑》云:

> 公浮雲之志……司隸察茂材,太尉舉有道,公車徵,拜議郎、司徒長史,入登侍中。①

大將軍梁冀延熹二年八月前在世。此前,建和元年(147)、三年(149)、永興二年(154)、永壽二年(156),京師曾地震。據此推斷,劉寬被舉有道最遲在永壽二年前。

劉寬之被舉有道,與其學養有關。本傳注引《謝承書》曰:

> (劉)寬少學歐陽《尚書》、京氏《易》,尤明《韓詩外傳》。星官、風角、算曆,皆究極師法,稱爲通儒。②

《後漢書》卷三九《趙咨傳》載:

> (趙)咨少孤,有孝行,州郡召,舉孝廉,並不就。延熹元年,大司農陳豨舉咨至孝、有道,仍遷博士。

---

① (清)惠棟:《後漢書補注》卷七,《續修四庫全書》編纂委員會編:《續修四庫全書》,第270册,第547頁。
② 《後漢書》卷二五《劉寬傳》注引《謝承書》,第887頁。

可對應。前引本條李賢注引《謝承書》載王輔"安帝公車徵,不行,卒於家",①當指此次舉有道事。則此次應舉者有郎宗和楊倫。《後漢書》卷三〇下《郎顗傳》有關於郎顗父親郎宗的記載:

> 父(郎)宗……學《京氏易》,善風角、星算、六日七分,能望氣占候吉凶,常賣卜自奉。安帝徵之,對策爲諸儒表,後拜吴令。時卒有暴風,宗占知京師當有大火,記識時日,遣人參候,果如其言。諸公聞而表上,以博士徵之。宗恥以占驗見知,聞徵書到,夜縣印綬於縣廷而遁去,遂終身不仕。

郎宗應徵有道,在對策時表現優秀,拜吴令。他精通風角,在任上預知京師大火,被徵爲博士,而他"恥以占驗見知",逃官遁隱。

《後漢書》卷七九上《儒林上·孔僖傳附孔季彦傳》載:

> 延光元年,河間大雨雹,大者如斗。安帝詔有道術之士極陳變告,乃召(孔)季彦見於德陽殿,帝親問其故。對曰:"此皆陰乘陽之徵也。今貴臣擅權,母后黨盛,陛下宜修聖德,慮此二者。"帝默然,左右皆惡之。

延光元年(122),安帝因河間大雨雹而詔見有道術之士。孔季彦根據陰陽關係,指出河間大雨雹源於"貴臣擅權,母后黨盛",以致安帝沉默不語,其左右對他很不滿。孔季彦作爲"有道術之士",何時被舉有道,無從得知。但安帝在位期間屢次召見有道之士諮詢時政,顯然可知。

據《後漢書》卷八二上《方術·李南傳》載,李南"明風角"。在和帝永元年間,丹陽太守馬棱坐盜賊事被徵往廷尉,李南預言他將於第二天中午被釋放。他"後舉有道,辟公府,病不行,終於家"。李南之被舉有道,可能在安帝時。

順帝時被舉有道者有如下人物。

據《後漢書》卷三〇上《楊厚傳》載:

> (楊厚)不應州郡、三公之命,方正、有道、公車特徵,皆不就。永建二年,順帝

---

① 《後漢書》卷八二《方术上·樊英传》注引《謝承書》,第2723頁。

特徵,詔告郡縣督促發遣。厚不得已,行到長安,以病自上,因陳漢三百五十年之厄,宜蠲漢改憲之道,及消伏災異,凡五事。制書褒述,有詔太醫致藥,大官賜羊酒。及至,拜議郎,三遷爲侍中,特蒙引見,訪以時政。

廣漢楊氏自楊厚之祖父以來三代均善圖讖學。按照敍述順序,楊厚被舉有道是順帝永建二年(127)之前的事。永建二年,順帝特徵問事,後拜議郎,三遷爲侍中。根據其上書内容及受到順帝褒奬後的待遇,頗疑楊厚是以有道之士被徵。

類似的情形見於《後漢書》卷三〇下《郎顗傳》的記載:

> (郎)顗少傳父業,兼明經典,隱居海畔,延致學徒常數百人。晝研精義,夜占象度,勤心銳思,朝夕無倦。州郡辟召,舉有道、方正,不就。順帝時,災異屢見,陽嘉二年正月,公車徵,顗乃詣闕拜章……書奏,帝復使對尚書。顗對曰:"……宜因斯際,大蠲法令,官名稱號、輿服器械,事有所更,變大爲小,去奢就儉,機衡之政,除煩爲簡。改元更始,招求幽隱,舉方正,徵有道,博采異謀,開不諱之路……"
>
> 臺詰顗曰:"對云'白虹貫日,政變常也'。朝廷率由舊章,何所變易而言變常?又言'當大蠲法令,革易官號'。或云變常以致災,或改舊以除異,何也?又陽嘉初建,復欲改元,據何經典?其以實對。"顗對曰:……
>
> 書奏,特詔拜郎中,辭病不就,即去歸家。……後復公車徵,不行。

在順帝陽嘉二年(133)前,郎顗曾被舉有道。陽嘉二年,他應公車徵,上章建議更始,"徵有道"成爲其對策建言之一。郎顗很可能即是因有道術而被公車徵。值得注意的是,郎顗詣闕拜章之後,順帝命他接受尚書臺對策。尚書臺針對其上章,提出質疑。之後他被拜郎中。上章後接受尚書臺對策,這是其他有道之士未曾經歷過的,至少史書未載。對策之後拜郎中,與之前王輔拜郎中、施延特遷侍中、楊厚拜議郎相似,似乎可以説明以有道應舉或應徵者都會接受對策,對策後拜以朝官,後來可能外調如郎顗父親出任吳令。

《後漢書》卷三六《張霸傳》載:

> 後徵,四遷爲侍中。時皇后兄虎賁中郎將鄧騭,當朝貴盛,聞(張)霸名行,欲與爲交,霸逡巡不答,衆人笑其不識時務。後當爲五更,會疾卒,年七十。

漢桓帝延熹元年(158),趙咨被大司農陳豨舉有道,而任博士。

《後漢書》卷五七《劉瑜附尹勳傳》載:

> 桓帝時,以有道徵,四遷尚書令。延熹中,誅大將軍梁冀,帝召(尹)勳部分衆職,甚有方略,封宜陽鄉侯。

尹勳在桓帝時以有道徵。他在尚書令任上,參與翦除大將軍梁冀勢力,時爲延熹二年(159)。則尹勳在永壽(155—158)之前被舉有道。

《後漢書》卷五三《徐穉傳》載:

> 家貧,常自耕稼,非其力不食。恭儉義讓,所居服其德。屢辟公府,不起。時陳蕃爲太守,以禮請署功曹,穉不免之,既謁而退。蕃在郡不接賓客,惟穉來,特設一榻,去則縣之。後舉有道,家拜太原太守,皆不就。延熹二年,尚書令陳蕃、僕射胡廣等上疏薦穉……

徐穉爲豫章南昌人。《陳蕃傳》載:"零陵、桂陽山賊爲害",公卿議征討,朝廷下詔州郡薦舉孝廉、茂才,陳蕃上疏反對,"以此忤左右,故出爲豫章太守"。此處"左右"很可能指大將軍梁冀。據《桓帝紀》載:永壽三年(157)十一月後,"長沙蠻叛,寇益陽"。延熹二年,陳蕃已從豫章太守任上離職,轉任尚書令。是年八月,梁冀自殺,其中外宗親伏誅,朝官改任。則陳蕃之任尚書令當在梁冀死後。由此推測,陳蕃任豫章太守很可能在永壽三年十一月之後至延熹二年八、九月間,則徐穉被舉有道當在此期間。①

《後漢書》卷二七《趙典傳》李賢注引《謝承書》載:

> (趙)典性明達,志節清亮。益州舉茂才,以病辭。太尉黄瓊、胡廣舉有道、方正,皆不應。桓帝公車徵,對策爲諸儒之表。

據《桓帝紀》,永興二年(154)九月,黄瓊任太尉,延熹元年(158)七月免,繼任者爲胡廣。

---

① 據《後漢書·陳蕃傳》,陳蕃是在樂安太守任上,專爲該郡高潔之士周璆設榻。《徐穉傳》所載陳蕃設榻故事當采自《世說新語·德行》篇。

延熹二年八月,黄瓊再任太尉,四年(161)三月免職。但同時期未見胡廣任職記載。則趙典被舉有道、方正應在永興二年九月至延熹二年八月之間。

《後漢書》卷八一《向栩傳》載:

> 性卓詭不倫。恒讀《老子》,狀如學道。……郡禮請辟,舉孝廉、賢良、方正、有道,公府辟,皆不到。

向栩卒於黄巾起義剛爆發時,被舉有道應在桓帝延熹年間(158—167)。

《後漢書》卷五三《申屠蟠傳》:

> 太尉黄瓊辟,不就。及瓊卒,歸葬江夏,四方名豪會帳下者六七千人,互相談論,莫有及蟠者。……再舉有道不就。……居二年,(范)滂等果罹黨錮,或死或刑者數百人,蟠確然免於疑論。

據《黄瓊傳》和《資治通鑑》卷五五,黄瓊去世在延熹七年(164)二月。范滂遭遇黨錮是延熹九年(166)。則申屠蟠被舉有道在延熹七年二月至延熹九年之間。

《後漢書》卷六八《郭太傳》:

> 司徒黄瓊辟、太常趙典舉有道。或勸(郭)林宗仕進者……(蔡邕)謂涿郡盧植曰:"吾爲碑銘多矣,皆有慙德。唯郭有道無愧色耳。"

據《桓帝紀》,黄瓊起任司徒時間是永興元年冬十月,次年九月轉任太尉。趙典任太常當在桓帝後期延熹年間。據《桓帝紀》:建和三年冬十月,太尉趙戒免。元嘉元年(151)閏十一月,太常黄瓊爲司空。元嘉二年(152)十二月,特進趙戒爲司空。永興元年冬十月,太常胡廣爲太尉,司空趙戒免。之後未見趙戒任職記録。趙戒可能於永興元年十月後去世。據卷二七《趙典傳》,其父親趙戒去世後,①趙典襲封厨亭侯。則趙典於永興元年十月後襲封厨亭侯,并歷任弘農太守、右扶風太守、城門校尉、將作大匠、少府、大鴻臚、太僕、太常。因諫諍違旨,免官就國。永康元年(167)十二月,桓帝去世,趙典

---

① 《後漢書》卷二七《趙典傳》李賢注引《謝承書》:"典,太尉戒之叔子也。"則趙戒非趙典生父。

違禁奔喪。靈帝時,任長樂少府、衛尉,病卒。

問題是趙典任太常的時間。以下是據《桓帝紀》出任太常的人員信息:永壽元年(155)六月,太常韓縯爲司空。永壽三年冬十一月,太常北海孫朗爲司空。延熹元年秋七月甲子,太常胡廣爲太尉。延熹三年(160)六月,太常虞放爲司空。延熹四年(161)夏四月,太常劉矩爲太尉。延熹五年(162)十一月,太常楊秉爲太尉。延熹八年(165)冬十月,太常劉茂爲司空。延熹九年五月,太常胡廣爲司徒。則趙典任太常最有可能在延熹五年十一月楊秉轉任太尉至七年劉茂任太常之間。郭太被舉有道,可能在此期間。

《後漢書》卷八二下《方術·董扶傳》:

> 少遊太學,與鄉人任安齊名,俱事同郡楊厚,學圖讖。還家講授,弟子自遠而至。前後宰府十辟、公車三徵,再舉賢良、方正、博士、有道,皆稱疾不就。靈帝時,大將軍何進薦扶,徵拜侍中,甚見器重。

《三國志》卷三一《蜀書·劉焉傳》注引陳壽《益部耆舊傳》對此有詳細記載:

> 董扶……少從師學,兼通數經,善《歐陽尚書》,又事聘士楊厚,究極圖讖。遂至京師,遊覽太學。還家講授,子弟自遠而來。永康元年,日有蝕之,詔舉賢良、方正之士策問得失,左馮翊趙謙等舉扶。扶以病不詣,遙於長安上封事,遂稱疾篤還家。前後宰府十辟,公車三徵,再舉賢良、方正、博士、有道,皆不就,名稱尤重。大將軍何進表薦扶……

桓帝延熹十年六月改元永康,同年十二月靈帝即位,改元建寧。則董扶被舉有道是在桓帝時。

據《晉書》卷五〇《庾峻傳》載:

> 庾峻字山甫,潁川鄢陵人也。祖乘,才學洽聞,漢司徒辟,有道徵,皆不就。

庾乘"徵辟并不起,號'徵君'"。① 郭太曾勉勵他從學,則庾乘之以有道徵,時間當在延

---

① 《後漢書》卷六八《郭太傳附庾乘傳》,第2229頁。

熹年間甚至更晚。

靈帝時曾舉有道。據《後漢書》卷八《靈帝紀》載：

> (建寧元年)五月丁未朔,日有食之。詔公卿以下各上封事,及郡國守相舉有道之士各一人……

建寧元年(168),宦官掌政,沿襲日食舉士的傳統,要求郡國守相各舉有道之士一人。

靈帝時期被舉有道者包括謝弼、陳敦、公孫度、桓曄、荀爽、張芝等人。

《後漢書》卷五七《謝弼傳》：

> 建寧二年,詔舉有道之士,(謝)弼與東海陳敦、玄菟公孫度俱對策,皆除郎中。時青蛇見前殿,大風拔木,詔公卿以下陳得失。弼上封事……

謝弼等人可能是應建寧元年詔,在靈帝建寧二年(169)被舉有道。一同被舉者有陳敦、公孫度。三人均對策,并授郎中。在上書中,謝弼援引陰陽災異説來直陳得失,被貶為廣陵府丞。

公孫度之被舉有道,《三國志》卷八《魏書·公孫度傳》的記載可為佐證：玄菟太守公孫琙因見公孫度與自己十八歲就去世的兒子同年同名(公孫度少時名豹),"琙見而親愛之,遣就師學,為取妻。後舉有道,除尚書郎,稍遷冀州刺史,以謠言免。同郡徐榮為董卓中郎將,薦度為遼東太守。"據郝氏《續後漢書》卷一〇《公孫度傳》載："靈帝時,與東郡謝弼、東海陳敦舉有道,對策,除尚書郎。"亦可與《後漢書·謝弼傳》相印證,不同處在於：對策後,公孫度除尚書郎而非郎中。

《後漢書》卷三七《桓曄傳》載：

> 仕為郡功曹,後舉孝廉、有道、方正、茂才,三公並辟,皆不應。初平中,天下亂,避地會稽,遂浮海客交阯。

初平是漢獻帝年號(190—194)。桓曄被舉有道,最遲是在191年之前,很可能是在靈帝在位期間。

靈帝熹平六年(177)七月,蔡邕上封事云：

> 臣聞國之將興，至言數聞，内知己政，外見民情。是故先帝雖有聖明之姿，而猶廣求得失。又因災異，援引幽隱，重賢良、方正、敦樸、有道之選，危言極諫，不絶於朝。陛下親政以來，頻年災異，而未聞特舉博選之旨。誠當思省述修舊事，使抱忠之臣展其狂直，以解《易傳》"政悖德隱"之言。①

他建議靈帝遵循政治慣例，重視選用賢良、方正、敦樸、有道之士。

光和元年（178），日食。盧植上封事建言："修禮者，應徵有道之人若鄭玄之徒，陳明《洪範》，禳服災咎。"②他上書建議徵像鄭玄那樣的有道之人以應對災異，其觀點與蔡邕相似。

可能應大臣屢次上書選拔有道的建議，靈帝曾選拔有道。據《後漢書》卷六二《荀爽傳》載：

> 後遭黨錮，隱於海上，又南遁漢濱，積十餘年，以著述爲事，遂稱爲碩儒。黨禁解，五府并辟，司空袁逢舉有道，不應。及逢卒，爽制服三年，當世往往化以爲俗。

據《靈帝紀》，光和元年冬十月，袁逢任司空，次年（179）三月解任。則荀爽被舉有道在此間。

《後漢書》卷六五《張奐傳附張芝傳》載："長子芝，字伯英，最知名。"李賢注引王愔《文字志》曰："（張）芝少持高操，以名臣子勤學，文爲儒宗，武爲將表。太尉辟，公車有道徵，皆不至，號'張有道'。"張奐卒於光和四年（181），年七十八。張芝被舉有道可能是在桓、靈帝時。

獻帝時仍曾舉有道。可考的被舉有道者有荀愔、鄭玄、邴原、吳範。

《三國志》卷一〇《魏書·荀攸傳》注引《荀氏家傳》載：

> （荀攸叔父）衢子祈，字伯旗，與族父愔俱著名。祈與孔融論肉刑，愔與孔融論聖人優劣，并在《融集》。祈位至濟陰太守；愔後徵有道，至丞相祭酒。

---

① 《後漢書》卷六〇下《蔡邕列傳》，第1994—1995頁。
② 《後漢書》卷六四《盧植傳》，第2117頁。

荀愷被徵有道,很可能在漢末獻帝時。

《後漢書》卷三五《鄭玄傳》:

(鄭)玄後嘗疾篤,自慮,以書戒子益恩曰:"吾家舊貧,不爲父母群弟所容,去厮役之吏,遊學周、秦之都,往來幽、并、兗、豫之域,獲覲乎在位通人,處逸大儒,得意者咸從捧手,有所受焉。遂博稽《六藝》,粗覽傳記,時睹祕書緯術之奥。年過四十,乃歸供養,假田播殖,以娱朝夕。遇閹尹擅勢,坐黨禁錮,十有四年,而蒙赦令,舉賢良、方正、有道,辟大將軍、三司府。公車再召,比牒并名,早爲宰相。惟彼數公,懿德大雅,克堪王臣,故宜式序。吾自忖度,無任於此,但念述先聖之元意,思整百家之不齊,亦庶幾以竭吾才,故聞命罔從。而黄巾爲害,萍浮南北,復歸邦鄉。入此歲來,已七十矣……"

鄭玄在解除黨錮後曾被舉有道,這當是在中平元年(184)之後。

《三國志》卷一一《魏書·邴原傳》載:

少與管寧俱以操尚稱,州府辟命皆不就。黄巾起,(邴)原將家屬入海,住鬱洲山中。時孔融爲北海相,舉原有道。原以黄巾方盛,遂至遼東。

孔融任北海相,時間在中平元年(184)至建安元年(196)。他舉邴原有道,當在此期間。

《三國志》卷六三《吳書·吳範傳》:

以治歷數,知風氣,聞於郡中。舉有道,詣京都,世亂不行。會孫權起於東南,範委身服事,每有災祥,輒推數言狀。其術多效,遂以顯名。

建安五年(200),孫策去世,孫權繼承父兄大業。吳範被舉有道,最遲在建安五年之前。他以精通術數受到孫氏信任。

其餘曾被舉有道但時間不確定者有:

據《後漢書》卷八〇下《文苑·侯瑾傳》載,侯瑾"州郡累召,公車有道徵,並稱疾不到"。

《藝文類聚》卷四四《樂部四·賦》收録有後漢侯瑾《箏賦》。《水經注》卷四〇《斤江水》引王隱《晉書》云:"漢末,博士燉煌侯瑾善內學,語弟子曰:涼州城西,泉水當竭,有雙闕起其上。至魏嘉平中,武威太守條茂起學舍,築闕於此泉。"據此可知:侯瑾是後漢末人,因善內學而被舉有道。①

《三國志》卷二三《魏書·裴潛傳》注引魚豢《魏略列傳論》:

> 昔長安市儈有劉仲始者,一爲市吏所辱,乃感激,蹋尺折之,遂行學問,經明行修,流名海內。後以有道徵,不肯就,眾人歸其高。

劉仲始被徵有道,時間不可詳考,很可能是在漢末。②

"有道"被確立爲察舉科目,源於董仲舒災異譴告說的政治理論、東漢光武帝崇尚圖讖的政策和經學讖緯化的文化趨勢。曹魏以降,朝廷不再推行徵舉有道的措施。曹魏政權曾"科禁內學",③西晉武帝泰始三年(267)十二月"禁星氣讖緯之學",④促進了經學去讖緯化趨勢的發展,可能是廢除有道之舉的思想因素。但是精通望氣、推步等術者頗有影響力,如孫吳時期趙達"少從漢侍中單甫受學,用思精密,謂東南有王者氣,可以避難,故脫身渡江。治九宮一算之術,究其微旨,是以能應機立成,對問若神,至計飛蝗,射隱伏,無不中效。……達寶惜其術,自闞澤、殷禮皆名儒善士,親屈節就學,達秘而不告。"⑤而統治者仍倚重道術之士,參《三國志》卷六三《吳範、劉惇、趙達傳》及裴注、《晉書》卷九五《藝術傳》可知。

孫皓時,有術士"陳訓……少好秘學,天文、算曆、陰陽、占候無不畢綜,尤善風角"。⑥孫皓以爲奉禁都尉,使其占候。

劉備在益州,也借助術士來預測吉凶。據蕭氏《續後漢書》卷二三《李意其傳》載:

> 李意其,蜀郡人,有道術。昭烈欲伐吳,遣人迎之。既至,訪以吉凶,意其不答,而索紙筆,畫兵馬器杖十數紙已,便一一手裂之。又畫一大人,掘地埋之,徑去。帝

---

① 《梁書》卷五六《侯景傳》載:"(侯)景黨有知景祖名周者,自外悉是王偉制其名位,以漢司徒侯霸爲始祖,晉徵士侯瑾爲七世祖。"當非漢末被舉有道之侯瑾。
② 明代萬斯同《儒林宗派》卷四將其列入曹魏時期儒家,可能因其記載見於魚豢《魏略》。
③ 《三國志》卷二三《常林傳》裴松之注引《魏略》,北京:中華書局,1959年,第660頁。
④ 《晉書》卷三《武帝紀》,北京:中華書局,1974年,第56頁。
⑤ 《三國志》卷六三《趙達傳》,第1424頁。
⑥ 《晉書》卷九五《藝術·陳訓傳》,第2468頁。

不説,已而出師征吴,敗績而還,憤恥發病,遂崩。人乃知畫大人而埋之者,帝崩之象。

則李意其在劉備征吴前已預言兵敗備亡。

隨着知識體系、信仰的變化,人們對有道術者的看法產生了變化。《三國志》卷六五《吴範、劉惇、趙達傳》注引孫盛云:"夫玄覽未然,逆鑒來事,雖神竈、梓慎其猶病諸,況術之下此者乎?《吴史》書達知東南當有王氣,故輕舉濟江。魏承漢緒,受命中畿,達不能豫覩兆萌,而流竄吴越。又不知吝術之鄙,見薄於時,安在其能逆覩天道而審帝王之符瑞哉?昔聖王觀天地之文,以畫八卦之象,故亹亹成於蓍策,變化形乎六爻,是以三《易》雖殊,卦繇理一,安有回轉一籌,可以鈎深測隱,意對逆占,而能遂知來物者乎?流俗好異,妄設神奇,不幸之中,仲尼所棄,是以君子志其大者,無所取諸。"①孫盛似有理性精神,對術士"玄覽未然,逆鑒來事"持懷疑態度,但南朝裴松之頗不以孫盛所言爲然。

《晉書》卷九五《藝術傳》序云:

> 藝術之興,由來尚矣。先王以是決猶豫,定吉凶,審存亡,省禍福。曰神與智,藏往知來;幽贊冥符,弼成人事;既興利而除害,亦威衆以立權,所謂神道設教,率由於此。然而詭託近於妖妄,迂誕難可根源,法術紛以多端,變態諒非一緒,真雖存矣,僞亦憑焉。聖人不語怪力亂神,良有以也。逮丘明首唱,敍妖夢以垂文;子長繼作,援龜策以立傳;自茲厥後,史不絕書。漢武雅好神仙,世祖尤耽讖術,遂使文成、五利,逞詭詐而取寵榮,尹敏、桓譚,由忤時而嬰罪戾,斯固通人之所蔽,千慮之一失者乎!詳觀衆術,抑惟小道,棄之如或可惜,存之又恐不經。載籍既務在博聞,筆削則理宜詳備,晉謂之《乘》,義在於斯。

唐代史臣觀點顯然與前引孫盛觀點類似,對預言人事持質疑態度,但肯定其"神道設教"的政治性。傳主除佛圖澄、單道開外,多"明陰陽天文,善術數占候"、②善《易》、"善厭勝之術",③與漢代有道者的知識素養相似,但傳主行事預言更多針對個人而非國家

---

① 《三國志》卷六三《吴範、劉惇、趙達傳》裴注引孫盛語,第1426頁。
② 《晉書》卷九五《藝術·索紞傳》,第2494頁。
③ 《晉書》卷九五《藝術·淳于智傳》,第2477頁。

政局。

《隋書》卷三二《經籍志一》載:"夫仁義禮智,所以治國也;方技數術,所以治身也;諸子爲經籍之鼓吹,文章乃政化之黼黻,皆爲治之具也。"唐代史臣以方技術數爲治身的資源,與唐代帝王利用道術的取向一致。《隋志》又載:"至宋大明中,始禁圖讖,梁天監已後,又重其制。及高祖受禪,禁之逾切。煬帝即位,乃發使四出,搜天下書籍與讖緯相涉者,皆焚之,爲吏所糾者至死。自是無復其學,秘府之内,亦多散亡。"劉宋以下,屢禁圖讖。唐代《五經正義》仍引用緯書,緯書被視爲六經的補充,但已非時代主導性知識。

隋唐君王選用有道術之士,但動機與漢朝薦舉"有道"有別。"煬帝即位,召天下道術人,置坊以居之",[1]其動機蓋與曹操相似。《舊唐書》卷一九一《方伎列傳》序云:"夫術數占相之法,出於陰陽家流。自劉向演《洪範》之言,京房傳焦贛之法,莫不望氣視祲,懸知災異之來;運策揲蓍,預定吉凶之會。"但所載較《晉書·藝術傳》更少推論陰陽災異,傳主包括道士、高僧、相士、醫者,或善辨音律,絕非"推步",所言多係個人前途,無關國家休咎,與漢代有道之士有很大不同。唐代帝王所寵信的有道術之人,多是道士,與其追求煉丹長生相關。即使是吕才、李淳風等精通天文、曆算、陰陽之學者,史書也很少記載他們憑藉其學識以闡釋災異、提出政治變革主張。宋明君王信用道士以求煉丹長生,與唐帝如出一轍。

唐朝實行科舉制度,首創"道舉"一目。據《新唐書》卷四四《選舉志》載:"(開元)二十九年,始置崇玄學,習《老子》《莊子》《文子》《列子》,亦曰道舉。其生,京、都各百人,諸州無常員。官秩、蔭第同國子,舉送、課試如明經。"自此,道舉作爲科舉門類之一確立。《新唐書》卷四八《百官志》載:"天寶二載,改兩京崇玄學爲崇玄館,博士曰學士,助教曰直學士,置大學士一人,以宰相爲之,領兩京玄元宫及道院,改天下崇玄學爲通道學,博士曰道德博士。"足見唐統治者對道舉教育的重視。此後,道舉制度雖間有廢止,考試内容發生變化,但直至後唐明宗長興元年(930)才下令停止,共延續近200年。道舉科目的確立,既是魏晉以來道家思想復興、玄學盛行的學理性結果,也源於李唐王室崇老尊道的文化策略,其性質與漢代舉有道論國事有相似處。

綜上,東漢一朝,徵或舉有道作爲應對天災、異象的政治舉措,始於光武帝,延續至

---

[1] 《舊唐書》卷一九一《方伎·乙弗弘禮傳》,北京:中華書局,1975年,第5092頁。

漢末。有史可考的被徵或舉有道者有四十多人，其中多數人未應舉。不應舉是爲養名，或無意仕途。舉主包括"公、卿、特進、侯、中二千石、二千石、郡國守相"。有道都要接受策問或對策，有的在面見皇帝或有司對策或策問前就上書表達政見，有的甚至被尚書臺反復詢問。有道者均深通讖緯經學，精究道術，擅長推陰陽災異以言國家休咎。對策高第者可能被拜爲議郎、郎中、尚書郎、博士，甚至可能超遷侍中。有道被視爲掌握着關於天地自然知識的權威。薦舉有道以陳言博聞，成爲漢代士大夫的普遍政治觀點。有道之舉是漢代災異譴告説、選官重經術、以經治國和經學讖緯化形勢下的産物。它伴隨着光武帝宣布圖讖於天下、崇尚道術之士的學術、政治趨向産生，因應漢魏之際經學去讖緯化、曹魏以降統治者禁讖緯之學、玄學興起的學術及思想轉型而消失在歷史的舞臺上。舉有道以應對災異，表明漢代政治文化中存在着濃厚的非理性因素。後世雖無舉有道的措施，但統治者信用有道術之士的行爲依然存在，可見中國政治傳統中非理性因素一直有其影響。

　　附記：文章定稿後，始見日本學者福井重雅先生《後漢と選舉科目"至孝"と"有道"》(《史觀》第一一一册，1985年9月，第2—13頁)。福井先生文章探討了"有道"之舉的形成、被察舉者、有察舉資格者、對策與否、任官問題，與本文內容有交叉，但主旨不同。本文參考福井先生文增補了劉寬、張霸、《後漢書·沖帝紀》三則材料，特此說明。

衛將軍"復興"
——漢魏制度變遷的一則案例

羅 凱

漢魏兩晉南北朝作爲一個長時段，其共同處之一，是各種名號的"將軍"在諸多方面影響甚巨。① 而名目繁多的將軍號中，有四個地位最爲突出。《續漢書·百官志》(後文簡稱《續漢志》)"將軍"條云："比公者四：第一大將軍，次驃騎將軍(後文簡稱驃騎)，次車騎將軍(後文簡稱車騎)，次衛將軍(後文簡稱衛軍②)。"③ 兩晉南北朝也多以驃騎、車騎、衛軍爲地位獨特的三將軍，僅稍低於大將軍，而高於其他諸將軍包括諸號大將軍。④ 要之，自漢至南北朝，地位最高的將軍號有四個——大將軍、驃騎、車騎、衛軍，即

---

① 關於兩漢六朝時期將軍的研究不少，難以一一羅列，此僅舉近30來年部分專門研究的論著，如廖伯源：《試論漢初功臣列侯及昭宣以後諸將軍之政治地位》，徐復觀先生紀念論文集編輯委員會編：《文史研究論集》，臺北：學生書局，1986年；何天明：《兩漢北方重要建制"度遼將軍"探討》，《北方文物》1988年第3期；廖伯源：《東漢將軍制度之演變》，《歷史語言研究所集刊》1989年第1期；張豔國：《論漢武帝時代將軍制度的緣起》，《學術月刊》1989年第3期；張豔國：《漢武帝時代將軍制度研究》，《武漢大學學報(社會科學版)》1989年第6期；李大龍：《東漢度遼將軍述論》，《内蒙古社會科學》1992年第2期；山口正晃：《曹魏西晉時期的都督與將軍》，《魏晉南北朝隋唐史資料》第十九輯，2003年；張金龍：《魏晉南北朝禁衛武官制度研究》，北京：中華書局，2004年；仇鹿鳴：《關於北魏幾個將軍號的考釋》，《中華文史論叢》2008年第1期；張鶴泉：《略論北魏前期諸王所領將軍號的遷轉與傳襲》，《古代文明》2012年第1期；張鶴泉：《西晉將軍兼任都督諸軍事問題的考察》，《河北學刊》2013年第2期；張鶴泉：《東晉時期刺史加領將軍號問題的考察》，《南京曉莊學院學報》2014年第1期；張金龍：《西漢將軍制度述略》，《首都師範大學學報(社會科學版)》2014年第4期；張金龍：《東漢光武帝時期的將軍號》，《史學集刊》2014年第2期；羅凱、宋道專：《三國時代的輔國將軍》，《西華師範大學學報(哲學社會科學版)》2016年第5期。

② 衛將軍簡稱衛軍，《晉書》《宋書》《南齊書》《魏書》等所在多有。

③ (晉)司馬彪：《續漢書》志二四《百官志一》，北京：中華書局，1965年《後漢書》附本，第3563頁。筆者按：據司馬彪的"本注"，此"比公者四"似乎是東漢制度。但東漢在末年以前並無衛軍，且如下文所述，復置後的衛軍地位並不很高，因而此四者實爲西漢能加"大司馬"號的四個將軍，以加"大司馬"，故能"比公"。關於比公將軍的由來，可參見閻步克：《從爵本位到官本位：秦漢官僚品位結構研究》，北京：生活·讀書·新知三聯書店，2009年，第320頁。

④ 如征南大將軍(某些時期，如北魏後期，四征大將軍高於衛將軍)、鎮東大將軍、撫軍大將軍等，當然，這裏的諸號大將軍不含驃、車、衛三者本身之加號大將軍。

所謂"比公將軍",其他將軍皆等而下之,這種認識古往今來幾乎無人質疑。

但是,在東漢末年天下大亂的時候,突然涌現出一系列的將軍號,極大地衝擊了原來的官僚體系,"比公將軍"中尤以衛軍所受影響最大。曹魏代漢之後,一項緊迫工作就是對漢末幾十年的亂局進行整頓,將軍號的整飭即是其中重要的組成部分,在這一過程中,衛軍逐漸得以"復興"。

一、名單中的"怪異":漢魏之交衛將軍的尷尬地位

河南省臨潁縣繁城鎮①有一塊《公卿將軍上尊號奏》石碑,保存了一份十分翔實的延康元年(220)魏王國文武官員名單:

> 相國安樂鄉侯臣歆、太尉都亭侯臣詡、御史大夫安陵亭侯臣朗、使持節行都督督軍車騎將軍(闕二字,當為陳侯)臣仁、輔國將軍清苑鄉侯臣若、虎牙將軍南昌亭侯臣輔、輕車將軍都亭侯臣忠、冠軍將軍好時鄉侯臣秋、渡遼將軍都亭侯臣柔、衛將軍國明亭侯臣洪、使持節行都督督軍鎮西將軍東鄉侯臣真、使持節行都督督軍領揚州刺史征東將軍安陽鄉侯臣休……②

我們注意到,這是一份次序井然的官員名單,從三公、重號將軍,到九卿、禁衛將校,最後是振威、振武等小號將軍,③等級秩序非常明顯。而該名單的官員班序,尤其是其中的將軍號順序,有一些突破我們"常識"的"怪異"之處。

在該名單中,衛軍雖然高於征、鎮與前後左右將軍及九卿,但與車騎之間,卻還橫亙有輔國將軍(後文簡稱輔國)及虎牙、輕車、冠軍、渡遼等將軍。輔國、虎牙等將軍,後世如北魏、北齊等朝品秩參差不齊;④而在史書所載曹魏、兩晉、劉宋官品中,要麼連名號

---

① 即古繁陽亭,漢魏禪讓儀式舉行地,曹魏開國時設繁昌縣。
② 傳世文獻中,該碑文首見於(宋)洪适《隸釋》卷一九《魏公卿上尊號奏》(四部叢刊三編景明萬曆刻本)、(清)倪濤《六藝之一録》卷五五《魏公卿上尊號奏》(清文淵閣四庫全書本)、(清)王昶《金石萃編》卷二三《上尊號碑》(清嘉慶十年刻同治錢實傳等補修本)、(清)嚴可均《全上古三代秦漢三國六朝文》之《全三國文》卷二八《衛覬·公卿將軍奏上尊號》(北京:中華書局,1958年,第1209頁)亦收有。其正文,部分可見於《三國志》卷二《魏文帝紀》裴松之注,北京:中華書局,1982年,第73—74頁。
③ 名單中共有46位文武官員的官爵名字,此處不盡録。
④ 輔國、冠軍,北魏、北齊均為從三品;輕車,北魏、北齊從五品下階;渡遼,北齊從六品上階;虎牙,北魏、北齊從八品下階。參見《魏書》卷一一三《官氏志》、《隋書》卷二七《百官志中》、《通典》卷三八《職官二十》之"後魏百官""北齊秩品"。

都没有出現,要麼僅僅位列第五品,只有輔國廁身三品將軍之尾端,①與這份名單頗不相同。

是這份名單有問題嗎?關於此碑文的史料價值,宋代洪适②、清代畢沅③與王昶④等均高度肯定。正如王昶在《金石萃編》中所指出的,將該奏文與《三國志》等正史相關部分對比,可以補正不少内容,所以這份名單該引起我們足夠的重視。

對於該名單中諸將軍號不同尋常的"乖離",有人可能會以鮮于輔等人的"特進"身份來解釋。確實,鮮于輔、閻柔、楊秋等人在曹魏都是"特進"。但第一,曹洪同樣也是特進。⑤ 第二,這些人應該都是在曹丕稱帝之後,各人晉封爲縣侯時"位特進"的,如鮮于輔和閻柔"文帝踐祚……皆進封縣侯,位特進",⑥曹洪"遷驃騎將軍,進封野王侯,益邑千户,並前二千一百户,位特進"。⑦ 第三,漢晉時期,"特進"作爲一種尊貴的身份,在具名時是要"入銜"的,請看下列幾個例子:

> 維建武三十有二年二月,皇帝東巡狩,至於岱宗,柴,望秩於山川,班於群神,遂觀東后。從臣太尉憙、行司徒事特進高密侯禹等。⑧

> (建初元年)夏四月丙戌,詔曰:"……故特進膠東侯[賈復]佐命河北,列在元功。衛尉陰興忠貞愛國,先帝休之……"⑨

> (李憙)以年老遜位。詔曰:"光禄大夫、特進李憙……禄賜班禮,一如三司,門施行馬。"⑩

> 王氏問謝沈云:"祖父特進、衛將軍、海陵亭恭侯應立五廟不?"沈答:"亭侯雖

---

① 參見《宋書》卷三九《百官志上》,以及《通典》卷三六《魏官品》、卷三七《晉官品》。輔國,第三品;輕車,第五品;虎牙,《魏官品》無,《晉官品》作武牙(《通典》避唐太祖李虎諱),第五品,《宋志》則在最低的四十小號將軍之列;冠軍、渡遼,《魏官品》《晉官品》無,《宋志》冠軍在第三品。
② (宋)洪适:《隸釋》卷一九《魏公卿上尊號奏》。
③ (清)畢沅:《中州金石記》卷一《魏公將軍上尊號奏》,清經訓堂叢書本。
④ (清)王昶:《金石萃編》卷二三《上尊號碑》。
⑤ 四人情況,分別參見《三國志》卷八、卷一、卷九,第247、36、278頁。
⑥ 《三國志》卷八,第247頁。
⑦ 《三國志》卷九,第278頁。
⑧ 《續漢書》志七《祭祀志上》,《後漢書》附本,第3165頁。
⑨ (東晉)袁宏撰,張烈點校:《後漢紀》卷一一《孝章皇帝紀上》,《兩漢紀》上,北京:中華書局,2002年,第207頁。
⑩ 《晉書》卷四一《李憙傳》,第1190頁。

小,然特進位高,似諸侯也。"①

　　前兩個例子是東漢的,後兩例的時間分別爲西晉與東晉;前三者均爲正式的官方書面文字,第四個則是日常的口頭問答,但無一例外均有"特進"二字。

　　由此可知,《上尊號奏》諸將軍的排序跟"特進"無關。

　　實際上,在此之前,劉若已經至少做過建武將軍,②類似的有王忠揚武將軍,楊秋討寇將軍,③閻柔護烏丸校尉,鮮于輔更是經歷了建忠將軍、左度遼將軍。④ 建武、揚武等將軍號魏晉時期皆爲四品,要高於鷹揚、陵江等五品將軍,往往爲領兵刺史所加之號。護烏丸校尉跟禁衛軍的五營校尉地位相當,彼時應該還略高於奏文中的振威、振武等將軍。因此,從建武將軍、護烏丸校尉等升上來的輔國、渡遼等將軍,在漢、魏之交,地位不低。度(渡)遼將軍,雖然東漢一度只有二千石秩,但彼時偃武修文,武職地位較之西漢均有下降,車騎初時且僅爲銀印青綬。漢末度遼將軍應跟征西將軍等一樣,增秩爲中二千石。並且,西漢范明友任度遼將軍之時,其朝位就是在前將軍、後將軍之上的。⑤ 至於輔國,筆者曾專門撰文探討過,⑥下文亦將述及,彼時其是真的"儀比三司"。

　　綜上可知,在漢、魏禪代之際,跟車騎將軍相比,衛軍的地位確實相差不少,西漢四大"比公將軍"之一的威風,不復存在了。

二、"貴族"的"没落":東漢末年復置的衛將軍

　　俗話説"冰凍三尺,非一日之寒",衛軍不是延康元年突然"墜落"的。

　　東漢經制不置衛軍。光武帝時期,承新莽餘緒,將軍名號十分發達。⑦ 雖然新莽、

---

① (唐)杜佑撰,王文錦、王永興等點校:《通典》卷四八《禮典·吉禮七》,北京:中華書局,1988年,第1342頁。衛將軍後頓號爲筆者所加。
② 參見《三國志》卷一《武帝紀》裴松之注引《魏書》載建安十八年勸進曹操爲魏公表名單,第40頁。鮮于輔的建忠將軍、王忠的揚武將軍亦見於此。
③ 《三國志》卷一《武帝紀》裴松之注引《魏略》,第36頁。惟《魏略》言其黄初中遷討寇將軍,似乎討寇在冠軍任後,實則不然。後來鄧艾曾經以太守加討寇將軍,升任刺史時加振威將軍,亦可知討寇大概與平寇、蕩寇、討夷、討逆等相近,屬小號將軍。
④ 參見《三國志》卷八《公孫瓚傳》,第247頁。閻柔的護烏丸校尉亦見於此。
⑤ 參見《漢書·霍光傳》群臣請廢帝爲昌邑王奏具名,以及《昭帝紀》本始元年封賞定策功臣詔。
⑥ 可參看拙作《三國時代的輔國將軍》,第47—52頁。
⑦ 可參見張金龍《東漢光武帝時期的將軍號》,《史學集刊》2014年第2期,第38—50頁。

更始朝均有衛軍一職,並任命了相關官員。① 但劉秀自始至終,一直沒有讓誰做過衛軍。此後直到黃巾亂起,東漢帝國也始終沒有設置該職位,更没有任命過任何一個衛軍。② 直到末年的獻帝時期,才以董承爲衛軍。

《後漢書・獻帝紀》載:建安元年(196)八月,"封衛將軍董承爲輔國將軍伏完等十三人爲列侯,贈沮儁爲弘農太守。"③則最遲建安元年東漢已置有衛軍。而《趙岐傳》曰:"興平元年(194),詔書征岐,會帝當還洛陽,先遣衛將軍董承修理宫室。"④似乎興平元年董承已是衛軍。然《後漢書・獻帝紀》載:

(興平二年)秋七月甲子,車駕東歸。郭汜自爲車騎將軍,楊定爲後將軍,楊奉爲興義將軍,董承爲安集將軍,並侍送乘輿。張濟爲票騎將軍,還屯陝。⑤

(建安元年)二月,韓暹攻衛將軍董承。⑥

據此,前一年七月,董承爲安集將軍,次年二月,他已經是衛軍。則其被授予衛軍,當在這兩個時間點之間。查《獻帝紀》與《董卓傳》,在此期間,有過四次較大的戰鬥,其中興平二年十一月壬申,"楊奉、董承引白波帥胡才、李樂、韓暹及匈奴左賢王去卑,率師奉迎,與李傕等戰,破之"。⑦而在此前後的兩次戰鬥,董承一方均大敗,不可能加官進號;另一次十月份的戰鬥,沒有提及董承的名字。故最可能的情況是,在興平二年這次勝利之後不久,董承升爲衛軍。

在漢末的歷史進程中,董承是一個不應被忽視的人物。曹操能挾天子以令諸侯,就是他在其中穿針引綫。漢獻帝從關中歷經劫難回到洛陽後,韓暹以大將軍領司隸校尉,與董承並留宿衛。史載:

---

① 新莽情形見上文。更始時齊地半獨立勢力張步之弟張弘曾爲衛將軍。竊以爲,劉秀不置衛將軍,或許跟新莽崇重衛將軍有關,因爲新莽"四將",除了地位最低的前將軍外,更始將軍、衛將軍、立國將軍三號皆不見於光武一朝。
② 不少學者根據《續漢書・百官志》的記載,以爲東漢經制中有衛軍。如閆步克《魏晉的朝班、官品和位階》一文的東漢朝位排序,亦將衛軍列於列侯特進者之後、前後左右將軍之前。但也有學者注意到東漢經制中無衛軍,如張焯《漢代北軍與曹魏中軍》列舉東漢重號將軍即只有三個:大將軍、驃騎、車騎。
③ 《後漢書》卷九《獻帝紀》,第380頁。以《後漢書・董卓傳》考之,此處前一個"爲"字應是衍文。
④ 《後漢書》卷六四《趙岐傳》,第2124頁。
⑤ 《後漢書》卷九《孝獻帝紀》,第378頁。《後漢書・董卓傳》同。
⑥ 《後漢書》卷九《孝獻帝紀》,第379頁。
⑦ 《後漢書》卷九《孝獻帝紀》,第378頁。

暹矜功恣睢,干亂政事,董承患之,潛召兖州牧曹操。操乃詣闕貢獻,稟公卿以下,因奏韓暹、張楊之罪。暹懼誅,單騎奔楊奉。帝以暹、楊有翼車駕之功,詔一切勿問。於是封衛將軍董承、輔國將軍伏完等十餘人爲列侯,贈沮儁爲弘農太守。曹操以洛陽殘荒,遂移帝幸許。①

前引董承、伏完等封侯,即由於此。歷史的洪流從此拐了一個大彎,漢獻帝君臣結束了長達數年顛沛流離、朝不保夕的日子,而曹操也從一個普通的地方實力派,搖身一變爲"芟刈群雄,幾平海内"②的中原霸主。

但董承任衛軍只有四年,建安四年三月,"衛將軍董承爲車騎將軍"③。此後,史書再也没有明文記載誰曾任過獻帝朝的衛軍。即便實有而史不載,也反映出彼時的衛軍位不高權不重,才未被記録。

前引建安元年封侯者中,董承是漢獻帝董貴人之父,而伏完則是獻帝伏皇后之父,且爲桓帝陽安長公主之夫。④《後漢書·獻帝伏皇后紀》云:"建安元年,拜(伏)完輔國將軍,儀比三司。"⑤"儀比三司"與"儀同三司"類似,東漢鄧騭即曾以車騎將軍儀同三司。儘管伏完後來封還印綬,拒絶了這一"美差",但彼時擬議中的輔國之尊崇自不待言。皇后無疑比貴人尊貴,同爲外戚,董承所任之衛軍没有儀比三司,在情理之中,衛軍不如輔國亦顯而易見。

另外,以時間推測,建安末年,曹洪的族父曹瑜有可能任衛軍。但建安五年董承誅後,除了特殊人物孫權,無人爲驃騎(二十四年曹操表授之)、車騎(劉備表孫權行之,實乃自置)。故在這一時期,若衛軍與驃騎、車騎地位相埒,則曹瑜不可能任衛軍;若衛軍地位與延康元年相似,則曹瑜宜任之,後曹洪或接任。以董承從衛軍升爲車騎來看,後者的可能性較大。西漢衛軍較之車騎,大體等夷而略優,故張安世從車騎遷任衛軍,⑥卻從没有衛軍轉爲車騎的例子。以此觀之,董承以及曹瑜所任的衛軍,遠不如西漢時期

① 《後漢書》卷七二《董卓傳》,第2342頁。
② 《資治通鑑》卷六九《魏紀一》文帝黄初元年,北京:中華書局,1956年,第2176頁。
③ 《後漢書》卷九《孝獻帝紀》,第381頁。
④ 《後漢書》卷十下《皇后紀下·獻帝伏皇后》,第453、452頁;《後漢書》卷十下《皇后紀下》附《皇女傳》,第462頁。
⑤ 《後漢書》卷十下《皇后紀下·獻帝伏皇后》,第453頁。儀比三司,《三國志》卷七《吕布傳》亦云:"允以布爲奮武將軍,假節,儀比三司,進封温侯,共秉朝政。"
⑥ 《漢書》卷五九《張湯傳附子安世傳》,第2648頁。

崇重。

再者，東漢一朝，逐漸形成了大將軍、車騎掌權的慣例，戰時，北軍五校與諸郡兵皆歸其統轄，《後漢書》諸紀、傳於此班班可考。在此傳統之下，後出的衛軍權力空間也就相當有限了。

漢末衛軍不如車騎，還有一個方面，即無權開府。獻帝朝，車騎將軍李傕、後將軍郭汜、右將軍樊稠、安國將軍張楊、征東將軍胡才、征南將軍馬騰、征西將軍韓遂，都獲得開府的權力，可以和三公一樣辟召僚佐，選舉官吏。而董承"爲車騎將軍，開府"，①顯然其任衛軍時未被授予開府之權。

總而言之，東漢時代，興平二年年底之前的 170 年，不置衛軍；此後 25 年，有衛軍，但其地位與權力遠不如西漢時期。

三、"復興"之路：曹魏衛將軍的變遷

《通典·魏官品》中無衛軍。遍查傳世文獻，在正始六年（245）的孫資之前，曹魏任衛軍者，或許只有初年的曹洪。若曹丕甫稱帝，曹洪即任驃騎將軍，則曹魏帝國前期的 20 多年，無人任衛軍。但青龍三年（235）甄像卒，贈衛將軍；②正始中曹肇卒，亦贈衛將軍。③ 有贈官，説明制度上是設衛軍的。

之後，《三國志·劉放孫資傳》記載：

> 黃初初，改秘書爲中書，以放爲監，資爲令，各加給事中；放賜爵關內侯，資爲關中侯，遂掌機密。三年，放進爵魏壽亭侯，資關內侯。……齊王即位，以放、資決定大謀，增邑三百，放并前千一百，資千戶；封愛子一人亭侯，次子騎都尉，餘子皆郎中。正始元年，更加放左光祿大夫，資右光祿大夫，金印紫綬，儀同三司。六年，放轉驃騎，資衛將軍，領監、令如故。④

從中我們可以看到，正始六年衛軍的地位，相較於文帝時期，似乎有所上升，可以跟驃騎對舉了。但從劉放一直都壓着孫資一頭來看，衛軍的地位顯然還是不如驃騎。後

---

① 《後漢書》卷七二《董卓傳》，第 2343 頁。以上諸人開府的記載，亦皆見於《後漢書·董卓傳》。
② 《三國志》卷五《文昭甄皇后傳》，第 162 頁。
③ 《三國志》卷九《曹休傳附子肇傳》，第 280 頁。
④ 《三國志》卷一四《劉放傳附孫資傳》，第 457、459 頁。

來孫資復出任中書令，又一次遜位歸第，就是拜的驃騎將軍，①與魏初曹洪從衛軍遷驃騎異曲同工，也説明衛軍離驃騎還有一段差距。②

更能説明這一階段衛軍地位的是這一事件：嘉平四年（252）七月"戊寅，太傅司馬宣王薨，以衛將軍司馬景王爲撫軍大將軍，録尚書事"。③

司馬師的父親司馬懿曾以撫軍大將軍遷驃騎將軍，④後來，王昶、石苞也分别以征南大將軍、征東大將軍遷驃騎將軍，而征南大將軍陳騫則遷車騎將軍。説明在曹魏，諸大將軍遷驃騎、車騎是正常路徑。换言之，諸大將軍地位比驃騎、車騎低。而司馬師的衛軍卻要遷撫軍大將軍，説明此時衛軍的地位尚不及諸大將軍。

不僅如此，魏文帝時，司馬懿曾以撫軍大將軍留鎮許昌並録尚書事。⑤ 魏世録尚書事者，還有大將軍、太尉、司空、鎮軍大將軍，除最初的撫軍和鎮軍之外，均爲諸公。司馬師以撫軍大將軍録尚書事，固然有其父之先例，可能更主要的原因，還是衛軍分量不夠，若當時衛軍地位高於撫軍大將軍，何必降格以求？

然而三年之後，正元二年（255）"秋七月，以征東大將軍胡遵爲衛將軍"。⑥ 如果按照魏明帝即位不久諸大將軍升遷的次序，征東大將軍實居諸大將軍之首。也就是説，三年間，衛軍從低於諸大將軍，一下子躍居諸大將軍之上了。實際上，我們推測，從魏初到嘉平末年，衛軍地位很可能不變，一直稍高於征鎮等將軍，但其與車騎之間，先是隔着輔國、度遼等將軍，後來諸大將軍取代了輔國等將軍的位置，⑦衛軍於是變得次於諸大將軍。

可以説，曹魏正元年間衛軍的地位，已經與晉宋制度一致，達到今天我們所熟知的常態了。那麽爲何會有這一變化呢？竊以爲轉捩點當在司馬師、司馬昭兄弟交替秉政之際。

正元二年（255）春，毌丘儉、文欽反於淮南，大將軍司馬師率軍征討，凱旋途中病篤，行將不治。由於事發突然，司馬兄弟之前並未交接權力。所以彼時坐鎮洛陽的司馬

---

① 《三國志》卷一四《劉放傳附孫資傳》，第460頁。
② 竊以爲當時第二品有資格加"儀同三司"，而衛軍應屬第二品的末段，《劉放孫資傳》衛將軍後面應該再加上"儀同三司"字樣。因爲這牽涉到曹魏官品這個大問題，非三言兩語所能闡述清楚，故從略。
③ 《三國志》卷四《齊王芳紀》，第124頁。
④ 《三國志·明帝紀》黄初七年十二月條作驃騎大將軍，然而太和元年、四年的記載則爲驃騎將軍，《晉書·宣帝紀》亦作驃騎將軍。驃騎此時當在公之列，而非後來需加開府才能"位從公"。
⑤ 《晉書》卷一《宣帝紀》，第4頁。
⑥ 《三國志》卷四《高貴鄉公紀》，第133頁。
⑦ 這一變化很可能發生於黄初末年至太和年間，因爲這時期輔國等將軍長期泯然無聞。青龍中毌丘儉加度遼將軍，後遷左將軍，顯然其時度遼將軍地位已急遽降低。幾乎同時，桓範以征虜將軍都督青、徐，與延康元年在五營校尉之後截然不同。而黄初六年諸大將軍體系化，其班序恰好在車騎之後、衛軍之前。

昭不過是安東將軍兼中領軍，①其上還有四鎮、四征、衛軍、諸大將軍、車騎、驃騎、三公、大將軍等官員，跟最高權力層還有相當遠的距離。倉促之際，在殘酷的政治角鬥場，遠離首都洛陽的政治核心，變數很多，爲免打草驚蛇，司馬氏不大可能向曹魏朝廷討要太高的官職，於是選擇了司馬師之前曾經擔任過的衛軍這一看似合理的職位。在洛陽至許昌這一來一回的過程中，司馬昭即以衛軍之職來處理軍國大事。因此，這時候衛軍即便地位尚未變化，但權勢已經大不同於以往。尤其是在司馬師於許昌去世之後，魏朝廷本擬司馬昭以衛軍留鎮許昌，將其排除在洛陽這個權力中心之外，很可能爲了補償，而在這時提升了衛軍的地位。等到司馬昭采用傅嘏和鍾會的策略，陽奉詔而陰違，徑直率軍返回首都，大軍行到洛陽南邊駐扎下來，威逼京師。迫於形勢，此時魏朝廷只好任命司馬昭爲大將軍、都督中外諸軍、錄尚書事，執掌國政。② 正是在這一過程中，衛軍對諸大將軍完成了"逆襲"，從而得以接踵車騎。

此外，從任職者的資歷，也可以觀察其相應的地位。曹魏的驃騎，常從衛軍、諸大將軍、左光祿大夫儀同三司、特進等遷轉而來，③只有趙儼原來是征西將軍。車騎的來源，則基本上都是四征將軍，此外鎮南將軍有一人，遼東割據勢力公孫家族被遙授者二人，以諸大將軍遷任的只有末年的陳騫一個。從這方面看，驃騎、車騎二者之間地位相差是比較明顯的。④ 至於任衛軍的，曹洪原來是都護將軍，後來司馬師、司馬昭兄弟是以中護軍、安東將軍兼中領軍爲之，末年的司馬攸是從步兵校尉遷任，⑤四者原來的官職都不算高，班序均在四征四鎮之後，這與驃騎、車騎的遷轉者差距較大。另外，孫資是右光祿大夫儀同三司，胡遵是征東大將軍，司馬望是征西將軍，才接近驃騎、車騎的標準，而後兩者已在曹魏末年了。

横向比較，與蜀、吳兩國衛軍位高權亦重不同，⑥曹魏的衛軍，可能除了司馬昭任職

---

① 《晉書》卷二《文帝紀》，第32—33頁。
② 參見《三國志》卷四《高貴鄉公紀》，第133頁；卷二一《傅嘏傳》，第627頁；卷二八《鍾會傳》，第785頁；《晉書》卷二《文帝紀》，第33頁。
③ 從衛軍遷的有曹洪、司馬望，諸大將軍有司馬懿、王昶、石苞，左光禄大夫儀同三司爲劉放，特進有曹洪、孫資。《三國職官表》云曹洪第二次以後將軍遷，是没有注意到他任後將軍時，也"位特進"。特進雖非職事官，但朝班僅次於三司，地位尊崇。
④ 當時驃騎應爲第一品，車騎第二品，所以任職者的資歷才差距明顯。
⑤ 司馬攸身份特殊，彼時其父司馬昭已經進爵晉王，離取代魏朝只剩最後一步，作爲最得寵的兒子，其超遷在情理之中。
⑥ 吳、蜀衛軍位高權重，一直在四大"比公將軍"之列。蜀漢衛軍有姜維、諸葛瞻，或錄或平尚書事。孫吳衛軍有士燮、全琮等，其中滕胤、全尚、孫恩、濮陽興、滕牧等往往參掌國政。

之時,從來都没什麽實權。從魏國建立,到被晉朝取代,幾十年間,衛軍從來没有"錄尚書事"或類似的許可權。而且,軍事方面亦無實權。《宋書·百官志》引魚豢曰:"魏世車騎爲都督,儀與四征同。若不爲都督,雖持節屬四征者,與前後左右雜號將軍同。其或散還從文官之例,則位次三司。"沈約在後面又加了一句:"晉、宋車騎、衛不復爲四征所督也。"①從沈約的話來看,衛軍在魏世應與車騎一樣,加都督才有實權,否則地位雖高,權力卻不比前後左右等將軍大多少。

宏觀地看,曹魏一朝,尤其是後期,軍政大權主要掌握在大將軍(前期還有大司馬)手中;另一方面,於内設立領、護軍掌禁兵和武選,於外設置征、鎮將軍和都督鎮守地方,軍事實權被分割殆盡,連東漢權重無比的車騎都没有分得一杯羹,更遑論衛軍了。

綜上,曹魏前期,衛軍地位仍不高,後來則逐漸實現了"復興",尤其是在司馬昭任期,衛軍完成了朝位上的"躍遷",從諸大將軍之後,一躍而居於其前。但這種"復興"只發生在地位方面,至於權力,除了司馬昭任職時的特殊情況,其他時候,衛軍若不加"都督",是没有多少實權的。當然,這種没有實權的情況不止衛軍,驃騎、車騎等"比公將軍"亦相差無幾。

四、結　語

西漢時期衛軍位高權重。但東漢長時間闕置,而獻帝朝衛軍復置時恰逢亂世,没有獲取權力的機會。之後,上則諸公錄尚書事,内則領軍、護軍執掌中央軍,外則征、鎮將軍坐鎮地方,衛軍已無實權可掌,體現出"散官化"的傾向。

不但如此,東漢末年復置後,到曹魏初期,衛軍不僅位次車騎,甚至在輔國、度遼將軍等之後;諸大將軍興起並取代輔國等將軍的位置後,衛軍又次於諸大將軍;曹魏末年,才越過諸大將軍,得以緊隨車騎,並爲後世所延續。

概而言之,從東漢末年到曹魏一朝,衛軍的地位逐漸提高,但始終没有實權。這是與當時的政治大環境密切相關的,衛軍只是其時諸多制度變遷中的一個具體案例。

附記:本文修改過程中,得到郭碩兄與四川大學歷史文化學院"10—20世紀的中國社會與文化研討會"諸位師友的惠助,特此致謝!

---

① 《宋書》卷三九《百官志上》,北京:中華書局,1974年,第1224頁。

長沙走馬樓吳簡中所見"帥"的探討

戴衛紅

長沙走馬樓吳簡中,不僅出現了與帥有關的"吏帥客""故帥客",還有"佃帥"和"屯田帥"等名。對於"吏帥客"等"客",胡平生①、陳爽②、蔣福亞③、李均明④、沈剛⑤等學者有過討論。而關於"客"前面的"帥",胡平生 2005 年論文認爲,"帥"通"率",從字面上講是"帶領""統轄"之意。"吏"可能是鄉吏,"客"可能是佃客、田客。

陳爽 2006 年論文引用了胡平生關於"帥"的解釋,從而推測所謂"吏帥客",即是管理屯田事務的低級官吏"屯吏"所統領的屯田之"客",其主要成員應當是孫吳在征討山越過程所俘獲的山越民。

蔣福亞 2006 年論文中,鑒於"帥"的基本涵義之一是統率,認爲所謂吏帥客,指的是封建政府授命於郡縣吏們統率或管理的客,在簡中有時簡稱爲"吏客"。這個理解尚可接受的話,那麽其他簡牘中的有些名稱,如"帥客""帥"和"故帥"、"故帥客"之類也就比較好詮釋了。"帥客"或"帥"同樣是吏帥客的簡稱。吏帥客死亡後被稱爲"故帥"或"故帥客",其子弟則被稱爲"帥子弟"或"故帥子弟"等等。⑥ 而後,他在 2011 年著作中修正了這種說法,認爲"帥"是"佃帥"和"屯田帥"的簡稱……吏帥客是封建政府授命諸吏(主要是郡吏)和佃帥督迫生產的客,由諸吏督迫的客叫"吏客",由帥督迫的叫"帥客",合稱"吏帥客"……佃帥更是冠以丘名,如"石下丘屯田帥""石淳丘帥"等等。⑦

---

① 胡平生:《〈長沙走馬樓三國吳簡第二卷〉釋文校證》,《出土文獻研究》第七輯,上海古籍出版社,2005 年,第 122 頁。
② 陳爽:《走馬樓吳簡所見"吏帥客"試解》,《吳簡研究》(第二輯),武漢:崇文書局,2006 年,第 56—66 頁。
③ 蔣福亞:《長沙走馬樓三國吳簡中的"客"》,《中國經濟史研究》2006 年第 3 期,第 66—73 頁。
④ 李均明、宋少華:《〈長沙走馬樓三國吳簡〉竹簡肆内容解析八則》,《出土文獻研究》第八輯,上海古籍出版社,2007 年,第 187 頁。
⑤ 沈剛:《試論吳簡中的"客"》,《吳簡研究》(第三輯),北京:中華書局,2011 年,第 141—152 頁。
⑥ 蔣福亞:《長沙走馬樓三國吳簡中的"客"》,《中國經濟史研究》2006 年第 3 期,第 66—73 頁。
⑦ 蔣福亞:《走馬樓吳簡經濟文書研究》,北京:國家圖書館出版社,2011 年,第 201、206、207 頁。

從以上四種解釋吏帥客的觀點來看,"吏"和"客"的所指并沒有形成統一的意見;而對其中的"帥",前三種觀點均是將"帥"理解爲動詞,有"帶領""統轄"之意;蔣福亞先生的修正觀點認爲帥爲名詞,爲佃帥和屯田帥的簡稱。

隨着更多吳簡資料的出版,其中還有不同的與"帥"相關的竹簡,如:

☐都鄉男☐☐☐新户下品出錢五千五百九十四……(貳·2938正)
☐入錢畢民自送牒還縣不得持還鄉典田吏及帥(貳·2938背)
致假課鄉吏魁帥絞詭負者懸☐入☐☐其卒主死(肆·1337)

蔣福亞先生在2011著作中對貳·2938及其這一類簡背面的"鄉典田吏與帥"的論述,有三處,分別是:

> 由背面的文字可以看到,無論從地位和職責來看,"典田吏"和"帥"都是一致的,他們是封建政府派駐基層的管理人員和催繳賦税者,平時其管轄下的各類民户去繳納的,必須憑回執由他們驗收。爲什麼設置了典田吏後,還要設置"帥"呢?名稱不同,難道其所督迫和管理的對象也有區别嗎?
>
> ……直白地説在筆者心目中,按户品繳錢簡牘中的"帥"、其他簡牘中的"故帥"和"帥子弟"中的"帥",以及"佃帥"中的"帥"實際上是一回事。他們的全稱應該是"屯田帥"。
>
> 按户品繳錢的簡牘説"入錢畢民自送牒還縣不得持還鄉典田吏及帥",似乎典田吏和帥都是設在鄉一級的行政系統。實際上這都是鄉以下,設在"丘"的,"石下丘屯田帥""石淳丘帥"以及"敷丘故帥"等稱謂的出現,證明了這一點。而"典田吏"也是設在丘的,設在鄉的叫"鄉典田掾"。①

在這三處觀點中,筆者認爲對"不得持還鄉典田吏及帥"的斷句值得斟酌,鄉和典田吏不能斷開,"鄉典田吏"是指代的鄉這一機構的典田吏。那麼此處的"帥"是哪一級機構的管理者呢?另外,户品繳錢簡牘中的帥、其他簡牘中的故帥和帥子弟中的"帥",以及佃帥中的"帥"是否爲一回事,他們的全稱是否爲屯田帥,也有進一步探討的必要。

---

① 蔣福亞:《走馬樓吴簡經濟文書研究》,第171、172頁。

于振波在2017論文認爲,貳·2938這類簡中的"鄉典田吏"理應包括正面文字提到的鄉典田掾,是"因事而設"的縣吏,那麽"帥"即是"鄉帥",很可能是鄉的常設官吏。"魁"既有里魁,也有丘魁;"帥"則除了鄉帥外,還有丘帥。"鄉吏魁帥"或"鄉吏帥"也是一種通稱,既包括縣廷臨時派往各鄉從事某項事物的鄉吏,也包括鄉、里、丘的常設官吏。①

那麽,吴簡"鄉吏魁帥""鄉典田吏及帥"中的"帥"何指?吴簡中各種不同的帥與當時孫吳的基層行政管理有什麽關係?這是筆者所疑惑之處,下文將在前賢的基礎上,對三國吴簡中出現的各種不同的"帥"進行考證分析,并探討帥與孫吳基層行政管理的關係。

一、吴簡中的"帥"

上文提及的"吏帥客"中的帥到底何指呢?除了吏帥客,吴簡中還存在名目繁多的"帥",如屯田帥、佃帥、賊帥、某丘帥等。

(一) 吏帥客

吏帥客多見於倉的入米、出米簿的名目中,如吏帥客限米、吏帥客旱限米。如:

1. 未②畢三年吏帥客限米□斛□□☑(壹·50/1③)
2. 其三百九十四斛六斗吏帥客黄龍三年限米(壹·1718/6)
3. 黄龍三年屯田貸米三百七十斛黄龍三年貸米□□吏帥客黄龍元年☑(壹·1719/6)
4. ☑其五百廿七斛二斗一升黄龍元年吏帥客旱限米(貳·675)

那麽,吏帥客是"吏客"和"帥客"的合稱,還是吏統帥的客?前引胡平生、李均明、陳爽、蔣福亞等先生的觀點可以看出,學術界并没有定論。而在吴簡中有"吏客",如:

5. 陽貴里户人公乘吏客文□年卅四筭一　妻思年十九筭一(柒·1963)

---

① 于振波:《走馬樓吳簡所見鄉級行政》,《長沙簡帛研究國際學術研討會論文集》,上海:中西書局,2017年,第116—117頁。
② 整理小組注釋:"未"上原有墨筆點記。
③ "壹·941/2"中"壹"爲竹簡壹,"941"爲簡號,"2"爲其所在的盆號,以下簡例相同。

6. 富貴里户人公乘吏客唐光年卌八風病 刑(?)左手(柒·5252)

7. 夫秋里户人乘①吏客這傳年卅筭一(捌·518)

8. 富貴里户人公乘吏客監騰年七十一(捌·2045)

9. 其三户吏客(捌·398)

簡5—8四户人的民爵爲公乘,之後標注其身份爲吏客,他們的年齡從30、34、48到71歲不等。簡6吏客唐光風病、刑(?)左手,未記繳納"筭",簡8吏客監騰年71,也未記繳納"筭",34歲的吏客文□、30歲的吏客這傳要繳納筭一。吏客是否交納"筭",似乎與其年齡及健康狀況相關。

而在倉的出入米簿中,繳納的米有"吏客限米"名目:

10. □九斗五升起嘉禾四年八月訖嘉禾六年吏客限米(捌·308)

11. 其廿五斛三斗付吏張惕潘勇給所送吏客五月日糧(肆·4668)

12. □……張陽潘勇給所貸帥客五月日糧□(肆·5587)

13. □吏客黃龍三年限米一斗七□(捌·2735)

14. 新茨鄉區近入嘉禾二年吏客米十斛胄畢䶊嘉禾二年十一月六日付郭浦倉吏劉達受②副曹(捌·4524)

查看圖版,簡12中的"客"前的字模糊,但與簡11中的"吏"字殘存的撇捺交叉的部分相似,而與竹簡肆中常見的"帥"字不同,應爲"吏客"。

除了"吏客",在竹簡中,還見"帥客":

15. 其二户私學帥客(柒·5477)

一户爲私學,一户爲帥客。

吳簡中有多枚入米簡中見某丘男子繳納"帥客限米":

---

① 整理小組注釋:按吳簡格式,"乘"上應脱"公"字。
② 整理小組注釋:本簡爲木簡,上有朱筆塗痕。"劉達受"三字爲花書。

16. 入小武陵鄉嘉禾二年帥客棋生限米五斛胄畢㠯嘉禾二年十月廿五日楮下丘棋生關邸閣董基付三州倉吏鄭黑受(壹・4458/11)

17. 入小武陵鄉嘉禾二年帥客黃☐(壹・4768/11)

18. 入平鄉嘉禾五年帥客鄧盡(?)限米廿斛就畢㠯嘉禾五年十一月卅日杷(?)丘吳馬關丞皁紀付掾孫儀受(貳・8591)

這三枚入米簡中,名目爲"帥客某限米",帥客後有具體的人名。簡 16 中"楮下丘棋生"向三州倉繳納的便是"帥客棋生限米五斛",而簡 18 中杷(?)丘吳馬繳納的是"帥客鄧盡限米"。但由上可知,在已公布出版的竹簡中,既有"吏客",又有"帥客",繳納米的名目既有"吏客限米",又有"帥客限米",而"吏帥客某年(旱)限米"并不見吏帥客後有具體人名,由此推測"吏帥客限米"中的"吏帥客",是吏客和帥客的合稱,"帥"不是統率之意,而爲名詞。

(二) 屯田帥

吳簡中還多見"屯田帥"。孫吳在建立之初,便重點解決社會經濟問題,在外與曹魏、蜀漢抗衡,內征山越、南蠻的過程,也要解決軍糧的問題。因此,不僅有軍屯,也組織了大規模的民屯。① 陸遜曾出爲海昌屯田都尉,并領縣事。② 建安十九年,呂蒙擊敗曹操所屬的廬江太守朱光後,"(孫)權嘉(呂蒙)功,即拜廬江太守,所得人馬皆分與之,別賜尋陽屯田六百人,官屬三十人。"③蔣欽屯宣城時,"嘗討豫章賊。蕪湖令徐盛收欽屯吏,表斬之,權以欽在遠不許。"④在長江沿江地區,東起吳郡,西至夷陵,東西幾千里之間,設置了近二十處屯田區。⑤ 但軍屯和民屯機構、官職的設置,文獻所載的名稱有些雜駁,且職掌、轄屬并不清晰明了。而吳簡也反映出長沙地區的屯田情況:

19. ☐石下丘屯田帥周☐(壹・8842/13)

---

① 陳連慶先生曾全面地鈎稽梳理傳世文獻的有關資料,纘敍了孫吳屯田的據點、屯田的機構與特點、屯田的全盛與衰落及其歷史意義。參見陳連慶《孫吳的屯田制》,《社會科學輯刊》1982 年第 6 期,第 80—87 頁。
② 《三國志》卷五八《吳書・陸遜傳》,第 1343 頁。陳連慶先生考證了陸遜屯田的時間約在建安七、八年前後,詳見陳連慶《孫吳的屯田制》,第 80 頁。
③ 《三國志》卷五四《吳書九・呂蒙傳》,第 1276 頁。
④ 《三國志》卷五五《吳書十・蔣欽傳》,第 1287 頁。
⑤ 陳連慶:《孫吳的屯田制》,第 81—83 頁。

20. 入□鄉屯田司馬黃松嘉禾二年限米廿二斛六斗就畢㠯嘉禾三年四月廿日區母丘屯田帥高蔡關邸閣董基付三州倉吏鄭黑受(柒·1609)

21. 草言[料]列屯田民廿六人□□□□□□記石[掾]□帥□□[補]謫人數事
嘉禾□年三月廿四日屯田曹□□□(叁·3463)

22. 草言□月□日入五年司馬黃松屯田民限米九百一十一斛二斗事
嘉禾□年八月廿一日史烝言□(叁·7329)

蔣福亞認爲簡 21 中屯田曹用公文形式請示 26 位屯田民的事項牽涉到了"石掾□帥",至少說明這個"帥"和屯田民,甚至是屯田脫離不了干係。① 筆者同意這一觀點,認爲屯田帥有可能直接管理屯田民,爲他們的小頭領;而屯田帥、屯田民的各種事務由屯田曹來管理。

另外,簡 22 透露了屯田司馬和屯田民的關係,即屯田民需繳納"屯田司馬某限米":

23. 入西鄉司馬黃松嘉禾二年屯田限米十一斛㠯嘉禾三年正月[十][二]日枊丘廖興關邸閣董基付倉吏黃諱史潘慮(貳·688)

24. 入西鄉司馬黃松嘉禾二年限米六斛㠯嘉禾三年正月八日複皐丘大男朱若關邸閣李嵩付倉吏黃諱史潘慮(貳·699)

25. □升㠯嘉禾□年十一月五日[枊]奇丘司馬黃升(?)關邸閣郭據付倉吏……□(貳·8907)

簡 23、簡 24 爲西鄉枊丘廖興和西鄉複皐丘大男朱若向州中倉繳納"司馬黃松嘉禾二年(屯田)限米"這一名目的米,那麽西鄉枊丘廖興和西鄉複皐丘大男朱若二人可能是屯田司馬黃松統領的屯田民。簡 20 記錄了居住在□鄉區母丘的屯田帥高蔡向三州倉繳納了廿二斛六斗米,從米的數量來推斷,并不是他一個人的繳納量,應該是代他所帥的屯田民所繳納。那麽,屯田帥爲屯田司馬和屯田民之間的鈕結。而從簡 20 中所記"區母丘屯田帥高蔡"來看,簡 25"(枊)奇丘司馬黃升"只能說明司馬黃

---

① 蔣福亞:《走馬樓吳簡經濟文書研究》,第 169 頁。

升居住在"杕奇丘"。①

从简21、22"屯田民"的信息透露,這些簡中涉及的屯田為民屯,與東漢、曹魏的軍屯不同。《後漢書》卷八五《傅燮傳》載東漢末年,傅燮"乃廣開屯田,列置四十余營"。鄧艾淮上屯田的情況,據《晉書·食貨志》:"遂北臨淮水,自鐘離而南橫石以西,盡沘水四百餘里,五里置一營,營六十人,且佃且守",這種軍屯以營為單位,集中居住,且佃且守。從簡23、簡24西鄉杕丘廖興和西鄉複皐丘大男朱若向州中倉繳納"司馬黃松嘉禾二年(屯田)限米"這一名目的米來看,吳簡中反映出民屯的屯田民並不是集中居住。蔣福亞先生認為孫吳並不是在臨湘特意劃出一大片地來安置屯田民,建立屯田區,而是將屯田民分散於各丘,由屯田帥統率,耕種限田,或開墾荒地,實行屯田,呈現出大分散、小集中的特徵。② 筆者同意這一看法,認為屯田帥為屯田司馬和屯田民之間的鈕結,屯田民分散在各丘居住,由屯田帥統率,而屯田帥可能由屯田曹來任命管理。

(三) 佃帥

除了屯田帥,吳簡中還有"佃帥":

26. 春平里户人公乘佃帥□□年六十(捌·199)
27. 宜陽里户人公乘佃帥□衣③年五十一 刑手(捌·930)
28. 浦里户人公乘佃帥周倉年六十(捌·1178)
29. 夫秋里户人公乘佃帥龔溲年六十一(捌·2179)

竹簡捌中的這四户,户人均為公乘,而"佃帥"被標注在人名年紀簿中,這與上引簡5—8"吏客"的標注相同。而在竹簡貳中:

30. 邧④兄公乘炭年卌五給佃帥　炭妻大女陵年卌四(貳·1562)

---

① 蔣福亞先生認為,"屯田司馬不只是可以簡稱為司馬,他們還有別的稱謂,簡二8907稱黃升為'杕奇丘司馬黃升',而簡三641又稱黃升為'小西鄉司馬';簡一8159稱黃松為'中鄉司馬',簡二688和699又稱黃松為'西鄉司馬'。其實,屯田司馬們最正規的稱謂應該像簡三5126那樣為'中鄉屯田司馬'。上述稱謂的出現,反映出小西鄉、西鄉和中鄉很可能是臨湘屯田司馬們辦公的場所,或者是其屯田的主要場所。"參見蔣福亞《走馬樓吳簡經濟文書研究》,第162頁。

② 蔣福亞:《走馬樓吳簡經濟文書研究》,第172—173頁。

③ 注:"衣"上□左半殘缺,右半爲"昜"。

④ 注:邧,《玉篇·邑部》:"睢陽鄉名。"音hui,或説同"邟"。

在這支簡中,"給佃帥"標注在年齡之後。

31. 其一户佃帥(肆·272)

32. 其一户佃帥(肆·371)

33. 其一户佃帥(肆·879)

34. 其一户佃帥(肆·2821)

35. 其三户佃帥衛士(捌·1860)

36. 其①五户佃帥(柒·2389)

37. 其五户佃帥吏客(柒·1847)

38. ☑其十七户佃帥吏客出限米(捌·644)

39. 其六户佃帥(捌·2551)

40. 其二户佃帥(捌·2558)

以上這十支簡爲小計簡,標注户主的身份。而在一些殘斷的出入米簡中,也見"佃帥":

41. ☑□佃帥陳覆付庫吏殷連受(貳·3893)

42. ☑□斛胄畢〼嘉禾二年十一月十三日樂②佃帥周客關邸閣董基三州倉吏穀漢受(參·2666)

43. ☑嘉禾元年九月十日佃帥何☑(參·5948)

44. ☑……日佃帥毛生關邸閣李嵩付倉吏黃☑(柒·3474)

45. ☑□□□佃帥黃☑(捌·5106)

在這五支簡中,簡 42 是向三州倉、簡 44 是向州中倉繳納米的細目簡,簡 42 佃帥在樂丘之後,表明佃帥居住在樂丘。

46. 草白佃帥朱□□應□□□事……部曲田曹史揖白(柒·3157)

---

① 整理小組注釋:"其"上原有墨筆點記。
② 整理小組注釋:"樂"下脱"丘"字。

從簡 46 可見,佃帥事務由部曲田曹來管理,與屯田帥、屯田民事務由屯田曹管理不同。① 下面兩簡的內容也表明部曲田曹與佃田事務有關:

部曲田曹列言諸士妻子佃田四百五十九畝☐(肆·5598)
草言府列佃卒廿三人爲簿事　八月十九日部曲田☐(柒·4464)

吳簡中有"佃吏",佃吏分州郡縣佃吏:

47. 入黃龍二年州佃吏蔡☐☐☐限米廿六斛(壹·3179/9)
48. 入黃武六年州佃吏鄭修限米廿斛☐(壹·6378/12)
49. 入黃武七年州佃吏鄭修限米廿五斛☐(壹·9564/14)
50. 其一百一十二斛九斗郡縣佃吏嘉☐(壹·2254/6)
51. 年郡縣佃吏限米七十一斛嘉禾元年州佃吏☐☐(貳·3846)
52. 其九斛州佃吏董基黃☐(貳·3848)
53. ·右一户縣佃吏下品　　☐(貳·2375)

曹魏屯田,使用私牛屯種官田者,收穫物由官、民對分;使用官牛屯種官田者,官取六分,民取四分。而在吳簡中,另外還見"四六佃吏""助四六佃吏",可能與使用官牛來佃種有關:

54. 其一百五十五斛☐升郡四　下佃吏限米吏客還充役郡別差均(?)(肆·4949)
55. 入平鄉嘉禾二年助四六佃吏限米七斛僦畢㠯嘉禾三年四月十九日……關邸閣董基付三州倉吏鄭黑受(柒·1605)

仔細查看簡 54 的圖版,"四"後的"下"字應釋爲"六"字。

除"佃吏"外,還有佃卒:

---

① 不過,部曲田曹也會涉及屯田民的事務,簡柒·2565 載"部曲田曹言屯田民限米前後有入一萬二千三百五十二斛☐☐嘉禾☐年十一月十四日書佐吕承封"。

56. 其一户郡佃卒(肆·531)

57. ☐禾二年十二月十八日茋丘佃卒董義[關]☐(壹·4269/10)

于振波認爲佃卒有可能是專門從事屯田的人,即屯田兵、客。① 但從屯田和佃田分屬不同系統來看,這種説法并不一定準確。

另有佃父、佃民、限佃民、佃客、限佃客等稱呼:

58. 佃父公乘[廷]年八十二刑右[手]☐(壹·2625/7)

59. ·其一百卌八斛三斗佃民付黃龍三年☐(貳·7399)

60. 草言☐民……佃民……事……白(柒·2975)

61. ☐三户限佃民　其一户中品
　　　　　　　　二户下②(肆·2565)

62. 其二户限佃[民]下品(柒·2300)

63. 富貴里户人公乘佃客☐元年六十二(捌·1160)

64. ☐五(?)十人給習射及限佃客爲官☐☐(貳·6872)

65. ☐男弟[南]年卅三給限佃客以嘉禾四年八月十一日叛走(叁·3080)

由此可見,佃種的人有州郡縣佃吏、佃卒以及佃父、限佃民、佃民、佃客、限佃客,這與嘉禾四年、五年吏民田家莂中佃種以男子、大女、州卒、郡卒、縣卒居多相合,他們所佃土地數目不大,向官府繳納税米、租米等租税。于振波先生發現租佃者的來源,均爲本籍人,其中既有本地農民,也有户籍在當地的州、郡、縣官府屬吏、軍吏及地方兵卒。他們的共同特點,就是他們的户籍均在當地,而且他們不屬於奴婢、部曲等非自由民。③

佃種者向官府繳納租税的名目有"佃吏限米":

66. 入[廣][成]鄉縣佃吏嘉禾二年限米二斛☰嘉禾三年四月十二日弦丘蔡☐關邸閣李嵩付倉吏黃諱史番慮(貳·380)

---

① 于振波:《走馬樓吳簡中的"限米"與屯田》,《走馬樓吳簡初探》,臺北:文津出版社,2004年,第40頁。
② 整理小組注釋:"下"下脱"品"字。
③ 于振波:《走馬樓吳簡所見佃田制度考略》,《湖南大學學報(社會科學版)》2003年第6期,第23—28頁。于振波:《走馬樓吳簡中的限米與屯田》,《中國社會科學院研究生院學報》2004年第1期,第120—125頁。

67. 入佃吏黃龍元年限米七斛……(壹·1968/6)

68. 其七斛佃吏黃龍元年限米(壹·2129/6)

69. 入西鄉佃吏逢養嘉禾二年限米五斛五斗㠯嘉禾三年二月十六日高樓丘大男逢固(？)關邸閣吏嵩付倉吏黃諱史潘慮受(貳·377)

70. 入西鄉吏謝福助佃吏嘉禾二年限米五斛㠯嘉禾三年四月廿三日龍穴丘☐☐☑(貳·575)

有"佃卒限米"：

71. 入黃龍元年佃卒限米卅二斛三斗　中(壹·3142/9)

72. ☑其三斛四斗五升黃龍二年佃卒限米(參·5007)

73. 入平鄉嘉禾二年郡佃卒限米十二斛胄米畢㠯　嘉(壹·4409/11)

還有某鄉某丘男子繳納的"佃帥限米"：

74. 入都鄉嘉禾二年佃帥限米☑(壹·1408/5)

75. 入都鄉嘉禾二年佃帥限米廿斛㠯嘉禾三年二月廿九日進渚丘男子周角關邸閣李嵩付倉吏黃諱史潘慮受(貳·778)

76. 入臨湘小武陵鄉五年佃帥限米十斛㠯嘉禾五年十一月二日監丘☐(捌·5726)

77. 領嘉禾三年佃帥限米一千六十斛運集中倉☑(捌·5325)

78. 入三州倉運嘉禾二年佃帥限米九百廿斛八斗　十　月　入　倉(捌·5457)

79. 入三州倉運嘉禾二年佃帥限米五十四斛九斗三升☑(捌·5488)

80. 入臨湘中鄉五年佃帥限米八☑(捌·5985)

81. 入佃帥嘉禾二年限米九十☐斛七斗(捌·3755)

簡74、75、76是某鄉某丘男子繳納嘉禾二年佃帥限米的細目簡,這些男子可能爲佃帥所屬的佃民。那麼佃帥、佃吏、佃卒與佃民、佃客之間的關係是什麼呢？筆者認爲,出現佃吏、佃卒和佃民區別的原因,是因爲他們在佃種之前的身份不同,如簡52"其九斛州佃吏董基黄☐",董基在佃種之前的身份是州吏,因此他在佃種時的身份便是州佃吏。細分這些身份可能是在繳納租稅時數量不同。而佃帥可能便是在佃種過程中產生的一個首領,其"帥"的身份可能由"部曲田曹"來任命。

(四) 賊帥

吳簡出入米簿中,繳納限米的名目還見"賊帥限米":

82. 其卅五斛嘉禾元年賊帥佃[米]☐(貳·7362)
83. 入運三州倉嘉禾三年[賊][帥]限米卅斛(叁·1773)
84. 嘉禾①元年賊帥限米七斛四斗東部烝口倉吏孫陵備黃龍元年耗咸稅(捌·3092)
85. 其②卅五斛嘉禾元年賊帥限米(捌·3149)
86. 其卅五斛嘉禾元年賊帥限米(捌·3270)
87. 其③卅五斛嘉禾元年賤帥限米(捌·3437)

查看圖版,簡87中"賤帥"的"▓"與簡86中"賊帥"的"▓"字形相同,"賤帥"應是"賊帥"的誤釋。這種"賊帥限米"與"佃帥限米"相類,賊帥也應是一類人的稱謂。那麼,該怎麼解釋呢? 在竹簡中,經常出現與賊黃勳有關的米:

其卅二斛一斗七升賊黃勳黃龍三年版物買米(貳·3859)
其卅六斛大男張吉張狗所買賊黃勳黃龍三年牛價米(貳·3866)
☐其廿六斛六斗七升賊黃勳黃龍三年財物買米(貳·4316)
言賊黃勳財物錢五萬三千三百卅事……(柒·626)
入會郭客所買賊黃勳黃龍三年衣物賈米十三斛五斗(捌·2807)
其八斛六斗一升會支朋所買賊黃勳黃龍三年青賈米(捌·2891)
其卅六斛□斗張吉張狗所買賊黃勳黃龍三年牛賈米(捌·2903)
入賊黃勳黃龍三年財物賈米廿六斛六斗七升(捌·3097)
其六十七斛三斗大男張狗張吉所買賊黃勳黃龍三年牛賈米(捌·3101)

---

① 整理小組注釋:"嘉禾"上原有墨筆點記。
② 整理小組注釋:"其"上原有墨筆點記。
③ 整理小組注釋:"其"上原有墨筆點記。

其九斛男子郭元所買賊黃勛黃龍三年牛賈米(捌·3180)
入郡掾張祇所買賊黃勛黃龍三年早①賈米四斛一斗五升(捌·3763)
入郡掾張祇所買賊黃勛黃龍三年絹賈米四斛五斗(捌·3764)

從竹簡柒·626中與賊黃勛相關的財物錢五萬三千三百卅來看,數目不小。另外,他還涉及黃龍三年的叛物買米、牛賈米、財物賈米、絹賈米、旱賈米等,那麼賊黃勛與賊帥有什麼關係呢,由於資料所限,暫時未知。簡文中還見賊曹、中賊曹等與"賊曹"相關的機構,以及右賊曹史、中賊曹史、賊曹掾等相關吏員:

　　賊曹言□佑錢有入三萬四千四百錢事　嘉禾五年四月廿七日書佐呂承封(柒·436)
　　中賊曹言所□大男□□罪法事　嘉禾六年三月一日書佐呂承封(柒·1583)
　　月三日右賊曹史(?)□☐(貳·6738)
　　八月廿一日左賊曹史郭邁白(叁·3980)
　　☐□□覓(?)中賊曹史郭邁(叁·4907)
　　草言府□□□□□□不在縣界□□事　六月十八日賊曹掾□□白(柒·670)

另見"賊吏":

　　入廣成鄉賊吏棋綜了弟限米二斛二斗冑畢嘉禾元年十一月四日桼丘☐(肆·1678)

此處的"賊吏"可能爲"賊曹吏"之省稱。
那麼,賊帥是否由賊曹任命?由於資料所限,暫時不能得出結論。
(五)貸種糧簡中的"帥"
在竹簡肆揭剝位置示意圖十六(肆·3864—3893)所代表的這坨簡中,有三種不同類型的簡:第一類是官牛簿;第二類是吏民人名年紀簿;第三類簡涉及種糧禾米數。從

---

① 整理小組注釋:"早"應爲"旱"之誤。

簡文中可以確定屬於第三類的有以下四支簡：

88. ☑右一人乞貸種糧禾合二百五十九斛一斗給爲藏粻帥廖鄢☑（肆·3885/16.22①）

89. ……十七人給（？）……（肆·3888/16.25）

90. ……給藏糧帥何□主（肆·3889/16.26）

91. ……威種粻禾合廿七斛五斗給爲佃糧帥章仲主（肆·3893/16.30）

這四支簡中出現了"給爲藏粻帥某""給藏糧帥某主""給爲佃糧帥某主"。揭剥圖十七位置示意圖（肆·3894—3904）中一坨簡的内容與之有關聯：

92. ☑男子誦成三斛　男子誦十五②斛（肆·3894/17·1）

93. ·右十六人乞貸種糧禾二百七十六斛七斗帥劉租主（肆·3895/17·2）

94. 男子□恒卌二斛　男子潭山六斛　男子潭觧十斛（肆·3896/17·3）

95. 男子誦喜三斛五斗　男子王慮（？）□斛　□吏潭□十五斛（肆·3897/17·4）

96. 男子區既九斛八斗（肆·3898/17·5）

97. ……粻米四斛□斗給爲藏粻……（肆·3901/17·8）

98. ……禾十二斛六斗給爲佃糧帥□□（肆·3902/17·9）

99. 從掾位劉欽叩頭死罪白　謹達所出二年税米禾給俶（貸）民爲三年種糧謹羅列

人名爲簿如牒請以付曹拘校欽惶怖叩頭死罪死罪

詣　金　曹

八月四日白（肆·3904①/17·11－1.）

揭剥圖十七所在的這一坨簡，共 11 支竹簡和 1 枚大木牘，其中除 2 支簡有關出米雇人，1 支爲吏民人名、1 支字迹漫漶磨滅不能確定外，其餘 7 支簡可能爲同一類簡。細

---

① 肆·3885/16.22 中的肆·3885 表示竹簡的編號，16 表示揭剥圖，22 表示在揭剥圖中的標號。

② 整理小組注釋："十五"前或脱人名。

看這7支竹簡,可分爲兩類,簡92、94、95、96格式爲"男子+姓名+數量+斛",是男子得到米的細目;而簡93、97、98與揭剝圖十六中的4支簡格式相同,不過,一爲"右多少人貸糧數目給爲藏粻帥某人主",一爲"右多少人貸糧數目給爲佃糧帥某人主",是對簡92、94、95、96細目簡的小計。簡88和簡93稍有不同,簡88中一人乞貸種糧禾的數目與簡93中十六人乞貸數目相差無多,因此,簡88中的乞貸種糧禾實際上不僅是此人一人所得。大木牘記載的是從掾位劉欽向金曹白"出二年稅米禾給侅(貸)民爲三年種糧"事,并羅列人名爲簿。在這個簿書中,最重要的是羅列借貸人的人名及借貸數目。而簡92、94、95、96爲給貸民的人名和借貸數目,應是大木牘簿書的細目簡。

簡文"給爲藏粻(佃糧)"中的"粻",《說文解字》:"食米也。"《爾雅·釋言》"粻,糧也。"注云,"今江東通言粻。"那麼,簡1中的"藏粻"與簡3中的"藏糧"實爲同一意思。

"給",《說文解字》"給,相足也。從糸,合聲"。《玉篇》"供也,備也"。《漢書·高帝紀》云,"雖日不暇給,規摹弘遠矣",顏師古注云,"給,足也"。結合大木牘中"出二年稅米禾給侅(貸)民爲三年種糧",此處的"給"爲"給貸"之意。"帥何□主""帥章仲主""帥劉租主"的方式與下面竹簡記載的"魁*主"結構相類:

集①凡陽貴里領吏民五十户口合二百卅四人　魁　潘酭　主(柒·256)
集②凡富貴里領吏民五十户口食合二百六十二人　魁　陳魯　主(柒·290)

以上兩簡中的"魁"爲里魁;"主"應爲主管,負責之意。貸種糧簡"帥何□主""帥章仲主""帥劉租主"中的"主"也應該是負責、主管之意。那麼,"帥"爲哪一個機構的負責人或管理者呢?在走馬樓吳簡中還有相類的"貸禾簡":

出平鄉嘉禾□□□禾□給貸常□丘民烝□等十八斛五斗□㠯嘉禾二年四月廿一日□□□□□□╱(肆·4325)

---

① 整理小組注釋:"集"上原有墨筆點記。
② 整理小組注釋:"集"上原有墨筆點記。

上簡同文符號之前的上部分由於簡被損壞,因此看不出出米的名目,但是出米的目的記録清晰,即"給貸常□丘民烝□等十八人斛五斗",出貸給某丘民米。在常見的"取禾簡""貸禾簡"中,均記録了取禾人、貸禾人的居住地"丘":

　　　　右平鄉□□□□丘三人　　取禾三斛　　居在□丘(壹·941/2)
　　　　右①平鄉□□□□丘五人 取 禾 三 斛 (壹·995/3)
　　　　右②平鄉巾竹丘民七人　 取禾七斛□(叁·62/23)
　　　　□淦(?)丘民五人取禾五□(貳·9033)
　　　　□□□一夫貸(?)一斛　　居在□□丘(貳·9089)
　　　　大男潘旻　一夫貸禾七斗　　居在□(貳·9091)

竹簡肆揭剥圖十六、十七中貸種糧者可能與"取禾簡""貸禾簡"中相同,也按鄉—丘來編制,貸種糧者居住地爲丘,編制單位也爲"丘",由此推測其管理負責者爲"帥"。那麼,"丘"的管理者是否爲"帥"呢?③

(六) 某丘帥

關於三國吴簡中"丘"的性質及其與鄉、里的關係,中日學者有過熱烈的討論,爭議頗多。④ 在上引"取禾簡"和"貸禾簡"中均出現了"居在某丘",因此,無論對吴簡中

---

① 整理小組注釋:"右"上原有墨筆點記。
② 整理小組注釋:"右"上原有墨筆點記。
③ 對於"丘"的管理者,沈剛在 2008 年論文中認爲,吴簡中出現的"歲伍""月伍"是新出現的丘的管理者,二者分工不同,"歲伍"主要管理丘中的民户,"月伍"則負責土地管理,并且有時還要負責代繳本丘居民的賦税。參見沈剛《走馬樓吴簡所見"歲伍""月伍"新解》,《魯東大學學報(哲學社會科學版)》2011 年第 5 期,第 81 頁。馬智全推測歲伍應是丘一級組織的下屬吏員,參見馬智全《伍·伍長·歲伍·月伍》,《長沙簡帛研究國際學術研討會論文集》,上海:中西書局,2017 年,第 233—235 頁。王彦輝先生注意到"月伍"××的前面一般標注×丘,"歲伍"的前面則標注××鄉,懷疑這是否暗示着"月伍"只具體負責一丘事務,"歲伍"則要負責多個丘的事務。參見王彦輝:《聚落與交通視閾下的秦漢亭制變遷》,《歷史研究》2017 年第 1 期,第 38—53 頁。
④ 王素先生在 2006 年的論文中將之概括爲十種觀點,即"丘即里""自治性質基礎組織""丘陵地區村落""居住地或居民點""含有田地的居住地""人爲設置的徵税組織""人爲設置的行政組織""耕作區域""屯田組織、屯田區"其他"。在一一辨正了每種觀點後,他以自己上山下鄉的實際生活經驗,并輔以長沙東牌樓東漢簡内容爲論據,認爲"丘"稱之爲"丘陵地區村落",稱之爲"居住地或居民點",稱之爲"含有田地的居住地",應該説都是正確的。參見王素:《中日長沙吴簡研究述評》,李文儒主編:《故宫學刊》二〇〇六年總第三輯,北京:紫禁城出版社,2007 年,第 540—544 頁。

"丘"的性質如何争論,丘作爲實際居住點的事實是毋庸置疑的。① 在許迪割米案中:

100. 弟黜、八妻督、冰妻足,俱居南鄉秼丘,佃作爲業。八、冰以過十一(捌·4020)

101. 十一月七日,大男許迪辭:本下雋縣民,少失父,遜與母妾兄別々男弟冰。迪妻小冰妻+足別妻督子男讓々男弟黜俱居其縣南鄉秼丘佃作爲業迪以建安廿一年(捌·4117+4106)②

同樣在涉及案件的狀辭中,五一廣場東漢簡中"(鄉)—亭部—丘"關係在長沙走馬樓吳簡中變成了"鄉—丘"關係。③ 這不僅體現了東漢末期孫吳一地"亭部"發生了變化,也是這一變化帶來的直接結果。④ 但是這兩支簡仍能確證丘爲居住地。丘作爲居住地,在很多私學簡中也可以得到確認:

102. ☐長沙黃☐,年廿六。狀:☐白衣,居臨湘都鄉吳溏丘。帥龔傳主。無有☐(肆·3979)

103. ☐☐長沙李俗,年廿。狀:俗,白衣,居臨湘東鄉茗上丘。帥鄭各主⑤(肆·3991)

104. 私學長沙烝杲,年卅。狀:杲,白衣,居臨湘東鄉☐丘。帥烝☐主,☐送兵户(肆·4078)

105. ☐臨都尉宋圭舉☐,居湘溲丘。帥☐☐(肆·4524)

106. 私學長沙鄭狗,年☐。狀:狗,白衣,居臨湘樂鄉☐☐丘。帥黃……(肆·5225)

107. 私學長沙陳風,年卌四。狀:風,白衣,居臨湘模鄉利州丘 有户(肆·

---

① 竹簡壹、貳、肆、柒的"取禾""貸禾"簡中,"居在某丘"明確表明丘爲居住地。參見戴衛紅:《長沙走馬樓吳簡所見"取禾"、"貸禾"簡再探討》,樓勁、陳偉主編:《秦漢魏晉南北朝史國際學術研討會論文集》,北京:中國社會科學出版社,2018年。
② 二簡的編連,參見徐暢:《新刊長沙走馬樓吳簡與許迪割米案司法程式的復原》,《文物》2015年第12期,第72頁。
③ 王彥輝:《聚落與交通視閾下的秦漢亭制變遷》,《歷史研究》2017年第1期,第38—53頁。
④ 詳見戴衛紅:《魏晉南北朝時期亭制的變化》,《社會科學戰綫》2016年第2期,第89—102頁。
⑤ 整理小組注釋:簡左側下端尚見少量字跡。

108. ☑[私]學長沙鄧……[白][衣][居][臨][湘]□鄉田□丘。帥鄧☑（肆·5386）

以上七支關於私學"狀"的簡,詳細記載了私學年齡、身份、居住地,其居住地的記載是依據"縣—鄉—丘"的記錄模式。而"丘"後的"帥",很容易讓人聯想到其管理者。于振波便列舉肆·3991 和肆·4078,并將其認爲是"丘帥"。①

那麼私學簡中,"丘"後的"帥"是"丘"的管理者麼？在文意上,"居某縣某鄉某丘"是一個完整的表達,因此丘與後面的帥已經斷開。在理解"帥龔傳主""帥鄭各主""帥烝□主"中的"主"時,王素、宋少華先生指出據傳世文獻,在此約有二義,一指"舉主",即舉薦之主；一指"本主",即原主、原主人,更傾向於將"主"作"本主"解。② 筆者認爲它們與上文所引貸食簡中"帥何□[主]""帥章仲主""帥劉租主"結構相同,此處"主"可理解爲主管、負責之意,那麼"帥"有可能便是"丘"的管理者。

吴簡中出現了"某丘帥":

109. 入樂鄉柚丘帥烝開二年布一匹三丈九尺⥮嘉禾二年□□☑（壹·6813/12）

110. 入□[鄉]敦丘帥□□二年布二匹三丈四尺⥮嘉禾二年☑（壹·6817/12）

111. 入屯田司馬黄松嘉禾二年限米一百五斛⥮嘉禾三年正月四日石淳丘帥謝訶關邸閣李嵩付倉吏黄諱史番慮（貳·365）

112. ☑十一月十二日吴唐丘帥何(?)使(?)付庫吏殷連受（貳·5632）

在這 4 支簡中,均爲某丘後接"帥"。"某鄉某丘帥"有兩種可能的意思,一種爲"帥某"居住在某鄉某丘,另一種"帥"即爲"丘"的管理者。

（七）某丘故帥

在竹簡中,還出現了"某丘故帥":

113. ☑[嘉]禾二年十一月七日敷丘故帥番尾關邸閣[董]（壹·5741/12）

114. 入[桑]鄉嘉禾二年故帥番尼限米卅一斛青畢⥮嘉☑（參·509）

---

① 于振波:《走馬樓吴簡所見鄉級行政》,《長沙簡帛研究國際學術研討會論文集》,第 117 頁。
② 詳見王素、宋少華:《長沙走馬樓吴簡的新材料與舊問題——以邸閣、許迪案、私學身份爲中心》,《中華文史論叢》2009 年第 1 期,第 24 頁。

115. 入小武陵鄉子弟限米十斛冑畢㸚嘉禾元年十一月十一日平支丘故帥朱佃付三州倉吏穀漢受　中（肆·1001）

116. 入小武陵鄉子弟限米十一斛冑畢㸚嘉禾元年十一月六日平支丘故帥朱佃付三州倉吏穀漢受（肆·1258）

117. 入小武陵鄉稅米十二斛冑畢㸚嘉禾元年十一月廿六日平支丘朱佃付三州倉吏穀漢受　中①（肆·2306）

118. ☐陵鄉稅米八斛四斗冑畢㸚嘉禾元年十一月廿一日平支丘朱佃付三州倉吏穀漢受　中②（肆·3910）

在簡115、116中，故帥朱佃還在繳納米，因此此處的"故"不是故去、死去之意，而是之前、曾經之意。不過同在嘉禾元年十一月的入米簡中，26、21日繳納米時，省去了"故帥"二字，變成了"平支丘朱佃"。

在入米簡中還可見"故帥（某）子弟限米""故帥某限米"或"故帥某客限米"：

119. 入小武陵鄉嘉禾二年故帥子弟限米十二斛冑畢㸚嘉禾二年☐☐月☐（壹·4640/11）

120. 入平鄉嘉禾二年故帥鄧盡限米五斛五斗冑畢㸚嘉（壹·4838/11）

121. 入平鄉嘉禾二年故帥烝迷子弟限米三斛冑畢㸚嘉禾二年十月廿六日杷丘男子石迷關邸閣董（壹·4859/11）

122. 入平鄉嘉禾二年故帥烝迷子弟☐（壹·4928/11）

123. 入平鄉嘉禾三年還貸食嘉禾元年故帥張斥子弟限禾還米四斛㸚嘉禾二年正月六日伍社丘王敬關邸閣董基付三州倉吏鄭黑受（肆·4306）

124. 入平鄉嘉禾三年還貸食嘉禾元年故帥張斥子弟限禾還米六斛冑畢㸚嘉禾三年正月六日伍社丘張斥關邸閣董基付三州倉吏鄭黑受（肆·4307）

125. 入平鄉嘉禾二年故帥烝萬客限米卄一斛☐☐（壹·4423/11）

126. 入西鄉嘉禾二年故帥烝萬客限米十九斛冑畢㸚☐（參·2073）

127. 入桑鄉嘉禾二年故帥朱☐子弟毛☐限米四斛冑畢㸚嘉禾二年十二月

---

① 注："中"爲朱筆迹。
② 注："中"爲朱筆迹。

二日吏五取(?) 關邸閣董基付三州倉吏鄭黑受(柒·1664)

筆者推測簡 113 中的敷丘故帥番尾、平支丘故帥朱佃爲敷丘、平支丘曾經的帥。

綜合以上吳簡中七類"帥"可見,"吏帥客"是吏客和帥客的合稱,"帥"不是統率之意而爲名詞;屯田帥爲屯田司馬和屯田民之間的鈕結,屯田民分散在各丘居住,由屯田帥統率,而屯田帥由屯田曹來任命管理;佃帥是在佃種過程中產生的一個首領,其"帥"的身份可能由"部曲田曹"來任命;賊帥可能與賊曹有關。而貸種糧簡中的"帥"、某丘帥、某丘故帥爲一類,爲丘的管理、負責者。

另外,吳簡中還見"鄉"後跟"帥"的簡例:

128. ☐鄉帥烝益布二匹 嘉禾元年八月六日關丞 付庫吏殷連受(肆·833)

129. 入西鄉帥子弟限米三☐(肆·2934)

于振波例舉了以上兩簡中出現的"鄉帥",認爲有可能是鄉嗇夫的另一種稱呼。① 但是在簡 129 中"入西鄉帥子弟限米",意爲西鄉繳納的"帥子弟限米"名目的米,"入西鄉帥"和"子弟限米"之間不應斷開。因此這兩支簡并不能成爲"鄉帥"的例證。

二、鄉吏魁帥、鄉典田吏及帥

我們再回到文章開頭作者的疑慮上來,鄉吏魁帥、鄉典田吏及帥中的"帥"到底何指?

130. 致假課鄉吏魁帥絞詭負者懸☐入☐☐其卒主死(肆·1337)
131. ☐爲意今禾稻熟記到察☐佃品吏魁帥絞詭白(肆·1355)
132. 絞無所詭責者昨鄉吏王維☐者☐☐誡令代☐(肆·1546)

從殘留的内容推斷,以上 3 支簡爲公文書,簡 130 中的"鄉吏魁帥"與簡 131 中"吏魁帥"并稱,出現在正式的政府公文書上,這一點值得我們注意。"鄉吏"所指明確,即鄉級機構的吏員。"魁",《續漢書·百官志》載"鄉置有秩、三老、遊徼。亭有亭長,以禁

---

① 于振波:《走馬樓吳簡所見鄉級行政》,《長沙簡帛研究國際學術研討會論文集》,第 116 頁。

盜賊。里有里魁,民有什伍,善惡以告。本注曰:里魁掌一里百家。什主十家,伍主五家,以相檢察。民有善事惡事,以告監官",①此處的"魁"即爲"里魁"。②

然而,在竹簡貳中,曾有一支簡,引起了人們對吳簡中"魁"的討論:

133. ☑嘉禾二年布二匹三丈九尺☰嘉禾二年八月廿三日曼溲丘魁黄 誼 付庫吏殷連受(貳·5458)

對於簡文中的"曼溲丘魁黄 誼 ",阿部幸信先生認爲,"丘魁"是"丘"中所置的"魁",參與賦税繳納是其職責之一,也有負責管理民户的可能。③ 柿沼陽平先生也認爲"丘魁"連稱,"丘魁也參與繳納(布)"。④ 沈剛及侯旭東先生則對此持保留態度。⑤ 孫聞博先生認爲,"丘魁"并非一詞,"某丘魁"指的是居住於該丘的里魁。⑥ 在竹簡捌中,也出現了某丘魁的記録:

134. ☑□年 十 一月 七 日厭下丘魁鄭升關塈閣李嵩付倉吏黄諱番慮受(捌·4060)

135. ☑月十八日厭下丘魁鄭升關塈閣李嵩付倉吏黄諱番慮受(捌·3981)

136. 集凡横溪丘 魁 □□領吏民五十户口食二百 八 十八人(捌·1392)

簡134、135均是關於厭下丘魁鄭升向州中倉吏繳納某物的記録,但此處的解釋有二,其一便是丘的管理者爲"魁",其二爲"魁鄭升"居住在"厭下丘"。而簡136以"集凡某某丘"開頭,前所未見,竹簡壹、貳、叁、肆、柒、捌同類簡中均爲"集凡某某里":

---

① 《續漢書》志第二八《百官五·亭里》,北京:中華書局,1965年,第3625頁。
② 王子今先生認爲"里魁"雖然是最基層的管理者,地位并不高,但是在底層社會結構中往往顯示領導者的權威,於社會秩序的穩定,作用是重要的。參見王子今:《秦漢稱謂研究》,北京:中國社會科學出版社,2014年,第520頁。
③ 阿部幸信:《長沙走馬樓吳簡所見的"調"——以出納記録的檢討爲中心》,《吳簡研究》第3輯,第243頁。
④ 柿沼陽平:《孫吳貨幣經濟的結構和特點》,《中國經濟史研究》2013年第1期,第34頁。
⑤ 孫聞博:《走馬樓吳簡所見鄉官里吏》,《吳簡研究》第3輯,第275—276頁。
⑥ 沈剛:《長沙走馬樓三國吳簡所見鄉、丘、里關係臆解》,中國魏晉南北朝史學會、山西大學歷史文化學院編:《中國魏晉南北朝史學會第十屆年會暨國際學術研討會論文集》,太原:北嶽文藝出版社,2012年,第504頁。侯旭東:《長沙走馬樓吳簡"嘉禾六年(廣成鄉)弦里吏民人名年紀口食簿"集成研究:三世紀初江南鄉里管理一瞥》,侯旭東:《近觀中古史》,北京:中華書局,2015年,第129頁注②。

集凡[五][唐]里魁周□領吏民五十户口食二百八十九人(肆·380)

集凡小赤里魁黄仁領[吏][民]户五十口食四百卅五人(肆·495)

集凡曼溲里魁□忽[領]吏民五十户口食二(?)百五十七人(肆·568)

集凡新造里魁黄如領吏民五□□☑(肆·3079)

由此我們可以推測,此處的"横溪丘"可能是"横溪里"的誤寫。根據"里魁"的記載,筆者同意先賢學者關於"曼溲丘魁"爲居住在曼溲丘的里魁的論斷,認爲"厭下丘魁"爲居住在厭下丘的里魁。"鄉吏魁帥"中鄉吏即鄉一級的吏員,魁爲"里魁",那麼帥爲哪一級的官員呢? 聯繫到以上"某丘帥""某丘故帥",我們認爲此處的"帥"應爲丘帥。

那麼,"丘"和"里"的關係如何? 侯旭東①、郭浩②、沈剛③等對走馬樓吴簡中涉及的丘、里關係等有過熱烈的討論,但目前學術界并没有形成定論。而竹簡柒中有一支簡惹人注目:

137. 草言府西部屯田掾蔡忠區光等當署丘里不得使民舟入吴界事

　　　　　　　　十二月三日領列(?)曹史李□白(柒·1436)

在這支簡中,"當署丘里"即表明丘與里爲平行機構。如果從這支簡體現的"丘里"關係出發,"鄉吏魁帥"就變得十分容易理解了,即鄉吏對應鄉、魁對應里、帥對應丘。

而關於户品出錢簡中的"鄉典田吏及帥":

138. [中]鄉大女李思故户下品出錢四千四百侯相　嘉禾六年[正][月][十][二][日]
[都][鄉][典][田][掾][蔡][忠]白(柒·4158正)
入錢畢[民]自送[朣]還[縣]不得持還鄉典田吏及帥(柒·4158背)

這一類"某鄉大男(大女)某新户(故户)户品出錢"簡,與"入某鄉某米某丘男子繳

---

① 侯旭東:《長沙走馬樓三國吴簡"里""丘"關係再研究》,《魏晉南北朝隋唐史資料》第23輯,2006年。
② 郭浩:《從漢"里"談長沙走馬樓吴簡中的"里"和"丘"》,《史學月刊》2008年第6期,第97—100頁。
③ 沈剛:《長沙走馬樓三國吴簡所見鄉、丘、里關係臆解》,第504、506頁。沈剛:《走馬樓三國吴簡所見"取禾簡"解析》,《中國農史》2012年第2期,第137—142頁;又見沈剛:《長沙走馬樓三國竹簡研究》,第五章《"取禾"簡解析》,北京:社會科學文獻出版社,2013年,第61頁。

納"的入米簡的格式不同,入米簡記録了男子(大女)居於某丘;他們與户人簡的格式也不同,户人簡中記載了户人所屬的"里"。而這類户品出錢簡中,既没有記載大男(大女)居住的地方,也没有户籍所在的里,但他們的居住地點仍可以推測。如簡138記載的是爲數不多的大女出錢。大女李思還出現在嘉禾四年吏民田家莂中:

> 緒中丘大女李思,佃田二町,凡十六畝,皆二年常限。其十三畝旱不收,畝收布六寸六分。定收三畝,爲米三斛六斗。畝收布二尺。其米三斛六斗,四年十二月廿日付倉吏李金。凡爲布九尺五寸八分,四年十二月廿日付庫吏潘有。其旱田畝收錢卅七,其熟田畝收錢七十。凡爲錢六百九十六錢,四年十二月廿二日付庫吏潘有畢。嘉禾五年三月三日,田户曹史趙野、張惕、陳通校。(《嘉禾吏民田家莂》肆·四三六)

而緒中丘屬於何鄉呢,竹簡貳中有相關的記載:

> 入中鄉嘉禾二年税米四斛𦥑嘉禾三年正月十六日緒中丘區蔣關邸閣李嵩付倉吏黄諱史潘慮受(貳·2711)
> 入中鄉緒中丘男子朱典元□□□錢四千六百𦥑嘉禾□□(貳·4053)
> 入中鄉嘉禾二年布一匹𦥑嘉禾二年八月□□日緒中丘□(貳·5483)

從以上3支簡可見,緒中丘與中鄉有着密切的聯繫,簡148中的中鄉大女李思即嘉禾吏民田家莂中的緒中丘大女李思。

在户品出錢的簡138中,只有中鄉大女李思的記載,没有"丘""里"的信息,但聯繫其他簡文,可知中鄉大女李思的居住地在緒中丘。簡138背面特别規定自送牒還縣,不得持還鄉典田吏及帥。學術界對這類簡正面涉及的"户品"和"典田掾"問題有深入的探討,①

---

① 張榮强:《吴簡中的"户品"問題》,《吴簡研究》,武漢:崇文書局,2004年,第190—202頁;于振波:《略論走馬樓吴簡中的"户品"》,《史學月刊》2006年第2期,第28—32頁;安部聰一郎:《典田掾、勸農掾的職掌與鄉——對長沙吴簡中所見"户品出錢"簡的分析》,日文版原刊伊藤敏雄、窪添慶文、關尾史郎編:《湖南出土簡牘とその社會》,東京:汲古書院,2015年,第117—141頁;中文版原刊《簡帛研究二〇一五(秋冬卷)》,桂林:廣西師範大學出版社,2015年,第238—256頁;徐暢:《〈續漢書·百官志〉所記"制度掾"小考》,《史學史研究》2015年第4期,第119—122頁。

但對其背面的"鄉典田吏及帥"並没有説明,"鄉典田吏"指代"鄉典田掾",①由於没有其他輔助材料,對此處的"帥",基本没有涉及。但可以肯定的一點便是,"鄉典田吏及帥"應是兩種不同吏職。而聯繫前文所分析的鄉吏魁帥、某丘帥、某丘故帥,筆者認爲此處的帥應指丘帥。

而與"鄉典田吏與帥"相同結構的還有:

139. 鄉吏帥即斬丞尉收下品罪令長□□☑(肆·4206)
140. □者宜明以賞如有所匿鄉吏帥即斬丞尉收☑(肆·4211)

簡 139、140 中鄉吏帥也應是兩種官職,鄉吏爲鄉級機構的吏員,而帥爲丘帥。

三、帥與孫吳的基層行政管理

帥,《説文解字》云:"佩巾也。從巾、𠂤。帨,帥或從兑。"《廣韻》:"將帥也。"《正韻》:"主也,率也,統也,領也。"《左傳·宣公十二年》:"命爲軍帥",《正義》云:"三軍將佐皆受君命,爲軍之主帥。"②東漢末期,史書中常見"豪帥",如《三國志》卷六《魏書·董卓傳》載董卓嘗遊羌中,"盡與諸豪帥相結。後歸耕於野,而豪帥有來從之者,卓與俱還,殺耕牛與相宴樂。諸豪帥感其意,歸相斂,得雜畜千餘頭以贈卓"。③ 漢代文獻中還可見"魁帥"并説的情形,王子今先生搜集漢代文獻中使用"魁帥"的情況有四種:一是,《釋名》卷七《釋兵》中有一種大而平的盾爲"吳魁",手持者的身份爲"魁帥";二是《後漢書》卷一下《光武帝紀下》記述建武十六年,平定地方反叛勢力的策略,將"群盜"的首領稱作"魁帥";三是地方豪强危害社會亦阻礙國家行政的"奸邪"勢力的頭目也被稱爲"魁帥";四是屢見於《後漢書》中的少數民族首領被稱作"魁帥",見於《三國志》卷五五《吳書·黄蓋傳》、卷六〇《吳書·周魴傳》、卷六〇《吳書·鍾離牧傳》中"蠻夷反亂"首領、"賊""寇亂"首領稱爲"魁帥"。④

---

① 沈剛認爲,勸農掾、典田掾等之所以被稱爲鄉吏,還有一點原因就是他們作爲專稱則是"掾",作爲泛稱則被稱爲"吏"。參見沈剛:《試論長沙走馬樓吳簡中的鄉吏》,《湖南省博物館館刊》第 7 輯,2010 年,第 389 頁。
② 《春秋左傳正義》卷第二三《宣公十二年》,《十三經注疏》清嘉慶刊本,北京:中華書局,2009 年,第 4080 頁。
③ 《三國志》卷六《魏書·董卓傳》,北京:中華書局,1982 年,第 171 頁。
④ 王子今:《秦漢稱謂研究》,第 522—525 頁。

社會稱謂是社會等級和社會身份公認的標號。其形成和演變,是當時社會生活情狀的反映,也往往可以看作社會結構的標誌和社會意識的體現。① 王子今先生認爲,秦漢時期是社會等級關係和社會族群關係變化複雜的特殊的歷史階段。當時社會稱謂中,"魁"有首長、領袖的意義。亦多用於稱異族、下衆頭領而具有某種鄙薄的意味。"魁"字原義謂高大有力。相關稱謂"魁帥""魁率"等,從特定層面和特定角度反映了秦漢社會歷史的風貌。②

《三國志·吴書》中另有"民帥",《三國志》卷四九《吴書·太史慈傳》注引《江表傳》:"'鄱陽民帥别立宗部,阻兵守界,不受子魚所遣長吏,言"我以别立郡,須漢遣真太守來,當迎之耳"。子魚不但不能諧廬陵、鄱陽,近自海昏有上繚壁,有五六千家相結聚作宗伍,惟輸租布於郡耳,發召一人遂不可得,子魚亦覲視之而已。'策拊掌大笑,乃有兼并之志矣。頃之,遂定豫章。"③還有"大帥",《三國志》卷四六《吴書·孫策傳》:"(吴郡太守陳)瑀陰圖襲(孫)策,遣都尉萬演等密渡江,使持印傳三十餘紐與賊丹楊、宣城、涇、陵陽、始安、黟、歙諸險縣大帥祖郎、焦已及吴郡烏程嚴白虎等,使爲内應,伺策軍發,欲攻取諸郡。"④還出現過"宗帥",《三國志》卷四六《吴書·孫策傳》注引《江表傳》云:"(華歆)遣吏將偕就海昏上繚,使諸宗帥共出三萬斛米以與偕。"《三國志》卷五一《吴書·孫輔傳》注引《江表傳》云"孫策既平定江東,逐袁胤。袁術深怨策,乃陰遣閒使齎印綬與丹楊宗帥陵陽祖郎等,使激動山越,大合衆,圖共攻策"。⑤ 吴中强族不僅僅隱匿編户齊民,還和軍隊爭奪勞動人手。

還有"渠帥",《三國志》卷五五《吴書·甘寧傳》載:

> 甘寧字興霸,巴郡臨江人也。少有氣力,好遊俠,招合輕薄少年,爲之渠帥;羣聚相隨,挾持弓弩,負毦帶鈴,民聞鈴聲,即知是寧。⑥

甘寧"少有力氣,好遊俠,招合輕薄少年,爲之渠帥;群聚相隨",但本傳中的"輕薄少年"和"群聚相隨"者,在裴松之注引的《吴書》中,就變成了"僮客"。吴書曰:"寧將

---

① 王子今:《秦漢稱謂研究》,第 518 頁。
② 王子今:《秦漢稱謂研究》,第 518 頁。
③ 《三國志》卷四九《吴書·太史慈傳》,第 1190 頁。
④ 《三國志》卷四六《吴書·孫策傳》,第 1107 頁。
⑤ 《三國志》卷四六《吴書·孫策傳》,第 1108 頁;《三國志》卷五一《吴書·孫輔傳》,第 1212 頁。
⑥ 《三國志》卷五五《吴書·甘寧傳》,第 1292 頁。

僅客八百人就劉表。"

  唐長孺先生在《孫吳建國及漢末江南的宗部與山越》一文中開篇便指出,當漢末黄巾起義之後,長江南部有一種武裝組織,稱爲宗部、宗伍,也被稱爲宗賊,他們的領袖則稱爲宗帥。江西的宗部最盛,江蘇、浙江、安徽一帶的宗帥也不少。宗部組織目的是爲了保障私有財產不受侵犯,因此除了防止與鎮壓起義之外,也抗拒政府的無限的徵發,特別是徭役的徵發。①

  從以上所舉《後漢書》《三國志·吴書》與"帥"有關的稱謂來看,所謂"豪帥""魁帥""民帥""宗帥",多指代不受政府控制的豪族勢力或少數民族的首領,反映了東漢以來地方豪强勢力的擴張與政府之間的扞格。

  長沙走馬樓吴簡中的七類"帥",與《三國志·吴書》中的"民帥""宗帥""豪帥"等稱謂不同,它們被記録於官府的公文書或倉等機構的出入米簡中,顯然與地方政府和地方行政有密切關係。屯田帥爲屯田系統中聯繫屯田司馬和屯田民的鈕結;佃帥爲佃田系統中管理佃客的行政職官;賊帥可能與賊曹相關。某丘帥、某丘故帥表明帥與丘的管理密不可分,而"鄉吏魁帥""鄉典田吏及帥"這樣的連稱,則表明此處的"帥"與鄉吏、里魁同爲地方基層吏員,可能并不是自治或民間推選,而是政府任命的,與"鄉吏魁帥""鄉典田吏及帥"對應的基層行政機構便是"鄉里丘""鄉及丘",而吴簡柒·1476 中"當署丘里"即表明丘與里爲平行機構,這爲我們認識吴簡中"丘"的性質提供了一個角度,也爲認識孫吴時期基層行政組織及其職官提供了鮮活的一手材料。

  附記:東北師範大學王彦輝教授對本文提出了寶貴的意見,謹致謝忱!

---

① 唐長孺:《孫吳建國及漢末江南的宗部與山越》,《魏晉南北朝史論叢》,北京:中華書局,2011 年,第 1、23 頁。

語境、參談意念與魏晉玄學之屬性

嚴耀中

魏晉玄學主要是談出來的(包括筆談),故爾形成的話語系統能夠在很大程度上决定玄學之屬性。而一個話語系統的形成又是和話語進行時的語境以及參談者的意願密切相關。人與人之間的交談討論是述説者思想觀念的主要顯現方式,而話語顯現所處之場合也决定着人們對該話語所含内容與性質之認定,因爲"顯現中的所與物的本質在於任何顯現都只是單側呈現"。① 所謂"單側呈現"既取决於談話人的意願,也决定於包括聽衆在内的談論場合,前者是主觀的,後者屬於客觀範疇。這二者的結合規定着話語的範式與進行路徑,同時也確定了這些話語所表述的思想之屬性。

一般從話語展開所處之語境,我們可以用來進一步認清這些話語的内容與意義,因爲"言談是對在世的可領會狀態的'賦予含意的亦即重要的'分解",②此即所謂"言説者,義之詮,實之賓也"。③ 語境一般是指話語敍述時的外在環境,但談論(包括口頭及書面交流)時的他者和涉及的主題,對言講者來説也是構成一種語境,它們對話語的意義起着指向作用。對魏晉時期的玄談或清談來説,語境以及參談者的身份以及他們的參與意念可以基本厘定它的内容性質。

魏晉時的清談或玄談發生在一個社會傳統依舊但政局動蕩變化的時代裏,目的在於解開一些由此深感困惑的問題,有着很强的意願性,所以它的内容和環境如此緊密相連。自東漢中葉以降,宦官與外戚交替把持政權和黨錮之禍爆發,緊接着是黄巾起事與軍閥混戰。在上述動亂並互相殘殺後,形成三國鼎立與西晉短暫的統一,不久又陷入"八王之亂"和"五胡亂華",導致永嘉之變和西晉滅亡。司馬渡江後便是十六國與東晉的各種對峙與攻伐。爲後世所矚目的玄談就是在這樣的環境裏進行的。同時,作爲社

---

① 胡塞爾:《純粹現象學通論》,李幼蒸譯本,北京:商務印書館,1997年,第123頁。
② 海德格爾:《存在與時間》,陳嘉映、王慶節譯本,北京:三聯書店,1987年,第197頁。
③ 蒙文通:《儒家哲學思想之發展》,載氏著:《古學甄微》,成都:巴蜀書社,1987年,第67頁。

會精英的參與清談者們還處在一個學術的小環境裏,即被稱爲經學的儒學,也因爲囿於句章文字之所累而在東漢後期逐漸僵化,從社會政治生活的導引理念變成一種教條。這兩個環境相互重迭交錯,都是當時人們社會生活所難以避免的,由此構成了魏晉玄談之公共語境。可以説現今所知的魏晉玄談的各種議題,無不與這兩個環境密切相關。

魏晉時期的玄談是從清議起始。在局勢不穩的年代如何處理人際關係無疑是很重要的事,而怎樣更清楚更準確地認識人是其前提,所以議論和臧否人物當然成了清議及清談的一個重頭。此正若陳寅恪先生所説:"清談在東漢晚年曹魏季世及西晉初期皆與當日士大夫政治態度及實際生活有密切關係。"①或説是因爲政局之屢變需要"在怎樣確立選舉標準這個問題上重新加以考慮。玄學是從這一點出發的,清談從清議的互稱轉變爲玄談就是玄學形成的過程",②雖然"由漢至晉,談者由具體事實至抽象原理,由切近人事至玄遠理則,亦時勢所造成也"。③ 這説明無論是清議還是清談人物,都離不開當時政治語境,也説明無論是具體臧否人物,還是抽象談論觀察人品原理,都是對現實局勢的一種參與。

鑒別人物之原則,在當時玄談裏爲最大的熱點,至少以後世的眼光視之,即是才性四本論之辯。所謂"四本者,言才性同、才性異、才性合、才性離也。尚書傅嘏論同,中書令李豐論異,侍郎鍾會論合,屯騎校尉王廣論離"。④ 上述四人意見分爲二派,同者可以合,異者當然處於離的狀態。這其實是探討人之德與才是否必然一致的問題。一般地説,以正統的儒家治世觀念,"仁孝道德所謂性也,治國用兵所謂才也",⑤故爾悖德之才不僅對朝廷無用,甚至可能是個禍害,所以不能以"才"譽之,而有德者必然是無敵的。反之,動亂時代政治力量的立足擴展靠的是實力,是要靠有本事者來打天下,秀才遇到兵,雖然有德且會講大道理,但吃癟的只能是秀才,所以要唯才是舉,是否有德就不講究了。正如很多學者已經敍説,這四人的論爭是有政治背景的,即李豐、王廣依附於曹氏,傅嘏、鍾會投靠司馬氏。曹氏是在亂世之中東征西討打下基業,出身儒學世家的司馬氏則是俟機發動宫廷政變而把持朝政,所以儘管四本論裏二派是在玄談,但是和現實政治是接得上軌的,最後結果也變成政治殘殺,"何晏、夏侯玄、李豐之死,皆司馬氏

---

① 陳寅恪:《陶淵明之思想與清談之關係》,載氏著:《金明館叢稿初編》,上海古籍出版社,1980年,第194頁。
② 唐長孺:《清談與清議》,載氏著:《魏晉南北朝史論叢》,北京:三聯書店,1955年,第290頁。
③ 湯用彤:《讀"人物志"》,載氏著:《魏晉玄學論稿及其他》,北京大學出版社,2010年,第13頁。
④ 《世説新語·文學篇》劉孝標注引《魏志》,上海古籍出版社,1982年印本,第115頁。
⑤ 陳寅恪:《書世説新語文學類鍾會撰四本論始畢條後》,載氏著:《金明館叢稿初編》,第45頁。

欲篡而殺之也",①被殺者也包括王廣。這個過程完全能證明"魏、晉間的才性論不是單純空談而是從實際政治出發又歸宿於實際政治的目的"②之理論交鋒。

養生論表面看上去似乎是關於個人健康的討論,其實不然。先來看話語這個主題的背景,大背景是局勢多變而險惡,生命往往處於朝不保夕的境地,關心個人的存在和安全,成了大家所關注的問題,當然會成爲清談中的一個話頭。次一個背景是於漢愈烈的傳統信仰,即人死後在"陰宅"中繼續有感覺地存在之幻想的破滅。這是因爲在動亂之世盜墓成了普遍行爲,甚至混戰中的軍閥爲籌措軍資而蓄意爲之,如曹操至梁孝王墓,"率將吏士,親臨發掘,破棺裸屍,掠取金寶,至今聖朝流涕,士民傷懷。又署發丘中郎將、摸金校尉,所過毀突,無骸不露"。③ 在人們親眼目睹墓穴裏暴露出來的金玉尚在而朽骨遺散的情況之下,對現實生命的保重,就愈加受到廣泛的關注,嵇康的《養生論》和向秀的《難養生論》等就成了不同養生原則的代表。嵇康的《養生論》主張"修性以保神,安心以全身"的君子養生之道,並以君昏而國亂來比喻神躁而形喪,④有着很強的時代感。向秀《難嵇叔夜養生論》謂:"有生即有情,稱情即自然",故爾忠孝之情即體現着"自然之理",⑤不僅把修身作爲養生之道,而且指明這也是自然之道。到了南北朝,《顔氏家訓》更是直截了當指出,亂世時代之養生首先在於政治,"夫養生者先須慮禍,全身保性,有此身然後養之"。⑥ 他們這些議論雖然觀點不同,但從語境到話語都具有公共性和開放性。除《養生論》外,僅《文選》所載作於魏晉時代的曹丕《典論》、曹冏《六代論》、韋曜《博弈論》、李康《運命論》,及陸機《辯亡論》《五等論》等,無不面向公衆,涉及政治,體現出作者們的憂世情懷和參與意識。其實作文論説之目的就是要把自己的觀點,圍繞主題形成一套話語來説服衆人或回答別人的疑問,所以它們具有公共性和開放性是毋庸置疑的。

名教和"自然"的關係是魏晉時玄談的一個中心點,並討論得越來越熱烈。如"東晉名士著作必關涉名教與自然相同問題"。⑦ 此討論之所以進行得熱烈,主要是出於糾正經學僵化之現實需要。由於儒學被推上獨尊的地位,士子通過文本下功夫即可獲得

---

① 王夫之:《讀通鑑論》卷十,北京:中華書局,1975年印本,第337頁。
② 唐長孺:《魏晉才性論的政治意義》,載氏著:《魏晉南北朝史論叢》,第310頁。
③ 《後漢書》卷七四上《袁紹傳》,北京:中華書局,1965年,第2396頁。
④ 《文選》卷五三《嵇叔夜養生論》,北京:中華書局,1977年,第727頁。
⑤ 文載嚴可均:《全上古三代秦漢三國六朝文·全晉文》卷七二,上海古籍出版社,2009年,第449頁。
⑥ 《顔氏家訓》卷五,王利器集解本,上海古籍出版社,1980年,第332頁。
⑦ 陳寅恪:《陶淵明之思想與清談之關係》,載氏著:《金明館叢稿初編》,第192頁。

學術與政治上的利益,這樣子的結果不僅使經學成了當時儒學之代稱,也使它的内容趨向於脱離生活實際而成了教條,無法規範人們在社會秩序中的價值觀念和行爲道德,成了東漢後來政治失序的深層原因。於是當時社會精英們企圖引入道家的"自然"來重新激發出人性中的本善,並以此增重名教的底藴,"那就是'會通孔老'的問題"。① 在促進儒道會通的過程中,玄談的參與者們把"自然"這個概念的重心從敍説天地萬物之本貌轉移到闡明人性之固有,從而和道家分手。此中的源頭當始於儒家,《中庸》開章云:"天命之謂性,率性之謂道,修道之謂教"。朱熹解釋説:"天以陰陽五行化生萬物,氣以成形,而理亦賦焉,猶命令也。於是人物之生,因各得其所賦之理,以爲健順五常之德,所謂性也。……人物各循其性之自然,則其日用事物之間,莫不各有當行之路,是則所謂道也"。② 這些在兩漢盛行的觀念當爲魏晉玄談者所接受,郭象説:"仁義者,人之性也",③亦是出於自然。身體力行者如阮籍是以自身奉行的"性至孝"④方式,來提供仁孝出於人之自然天性的範例。朱子在上述注解裏所云,將人性歸於自然和仁孝即是天道等見解,或許是從阮籍的事迹中得到啓迪。此外,既而人及人性都具有主觀能動性,人之本性也被視作天然具有時,更使魏晉語境裏"自然"一詞和老莊迥然有别⑤。可以説通過魏晉的玄談,使"自然"從人之外的環境擴展到人内在的本性,從而與儒家人性之善或惡搭接。這大大提升了人認知的視域,能够"'以自然的態度'去想像、去判斷、去感覺、去意願"。⑥ 如此"儒者以此明人道與群治,當體現天行之健",⑦因此魏晉玄談中的"自然"概念是儒家觀念的延續,而非道家,應該也是嵇康"越名教而任自然"中的真實涵義。所以如此之"自然"必然能够在其中得出之天理能够和名教銜接得起來,"即視自然爲變化之道,名教系不變之義",⑧從而促成了自然與名教的"將無同"!有學者還認爲王弼認識到"制定禮法名教是必要的,也是出於自然的要求,服從名教就是服

---

① 牟宗三:《中國哲學十九講》第十一講,上海古籍出版社,1997年,第216頁。
② 朱熹:《四書章句集注》"中庸章句",北京:中華書局,1983年,第17頁。
③ 郭象:《莊子·天運篇》注,載《二十二子》,上海古籍出版社,1985年印本,第47頁。
④ 《晉書》卷四九《阮籍傳》,第1361頁。其實此係當時那些所謂"越名教"者對待禮法教條的共同態度,如卷四三《王戎傳》云其:"性至孝,不拘禮制"(第1233頁)。
⑤ 如《莊子·秋水篇》云:"牛馬四足是謂天,落馬首、穿牛鼻是謂人。"以此可見老、莊的"自然"把人性及人的作爲排除在外,僅是把人"齊物"再納入自然。
⑥ 胡塞爾:《純粹現象學通論》,李幼蒸譯本,第89頁。
⑦ 熊十力:《體用論》,北京:中華書局,1994年,第66頁。
⑧ 嚴耀中:《關於魏晉玄學屬性的再辨析》,載《中華文史論叢》2017年第4期。

從自然",並推理出"聖人與衆人有着相同的喜怒哀樂之情,情乃自然之性,是不可去的"。① 故爾馮契先生指出:"王弼認爲,像孔子這樣講名教,才是真正與'無'同體。"② 如此也表明了"精神惟有揚棄並包括自然於其内,方可成爲真正的精神,方可證實其爲精神"。③ 魏晉玄談裏的名教與自然之辯,正是這樣子的一種揚棄,造就了儒學發展的新話語和新語境,後來宋代儒家所説"愛之理,則是自然本有之理"④等説法廣泛流行,也是上述揚棄的結果,從而佐證了魏晉玄談在儒學發展中所起的承上啓下的作用。

"言意之辨"也是玄談裏爭論的一個主題,探討的是抽象符號、意義、語言三者之間的關係。不過因爲語言文字其實也是一個符號系統,故爾亦可簡化爲言與意的關係。於此王弼《周易略例·明象》敍説較爲典型,其文云"夫象者,出意者也,言者明象者也。盡意莫若象,盡象莫若言。言生於象,故可尋言以觀象;象生於意,故可尋象以觀意。意以象盡,象以言著,故言者所以明象。得象而忘言,象者所以存意,得意而忘象。……是故存言者,非得象者也。存象者,非得意者也。象生於意而存象焉,則所存者,乃非其象也。言生於象而存言焉,則所存者,乃非其言也。然則忘象者乃得意者也,忘言者乃得象者也"。這裏的"象"主要指《易》裏的卦爻,作爲有别於語言文字的另一種符號系統,用作言與意之間的中介,以利更好地闡釋偶然現象的規律性問題。去掉符號系統之間的轉换造成的内容虧損,符號對思想或意義是否具有充分的代表性成了"言意之辨"的實質性焦點。王弼的意思是這三者之互代,能順不能逆,思想(意)能通過"象"被語言所充分敍説,因爲符號(象)有無限的闡釋可能而語言也有無窮的擴展性,但反過來現存的有限之語言卻不能包涵無限的思想(意)。此與嵇康的《周易言不盡意論》一樣,都是在儒家易學的範圍内展開的。歐陽建的《言盡意論》可以説是體會到事物是本於差别的存在,名稱是對事物的認定,即"物定於彼非名不辯",物之理也只能以語辭來表達。故而"名隨物而遷,言因理而變。此猶聲發回應,形存影附,不得相與爲二矣。苟其不二,則言無不盡矣"。⑤ 如此也涉及語言在述説"象"之"意"是主動還是被動的問題,抱着參與意識的言能盡意,反之則難以盡意,此"意"不是那"意"。這種看上去很

---

① 嚴正:《試述中國古代性情範疇之發展》,載《中國哲學範疇集》,北京:人民出版社,1985年,第267頁。
② 馮契:《中國古代哲學的邏輯發展(中)》,上海:華東師範大學出版社,1997年,第118頁。
③ 黑格爾:《小邏輯》,賀麟譯本,北京:三聯書店,1954年,第222頁。
④ 朱熹:《答張欽夫論仁説》,載朱傑人等編:《朱子全書》第31册,上海古籍出版社/合肥:安徽教育出版社,2002年,第1414頁。
⑤ 文載嚴可均:《全上古三代秦漢三國六朝文·全晉文》卷一〇九,第650頁。

"形而上"的討論,不單是揭示了語言性質的雙重性,實際上也反映的是爭論參與者對玄談能否充實名教之疑慮,所以名教與自然之一致形成共識後,言意關係討論的熱度也就消退了。

兩晉之間佛學義理的探討也成了玄談的一個重要內容,"當時幾位名僧都與名士有往來,清談學問,名僧、名士,往往並稱"①,華土般若學的"六家七宗"②都是在高僧和名士的清談中形成與進行宣揚的。佛教義學在這期間先後達到高潮的般若學之"無"與涅槃學之"有",是玄學中討論"貴無""崇有"之擴展,其中"玄學、佛學同主貴無賤有。以無爲本,以萬有爲末。本末即爲體用"。③ 體用關係最突出的即是儒家學說,且因"'貴無'學說就是一種政治觀,是通過講'無'來講門閥士族的政治統治術的"。而裴頠所"著《崇有論》,更是直接地呼籲和高唱'名教'的重要性",④即最後也是歸結到名教與自然的關係。此正如唐長孺先生所指出:"佛教流傳中國之後,在宗教信仰上固然有了變化,但就實際作用來說卻只是爲名教羽翼,以爲現實政治服務"。⑤ 這樣子的結果也是當時的高僧們在華土的語境裏參與玄談之所致。

玄談的屬性和其所處現實的語境一致,係所謂"形上、形下不可二",⑥往往是在"談客盈坐"⑦這樣的大庭廣衆場合下進行的。又鑒於"語言形式的無限變異,也就是思維的實在過程的無限變異",⑧故爾也與其"談"的形式相關,因爲一種觀點通過以"談"的形式來論述,就是一種集體的公共行爲,並向所有對此有興趣者開放。這符合"民慮之於心而宣之於口"⑨的傳統,故而係一種社會參與的方式,一如孔子之《論語》。黑格爾説:"内容不是没有形式的,内容即具有形式於其自身,同樣亦一樣的有其外在的形式"。⑩ 談,是通過語詞的系統化和彼此交換得以實現的,而這些過程只有在交談者對

---

① 吕澂:《中國佛學源流略講》,北京:中華書局,1979年,第44頁。
② 即兩晉之間般若學探討中,產生本無、即色、識含、幻化、心無、緣會"六家",因本無分成本無宗和本無異宗,故亦稱"七宗"。"這裏所謂'宗'就是'家',近似於學派,因此'七宗'也就是'七家'或個學派"(方立天:《論隋唐時代佛教宗派的形成及其特點》,載氏著:《魏晉南北朝佛教論叢》,北京:中華書局,1982年,第241頁)。
③ 湯用彤:《漢魏兩晉南北朝佛教史》第十章,北京:中華書局,1983年,第236頁。
④ 方立天:《論魏晉時代佛學和玄學的異同》,載《哲學研究》1980年第10期。
⑤ 唐長孺:《魏晉玄學之形成及其發展》,載氏著:《魏晉南北朝史論叢》,第348頁。
⑥ 蒙文通:《儒家哲學思想之發展》,載氏著:《古學甄微》,第69頁。
⑦ 《世説新語·文學篇》"何晏爲吏部尚書"條。如此玄談之風也延續到南朝,如梁簡文帝"嘗置宴集玄儒之士,先命道學互相質難,次令中庶子徐摛馳騁大義,問以劇談。摛辭辯從橫,諸儒慴氣"(《南史》卷七一《戚衮傳》)。這樣子激烈的玄談場面,魏晉六朝是一脉相承的。
⑧ 愛德華·薩丕爾:《語言論》第十章,陸卓元譯本,北京:商務印書館,1985年,第195頁。
⑨ 《國語·周語上》,上海古籍出版社,1978年,第10頁。
⑩ 黑格爾:《小邏輯》,賀麟譯本,第286頁。

語詞有着共同約定的範圍才實施得了。"談",能"使聽者參與向着言談之所談及的東西展開的存在",①而其中表現出來的觀點交鋒,能更深地影響社會公衆,包括參談者自身,這也構成魏晉玄談的一個語境。當時玄談的參與者涉及面極廣,幾乎史上留名的所有文人士子都在不同程度上加入了玄談,無論内容是談人事、談名教、談自然、還是談佛理,彼此能夠談得起來,使用着意思相通的語詞是必定的。鑒於"概念表達我們的興趣,指導我們的興趣",②而且"概念是思想的構造物",③因此從當時諸家中找出通用的概念或詞彙,也能明白玄談的意向所在。如從佛教方面說,"妙訓淵謨,有扶名教"及"知六度與五教並向,信順與慈悲齊立"④等説係魏晉六朝討論"名教"熱的一個方面。還有"承古詞在六朝譯經詞語中占大宗",而所謂"承古詞,指的是出現於先秦兩漢文獻典籍中的書面語詞",同時"譯經師將佛學術語概念'強行移栽'在當時流行的玄學、儒學名詞上"。⑤故爾可以看到魏晉南北朝文與漢文佛典"具有相同的語言特徵"。⑥其實即使是魏晉時的口頭談玄,也離不開這些書面語詞的,若"六朝志怪小説《搜神記》《拾遺記》,以及雜記小説《世説新語》等,佛教用語已非少見"。⑦甚至可以説:"漢魏六朝詞彙實際上是儒佛兩家詞彙的匯總,是口頭和書面兩種詞彙的交融",⑧從而構成了公共語境中的語義關聯。通過衆多語言學家對當時各種文獻的統計分析,使我們知道正是由這些屬於儒佛兩家典籍的詞彙在魏晉玄談裏構成語句來當作進行思想交鋒的工具,若"晉代以玄學、《般若》之合流,爲學術界之大宗"。⑨本於"語言本身就是思想的載體",⑩可見玄談與儒學在本質上是一致的,屬於指向現實政治的哲學。賀昌群先生指出:"由王弼而至於向秀、郭象、張湛、韓康伯,始貫通天道人事與政治爲一體,漢代政治之説,乃得歸入於玄學本體論中,通哲學於政治之實踐,納政治於哲學之精微,在中國民族文化史上成一偉大崇高之思想體系",其中"郭象雖言指莊生,實乃魏晉人貫通天

---

① 海德格爾:《存在與時間》,陳嘉映、王慶節譯本,第204頁。
② 維特根斯坦:《哲學研究》,陳嘉映譯本,上海人民出版社,2001年,第235頁。
③ 胡塞爾:《純粹現象學通論》,李幼蒸譯本,第83頁。
④ 《宋書》卷九七《天竺迦毗黎國傳》,北京:中華書局,1974年,第2387、2388、2391頁。
⑤ 顏洽茂:《佛教語言闡釋——中古佛經詞彙研究》,杭州大學出版社,1997年,第46、253頁。
⑥ 陳秀蘭:《魏晉南北朝文與漢文佛典語言比較研究》第五章,北京:中華書局,2008年,第276頁。
⑦ 梁曉虹:《佛教詞語的構造與漢語詞彙的發展》,北京語言學院出版社,1994年,第142頁。
⑧ 胡敕瑞:《"論衡"與東漢佛典詞語比較研究》,成都:巴蜀書社,2002年,第313頁。
⑨ 湯用彤:《漢魏兩晉南北朝佛教史》第十章,第231頁。
⑩ 維特根斯坦:《哲學研究》,陳嘉映譯本,第163頁。

道人事與政治之通論"。① 所以章才全先生説得對,"玄學是漢魏之際經學中義理之學的主導形態",即"所謂玄學,就是發端於漢代,流行於魏晉南北朝時期,以儒家思想爲主體,綜合了道家有關思想的、以探討宇宙本體爲主要内容並跟現實政治息息相關的一種政治哲學"。② 對章先生所説需要補充的是,鑒於受到董仲舒等漢儒所大力發揚的"天人合一"説之影響,魏晉玄談裏的人及人性,亦是在宇宙或自然的範疇之内,人之本性即是自然,名教倫理是能够與之銜接的。

　　作爲一種互動效應,語境所具有的公共性也造就了魏晉玄談包含體用關係的一個重要因素。魏晉"時期'辨名析理'的能力,主要是在漢末的清議、清談的實際運用中逐漸鍛煉出來的,曹氏父子政治上重刑名也有相當的影響"。③ 湯用彤先生認爲:"東晉和南朝,哲學上問題極多,但其中心理論,是體用觀念"。④ 其實漢末至西晉的玄談之中心也事關體用,如名教和自然之"同",就是以自然爲體,名教爲用,此恰如夏侯玄云:"天地以自然運,聖人以自然用"。⑤ 才性四本之爭論更是顯例。所謂體用,"體者,宇宙本體之省稱;用者,則是實體變成功用"。⑥ 通常談論體用,"用"是談之目的,儒家提倡經世致用,所以體用關係貫穿於整個儒學。王弼主説以無爲本,"道以無形無爲,成濟萬物",因"以無爲用,則莫不載也",⑦並衍生出郭象的無中生有之説。其間若以"無"爲體,"有"則是其之用。這裏,"功用"只有在人的社會中才能呈現,且在語意裏包含着主觀能動性。體用關係還表現於這些談論爲取得大衆或對方之認同所使用的邏輯。其中,通過彼此交談裏所含有的辯證邏輯和實例比喻把形上的道化解成具體的道,把不可言説的道化成可以敍説的道,如倫理或禮法之類,並由此構成了最基本的體用關係,還"進而可以説'道、德'、'天、人'的不同也就是'名教'與'自然'之辨。皇帝的'君德'配'天道'、'自然',其'用'(作用)在行'名教',以治理天下"。⑧ 所以也有學者説:"西漢董仲舒的'天人合一'論、魏晉時期的玄學思潮及韓愈的道統學説則構成了儒家思想哲

---

① 賀昌群:《魏晉清談思想初論》,北京:商務印書館,2011年,第92、93頁。
② 章才全:《魏晉南北朝隋唐經學史》第三章,廣州:廣東人民出版社,1996年,第88頁。
③ 韋政通:《中國思想史》第十六章,上海書店出版社,2003年,第418頁。
④ 湯用彤:《關於筆論》,載氏著:《理學·佛學·玄學》,北京大學出版社,1991年,第212頁。
⑤ 《列子·仲尼第四》張湛注引,載《二十二子》,上海古籍出版社,1985年印本,第206頁。這裏的"聖人"指孔子。
⑥ 熊十力:《體用論》,北京:中華書局,1994年,第69頁。
⑦ 王弼:《老子》二十三章及三十八章注,載《二十二子》,第3、4頁。
⑧ 方立天:《論魏晉時代佛學和玄學的異同》,載《哲學研究》1980年第10期。

理化進程的幾個重要環節"。① 此話是可以成立的,但這樣子也把玄學作爲一個階段放入了儒學發展史。

與語境相關,魏晉時玄談參與者,包括今天被稱爲"玄學家"的人,在當時或是擔任官職,或被"時譽"所公認爲名士,其中大多數人二種身份兼有,因此都是一些不折不扣的"公衆人物"。其實當時參加玄談者,遠遠不止那些所謂"玄學家",僅就《世説新語》前面六分之一部分所載與玄談相關者,就有華歆、王朗、荀爽、龐統、司馬徽、司馬炎、裴楷、蔡洪、張華、王衍、王濟、孫楚、陸機、周顗、王導、衛玠、司馬昱、謝尚、孫齊、孫放、桓温、劉惔、謝安、王羲之、許珣、謝朗、袁宏、孫綽、謝玄、張天錫、殷浩等,不乏政治和文化上的各類頭面人物。與此相關,魏晉六朝時的談玄有個標誌性的助談雅器——麈尾,並被組合成很多的玄談佳話流傳於世,如"孫安國往殷中軍許共論,往反精苦,客主無間。左右進食,冷而復暖者數四。彼我奮擲麈尾,悉脱落,滿餐飯中。賓主遂至莫忘食"。② 不僅是文獻記載,就是在敦煌莫高窟和一些魏晉時期墓葬的壁畫中,都可以見到手執麈尾的形象,説明時風波及之廣。"魏晉時持麈清談者主要是士林名流、道教人士及僧侣三類人",③實際上那些和尚道士也是談玄者,如法汰、竺法深、支道林、僧意、僧伽提婆等,其中突出的若康法暢"常執麈尾行,每值名賓,輒清談盡日"。④《世説新語》裏不少地方都可以見到他們積極談玄的蹤影,梁宣帝則有《詠麈尾詩》曰:"匣上生光影,豪際起風流;本持談妙理,寧是用攡牛"。⑤ 可證參與玄談之人甚衆,包括當時統治階層裏的各色人物。由此可見清談是當時之時尚,在公衆場合高談闊論是表現社會令譽的一種象徵,甚至是謀取政治地位和影響力的手段之一。也或許是把玄理與當前之政治或道德等具體問題結合起來講會更有説服力,更能證明談者自己的見識水準,顯示其對時局的洞察力。故而可以説玄談是當時社會文化的一種普遍表現形式,是一種公衆的文化行爲,至少是對社會精英階層來説是如此。

玄談的參與者本身也是玄談屬性的證明。一方面談玄者們的舉止言行會被各種人士所關注,所記録,甚至被干擾,包括嵇康自己也作《高士傳贊》,"撰録上古以來聖賢、

---

① 孫曉春:《韓愈的道統學説與宋代理學家的政治哲學》,載《文史哲》2017年第5期。
② 《世説新語·文學篇》,第128頁。
③ 周方、卞向陽:《莫高窟第285窟南壁故事畫中的持麈人物》,載《敦煌研究》2017年第6期。
④ 《高僧傳》卷四《晉豫章山康僧淵傳附康法暢傳》,湯用彤校注本,北京:中華書局,1992年,第151頁。
⑤ 《藝文類聚》卷六九"麈尾·詩",汪紹楹校本,上海古籍出版社,1965年,第1216頁。

隱逸、遁心、遺名者，集爲傳贊，自混沌至於管寧，凡百一十有九人"。① 這表明嵇康重視人們在社會歷史中的作用，即使是"隱逸"也不讓他們在公衆視綫裏"遺名"而消失，亦可看作他自己意願之所在。所以魏晉談玄者和老子、莊子的生活環境與個人經歷截然不同，老子與莊子都是身世難明的隱士思想家，或"藏名柱史"或"匿迹漆園"。② 老莊之學"以虛無爲本，以因循爲用，無成執，無常形"，③且"所含哲理雖然廣大，着眼點卻在於個人，其中杜撰的文字上對白形式不過是用來寓意的自謂方式"，④是獨自冥想的記錄。⑤ 所以道家是一種"將個人直接與宇宙關聯的個人哲學"。⑥ 如此的道家思想可以引導進一步的思索，難以在彼此或公衆中進行辯論，因爲在其話語裏不易找出能被共同約定的東西。如《道德經》中沒有任何東西要借助定義、共相、概念、觀念、或感覺來解釋"，而"莊子集中於語言的區别作用（特别由辯者所作的那些）的無價值性"。⑦ 故而《顏氏家訓·勉學篇》謂："夫老、莊之書，蓋全真養性，不肯以物累己"，所以其話語不具有公共性質及附隨的社會參與意識，和魏晉玄談是兩種話語模式。魏晉時人沒有和老莊一樣獨自沉思的條件和要求，玄學是談出來的本身就是最好的説明。社會政治所加於他們的種種影響，吸引了他們思想的注意力，也規範着他們絶大多數的話語，偶爾幾句稍微出格的話，也會被毫無遺漏的記載下來，成爲後世的一些人不斷抨擊的靶子，從而在另一個側面體現着它的公共性。另一方面，他們的言説和筆談的文章，即使内容是形而上的玄理，是爲了説服别人的，也都是面對公衆並會產生社會影響力的。若"魏初名士談論，均與政治人事有關"，⑧其實他們談論之動機也就是有意影響當時的政治人事，所謂"求之者期於濟時，言之者期於適務"。⑨ 如"王導謝安，妄指玄遠，空想清静，欲恃此以銷刻薄之習"。⑩ 其中少數人所采取的憤時疾俗的態度往往也是對時局過分關注與失望所致。後來陳朝"其制唯重清議禁錮之科。若縉紳之族，犯虧名教、不孝及内

---

① 《三國志》卷二一《王粲傳》附傳注引嵇喜《嵇康傳》，北京：中華書局，1959年，第605頁。
② 《顏氏家訓》卷三《勉學第八》，王利器集解本，上海古籍出版社，1980年，第178頁。
③ 《史記》卷一三〇《太史公自序》，北京：中華書局，1959年，第3292頁。
④ 嚴耀中：《關於魏晉玄學屬性的再辨析》，載《中華文史論叢》2017年第4期。
⑤ 這種文字上的表敍，即使對白也是爲了更好地闡明作者自己的思想，猶如金庸小説裏的老頑童周伯通用自己左右手對打來增進武功的路子一樣。
⑥ 葛瑞漢：《論道者：中國古代哲學論辯》，張海晏譯本，北京：中國社會科學出版社，2003年，第427頁。
⑦ 陳漢生（Chad Hansen）《中國古代的語言和邏輯》，周雲之等譯本，北京：社會科學文獻出版社，1998年，第89、107頁。
⑧ 湯用彤：《讀〈人物志〉》，載氏著：《魏晉玄學論稿及其他》，北京大學出版社，2010年，第13頁。
⑨ S·614，載《英藏敦煌社會歷史文獻釋録》第三卷，北京：社會科學文獻出版社，2003年，第342頁。
⑩ 葉適：《習學記言序目》卷三〇，北京：中華書局，1977年，第432頁。

亂者,發詔棄之,終身不齒",①將輿論言談的功能發揮到極致。這些也表明玄談參與者的話題所含之視野及作用,完全是和那些鍾情於"小國寡民"者之所望二致。太炎先生指出:"夫經莫穹乎《禮》《樂》,政莫要乎律令,技莫微乎算術,形莫急乎藥石,五朝諸名士皆綜之。其言循虛,其藝控實,故可貴也。凡爲玄學,必要之以名,格之以分;而六藝方技者,亦要之以名,格之以分,治算、審形、度聲則然矣。服有衰次,刑有加減。傳曰:'刑名從商,文名從禮。'故玄學常與禮律相扶。"②漢魏與五朝之玄談前後相繼,太炎先生於此不僅證明玄談所含體用關係,也強調了名士們所起之作用,而這些都是在上述的語境中實現的。

總之,魏晉玄談作爲一種意識闡述的話語方式,其參與意願、話題和語境不僅彼此之間互相影響,而且反過來詮釋或構建了話語所負載的思想。由於當時客觀條件所決定的談玄者之意願、話題和語境具有公共性和現實性,也就脫離不了在社會上佔有支配地位的儒家思想的範圍,並且成爲它發展歷史中的一個方面或階段。

---

① 《隋書》卷二五《刑法志》,北京:中華書局,1973年,第702頁。
② 《五朝學》,載《章太炎學術史論集》,傅傑編校本,昆明:雲南人民出版社,2008年,第319頁。

《宋書·宣貴妃傳》流傳及佚文考
——兼考今本《宋書·劉子鸞傳》的錯頁

赫兆豐

一、引　言

　　梁沈約撰《宋書》一百卷,是現存最早最完整的記録南朝劉宋一代歷史的史書。然此書在成書後的長期流傳過程中屢有散佚,至北宋時已出現整卷遺失的現象。今本卷四六趙倫之、到彦之、王懿、張邵等人的傳記,《崇文總目》已遺失記載,現存文字爲後人據《南史》所補;南宋時,陳振孫稱"獨闕《到彦之傳》",①今本仍闕;錢大昕《廿二史考異》指出今本《宋書·少帝紀》"此篇久亡,後人雜采它書以補之";②孫彪《宋書考論》認爲《宋書》卷七六朱脩之、宗慤、王玄謨三傳也非沈約原本;③余嘉錫進一步補充説今本《宋書》闕《謝儼傳》,沈約《自序》也殘缺不完。④ 凡此均有助於我們了解今本《宋書》成形的過程。

　　近來筆者翻閱《宋書》,發現除上述篇目外,卷四一《后妃傳·宣貴妃傳》也存在着明顯的亡佚和輯補情况。更難得的是,相較上述篇目都是後人在原本亡佚後據《南史》和《高氏小史》補足文字,⑤《宣貴妃傳》的文本流變情况要更加複雜,還涵蓋了傳文原文的回補、篇章移接、錯頁等多種文獻流傳問題。本文將通過比對《宋書·始平孝敬王子

---

* 本文爲2018年度江蘇省社會科學基金青年項目"謝莊與孝建大明時代研究"(項目編號:18ZWC003)階段成果之一。
① (宋)陳振孫撰,徐小蠻、顧美華點校:《直齋書録解題》卷四,上海古籍出版社,1987年,第101頁。
② (清)錢大昕著,方詩銘、周殿傑校點:《廿二史考異》卷二三,上海古籍出版社,2004年,第391頁。
③ (清)孫彪撰:《宋書考論》,見張舜徽主編:《二十五史三編》第五册,長沙:嶽麓書社,1994年,第427頁。
④ 余嘉錫著:《四庫提要辨證》卷三,北京:中華書局,2007年,第149頁。
⑤ 《四庫全書總目》卷四五《〈宋書〉提要》:"後人雜取《高氏小史》及《南史》以補之。"見(清)永瑢等撰:《四庫全書總目》,北京:中華書局,1965年,第405頁。《四庫提要辨證》卷三:"大段補以李延壽史,而用《小史》附益之,固南北七史之通例。"見《四庫提要辨證》,第148頁。

鷟傳》(以下簡稱《宋書·劉子鸞傳》)、《南史·宣貴妃傳》和《南史·始平孝敬王子鸞傳》(以下簡稱《南史·劉子鸞傳》),嘗試厘清原本《宋書·宣貴妃傳》的流傳和保存情況。

二、《宣貴妃傳》有目而無文

劉宋孝武帝殷貴妃生年不詳,卒於大明六年(462),生前是孝武帝最寵愛的妃子,《宋書》稱其"寵傾後宫"。① 殷氏死後被孝武帝追封爲貴妃,諡號曰"宣"。雖然今本《宋書》並無《宣貴妃傳》,但從多方面來看,可以肯定原本《宋書》是存在這篇傳記的。

首先,《宋書》目録有"宣貴妃"的條目,位列卷四一《后妃傳·孝武文穆王皇后傳》下。仁壽本《二十四史·宋書》據南宋紹興間江南重刊北宋監本影印,目録中《宣貴妃傳》就附在《孝武文穆王皇后傳》下,以宋元遞修本爲主要底本的張元濟《百衲本宋書》,和以明萬曆中南監本爲底本的《和刻本宋書》同樣如此。②《南史》卷一一《后妃上》劉宋部分收入的后妃傳,除排列順序外,篇目與《宋書》相同,《宣貴妃傳》亦附在《孝武文穆王皇后傳》下。對這種有目無傳的情況,王鳴盛在《十七史商榷》中質疑道:"《宋書》目録於孝武文穆王皇后之下,固附有宣貴妃,即此殷氏也,乃目有而傳則無,此更可怪。"③所以,從《宋書》和《南史》的書前目録可以斷定《宋書》原本是存在《宣貴妃傳》一篇的。

其次,《宋書》編撰者有充足的理由爲宣貴妃立傳。貴妃的出身,《宋書》隻字未提,顯得神秘感十足。《南史》提出兩種説法:孝武帝皇叔荆州刺史劉義宣之女和殷琰之女。後世文史學家普遍認爲前者更接近事實。④ 雖然這對堂兄妹之間的畸形戀情注定遭受非議,但這並不會影響宣貴妃在《宋書·后妃傳》中佔據一席之地。

按照史書后妃傳的收録標準,"凡史家之例,皇后雖無事迹,必有傳,妃嬪則必有事者方作傳"。⑤ 如前所述,宣貴妃生前是孝武帝最寵愛的妃子,在孝武帝心目中的地位超過了皇后。貴妃去世後,孝武帝悲痛欲絶,"精神罔罔,頗廢政事"。⑥ 爲了表達對貴

---

① (梁)沈約撰:《宋書》卷八〇《劉子鸞傳》,北京:中華書局,1974年,第2063頁。
② 中華書局1974年點校本《宋書·出版説明》及2018年修訂本《點校本宋書修訂前言》均説,參考底本包括三朝本、明北監本、毛本、殿本、局本、百衲本,但是點校本和修訂本的書前目録中都删去了"宣貴妃"的條目,似不妥。
③ (清)王鳴盛撰,黄曙輝點校:《十七史商榷》卷五九"殷淑儀"條,上海古籍出版社,2013年,第736頁。
④ 可參看王鳴盛《十七史商榷》卷五九"殷淑儀"條;趙翼《廿二史札記》卷一一"宋世閨門無禮"條;程章燦《貴妃之死》,《舊時燕:一座城市的傳奇》,南京:鳳凰出版社,2006年。
⑤ 《十七史商榷》卷五九"后妃無東昏潘妃"條,第736頁。
⑥ (唐)李延壽撰:《南史》卷一一《宣貴妃傳》,北京:中華書局,1975年,第323頁。

妃的懷念，孝武帝爲她舉辦了極盡奢華的葬禮。其要包括：1. 進殷氏生前的淑儀號爲貴妃。2. 配置"古今尠有"①的儀服器仗："葬給輼輬車，虎賁、班劍，鑾輅九旒，黄屋左纛，前後部羽葆、鼓吹"。② 3. 爲貴妃議定謚號。4. 爲貴妃單獨立廟祭祀。這些舉動都至少采用了皇后（包括追封皇后）的禮儀規格，有些地方甚至還超越了皇后的待遇。同時，包括謝莊、江智淵、殷琰、丘靈鞠、謝超宗、湯惠休在内的衆多知名文人，還以哀悼貴妃之死爲題展開了一次大規模的文學同題創作。而貴妃與孝武帝所生的皇子新安王劉子鸞，很長時間内被孝武帝當作皇位繼承人培養，甚至一度很可能取代東宫太子劉子業。《宋書》稱子鸞"愛冠諸子"。③ 大明五年（461），子鸞被封爲南徐州刺史，孝武帝爲培植子鸞勢力，又將王僧虔、謝莊、謝超宗、張岱等一大批世家大族子弟調配到新安王府。貴妃死後不久，孝武帝又將富庶的吳郡劃歸到南徐州。④ 凡此種種，均可以想見孝武帝對貴妃無以復加的寵愛。而子鸞與子業的太子之争、孝武帝因悲痛過度不久辭世，又爲劉宋後期的政治亂局埋下了巨大隱患。因此，無論是從孝武帝格外寵愛貴妃，還是從貴妃之死對劉宋政治的影響來看，這個極富傳奇色彩的女性都完全有資格被列入《宋書》的后妃傳記。

第三，據《宋書·自序》可知，沈約是在多位前代史官的書稿基礎上完成《宋書》編寫的。最先是何承天開始編撰《宋書》，"草立紀傳，止於武帝功臣"。此後又有山謙之在孝武帝孝建初年奉詔撰述。不久山謙之病卒，蘇寶生繼續編寫，完成了元嘉衆臣的傳記。蘇寶生於大明二年（458）坐高闍謀反案被殺。孝武帝又命徐爰踵成前作。後者統合何、蘇二人書稿，完成了自義熙初年至大明末年的部分。沈約親自撰寫的部分不過是前廢帝永光以來至順帝禪讓爲止十幾年間的史事。⑤ 而宣貴妃卒於大明六年，徐爰則卒於後廢帝元徽三年（475）。也就是説，《宣貴妃傳》的最早撰寫者應該是徐爰。王鳴盛認爲《宋書》無《宣貴妃傳》是沈約爲劉宋王朝避諱的説法並不可取。⑥ 徐爰其人《宋

---

① （北齊）魏收撰：《魏書》卷九七《劉駿傳》，北京：中華書局，2017年，第2321頁。
② 《宋書》卷八〇《劉子鸞傳》，第2063頁。
③ 《宋書》卷八〇《劉子鸞傳》，第2063頁。
④ 《宋書》卷六《孝武帝紀》："（大明七年正月）癸巳，割吳郡屬南徐州。"見《宋書》，第130頁。
⑤ 參看《宋書》卷一〇〇《自序》，第2467頁。
⑥ 《十七史商榷》卷五九"殷淑儀"條："孝武帝……與義宣之女乃從兄妹，沈約《宋書·后妃傳》竟無殷淑儀傳，約歷事齊梁，何必諱宋之大惡，《南史》爲勝。"緊接着王氏又注意到《宋書·前廢帝何皇后傳》中記載了前廢帝納其親姑文帝第十女新蔡公主之事。此爲王氏自相矛盾之處，也可以説明《宋書》無《宣貴妃傳》，並非沈約爲劉宋朝避諱。見《十七史商榷》，第736頁。

書》列入《恩倖傳》,且謂其"便僻善事人,能得人主微旨",①亦即擅於揣度君王心理。大明七年(463)正月庚子(二十五日),有司上奏,請求禮官討論是否應該爲殷貴妃立廟。此舉很可能是有關部門在揣摩孝武帝心思基礎上對皇帝的主動逢迎,甚至有可能是孝武帝直接授意有司,有司再通過合乎行政程序的方式,將孝武帝的心意公開化、行爲化、制度化。② 立廟本不符合禮制,但在朝廷討論時,時任尚書左丞的徐爰連同時任太學博士的虞龢,各奏上一篇《宣貴妃立廟議》,全力贊成爲貴妃立廟,徐爰還言之鑿鑿地宣稱立廟之事"考之古典,顯有成據"。③ 加之《春秋》之義,母以子貴。清楚了解貴妃和子鸞在孝武帝心中的地位,又如此擅長迎合君主的徐爰,在編寫《宋書》之時不給宣貴妃立傳,這是很難想象的。

因此,綜合宣貴妃的地位、影響,以及《宋書》目錄保留下來的痕迹,可以斷定,原本《宋書》卷四一有《宣貴妃傳》一篇,後在流傳過程中亡佚。

三、"移花接木"的文本

雖然今本《宋書》已無《宣貴妃傳》,但因《南史》多刪改南朝正史而成,且《宣貴妃傳》也正好附在《孝武文穆王皇后傳》下,與原本《宋書》位置一致。故今本《南史·宣貴妃傳》有很大可能就是由原本《宋書·宣貴妃傳》刪改而成。這使得我們在千載之後還能一窺《宣貴妃傳》的大致面貌。而且幸運的是,這篇傳記並不僅僅保存在《南史》當中,實際上在《宋書·劉子鸞傳》中,還保留了原本《宋書·宣貴妃傳》的大段文字。換句話說,今本《宋書·劉子鸞傳》,是由原本《宋書·宣貴妃傳》和《宋書·劉子鸞傳》兩部分拼接而成的。

爲方便論述,筆者將《宋書·劉子鸞傳》分成以下四個部分:

a. 始平孝敬王子鸞字孝羽,孝武帝第八子也。大明四年,年五歲,封襄陽王,食邑二千户。

b. 仍爲東中郎將、吴郡太守。其年,改封新安王,户邑如先。五年,遷北中郎將、南徐州刺史,領南琅邪太守。母殷淑儀,寵傾後宫,子鸞愛冠諸子,凡爲上所盼

---

① 《宋書》卷九四《徐爰傳》,第2310頁。
② 《宋書》卷一七《禮四》記載:"有司奏:'故宣貴妃加殊禮,未詳應立廟與不?'"卷八〇《劉子鸞傳》則記作"諷有司"。分別見《宋書》,第477頁、第2064頁。
③ 《宋書》卷八〇《劉子鸞傳》,第2065頁。

遇者，莫不入子鸞之府、國。及爲南徐州，又割吳郡以屬之。六年，丁母憂。

c. 追進淑儀爲貴妃，班亞皇后，諡曰宣。葬給辒輬車，虎賁、班劍，鑾輅九旒，黄屋左纛，前後部羽葆、鼓吹。上自臨南掖門，臨過喪車，悲不自勝，左右莫不感動。上痛愛不已，擬漢武《李夫人賦》，其詞曰："朕以亡事棄日，閲覽前王詞苑，見《李夫人賦》，悽其有懷，亦以嗟詠久之，因感而會焉。巡靈周之殘册，略鴻漢之遺篆。弔新宫之奄映，嗟璧臺之蕪踐。賦流波以謡思，詔河濟以崇典。雖媛德之有載，竟滯悲其何遣。訪物運之榮落，訊雲霞之舒卷。念桂枝之秋實，惜瑤華之春翦。桂枝折兮沿歲傾，瑤華碎兮思聯情。彤殿閉兮素塵積，翠虵蕪兮紫苔生。寶羅晼兮春幌垂，珍簟空兮夏幬扃。秋臺惻兮碧煙凝，冬宫冽兮朱火清。流律有終，深心無歇。徙倚雲日，裴回風月。思玉步於鳳墀，想金聲於鸞闕。竭方池而飛傷，損圓淵而流咽。端蚤朝之晨罷，泛輦路之晚清。轊南陸，踷閶闔，櫟北津，警承明。面縞館之酸素，造松帳之蒽青。俛衆胤而慟興，撫藐女而悲生。雖哀終其已切，將何慰於爾靈。存飛榮於景路，没申藻於服車。垂葆旒於昭術，竦鸞劍於清都。朝有儷於徵準，禮無替於粹圖。閟瑶光之密陛，宫虚梁之餘陰。俟玉羊之晨照，正金雞之夕臨。升雲甃以引思，鏘鴻鐘以節音。文七星於霜野，旗二燿於寒林。中雲枝之夭秀，寓坎泉之曾岑。屈封嬴之自古，申反周乎在今。遣雙靈兮達孝思，附孤魂兮展慈心。伊鞠報之必至，諒顯晦之同深。予棄四楚之齊化，略東門之遥襘。渝漣兩拍之傷，奄抑七萃之箴。"又諷有司曰："典禮云，天子有后，有夫人。《檀弓》云，舜葬蒼梧，三妃不從。《昏義》云，后立六宫，有三夫人。然則三妃則三夫人也。后之有三妃，猶天子之有三公也。按《周禮》，三公八命，諸侯七命。三公既尊於列國諸侯，三妃亦貴於庶邦夫人。據《春秋傳》，仲子非魯惠公之元嫡，尚得考彼別宫；今貴妃蓋天秩之崇班，理應創立新廟。"尚書左丞徐爰之又議："宣貴妃既加殊命，禮絶五官，考之古典，顯有成據。廟堂克構，宜選將作大匠卿。"

b. 葬畢，詔子鸞攝職，以本官兼司徒，進號撫軍、司徒，給鼓吹一部，禮儀並依正公。又加都督南徐州諸軍事。八年，加中書令，領司徒。前廢帝即位，解中書令，領司徒，加持節之鎮。帝素疾子鸞有寵，既誅群公，乃遣使賜死，時年十歲。子鸞臨死，謂左右曰："願身不復生王家。"同生弟妹並死，仍葬京口。太宗即位，詔曰：……追改子鸞封爲始平王，食邑千户，改葬秣陵縣龍山。

d. 延年字德沖，泰始四年薨，時年四歲，諡曰沖王。明年，復以長沙王纂子延之爲始平王，紹子鸞後。順帝昇明三年薨，國除。

a部分介紹子鸞姓名、排行、何時封王。b部分介紹子鸞的政治履歷。c部分爲貴妃死後的追尊活動及喪葬規格。d部分則是子鸞卒後的子嗣情況,以及王爵、封國的繼承情況。

《宋書》當中的皇子傳計有卷六一《武三王傳》、卷六八《武二王傳》、卷七二《文九王傳》、卷七九《文五王傳》、卷八〇《孝武十四王傳》、卷九〇《明四王傳》和卷九九《二凶傳》。這七卷共收録了40位皇子。① 除卷六一、六八兩卷、卷九九《始興王濬傳》未介紹排行,卷七二《南平穆王鑠傳》未介紹封王情況,卷八〇《孝武十四王》中因絶大部分皇子卒時年幼無子嗣外,其他所有傳記均一致由A. 皇子姓名、排行、何時封王,B. 皇子的事迹(以政治履歷爲主),D. 皇子卒後的子嗣情況及王爵、封國的繼承情況三部分構成。也就是説這三部分構成了《宋書》皇子傳記的書法體例。

在這樣一種書法體例下審視《宋書·劉子鸞傳》的結構,就會發現c部分格外突兀。這一部分詳細記録了殷氏的追封活動、葬禮器仗、孝武帝爲懷念貴妃而作的《擬李夫人賦》,以及禮官關於爲貴妃立廟的討論。字數多達655字,卻無一字提到傳主劉子鸞,完全偏離了皇子傳記的敘事脉絡。而整篇傳記全文也不過1226字,這段與傳主毫不相干的内容竟占了篇幅的53%强。這在《宋書》的全部皇子傳書寫模式中僅此一例,不得不讓人懷疑這段内容原本不屬於《劉子鸞傳》,而應是《宣貴妃傳》的一部分佚文。

如果我們擴大考察對象,將劉宋以前正史當中所有的皇子傳記也納入範圍,則《漢書》計有33人,《後漢書》26人,《三國志》40人,共計99人。② 除去没有明確介紹皇子排行外,③這99篇傳記均整齊地呈現出由A、B、D三部分組成的結構。其中有10篇傳記提到了傳主的母親,筆者將這種敘事稱爲"皇子傳生母語境"。這一語境按敘事類型可如下表所示分爲三類。

---

① 皇子傳後附的子嗣傳記可看作傳主本傳的一部分,故不重複統計。與皇子相關的其他人物的附傳,也不納入統計範圍内。卷八〇《孝武十四王傳》實際收録15位傳主,最後一位武陵王贊本爲明帝第九子,泰始六年出繼孝武帝爲子。

② 樣本分别出自《漢書》卷三八、卷四四、卷四七、卷五三、卷六三、卷八〇,《後漢書》卷四二、卷五〇、卷五五,《三國志》卷一九、卷二〇、卷三四、卷五九。樣本選取標準同《宋書》,即只統計傳主的數量,不重複統計傳主的子嗣和其他人物的附傳數量。《漢書》卷四四《淮南衡山濟北王傳》,雖然卷名有三人,但衡山王賜、濟北王勃都是淮南王劉長之子,故統計時只計爲一篇傳記。

③ 《三國志》卷五九《吴書·吴主五子傳》介紹孫登、孫慮、孫和、孫霸、孫奮五人時,分别用了"權長子""登弟""慮弟""和弟""霸弟"這樣的字句,也向讀者傳遞了五人的排行,但未使用《宋書》及此後正史皇子傳所慣用的"某帝第某子"的句式。這種句式在正史皇子傳中出現,當始於《宋書》。

表一　皇子傳生母語境分類表

類　型	出　處	原　文
一、與傳主的出生經歷有關	1.《漢書》卷四四《淮南厲王長傳》	其母故趙王張敖美人。高帝八年，從東垣過趙，趙王獻美人，屬王母也，幸，有身。……及貫高等謀反事覺，并逮治王，盡捕王母兄弟美人，繫之河内。……厲王母已生厲王，恚，即自殺。吏奉厲王詣上，上悔，令吕后母之，而葬其母真定。
	2.《漢書》卷五三《長沙定王發傳》	母唐姬，故程姬侍者。景帝召程姬，程姬有所避，不願進，而飾侍者唐兒使夜進。上醉，不知，以爲程姬而幸之，遂有身。已乃覺非程姬也。及生子，因名曰發。
二、傳主因母親的關係受寵或失寵①	1.《漢書》卷八〇《淮陽憲王欽傳》	母張倢伃有寵於宣帝。霍皇后廢後，上欲立張倢伃爲后。……立長陵王倢伃爲后……后無寵，希御見，唯張倢伃最幸。而憲王壯大，好經書法律，聰達有材，帝甚愛之。……常有意欲立張倢伃與憲王。
	2.《後漢書》卷四二《東海恭王彊傳》	建武二年，立母郭氏爲皇后，彊爲皇太子。十七年而郭后廢，彊常慼慼不自安，數因左右及諸王陳其懇誠，願備蕃國。
	3.《後漢書》卷四二《楚王英傳》	母許氏無寵，故英國最貧小。
	4.《後漢書》卷五〇《梁節王暢傳》	母陰貴人有寵，暢尤被愛幸，國土租入倍於諸國。
	5.《後漢書》卷五五《清河孝王慶傳》	母宋貴人。……甚有寵。……貴人生慶，明年立爲皇太子。……竇皇后寵盛，以貴人姊妹並幸，慶爲太子，心内惡之。……日夜毁譖，貴人母子遂漸見疏。②
	6.《三國志》卷五九《孫和傳》	少以母王有寵見愛。

---

①　《漢書》卷五三《長沙定王發傳》記載："以其母微無寵，故王卑溼貧國。"見（漢）班固撰，（唐）顔師古注：《漢書》，北京：中華書局，1962年，第2426頁。可見《長沙定王發傳》也符合第二類，但爲避免重複，此類不再收入。

②　按，《後漢書》中收録的皇子人數、傳記篇數都少於《漢書》，但傳記中提到皇子母親的次數卻多於《漢書》，由此可以一窺東漢一朝外戚地位之高。

續表

類　　型	出　　處	原　　文
三、簡要介紹皇子母親出身	1.《後漢書》卷五五《濟北惠王壽傳》	母申貴人，潁川人也，世吏二千石。貴人年十三，入掖庭。
	2.《三國志》卷三四《後主太子璿傳》	母王貴人，本敬哀張皇后侍人也。

通過分析以上十例可以看出，劉宋之前的正史皇子傳當中即便提到皇子生母，話語的中心也都是圍繞着皇子展開的：或介紹皇子出生經歷，或説明皇子因母親受寵或失寵。這兩類書寫模式佔據皇子傳生母語境的比例高達80%，但佔據各篇傳記的篇幅比重最高也不過29%。① 至於剩下的兩個案例，則字句更加短少。因此，無論是從《漢書》以來的宏觀的皇子傳書寫體例來看，還是從微觀的皇子傳生母語境的類型來看，《宋書·劉子鸞傳》當中對貴妃死後喪葬活動記載不厭其詳、且與傳主毫無關係的 c 部分，無論如何都顯得格格不入，不可能是《劉子鸞傳》的原文。

而之所以說 c 部分應該是原本《宋書·宣貴妃傳》的佚文，還因爲這一部分和《南史·宣貴妃傳》在語詞、語句、語段的語義表達上，存在着高度相似的現象。現將兩篇傳記對比如下。

表二　《宋書》《南史》中《宣貴妃傳》内容對照表

《宋書·劉子鸞傳》	《南史·宣貴妃傳》
1. 追進淑儀爲貴妃，班亞皇后，謚曰宣。	1. 追贈貴妃，謚曰宣。
2. 葬給輼輬車，虎賁、班劍，鑾輅九旒，黃屋左纛，前後部羽葆、鼓吹。	2. 及葬，給輼輬車、虎賁、班劍。鑾輅九旒、黃屋左纛、前後部羽葆、鼓吹。
3. 上自臨南掖門，臨過喪車，悲不自勝，左右莫不感動。	3. 上自於南掖門臨，過喪車，悲不自勝，左右莫不掩泣。
4. 上痛愛不已。	4. 上痛愛不已，精神罔罔，頗廢政事。每寢，先於靈牀酹奠酒飲之，既而慟哭不能自反。
5. 擬漢武《李夫人賦》，其詞曰：……	5. 於是擬《李夫人賦》以寄意焉。
6. 又諷有司曰："……據《春秋傳》，仲子非魯惠公之元嫡，尚得考彼别宫；今貴妃蓋天秩之崇班，理應創立新廟。"	6. 又諷有司奏曰："據《春秋》，仲子非魯惠公元嫡，尚得考别宫。今貴妃蓋天秩之崇班，理應創新。"乃立别廟於都下。

---

① 此爲《漢書·長沙定王發傳》的統計數據。該篇寫傳主出生的篇幅較多，且整篇傳記字數又很少，故比例較大。其他樣本的統計數據均不超過10%，最少者甚至不到1%。

根據以上六對例句可以看出,《宋書·劉子鸞傳》中的 c 部分,與《南史·宣貴妃傳》記載貴妃葬禮的部分,除了細節上的繁略之别外,①幾乎一字不差。

在此需要特别説明一下孝武帝《擬李夫人賦》的位置問題。清代學者牛運震已經在其《讀史糾謬》中質疑道:"此宜附入《后妃傳》,不宜特敍入諸子傳中。"②《南史·宣貴妃傳》説孝武帝"擬《李夫人賦》以寄意焉",按照史書筆法,將這篇作品附在這句話下,顯然更符合史書體例。事實上,通過考察與《宋書·宣貴妃傳》同卷的《文元袁皇后傳》的寫法,就可以清楚地看出這一點。袁皇后爲宋文帝皇后,元嘉十七年(440)病逝後,文帝命顔延之作哀策文。《袁皇后傳》如此記載:"上甚相悼痛,詔前永嘉太守顔延之爲哀策,文甚麗。其辭曰:……"③緊接着即全篇收録這篇哀策文。筆法和文脉與《南史·宣貴妃傳》"擬《李夫人賦》以寄意焉"一句全同。這種史書筆法在同時期的史書中屢見。如《梁書·高祖丁貴嬪傳》:"普通七年十一月庚辰薨,殯於東宫臨雲殿,年四十二。詔吏部郎張纘爲哀策文曰:……";④《梁書·昭明太子傳》:"五月庚寅,葬安寧陵。詔司徒左長史王筠爲哀册,文曰:……";⑤《隋書·元德太子昭傳》:"未幾而薨。詔内史侍郎虞世基爲哀册文曰:……"⑥這些哀策文無一例外都是放在被哀悼者本人的傳記當中。因此,孝武帝的《擬李夫人賦》也應該在《宋書·宣貴妃傳》中。

假如我們將《宋書·劉子鸞傳》的 c 部分從傳記中剔除出去,再通讀傳文,會發現文章脉絡和語義表達絲毫不受影響。而僅由 a、b、d 三部分組成的《宋書·劉子鸞傳》,除文字詳略外,則呈現出與《南史·劉子鸞傳》完全一致的結構和書寫模式。

至此,通過以上多方面論證,可以斷定今本《宋書·劉子鸞傳》中詳述宣貴妃葬儀的 c 部分,原本不屬於此,而是亡佚了的《宋書·宣貴妃傳》的一段佚文。

那麽《宋書·宣貴妃傳》的這一大段佚文是如何被拼接到《宋書·劉子鸞傳》中,而呈現出今天的面貌呢?

如前所述,《南史·宣貴妃傳》是李延壽據《宋書·宣貴妃傳》删改而成,保留了後者的大致内容和篇章結構。據《北史·序傳》,李延壽奏上《南史》《北史》是在唐高宗顯

---

① 《廿二史札記》卷十有"《南史》删《宋書》最多"條。
② (清)牛運震著,李念孔、高文達、張茂華點校:《讀史糾謬》卷六,濟南:齊魯書社,1989 年,第 287 頁。
③ 《宋書》卷四一,第 1284 頁。
④ (唐)姚思廉撰:《梁書》卷七,北京:中華書局,1973 年,第 161 頁。
⑤ 《梁書》卷八,第 169 頁。
⑥ (唐)魏徵等撰:《隋書》卷五九,北京:中華書局,1973 年,第 1436 頁。

慶四年(659)。而李善於前此一年表上的《文選注》①中還保存了三條《宋書·宣貴妃傳》的佚文(詳見下文)。也就是說,至少在李延壽和其父李大師編撰《南北史》、李善注《文選》的初唐時期,《宋書·宣貴妃傳》並未完全散佚。此後這篇傳記如何遺失已無法細考。

《宋書》刻板印行始於宋代。宋仁宗嘉祐六年(1061),敕命曾鞏等人校訂包括《宋書》在內的南北朝七史,工作一直持續到徽宗政和年間。《郡齋讀書志》卷五記載:"嘉祐中,以《宋》《齊》《梁》《陳》《魏》《北齊》《周書》舛謬亡闕,始詔館職讎校。曾鞏等以秘閣所藏多誤,不足憑以是正,請詔天下藏書之家,悉上異本。久之,始集。治平中,鞏校定《南齊》《梁》《陳》三書上之,劉恕等上《後魏書》,王安國上《周書》。政和中,始皆畢。"②其中校訂《宋書》者當爲鄭穆,其人《宋史》卷三四七有傳。

今本《宋書》卷四六卷首目錄"到彥之"下注"闕",卷末有鄭穆校語,云:"臣穆等案《高氏小史》,《趙倫之傳》下有《到彥之傳》,而此書獨闕";③卷一〇〇《自序》中"憂同職同"下闕十八字,④"璞有子曰""沈伯玉先帝在藩"下并注"闕"。⑤《南齊書》卷四四《徐孝嗣傳》"沈文季門世"下注"原闕";⑥卷五八《東南夷·高麗傳》"建武三年"下注"原闕"。⑦《梁書》卷三四《張緬傳》"實君子之所識"下注"闕一句"。⑧《魏書》卷八四《儒林·盧醜傳》"延和二年冬卒"下注"闕";⑨卷八八《良吏傳》"史臣曰"下注"闕"。⑩此類於原文亡佚處注"闕"的事例,在南北朝七史中不一而足。這充分說明以嘉祐館臣爲首的史官,在用《南北史》和《高氏小史》補足南北七史時,是有着非常嚴格的體例的。即便仍然有不足之處,如《南史》有《到彥之傳》,但未補入《宋書》;《宋書·張邵傳》後附張暢傳,直用《南史》之文,不知本書卷五九已有《張暢傳》,造成重出;《南齊書·高麗傳》可據《建康實錄》《翰苑》《冊府元龜》輯補部分佚文等等。但這些失誤並不會引起

---

① 李善:《唐李崇賢上文選注表》文末落款時間爲顯慶三年。見(梁)蕭統編,(唐)李善注:《文選》,北京:中華書局,1977年,第3頁。
② (宋)晁公武撰,孫猛校證:《郡齋讀書志校證》,上海古籍出版社,1990年,第184頁。
③ 《宋書》,第1400頁。
④ 《宋書》,第2452頁。
⑤ 《宋書》,第2465頁。
⑥ (梁)蕭子顯撰:《南齊書》,北京:中華書局,1972年,第774頁。
⑦ 《南齊書》,第1010頁。
⑧ 《梁書》,第497頁。
⑨ 《魏書》,第1992頁。
⑩ 《魏書》,第2071頁。

後人對原書體例的誤解，仍屬於可以理解的失誤。可以想象，如果嘉祐館臣有機會看到《宋書·宣貴妃傳》的c部分，按照補史體例，一定會根據目錄中《宣貴妃傳》的位置，將這一部分放在《宋書·孝武文穆王皇后傳》之下，並標注"闕"，而不會一反常態，不惜違背史例地將c部分放在《宋書·劉子鸞傳》當中。因爲這將打破《宋書》原本的篇章結構，並給讀者造成疑問和錯覺。這種行爲發生在嚴謹的史官身上，是難以想象的。因此，只能推斷今天我們看到的雜糅了《宋書·宣貴妃傳》的《宋書·劉子鸞傳》的面貌，在嘉祐校史之前就已經定型了。而造成這種結果的一個很可能的原因，則是受手抄本文化影響積累而成的古書錯頁。《宋書·宣貴妃傳》在初唐之後雖亡佚，但仍有殘篇流傳於世，這個殘篇正是詳細記載貴妃葬禮情況的c部分。某人得到這個殘篇後，想到《宋書·劉子鸞傳》中有子鸞因母"寵傾後宮"而"愛冠諸子"的記載，又有"六年，丁母憂"的表述，故將這個殘篇夾在《宋書·劉子鸞傳》當中。而在書籍流傳仍然主要依靠手筆傳抄的唐代，他人獲得這個本子後再進行傳寫，必然會將殘篇的文字依樣抄在《宋書·劉子鸞傳》當中，到了宋代刻書時也只好沿襲錯頁的文字，從而造成了我們今天看到的《宋書·劉子鸞傳》的面貌。

四、《文選》李善注所存《宋書·宣貴妃傳》佚文

除了《宋書·劉子鸞傳》保存了大段的《宋書·宣貴妃傳》佚文外，在《文選》卷五七所收謝莊《宋孝武宣貴妃誄》的李善注中，還零星保留了三條《宋書·宣貴妃傳》的佚文。現抄錄於下，並作簡要考證：

1. 沈約《宋書》曰："淑儀生第二皇女。"①
2. 沈約《宋書》曰："淑儀生始平王子鸞、晉陵王子雲。"②
3. 沈約《宋書》曰："孝武大明六年，淑儀薨。"③

佚文1、2介紹貴妃的生子情況。按《宋書》介紹皇子的出身有兩種書法：一是以某個皇帝爲經，在各篇皇子傳卷首統一介紹該皇帝的全部子嗣，如卷六一《武三王傳》開頭介紹武帝七男、卷七二《文九王傳》開頭介紹文帝十九男、卷八〇《孝武十四王傳》開

---

① 《文選》，第793頁。
② 《文選》，第794頁。
③ 《文選》，第794頁。

頭介紹孝武帝二十八男、卷九〇《明四王傳》開頭介紹明帝十二子。二是在卷四一《后妃傳》中,以每個后妃爲經,分別介紹該后妃所生子嗣。如武帝張夫人"生少帝,又生義興恭長公主惠媛";①文帝袁皇后"生子劭、東陽獻公主英娥";②孝武帝王皇后"生廢帝、豫章王子尚、山陰公主楚玉、臨淮康哀公主楚佩、皇女楚琇、康樂公主脩明"③等。按照第二種書法,則原本《宋書·宣貴妃傳》也應該記載了宣貴妃的生子情況。宣貴妃共爲孝武帝生了五男一女。據《孝武十四王傳》可知皇子有始平孝敬王子鸞、齊敬王子羽、晉陵孝王子雲、南海哀王子師和因早夭未封的子文。前廢帝即位後,殺子鸞、子師兄弟。《宋書·劉子鸞傳》記載:"帝素疾子鸞有寵,既誅群公,乃遣使賜死。……同生弟妹並死。"明帝即位後的追贈詔書中云:"第十二皇女、第二十二皇子子師,俱嬰謬酷。"④可知受害的宣貴妃子女還有第十二皇女。故佚文1中"第二皇女"實爲"第十二皇女"之誤。《南史·后妃傳》劉宋部分沿襲《宋書》的體例,同樣記載每位后妃所生子嗣,但《南史·宣貴妃傳》卻沒有宣貴妃子女的相關信息,恐初唐李延壽所見《宋書·宣貴妃傳》即已非全本。

佚文3記載貴妃卒年。此信息不見於《宋書·孝武帝紀》,也不見於《宋書》其他篇章。《宋書》中有兩處提及"淑儀薨",但均是指南平王鑠所生母吳淑儀薨之事。⑤《南史·宣貴妃傳》作"及薨",⑥未言卒年。因貴妃之號爲孝武帝追封,故此處仍用"淑儀"指代。又,按《宋書》體例,沈約於諸帝多稱廟號,《南史》於諸帝皆稱謚號,且古人注釋引書並不嚴謹,經常爲貼合所注文字而改動、增删引文。故疑佚文3中"大明六年"前的"孝武"二字恐非《宋書·宣貴妃傳》原文,或是李善爲簡明起見,將"世祖"改作"孝武"。

綜上所述,原本《宋書·宣貴妃傳》雖然亡佚,但通過《南史·宣貴妃傳》保存的大致框架,和《宋書·劉子鸞傳》《文選》李善注保存的大量佚文,仍然可以一窺這篇傳記的主要內容。因此從這個意義層面上,可以説今本《宋書》雖無《宣貴妃傳》一篇,但其文尚未全亡。實際上,王鳴盛已注意到《宣貴妃傳》有目無傳之事可疑,牛運震認爲《擬

---

① 《宋書》,第1282頁。
② 《宋書》,第1284頁。
③ 《宋書》,第1289頁。
④ 《宋書》,第2065頁。
⑤ 分別見《宋書》卷一五《禮二》、卷七二《南平穆王鑠傳》。
⑥ 《南史》卷一一,第323頁。

李夫人賦》當入《后妃傳》,更是已觸及《宋書·劉子鸞傳》的傳抄錯頁問題,只是二人均未繼續深究。此或與記載貴妃葬禮的錯頁文本夾在"六年,丁母憂"和"葬畢"之間,並未明顯造成文脈滯澀、語句不通的情況有關。然而正如黃永年先生主張的,讀史要"找共性的東西,不要被情節吸引",[①]正史中不同傳記的書寫體例正是一種共性的東西。熟悉並合理利用這些史傳書法,有助於文獻工作者發現並糾正如《宋書·劉子鸞傳》這樣不太明顯的文本錯誤,並更好地理解史籍傳承過程對文本形貌的影響。

---

① 黃永年述,曹旅寧記:《黃永年文史五講》,北京:中華書局,2011年,第136頁。

中古史籍與道經中所見"六夷"與"中國"*

姜望來

中古時代所謂"六夷"及與之頗有關聯、往往相對而言之"中國"名號，屢見書史，其具體含義及變遷，學者對之有所關注與討論，然角度多聚焦於民族及政治方面，所據以討論之材料主要集中於世俗文獻。但中古宗教文獻尤其是道經中亦屢見"六夷"與"中國"之名，其民族、宗教上之意義及與世俗政治、社會等之關係，頗值注意。因此，本文擬在前人基礎上，結合相關史籍，就中古道經（主要是《太上洞淵神咒經》）中所見"六夷"與"中國"所涉及之含義、時代及晉宋之際南北道教政治傾向等問題略作推論。

一、中古史籍與道經中所見"六夷"與《太上洞淵神咒經》成書年代

中古之前時代，似已有"六夷"之名。《後漢書》卷八六《西南夷傳》：

> 冉駹夷者，武帝所開。元鼎六年，以爲汶山郡。至地節三年，夷人以立郡賦重，宣帝乃省並蜀郡爲北部都尉。其山有六夷七羌九氐，各有部落。

此爲史籍中所見"六夷"繋年最早者，其後《通典》《通志》等皆沿襲其文，並無懷疑。[①] 故有學者謂此"似爲'六夷'初始的含義"。然《後漢書》范曄之説法當本之東晉常璩《華陽國志》，但文字卻有差異。任乃强先生校注之《華陽國志校補圖注》卷三《蜀志》：

> 汶山郡，本蜀郡北部冉、駹都尉，孝武元封四年置……有六、夷、羌、胡、貲虜、白

---

* 本文係國家社會科學基金青年項目"謠讖與十六國北朝政治、社會變遷研究"（批准號：14CZS014）階段性成果之一。

① 《通典》卷一八七《邊防典·南蠻上·冉駹》，《通志》卷一九七《四夷傳·南蠻上·冉駹》。

蘭、蟕峒九種之戎。

按，"眥虜"，原作"羌虜"，校注者所校改，任乃强先生謂："此句在《范書·冉駹傳》作'六夷、七羌、九氐'。遍參各書，莫能湊足六、七、九種之數。且郡境民族主爲羌氏，支派雖別，亦不至遂有二十二種之多。疑范曄實誤解《常志》'六夷'與'九種之戎'，又誤眥（紫羌）爲'七羌'也。常氏明言'九種之戎'，是謂有字所綰諸種皆西戎，有九種也。設以六夷爲六種，則其下舊存七字無論如何點讀，皆當有四種以上，不得爲'九種'，況加以'七羌'乎？其結數既爲九字，又有可得九種之理。"並引陳宗祥先生之説力證"六"指古氐人之一支"樓薄（六番）"。①即《後漢書》所記"六夷"乃誤解誤改《華陽國志》，合"六"與"夷"兩種而爲一。任乃强先生所論甚是，筆者亦贊同其説。范曄所謂"六夷"，又見於《宋書》卷六九《范曄傳》載曄獄中與諸甥侄書云：

至於《循吏》以下及《六夷》諸序論，筆勢縱放，實天下之奇作。

此處"六夷"，係范曄自謂其所撰《後漢書》卷八五至卷九〇諸少數民族列傳，涉及民族數十種，分爲六卷，泛指而已，更不能表示漢代已有"六夷"之專稱。

中古時代"六夷"之名首次出現，在十六國匈奴劉聰時期。《晉書》卷一〇二《劉聰載記》（同書卷一四《地理志上》略同）：

置左右司隸，各領户二十餘萬，萬户置一内史，凡内史四十三。單于左右輔，各主六夷十萬落，萬落置一都尉。

《資治通鑑》卷一二六宋文帝元嘉二十八年正月"六夷如此必走"條下胡三省注云："自晉氏失馭，劉、石以來，始有六夷之名。"按，胡三省謂"六夷"之名起於十六國匈奴劉氏、羯石氏之時，自無疑義；然劉、石以後六夷之名流行之時代及時代之下限，胡三省並未言及，頗有討論之必要。

劉聰以後，"六夷"之名屢屢出現在史籍中。今以正史所載爲主，輔以其他史籍，去

---

① 常璩撰、任乃强校注：《華陽國志校補圖注》卷三《蜀志》汶山郡條注釋3，上海古籍出版社，1987年，第186—187頁。

其重複,依時代先後,將有關"六夷"之資料條列如下。

(一)東晉,一則。東晉袁宏《後漢紀》卷九載袁宏之論云:

> 嗚呼,六夷之有中國,其漸久矣。

(二)十六國,七則。《晉書》卷一○五《石勒載記下》:

> 勒以(世子)弘鎮鄴,配禁兵萬人,車騎所統五十四營悉配之,以驍騎領門臣祭酒王陽專統六夷以輔之。

同書卷一一六《姚弋仲載記》:

> (石季龍)啓勒以弋仲行安西將軍、六夷左都督。……勒既死,季龍執權……遷持節、十郡六夷大都督、冠軍大將軍。……永和七年,拜弋仲使持節、六夷大都督、都督江淮諸軍事、車騎大將軍、儀同三司、大單于,封高陵郡公。

同書卷一○七《石季龍載記下》:

> 龍驤孫伏都、劉銖等結羯士三千伏於胡天,亦欲誅閔等……閔、農攻斬伏都等,自鳳陽至琨華,橫屍相枕,流血成渠。宣令内外六夷敢稱兵杖者斬之。胡人或斬關,或逾城而出者,不可勝數……敕城門不復相禁。於是趙人百里内悉入城,胡羯去者填門……閔躬率趙人誅諸胡羯……石祇聞鑒死,僭稱尊號於襄國,諸六夷據州郡擁兵者皆應之。閔遣使臨江告晉曰:"胡逆亂中原,今已誅之。若能共討者,可遣軍來也。"朝廷不答。

《資治通鑑》卷一○○晉穆帝永和十一年(355)六月:

> (苻)健謂太子生曰:"六夷酋帥及大臣執權者,若不從汝命,宜漸除之。"

《晉書》卷一一三《苻堅載記上》:

堅遂攻鄴,陷之。慕容暐出奔高陽,堅將郭慶執而送之。堅入鄴宮,閲其名籍,凡郡百五十七,縣一千五百七十九,户二百四十五萬八千九百六十九,口九百九十八萬七千九百三十五。諸州郡牧守及六夷渠帥盡降於堅。

《太平御覽》卷一二四《偏霸部·張玄靚》引崔鴻《十六國春秋·前涼録》:

(儒林祭酒索綏)又作《六夷頌符命傳》十餘篇。

《晉書》卷一二五《馮跋載記》:

蠕蠕勇斛律遣使求跋女僞樂浪公主,獻馬三千匹,跋命其群下議之。素弗等議曰:"前代舊事,皆以宗女妻六夷,宜許以妃嬪之女,樂浪公主不宜下降非類。"

(三) 南朝,四則。《宋書》卷二四《天文志二》:

晉惠帝永寧元年,自正月至於閏月,五星互經天。《星傳》曰:"日陽,君道也。星陰,臣道也。日出則星亡,臣不得專也。晝而星見午上者爲經天,其占爲不臣,爲更王。今五星悉經天,天變所未有也。"石氏説曰:"辰星晝見,其國不亡,則大亂。"是後臺鼎方伯,互秉大權,二帝流亡,遂至六夷强,迭據華夏,亦載籍所未有也。

《南齊書》卷四一《張融傳》:

虜中聞融名,上使融接北使李道固,就席,道固顧之而言曰:"張融是宋彭城長史張暢子不?"融嚬蹙久之,曰:"先君不幸,名達六夷。"

《梁書》卷三四《張緬附弟纘傳》載張纘於梁武帝大同九年所作《南征賦》云:

化致升平,於兹四紀。六夷膜拜,八蠻同軌。

《陳書》卷一《高祖紀上》:

梁帝禪位璽書云:二后英聖,相仍在天,六夷貪狡,爭侵中國,縣王都帝,人懷干紀,一民尺土,皆非梁地。

(四)北朝,一則。《魏書》卷一〇五之三《天象志三》:

　　神䴥元年五月癸未,太白犯天街。占曰"六夷髦頭滅"。二年五月,太白晝見。占曰"大兵且興,強國有弱者"。是月,上北征蠕蠕,大破之,虜獲以鉅萬計,遂降高車,以實漠南,辟地數千里云。

據上所列,六夷之名流行於整個東晉十六國南北朝時期;但隋唐以後,六夷之名突趨於消歇,史籍中幾再無所見。① 所以如此,則因六夷之名有其特定的含義,其流行亦有其具體之時代背景。

十六國漢趙時,匈奴劉聰置單于左右輔以主六夷,單于非漢官,六夷非漢稱,又以"落"而非"户"爲單位,故所謂"六夷"顯指匈奴劉氏治下少數民族而言。然而"六夷"是指具體的某六種少數民族還是泛稱非漢北方少數民族,如果是具指則究竟對應哪六種民族? 這些都不甚明了。最早對此予以解釋的是胡三省。《資治通鑑》卷八九晉愍帝建興二年(314)正月:"(劉聰)置單于左右輔各主六夷十萬落"條胡注:

　　六夷,蓋胡、羯、鮮卑、氐、羌、巴蠻。或曰烏丸,非巴蠻也。

同書卷九八晉穆帝永和六年(350)三月"趙新興王祇即皇帝位於襄國,改元永寧,以汝陰王琨爲相國,六夷據州郡者皆應之"條胡注:

　　六夷,胡、羯、氐、羌、段氏及巴蠻也。

---

① 隋唐以後有關史傳中僅《宋史》中一見六夷之名,《宋史》卷五一《天文志四》之"二十八宿下":"天街二星,在昴、畢間,一曰在畢宿北,爲陰陽之所分……太白守之,兵塞道路,六夷旄頭滅,一曰民饑。"但《宋史》此處所記不過沿襲抄撮前代天文占卜理論,並無具體的史實和實際的意義。又唐人偶有提及六夷,《全唐文》卷二二五張説《送田郎中從魏大夫北征篇序》:"夫王者,所以威四海,攘六夷。"同書卷二二七張説《贈涼州都督上柱國太原郡開國公郭君碑》:"皇情西顧,則九羌鼙鼓;詔書北伐,則六夷焚旗。"同書卷八八五徐鉉《大唐故中散大夫檢校司徒使持節泰州諸軍事兼泰州刺史御史大夫洛陽縣開國子賈宣公墓誌銘》:"會六夷南侵,天眷北顧,命公持節使於契丹。"此三處均屬於文學描寫中之用典範疇,亦無具體的史實和實際的意義。

胡三省認爲六夷是匈奴劉氏治下六種主要少數民族,但其也不甚確定,致有模棱兩可之兩組名單,顯然胡三省所注也是其理解和推測,並無確切依據。此後學者,或以"六夷"爲具指或以爲泛稱,以爲具指者又在胡三省兩組名單間意見不一。① 陳勇先生在考察諸家之説後,基本上也持泛稱之説,且進一步指出:"東晉十六國南北朝時六夷的含義,在不同的政治或部族背景下是有很大差别的。東晉南朝的六夷稱謂,指漢族以外的各少數民族。五胡諸國及北朝雖然也以六夷指漢族以外的各遊牧族,但其本部如後趙之羯、前秦之氐、北魏之鮮卑拓跋部卻不在其中。"② 陳勇先生所論精確,尤其其指出六夷稱謂在東晉南朝與五胡諸國及北朝不同背景下有細微卻重要的差異,具有深刻的啓發意義。

六夷指東晉十六國南北朝時代南北分裂背景下北方胡族統治下諸少數民族,無論南方所稱還是北方所稱均大體如此,儘管其中仍有所差異:北方各胡族政權所謂六夷不包括本族在内,南方漢族政權則以六夷統稱北方諸少數民族。③ 隨着民族融合進程與隋唐統一帝國的建立,南北分裂、胡漢對峙之局面歸於終結,有着特定民族與時代背景之六夷之名退出歷史舞臺,自屬必然之事。

"六夷"之名,既多見於中古史籍,又往往見於中古道經,尤其集中見於約東晉末劉宋初開始形成的《太上洞淵神咒經》。兹列舉《洞淵神咒經》中有關六夷之記述如下。

敦煌本《太上洞淵神咒經》卷一《誓魔品》④:

> 及漢魏末時,人民流移,其死亦半。乃至劉氏五世子孫,係統先基。爾時,四方敖敖,危治天下,中國人民悉不安居,爲六夷驅逼,逃竄江左,劉氏隱迹,避地淮海。至甲午之年,劉氏還往中國,長安開霸,秦川大樂,六夷賓伏,悉居山藪,不在中川,道法盛矣。木子弓口,當復起焉。……五世之孫劉子,王治天下,其後大漢。

---

① 馬長壽先生認爲係匈奴、羯、鮮卑、氐、羌、烏桓;王仲犖先生則沿襲胡三省之兩組名單;黄烈、萬繩楠、周偉洲諸先生及日本的三崎良章則認爲是泛稱各少數民族。諸家之説請參見陳勇:《漢趙國胡與屠各異同考——兼説漢趙國的胡漢分治》,收入其著:《漢趙史論稿——匈奴屠各建國的政治史考察》,北京:商務印書館,2009年。
② 前揭陳勇:《漢趙國胡與屠各異同考——兼説漢趙國的胡漢分治》。
③ 前舉十六國時代有關六夷之史料七則,其中二則分别涉及前涼張玄靚、北燕馮跋政權,前涼張氏與北燕馮氏雖列於十六國,但均爲漢族政權,其所謂六夷之義,當與南方漢族政權同。
④ 葉貴良:《敦煌本〈太上洞淵神咒經〉輯校》,北京:中國社會科學出版社,2013年。按,正統《道藏》洞玄部本文類收有《太上洞淵神咒經》全本二十卷(《道藏》第六册,文物出版社、上海書店、天津古籍出版社,1988年)。如所周知,正統《道藏》所收道經,多經改竄删削,以敦煌所出中古道經與正統《道藏》中相應經典比較,往往有較大差異,而敦煌本更接近於原始面貌,《太上洞淵神咒經》即是此種情形之典型代表。故本文引用有關道經,如有敦煌本則首以敦煌本爲據,敦煌本殘缺或與《道藏》本有差異處則參以《道藏》本,較重要差異處以黑體斜綫標示。

敦煌本《太上洞淵神咒經》卷二《遣鬼品》：

> 甲戌之旬年中，國中國王共門江佐，遠長安人，**六夷相煞，多在西國，胡亂也，天下無人主**〔按，《道藏》本無"六夷相煞，多在西國，胡亂也，天下無人主"〕。蜀漢中，有赤鬼三萬頭煞人，人不信道。道常使董玄可、殷仲堪化天下，愚人不信。奈何？……甲申之旬年，中國有卅九萬黑鬼，黑鬼煞人，**六夷之鬼也。大水皓皓，焉來中國，國王大怖，怖走九州，九州之民，來奔江左，江左之人**〔《道藏》本無"六夷之鬼也。大水皓皓，焉來中國，國王大怖，怖走九州，九州之民，來奔江左，江左之人"〕，多有橫死，死人如山。痛哉！痛哉！……甲寅之旬年，有六十種病，**六夷之鬼，中國多饑人、刀兵之災，國王枉暴，人民叛走。胡鬼三萬來煞**人〔《道藏》本無"六夷之鬼，中國多饑人、刀兵之災，國王枉暴，人民叛走。胡鬼三萬來煞人"〕，人死者，十有七八。

正統《道藏》本《太上洞淵神咒經》卷三《縛鬼品》：

> 今觀世間，惡人聚生，六夷交侵，自共相殘。

敦煌本《太上洞淵神咒經》卷五《禁鬼品》：

> 汝等道士，但受此神化神咒二卷，亦令人得仙耳。何以故？此經伏一切魔，善神守之。若有受之人，先世有仙骨，天上來下，非世常人也。中國男女，六夷來世，亦有伏化之者也。吳蜀之國，人多信道。

敦煌本《太上洞淵神咒經》卷六《誓辨品》：

> 自今以去，至甲戌、壬午年，**中國沙門衰厄死亡，彼土道炁日盛**〔《道藏》本：人多衰厄死亡，奔波下土，道炁日盛〕。盛在江南漢蜀之中，三洞流布，六夷死盡。

敦煌本《太上洞淵神咒經》卷七《斬鬼品》：

六夷當死,**雜法法衰,道士日盛**〔《道藏》本:沙門法變,道炁日盛〕,三洞流演中國之中。……甲子之旬年,八十萬赤病煞人。卅六萬黑鬼王各各將六夷之鬼十二萬人,入人家宅。……甲午之旬年,**多有氐獠羌胡之鬼流行**〔《道藏》本:多有六夷氐獠羌胡之鬼流行〕,行萬六千種病,病煞人。中國亂不安,民危温氣,女人死。

敦煌本《太上洞淵神咒經》卷八《召鬼品》:

至壬午年,復有三十九萬頭赤鬼,鬼名大頭,來下煞人。刀兵交會,世間云云,刀□□賊,六夷死盡,道法興盛,沙門小衰。……中國至壬午年,天下悠悠,百姓苦腦,六夷交侵,不安其處。江左士女,奔波四方。蜀漢皓皓,人民頓無。……六夷之鬼,萬萬爲群,多有女子、老人,入宅中取人小口,六畜暴死。

敦煌本《太上洞淵神咒經》卷九《逐鬼品》:

當爾之時,六夷强盛,侵害中國,國主帝王,不恤下民,民招惡,從下生,生於大亂,亂於九州,四海育育,無端敍矣。

敦煌本《太上洞淵神咒經》卷十《殺鬼品》:

壬午年大兵起動,人民遊遊,六夷不安,疫鬼煞人。……男女失時,不遵世好,道法不供,沙門奔亡。六夷云云,大賊縱橫。君臣相位,父子相疑。天遣疫鬼,誅煞此人。此人罪重,生在中國,中國之人,值此大水。……中國之人壬午之年,有帝主六夷,悉奉大道,三洞流布。

《道藏》本《太上洞淵神咒經》卷二十《長夜遣鬼品》:

甲子之年,六夷侵於中國。中國無主,司馬移度吳地,江左自立爲帝。後金刀兄弟王治,天下太樂,人民禽禽,四夷無事。至辛巳年,小小六夷動亂,亂至壬午、癸未紜紜。甲申有災,災水四十丈。若無水者,多是大兵,虜當南下而無害,九州島悠悠。會真君金刀之末,帝移治長安之地,地不受人也。當去之時,土人先去,僑人在後,自然天厌,非人意也。道士玄門,國主敬奉,道法欣欣,六夷亦伏。中元更立,明王治化,無有刀兵惡心之人矣。流居之民,邐復中都,天下安樂,唯集太平也。西晉永嘉至宋末初時事,已應訖。……甲申過者,道炁方盛,六夷伏信,諸仙亦同法一家耳。

以上所舉《太上洞淵神咒經》(包括敦煌本與《道藏》本)中之材料10則共記六夷22次,其中所謂"六夷"之含義,據其往往與"中國"對舉(如敦煌本《太上洞淵神咒經》卷一《誓魔品》謂"中國人民悉不安居爲六夷驅逼"、卷五《禁鬼品》謂"中國男女六夷來世"),可知與世俗所謂"六夷"同,均指北方胡族統治下各少數民族。《太上洞淵神咒經》以外,道經中亦偶有六夷之名(分見於《太極真人敷靈寶齋戒威儀諸經要訣》《太上洞玄靈寶業報因緣經》、敦煌本《太玄真一本際經》《洞玄靈寶三洞奉道科戒營始》《太上三五傍救醮五帝斷殗儀》《太上説轉輪五道宿命因緣經》《無上黄籙大齋立成儀》《太上黄籙齋儀》《靈寶領教濟度金書》等九種道經各一次),然皆爲空洞恐嚇説教之辭,無一例與"中國"對舉有明確指向與具體背景者,故不具録。

《太上洞淵神咒經》二十卷内容及形成年代頗爲複雜,學界一般認爲其前十卷與後十卷作成年代有别,當分别而觀(前十卷至少成於唐初以前;後十卷當成於唐末五代,其中第二十卷又可能較之其餘九卷有更早來源);形成年代上限不過東晉末,下限不過唐末五代。至於前十卷之形成是否經歷初止二卷後逐漸增衍爲四卷、十卷之歷程,及若有此歷程則由二卷至十卷之具體增衍年代,至今衆説紛紜尚無定論。① 值得注意的是,《太上洞淵神咒經》中所見六夷之名二十二處,除三處見於卷二十外,余皆集中在前十卷(第一、二、三、五、六、七、八、九、十卷);而我們知道,敦煌所出《太上洞淵神咒經》恰恰只有前十卷及疑似第二十卷極小部分(S8076與S9047v文字合計約當《道藏》本第二

---

① 中外學者有關《洞淵神咒經》之研究甚多,中國如唐長孺《史籍與道教中所見的李弘》(收入《魏晉南北朝史論拾遺》,中華書局,1983年)、劉國梁《試論〈洞淵神咒經〉的成書年代及其與佛教的關係》(《世界宗教研究》1983年第3期)、左景權《〈洞淵神咒經〉源流試考》(《文史》第23輯,中華書局,1984年)、卿希泰《試論〈洞淵神咒經〉的烏托邦思想及其年代問題》(《宗教學研究論集》,四川大學學報叢刊第52輯,1985年)、馬承玉《從敦煌寫本看〈洞淵神咒經〉在北方的傳播》(《道家文化研究》第13輯,三聯書店,1998年)、前揭葉貴良《敦煌本〈太上洞淵神咒經〉輯校》等;海外如日本吉岡義豐、大淵忍爾、宮川尚志、山田利明、小林正美等,法國學者穆瑞明等。劉屹《敦煌道經與中古道教》第八章《神鬼信仰的經教化——十卷本〈洞淵神咒經〉與江南地方信仰》(甘肅教育出版社,2013年),對諸家成書年代之説有扼要的介紹和辨析,並有所推論,便於參看。

十卷二十分之一)。① 從道經中六夷之名主要集中在唐初以前的《太上洞淵神咒經》前十卷來看,前文從中古史籍所見"六夷"推論六夷之名流行於東晉十六國南北朝時期、隋唐以後則趨於消歇之判斷大致不誤;此亦表明,無論世俗社會還是宗教組織,無論史籍還是道經,其對於十六國北朝時代諸少數民族統治北方之歷史背景之觀感與反映,具有內在一致性。另一方面,結合史籍與道經中所見六夷之名,亦可爲中古道教重要經典《太上洞淵神咒經》之成書年代提供有力佐證:其前十卷形成較早,應無疑義。

二、《太上洞淵神咒經》所見"六夷""中國"與晉宋之際南北道教政治傾向

作爲中古道教重要經典,《太上洞淵神咒經》在敦煌卷子和正統《道藏》中均有保存,對比兩種不同版本,可以發現其間存在較多差異(如前文列舉有關六夷之經文中,用斜體與括弧並列的兩種版本文字),顯然抄寫年代較早的敦煌本更爲接近原貌。有論者已經注意到敦煌本常見之"中國"稱謂,絕大多數被替換爲"國土""世間""此土"等,並指出"六夷"乃與"中國"相對而言。② 然而不僅於此,《神咒經》中之"六夷"與"中國"尚有更深之含義並與晉宋之際政局及南北道教發展走向有關。

歷史上"中國"稱謂所具有的國家、民族、地理、文化等方面的複雜含義及變遷,學界已有頗多討論,本文僅援引姚大力先生所述加以概括:"到秦漢時候,'中國'一詞已經具備了它在後來被長期使用的三層含義。一是指包括關東和關中在內的北部中國的核心區域;二是指中央王朝直接統治權力所及的全部版圖,在這個意義上它實際指的已經是一個國家;第三,它也是一種對漢族的稱呼。"③《神咒經》中"六夷"與"中國"對舉,"六夷"指少數民族而言,"中國"指漢族而言,這與"中國"的第三層含義相關。"中國"

---

① 吉岡義豐、穆瑞明等推測《太上洞淵神咒經》之第十九、二十卷與前十卷關係密切,榮新江、王卡先後將S8076與S9047v比定、綴合爲卷二十,葉貴良據此輯入《敦煌本〈太上洞淵神咒經〉輯校》;劉屹則提出另一種可能,即"S8076+S9047v當初在敦煌也許並不是作爲《神咒經》卷二十來被抄寫的,它只是與《神咒經》比較接近的某種不知名道經,後來作爲編成《神咒經》後十卷的資源之一"。參前揭劉屹:《敦煌道經與中古道教》第八章《神鬼信仰的經教化——十卷本〈洞淵神咒經〉與江南地方信仰》。

② 梁棟《敦煌本P.2444〈洞淵神咒經〉卷七〈斬鬼品〉研究》:"在與現行的道藏本對勘時發現,敦煌本中的'中國'在道藏本中多作'國土'……'六夷當死,雜法法衰,道士日盛,三洞流演中國之中',這句話中'六夷'與'中國'相對、'雜法'與'三洞'相對。"(蘭州大學碩士學位論文,2014年)又前揭葉貴良:《敦煌本〈太上洞淵神咒經〉輯校》在校勘記中將敦煌本與《道藏》本之文字差異一一列出,其中亦包括"中國"一詞的差異;當然,該書中也存在一些漏校之處。

③ 姚大力:《中國歷史上的民族關係與國家認同》,載《中國學術》第12輯,商務印書館,2002年。

的第一層含義,在《神咒經》中也有體現:

> 中國人民悉不安居,爲六夷驅逼,逃竄江左。(卷一《誓魔品》,敦煌本)
>
> 甲申之旬年,中國有卅九萬黑鬼,黑鬼煞人,六夷之鬼也。大水皓皓,焉來中國,國王大怖,怖走九州,九州之民,來奔江左。……甲寅之旬年,有六十種病,六夷之鬼,中國多饑人、刀兵之災,國王枉暴,人民叛走。(卷二《遣鬼品》,敦煌本)
>
> 中國男女,六夷來世,亦有伏化之者也。吴蜀之國,人多信道。(卷五《禁鬼品》,敦煌本)
>
> 甲午之旬年,多有氐獠羌胡之鬼流行〔《道藏》本:多有六夷氐獠羌胡之鬼流行〕,行萬六千種病,病煞人。中國亂不安,民危溫氣,女人死。(卷七《斬鬼品》,敦煌本)
>
> 中國至壬午年,天下悠悠,百姓苦腦,六夷交侵,不安其處。江左士女,奔波四方。蜀漢皓皓,人民頓無。(卷八《召鬼品》,敦煌本)
>
> 六夷强盛,侵害中國。(卷九《逐鬼品》,敦煌本)
>
> 甲子之年,六夷侵於中國。中國無主,司馬移度吴地,江左自立爲帝。(卷二十《長夜遣鬼品》,《道藏》本)

由上可見,在《神咒經》的敘述中,"六夷"或"六夷之鬼"横行"中國"是普遍的狀況,此所謂中國,乃是地域、地理意義上的中國,亦即中國之第一層含義("包括關東和關中在内的北部中國的核心區域");而南方地區的江左、蜀漢被排除在外,因爲在經文中可以屢屢看到明確地將中國與江左並列或中國與江左、蜀漢並列;秦漢以來第二層含義的中國("中央王朝直接統治權力所及的全部版圖",包括北方與南方)在《神咒經》中並不能得到體現,傳統意義上統一的中國被分裂爲"中國"(北方)與南方的對立。這也正是東晉南北朝南北方長期分裂對峙之時代背景在道經中的反映,但是,這種反映在南北道教有相當的差異,尤其從晉宋之際的《太上洞淵神咒經》與寇謙之相關經典中鮮明地體現出來。

如前所論,《太上洞淵神咒經》撰成年代並非一時,其不同卷數具體撰作年代頗有爭論,儘管如此,其最初(很可能僅包括卷一與卷五)當産生於東晉末劉宋初、係南方道教徒爲晉宋之際劉裕上臺鼓吹之産物,則基本上可以肯定,筆者也認同此種看法。而最初的撰述無疑奠定了該經典基本的内容和主要的傾向,後來的補撰更多的是在此基礎上的增補和發揮，某種意義上而言，我們將《神咒經》主要視爲晉宋之際南方道教之經典並無不可。《神咒經》將中國（北方）與江左、蜀漢（南方）並列，其間的傾向性相當明顯：

其一，從世俗世界而言，中國被描述爲六夷交侵、六夷之鬼橫行，人民遭受疾疫刀兵水火鬼害等種種厄運，混亂不堪，死亡塗地。以江左爲核心的南方地區則"劉氏苗裔生起，統領天下……聖王治化，人民豐樂"（卷一《誓魔品》）；

其二，從道教世界而言，中國人愚惡不信道，如"中國人惡，不信道法"（卷一《誓魔品》）、"中國人惡，不信至言"（卷二《遣鬼品》）之類表述，所在多有。以江左爲核心的南方地區則是另一番景象，如"盛在江左，天人合集，道氣興焉……五世之孫劉子，王治天下，其後大漢，人民多有值三寶者。何以故？此世世急，人思道心"（卷一《誓魔品》）、"吳蜀之國，人多信道"；

其三，無論從世俗還是道教世界而言，江左對於中國具有無比優勢，南方乃是北方的救世主，如"至甲午之年，劉氏還往中國，長安開霸，秦川大樂，六夷賓伏，悉居山藪，不在中川，道法盛矣"（卷一《誓魔品》）；事實上，《神咒經》通篇充斥着中國人信道可以免災得道升仙之種種許諾與引誘，自然這裏所謂應該信從之道非中國本來所有，而是隨着劉氏"長安開霸"即劉裕佔領關中從南方引入的。可以説，晉宋之際造作《神咒經》的南方道教徒，儘管將"中國"之號給予了北方，卻將中國描繪成一個亟待教化、拯救之混亂世界，其抑北揚南之意圖昭然若揭。

造作《神咒經》的南方道教徒之所以如此不遺餘力抑北揚南，當然有爲北伐佔領關中、代晉建宋之劉裕鼓吹之成分，然而其更主要的目的則在於借助劉氏佔領關中甚至有望恢復北方之契機將南方道教向北方擴展，①其否認中國（北方）有信道之人並進而借此否認北方有真正的道教存在即是爲此而發。至此，我們可以清晰看到，《神咒經》的觀念對於北方道教存在着巨大的侵略性與危險性；事實上，劉裕攻取關中前後原本長期居於華嶽、嵩嶽修道之北方天師道領袖寇謙之也確實對之做出了有力的反應。

---

① 前揭劉屹《敦煌道經與中古道教》第八章《神鬼信仰的經教化——十卷本〈洞淵神咒經〉與江南地方信仰》云："《神咒經》顯然並不想告訴信徒們：劉宋代晉之後，真君出世的時代就會到來，人們馬上就可以見到真君了。因爲道經的作者們當然不想正面觸及，而且也無法回答：當真君下降人間之時，到底是由真君李弘來治世，還是繼續由劉宋皇帝來統治天下？經文還是想表達這樣的思想：真君李弘是要在大劫之後才能現世度人的，只有那些虔誠信道、專奉《神咒經》的道士，才有資格得見真君。"

敦煌所出、疑爲寇謙之所撰之《太上靈寶老子化胡妙經》云：①

  天尊言：我在宫中觀萬民，作善者少，興惡者多。大劫欲末，天尊遣八部監察，以甲申年正月十五日詣太山主簿，共算世間名籍。有修福建齋者，三陽地男女八百人得道，北方魏都地千三百人得道，秦川漢地三百五十人得道，長安晉地男女二百八十七人得道。

據經云"長安晉地"，應係義熙十三年(417)劉裕滅後秦佔領關中至義熙十四年(418)關中覆没於赫連勃勃之時期或稍後所撰成。② 經中列舉得道人數集中於"三陽地""北方魏都地""秦川漢地""長安晉地"等四地。按"三陽地"指嵩嶽，③"北方魏都地"指平城，"秦川漢地"指關中地區，"長安晉地"亦屬關中大概因其特殊性而單獨列出。值得注意的是，此四地無一不在北方，無一及於南方，與《神咒經》宣揚的中國（北方）人不信道而吴蜀（南方）人多信道觀念截然相反，正好對南方道教給予了否定與蔑視。《太上靈寶老子化胡妙經》又云：

  有一長者問曰：天下唯言一生，大聖云何復有二尊？天尊答曰：我觀見天下邊國胡夷越老，一切衆生心意不同，不識真僞，不信罪福，各行惡逆，是故我今分身二乘，教化汝耳……天尊爾時在大城中，口説演出經教無數無量，宣付天下，及道士道人、沙門羅漢，各自部典，隨所教化。若信佛者，當以教之，而爲説法；若信道者，當以教之，而爲説法。

將"越老"與"胡夷"並列歸於邊國之屬，其所受教化也是佛法而非道教，儘管如其所謂佛、道皆出自天尊，但佛較之道等而下之則無疑，④所謂"越"應也是作爲南方的代表出

---

① 王卡將敦煌文書 P. 2360 與 S. 2081 綴合爲一件，擬名"太上靈寶老子化胡妙經"，收入張繼禹主編：《中華道藏》第 8 册，香港：華夏出版社，2004 年。
② 王卡："此經應出於東晉末北魏初，即 416 晉將劉裕北伐，滅關中姚秦政權，北魏定都平城之時……當出於 416 至 423 年間。"《太上靈寶老子化胡妙經》校勘記【6】，《中華道藏》第 8 册，第 210 頁中。
③ 參見拙撰：《皇權象徵與信仰競争：劉宋、北魏對峙時期之嵩嶽》，《魏晉南北朝隋唐史資料》第 31 輯，上海古籍出版社，2015 年。
④ 《魏書》卷一一四《釋老志》："泰常八年十月戊戌，有牧土上師李譜文來臨嵩嶽……云嵩嶽所統廣漢平土方萬里，以授謙之……又言二儀之間有三十六天，中有三十六宫，宫有一主。最高者無極至尊，次曰大至真尊，次天覆地載陰陽真尊。次洪正真尊，姓趙名道隱，以殷時得道，牧土之師也……《經》云：佛者，昔於西胡得道，在三十二天，爲延真宫主。勇猛苦教，故其弟子皆髠形染衣，斷絶人道，諸天衣服悉然。"將佛教納入道教並給其安排一個較低的地位，在寇謙之的宗教神話中亦可以印證。

現。又,應爲寇謙之所撰之《老君音誦戒經》云:①

> 有今聞道官章表時,請召蜀土治宅君吏,他方土地之神,此則天永地隔,人鬼胡越。吾本下宿治號令之名,領化民户。道陵立山川土地宅治之名耳,豈有須太平遣還本治者乎?

此段批判文字中,也是"胡"與"越"並列,大概也是將"越"作爲南方的代表歸入邊國之列。總而言之,儘管在寇謙之的理論中沒有直白地出現南北對比與優劣之論,但其尊北抑南的傾向仍較明顯,而此與《太上洞淵神咒經》中揚南抑北之意圖恰好針鋒相對。

寇謙之早年修道經歷,學界已多有討論。② 筆者亦曾撰文論及晉宋(北魏)之際寇謙之不與劉裕合作而北上平城投靠魏室之原因,認爲政治因素主要除寇氏家世背景之外,宗教矛盾也應有重要影響,即以嵩山金璧之瑞事件爲顯著標誌的佛教對於傳統上爲道教重要修煉處所的嵩山之爭奪,既引起正隱居嵩嶽修道之寇謙之爲首的北方天師道之不滿,也在佛教爲劉裕禪代鼓吹之後壓縮了寇謙之與劉裕合作的空間。③ 據前文所論《太上洞淵神咒經》中"六夷"與"中國"之含義,我們進而認爲,除去佛教之壓力以外,寇謙之很可能也受到了以《神咒經》爲代表的南方道教某些勢力之威脅。

三、結 論

我們以中古史籍與道經中所見"六夷"與"中國"名號爲中心,對其含義、時代背景及晉宋之際南北道教政治傾向等問題作了粗略討論,基本結論如下:中古史籍與道經(主要即《太上洞淵神咒經》)中所見六夷之名,其含義及流行與消歇之時代基本一致,既反映了南北分裂、胡漢對峙之特定時代與民族背景,同時也爲推測、判斷中古時期某些道經之具體形成時間提供了有益的範例;晉宋之際重要道經《太上洞淵神咒經》與寇

---

① 參楊聯陞:《〈老君音誦誡經〉校釋——略論南北朝時代的道教清整運動》(《"中央研究院"史語所集刊》第28本,1956年),以及湯用彤、湯一介:《寇謙之的著作與思想》(《歷史研究》1961年第5期)。《老君音誦戒經》收入《道藏》第18册,北京:文物出版社/上海書店/天津古籍出版社,1988年。

② 參陳寅恪:《崔浩與寇謙之》(收入《金明館叢稿初編》,上海古籍出版社,1980年),卿希泰主編:《中國道教史》第一卷第四章第一節之"寇謙之改革天師道"(成都:四川人民出版社,1988年);王承文:《敦煌古靈寶經與晉唐道教》第六章第一節之"三、寇謙之的道教改革與靈寶經在北方的傳播"(北京:中華書局,2002年);劉屹:《寇謙之的家世與生平》(《華林》第2卷,北京:中華書局,2002年)、同撰《寇謙之與南方道教的關係》(《中國中古史研究》第2期,臺北:蘭臺出版社,2003年)等論著。

③ 參見拙撰:《皇權象徵與信仰競爭:劉宋、北魏對峙時期之嵩嶽》。

謙之《老君音誦戒經》《太上靈寶老子化胡妙經》,其所涉"六夷"與"中國"之敍述或相關觀念與内容,有着較爲明顯的互相競争意味,反映了南北道教各自發展的努力及在南北政權間不同的政治傾向與選擇。

在中國中古民族關係較爲複雜、扎根於本土與傳統的道教發展分化、南北(或東西)政權時常對峙之情境下,某些看似常見和流行的稱謂名號,往往有着民族、宗教、地域等深層次的多重意義並與皇權政治牽涉,一定程度上也折射出此時期歷史演進之趨勢,成爲我們深入理解和接近當時歷史真相的隱晦而重要的窗口,本文的討論即是一種初步的嘗試。

蕭梁前期的晚渡北人*
——新刊梁《普通二年墓誌》小考

陸　帥

　　1978年，南京北郊的一座南朝磚室墓中出土墓誌一方，長100、寬80、厚8釐米，單面刻文，共計65行，行滿54字。① 1980年，《南京郊區兩座南朝墓的清理簡報》一文最早對該墓誌加以披露，不過所刊拓片、釋讀文字均只爲原墓誌的一小部分。② 1981年，大阪市立美術館舉辦"南京博物院展"，該墓誌拓片爲展品之一，但未收入展會圖録，僅在圖録後的《展會總説》中稍加提及。③ 此後，中村圭爾、朱智武對該墓誌均有關注，但由於缺乏完整拓片，未能有更深入的研究。④ 2014年，《新中國出土墓誌·江蘇（二）南京卷》（以下簡稱《出土墓誌》）刊出了墓誌的完整拓片並加以録文，至此公布於世。⑤ 由於誌首題名已漫漶，該墓誌先後有《普通二年墓誌》（《簡報》）、《輔國將軍墓誌》（《"南京博物館展"展會總説》，中村圭爾撰）與《盧某墓誌》（《出土墓誌》）三種定名。從下文的討論結果來看，《普通二年墓誌》較爲妥當，故本文以此爲準。

　　墓葬在當今中古史研究中的重要性毋庸贅言。然而，較之不斷增長的北朝墓誌，南朝墓誌向來稀缺，在相當程度上制約了相關歷史圖景的進一步廓清。《普通二年墓誌》

---

* 本文係第63批中國博士後科學基金面上資助"六朝建康人群流動與社會變遷研究"（2018M632324）、江蘇省一級學科重點學科南京師範大學中國史項目"南朝晚渡北人研究"階段性成果之一。

① 簡報云墓誌行滿57字，據拓片應是54字，刊物、發表時間等信息見下注。
② 南京市文物管理委員會：《南京郊區兩座南朝墓的清理簡報》，《文物》1980年第2期，第24—30頁。
③ 名古屋市美術館、大阪市立美術館：《中華人民共和國南京博物院展》，名古屋：中日新聞社，1981年，第118頁。
④ 中村圭爾：《墓誌銘よりみた南朝婚姻の關係》，載《六朝貴族制研究》，東京：風間書房，1987年，第406頁；朱智武：《東晉南朝墓誌研究》，（臺灣）新北：花木蘭出版社，2014年，第143頁（原出《東晉南朝墓誌研究》，南京大學博士學位論文，2006年）。
⑤ 故宫博物院、南京市博物館：《新中國出土墓誌·江蘇（二）南京卷》，北京：文物出版社，2014年，上册第35頁，下册第14—15頁。

作爲近年來爲數不多的新刊南朝墓誌,也由此頗顯珍貴。但因保存狀況欠佳,該墓誌漫漶過半。原誌文字當在3 300字上下,《出土墓誌》錄文僅800餘字,且詞句多殘斷。或由於此,拓片公布至今,尚未引起研究者的關注,僅《出土墓誌》以注釋的形式對誌主的郡望、事迹有所討論,雖結論頗足參考,但限於體例,未能充分展開。其實,如果重新審視已刊拓片,尚有不少文字可以釋讀(參見所附新錄文)。墓誌的內容以及相關墓葬的形制、隨葬品也有進一步討論的空間。此外誌主自北入南的特殊經歷,還爲我們觀察蕭梁前期的晚渡北人提供了一個非常好的樣板。而由於材料所限,此前學界對該人群的研究是稍顯不足的。① 故本文擬以《普通二年墓誌》的考證爲綫索,就相關問題展開討論。

一

因誌文殘泐,誌主的姓名、郡望不得而知,不過根據墓誌第六十至六十三行所載婚宦譜系,與誌主家族聯姻的有趙郡李氏、清河張氏、清河崔氏、滎陽鄭氏。除去鄭氏,其餘皆爲人所熟知的冀州大姓。此外,誌主的曾祖父還曾任冀州大中正。魏晉南北朝時期州里大族多互爲婚姻,中正官則例取本州、本郡人。② 中村圭爾即據此認爲誌主出身冀州豪族,可從。③《出土墓誌》據誌文第二行所殘"司徒盧諶"進一步推論誌主出身范陽盧氏,將之定名爲《盧某墓誌》。但直呼先祖名諱不合常理,此結論不妥。據新錄文,"盧諶"上數五六字處還有"裴憲"二字。盧、裴均爲永嘉亂後留居北方、出仕十六國政

---

① 對該問題關注較早的是榎本あゆち,不過其着眼點在於北魏南境的城民與南北邊境的社會變動,對該人群在蕭梁政治、社會的境況幾未有涉及。此後學界對東晉南朝的晚渡北人有過一系列研究,但關於東晉、南朝前期的討論較多,之後的情況則很有限。呂春盛曾註意到梁末一些晚渡北人借助於侯景之亂躋身中樞要職,但未展開具體討論。參見榎本あゆち:《帰降北人と南朝社會——梁の將軍蘭欽の出自を手がかりに》,《名古屋大學東洋史研究報告》第16號,1992年,第92—114頁;胡寶國:《晚渡北人與東晉中期的歷史變化》,《北大史學》第14輯,2009年,第94—111頁;呂春盛:《東晉時期"晚渡北人"的形成及其不遇的原因》,《臺灣師大歷史學報》第50期,2013年,第1—32頁、《南朝時期"晚渡北人"的興衰及其原因》,《漢學研究》(臺灣),第33卷第4期,2015年,第141—176頁。
② 周一良指出北朝有中正之州郡與籍貫不合的情況,但具體到北魏冀州大中正的人選,似未見此種情形。參見周一良:《魏晉南北朝史札記》"北朝之中正"條,北京:中華書局,1985年,第362—367頁。北魏冀州大中正的人選,參見宮川尚志:《六朝史研究‧政治社會篇》第四章《中正制度の研究》附《中正在職者一覽表》,京都:平樂寺書店,1963年,第326—327頁。
③ 中村圭爾:《六朝貴族制研究》,第406頁。

權的代表性人物。① 誌主曾祖、祖、父皆仕北魏,則其先祖於永嘉亂後當亦留居北方。盧諶、裴憲出現於墓誌開頭,很可能是在敍述誌主先人與盧、裴的交誼。

誌主郡望,可從其祖所封爵位試加推測。根據下文的討論可知,志主活動於齊末梁初,若以二十年爲一代上溯,其祖父受封應在北魏前期。這一時期,北魏給予漢人封爵的地望多與受封者本籍地相鄰近,乃至於以本郡、本縣爲封。② 誌主祖父封爵的地望,《出土墓誌》未釋讀,《簡報》釋讀爲"灌律",但該地名於史無載。細讀拓片,當爲"灌津",即灌津。灌津縣,曹魏、西晉時名觀津。③ 北魏時改爲灌津,屬武邑郡。④ 則誌主的本籍地很可能就在灌津或周邊。灌津縣向南爲廣川縣,再南即東武縣,爲清河崔氏、張氏本貫所在。誌主家族與清河崔氏、張氏數代聯姻,除門户相當以外,地緣鄰近或也是一個重要因素。

《普通二年墓誌》前半部分是對誌主生平的敍述,從篇幅來看,其入梁前經歷豐富。⑤ 但由於漫漶嚴重,只能通過殘存文句管窺一斑。墓誌第五至第八行有"實貫儒林,解褐""丈夫當功名自己""拜輔國將軍",説明誌主釋褐後未能在文官系統內平穩仕進,而是以軍功發跡。又墓誌第十三行所殘文字,《出土墓志》録爲"沛馬",細讀拓片,可補爲"領南沛、馬頭",提示了誌主活動的區域。檢索文獻,北魏有馬頭郡、無南沛郡,南朝則兩郡皆置。但南朝所置兩郡相隔甚遠,無並領之例。⑥ 再考慮到北魏沛郡以南正與馬頭郡相鄰,頗疑此南沛郡乃北魏所設而文獻不載者(參見《淮域形勢示意圖(蕭

---

① 盧諶、裴憲經歷參見《晉書》卷四四《盧欽傳附盧諶傳》、卷三五《裴秀傳附裴憲傳》,北京:中華書局,1974年,第1295、1050—1051頁。又檢諸史傳,盧諶從未任職司徒,而裴憲曾於後趙政權中司徒。則"司徒盧諶"中的"司徒"或爲上讀。

② 北魏前期的封爵與本籍地的關係,崔珍烈有系統整理,並指出河北人士以本籍地封爵的情況最多。參見崔珍烈:《南北朝時代 본적지 봉작과 그 성격(南北朝時代的籍貫封爵與其特點)》,《중국고중세사연구(中國古中世史研究)》第19輯,2008年,第211—255頁。

③ 參見胡阿祥、孔祥軍、徐成:《中國行政區劃通史·三國兩晉南北朝卷》,上海:復旦大學出版社,2014年,第328—329、625頁。

④ 參見牟發松、毋有江、魏俊傑:《中國行政區劃通史·十六國北朝卷》,上海:復旦大學出版社,2017年,第526頁。

⑤ 誌主入梁前經歷,如果以出現"解褐"二字的第五行爲開端,以出現"等升嶽而長謠,梁天監……"的第二十八行爲結束,共計二十三行,1300餘字,可見當有頗多事迹。

⑥ 北魏馬頭郡治今安徽蒙城縣、沛郡治今安徽蕭縣北,南朝馬頭郡治今安徽懷遠縣南、南沛郡治今安徽天長市西北。參見譚其驤主編:《中國歷史地圖集》第四册《東晉十六國·南北朝時期》,第46—47頁;胡阿祥、孔祥軍、徐成:《中國行政區劃通史·三國兩晉南北朝卷》,第1187、1195頁。南朝馬頭郡多與梁郡並領,南沛郡則多與秦、廣陵、盱眙郡並領,參見《宋書》卷四五《劉粹傳》、卷五一《劉遵考傳》、卷五三《張茂度傳》、卷八〇《邵陵王劉子元傳》,北京:中華書局,1974年,第1379、1481、1511、2068頁;《魏書》卷四五《韋閬傳附韋道福傳》,北京:中華書局,1974年,第1011頁。

蕭梁前期的晚渡北人

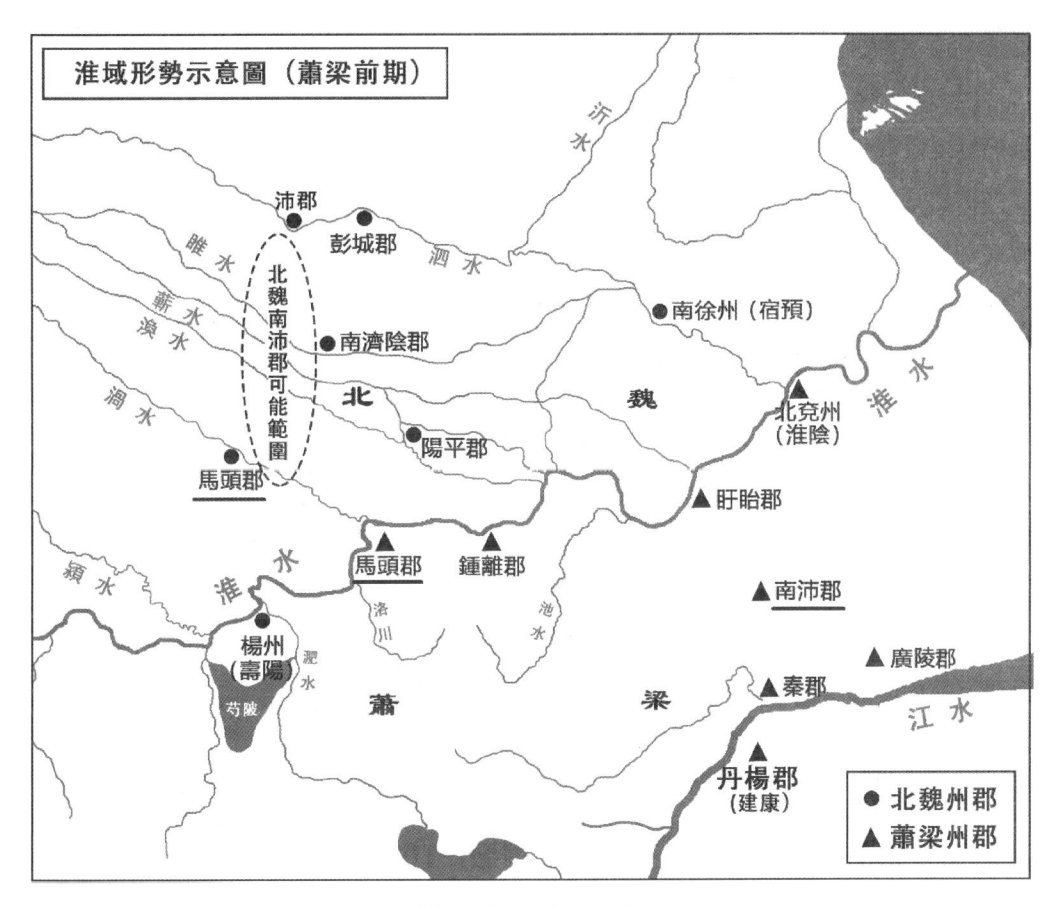

[圖：淮域形勢示意圖（蕭梁前期）]

圖一　淮域形勢示意圖

據譚其驤主編：《中國歷史地圖集》第四册《東晉十六國·南北朝時期》（北京：中國地圖出版社，1982年）改繪。

梁前期）》）。① 不過無論怎樣，有一點可以肯定，誌文所及兩郡皆是淮水沿綫的軍鎮。這一事實的確認，對我們理解誌主此後的活動很重要。

北魏遷洛後，淮水流域成爲南北軍事對抗的主戰場。由於該地區水網縱橫，熟諳水文與城守的漢人將領被大量起用。誌主駐防於北魏南境軍鎮，大概正是這一潮流的產物。對於邊境形勢的熟稔，也爲他由北入南提供了便利。其入梁的時間，《出土墓誌》

---

① 《魏書》卷一一四《地形志》（第2577頁）有睢南郡，位於北魏南濟陰郡南，治今安徽宿縣東北，正與北魏馬頭郡相鄰。《魏書》小注云，"蕭衍置沛郡，武定六年改"。由於該郡位於淮北，故所謂"蕭衍置沛郡"，必發生於普通年間蕭梁北伐之後。該郡此前在北魏是否設置不詳，若有設置，從蕭梁名其爲沛郡來看，或即北魏之南沛郡。睢南郡的位置及考證，參見胡阿祥、孔祥軍、徐成：《中國行政區劃通史·三國兩晉南北朝卷》，第1160、1209頁。

· 101 ·

據第二十八行"等升嶽而長謡,梁天監……"一句認爲在天監中。① 其南奔的緣由,《出土墓誌》據第二十七行"……桓範,罪極丁公"一句推論以爲受到某事件的株連,皆可從。蕭梁時代,北魏宗室、官僚南奔的情況很多。這一方面由於孝文帝死後北魏政局的長期動蕩,另一方面也與梁武帝蕭衍熱衷招誘北人有關。《梁書》卷三九《元法僧傳》載:

  (元法僧)既至,甚加優寵。時方事招携,撫悦降附,賜法僧甲第女樂及金帛,前後不可勝數。

這雖是普通六年(525)之事,但在此前的天監時期,受優待的北魏降人已有不少。② 從這類人物的經歷看,蕭梁政權對於他們的實職安排以不甚重要的郡守、刺史爲主。墓誌第二十九行載誌主入梁後"(爲)政廉平,與民皎察",可見他最初亦循此類人物之慣例,被任命爲地方牧宰。接下來誌文所見"(臨)川王司馬"與"(平)越中郎將、廣州刺史",則是其隨後所歷職任。此外,臨川王司馬與廣州刺史之間還有約百餘、近兩整行文字,全部作爲臨川王司馬的相關敘述顯然太多,其間當另有遷轉。從墓誌銘所云"敕職宫□"(第五十五行),可推知他在此間當任職宫禁。"廣州刺史"之後有"不易志於貪流"一句,典出吳隱之飲貪泉一事。此後的半行漫漶,共計二十二字,至次行行首云"六月十二日遘疾卒"。考慮到二十二字的篇幅很難同時容納官職轉遷、相關敘述及去世年月三種内容,廣州刺史當即誌主最終所任官職。其卒年不詳,但墓誌第四十九行載誌主下葬於普通二年八月七日,則必在此時間前。

  在以歷官爲中心的生平敘述結束後,自第三十四行起,墓誌又另費筆墨對誌主事迹

---

① 值得注意的是,誌主妻父鄭義彦爲宋王國屬官,則該家族至遲劉宋時已南遷,兩者聯姻當在誌主南奔後。又誌主共三男,長子奮,字文武,年二十;次子名、字不詳,年十四;三子平,字仲文,年十二。據墓誌,誌主死於梁普通二年(521),上距蕭梁建國的天監元年(502)計十九年,則其入梁前已有婚配,生長子奮。長子奮字文武,三子字仲文,表字方式迥異;平排行第三,卻以慣例指代次子的"仲"爲字;以及長子與次子、三子在年齡上亦有較大間隔。凡此種種,皆暗示次子、三子的生母可能與長子奮不同,當爲誌主入梁後的續弦滎陽鄭氏。若以上推論成立,則誌主入梁不遲於天監六年(507)——即鄭氏生產次子的前一年。

② 文獻所見有徐文盛、崔靈恩、盧廣、王神念、蘭子雲、元樹,諸人情況,除蘭子雲、元樹外,可參見吕春盛:《南朝時期"晚渡北人"的興衰及其原因》所附《南朝正史有傳"晚渡北人"表》。蘭子雲、元樹的情況,參見《梁書》卷三二《蘭欽傳》、卷三九《元樹傳》,北京:中華書局,1973年,第466、555頁。蘭子雲入梁時間文獻不載,榎本あゆち:《帰降北人と南朝社會——梁の將軍蘭欽の出自を手がかりに》一文考證爲梁天監時,可從。

詳加描寫，頗可與傳世文獻相互參酌。① 其中，與蕭梁修建浮山堰一事有關的文字佔據了大量篇幅。

浮山堰爲梁天監十三年（514）至十五年（516）修建於淮水之上的軍事工程。據文獻，浮山堰的修建緣自魏降人王足的提議，目的在於"堰淮水以灌壽陽"。在修建過程中，康絢率軍"護堰作"，負責具體監作者另有"他官"，但具體不詳。② 墓誌第四十五至四十七行的文字則提供了綫索：

> 十三年……乃令役徒，於浮山建創，隨山刊木……高岸爲穀……君躬親別……督，傳流廣遠，難爲算思，執事之師，唯稟成策。……於此□毀，乖君本圖，良可惜也。

上文中的"十三年"，即天監十三年。"浮山建創，隨山刊木"，對應修浮山堰一事。而"躬親""執事之師，唯稟成策"，説明誌主爲浮山堰修建具體負責人。修成後數月，浮山堰因暴雨而崩潰，"於此□毀"，即指此事。從隨後的"乖君本圖，良可惜也"，可再次確認誌主籌畫了浮山堰的修建。前已提及，興修浮山堰源自"魏降人王足"的建言。那麽，誌主是否可能就是王足？《出土墓誌》認爲不是，但證據並不充分。從現有資料來看，尚難確斷。③

通過以上梳理，我們對誌主的家世、歷官與事迹有了基本的了解。但由於誌文殘缺，基於這些角度所生成的人物形象無疑比較單薄。在此情況下，關注誌主身後的喪葬安排就顯得格外重要。因爲在中古時期，尤其是在凶禮發達的蕭梁時代，官員葬禮的規格待遇，往往能夠顯示出死者與當時政治的具體聯繫。而墓葬形制、出土文物等考古資料與墓誌中的相關文字記録，也爲我們提供了切實的研究基礎。

---

① 除下文提及的浮山堰一事，據拓片，墓誌第四十行還可讀出"梁故廣州刺史徐元瑜先於州喪□，留殯南□，彌曆歲年"一句。徐元瑜爲齊末東昏侯心腹，蕭衍攻入建康之際以東府城歸降，天監二年（503）於廣州刺史任上罷歸後謀反，爲繼任刺史樂藹所殺。此事如何善後不詳，僅《梁書》卷 二《柳惔傳》提及其諸子爲蕭衍所赦，而墓誌所揭徐元瑜停屍廣州、經年未葬一事可略補史闕。徐元瑜的相關記載，參見《梁書》卷一《武帝紀》、卷一七史論、卷一九《樂藹傳》，第 12、283、303 頁。
② 參見《梁書》卷一八《康絢傳》，第 291 頁。
③ 《出土墓誌》的理由是誌主入梁後的官歷與王足不符，但王足入梁後的官歷並不見於文獻。《魏書》卷九八《島夷蕭衍傳》（第 2173 頁）載王足曾於淮南鍾離擊破梁軍，則他在淮南曾頗爲活躍。其南奔的時間，據《魏書》卷七三《崔延伯傳》（第 1639 頁）在正始二年（505）羊祉刺益後，即天監四年後，與誌主入梁的時間也較爲接近。當然，就現有資料，將誌主認爲是王足亦無確據。

二

　　據墓誌第四十九行，誌主葬於"琅耶郡臨沂縣□□里之莫□山"。"琅耶郡"即琅琊郡，所轄臨沂縣位於建康北郊。① "莫□山"當爲莫府山，即今南京市北的幕府山。《普通二年墓誌》所在墓葬（下文簡稱"普通二年墓"）的位置正與上述地望吻合。雖然經歷過盜掘與破壞，但該墓的規模、結構大體明確，隨葬品亦未完全散失，頗有可討論的空間。

　　普通二年墓爲全長 7.4 米的磚砌單室墓，甬道長 2.4 米，寬 1.45 米，墓室長 5 米，寬 2.35 米，屬於南京周邊典型的中型南朝墓葬。② 墓葬結構據簡報可概括爲如下幾項：（1）凸字型單室墓；（2）後壁外弧；（3）甬道內有石門一道，上有石門拱，淺浮雕仿木人字架結構；（4）墓室後部有磚砌棺床，上並列平鋪兩行石板，每行兩塊，形成兩組石棺座。其中，第（1）項是南朝墓葬的普遍形制，無需多論，之後的三項則相對特殊，頗爲引人注目。

　　就目前南京周邊發現的六朝墓葬來看，後壁外弧、石門與石制棺床出現的時間不一，但自劉宋晚期開始構成了一種穩定組合，被使用於大、中型墓葬中。③ 墓主人的身份，目前確認或推定的基本爲帝王、宗室或某些朝廷重臣。④ 考慮到此類人物的葬事多數由官方操辦，將這種形制組合視爲南朝高等級官修墓葬的特徵，當無問題。實際上，此類墓葬的官方色彩在高度統一的墓磚使用上也有體現。尤其是磚端模印單個姓氏的蓮花紋磚或錢紋磚，基本只見於此類墓葬。⑤ 普通二年墓也發現了這類姓名模印磚，分別模印有"祖""黃"二字。

---

　　① 東晉南朝僑臨沂縣的範圍，參見中村圭爾：《關於南朝貴族地緣性的考察——以對僑郡縣的探討爲中心》，《南京曉莊學院學報》2005 年第 4 期，第 21—34 頁。

　　② 參見馮普仁：《南朝墓葬的類型與分期》，《考古》1985 年第 3 期，第 269—278 頁；韋正：《六朝墓葬的考古學研究》，北京大學出版社，2011 年，第 21—22 頁。

　　③ 參見馮普仁：《南朝墓葬的類型與分期》；周裕興：《南京南朝墓制研究》，載蔣贊初主編：《南京大學歷史系考古專業成立三十周年紀年文集》，天津人民出版社，2002 年，第 325—327 頁。

　　④ 由於涉及材料較多，在此僅列舉若干典型墓葬，如油坊村南朝大墓（陳宣帝）、獅子沖南朝大墓（梁昭明太子蕭統、丁貴嬪）、堯化門南朝墓（梁吳平侯蕭景）、西善橋南朝墓（陳黃法氍）。更多的材料可參見《南京考古資料彙編》，南京：鳳凰出版社，2013 年。堯化門南朝墓的墓主有梁南平王蕭偉、吳平侯蕭景兩說，根據新刊墓誌殘片，當爲蕭景。參見王志高：《南京堯化門外北家邊南朝陵墓神道石刻墓主身份新證》，《南京曉莊學院學報》2016 年第 3 期，第 20—26 頁。

　　⑤ 本文所言姓氏模印磚是南京周邊南朝墓葬所使用的一種特殊墓磚，其特徵是磚端以一對四出蓮花或銅錢組成方勝紋樣，模印單字姓氏於中間空白處。由於涉及材料較多，恕不一一列舉，可參見《南京考古資料彙編》。

普通二年墓出土的隨葬品,包括石制祭臺一個、石馬一件、石俑四件、石座三件及墓誌一方。石制明器在南京周邊的南朝大中型墓葬中有不少發現。其形制相似、組合固定,一般認爲屬於官給的高等級隨葬品,主要用於帝陵與宗室王侯墓。① 普通二年墓中的石制明器也屬於此類,對比相關考古材料可知,除了馬、俑、座以外,原本當還有石制神獸、榻、憑几等物件。《普通二年墓誌》則是目前所知的南朝墓誌中尺寸最大、字數最多的一方,刻工之精美,與一般士人、官員墓誌迥然有别。② 此外,《普通二年墓誌》的序文與銘辭分屬兩位撰者,也是齊梁以來高規格墓誌所采用的形式。③ 序文作者不詳,墓誌第五十一行云其"以相知之深,略寫聞見",似頗具私家性質。但銘辭作者何思澄知名於當時文壇,任職東宫舍人。④ 説明該墓誌絶非是僅流傳於親朋故舊間的私人文獻,而是在一定程度上體現了官方意旨。就内容而言,墓誌以四六駢文撰就,先以歷官爲綫索叙述生平,之後又以類似史傳的表現手法對若干事迹加以描繪,這兩種文本特徵也常見於南朝具有官方背景的行狀、墓誌中。⑤

　　通過以上討論,可以確認普通二年墓的形制結構、隨葬器物帶有明顯的官方色彩,且具有接近於宗室王侯墓的較高規格。⑥ 這在物質層面反映出蕭梁政權給予誌主的喪葬安排禮遇頗高。而另一方面,喪葬行事如何展開,喪家與朝廷具有何種互動,則從禮儀實踐的角度呈現了誌主與當時政治的關聯。就此方面,墓誌第五十七至五十八行有

---

① 如甘家巷六朝墓群 M6(梁安成王蕭秀)、白龍山南朝墓(梁臨川王蕭宏)出土的石制明器就很典型,更多的資料可參見《南京考古資料彙編》。此外,關於石制明器出土情況及其等級性,周裕興:《南京南朝墓制研究》亦有梳理與討論。
② 如南齊《王珪之墓誌》、梁《輔國將軍墓誌》在形制、刻工、内容上就與《普通二年墓誌》存在很大差異。兩方墓誌的情況,參見駱鵬:《南京出土南齊王珪之墓誌考釋》,《東南文化》2015 年第 3 期,第 77—80 頁;朱國平、王奇志:《南京西善橋"輔國將軍"墓誌考》,《東南文化》1996 年第 2 期,第 44—48 頁。
③ 南朝墓誌序文、銘辭分人撰寫的情況及意義,參見邵磊:《南齊王寶玉墓誌考釋——兼論南朝墓誌的體例》,《文獻》2003 年第 4 期,第 85—91 頁。
④ 參見《梁書》卷五〇《文學傳下·何思澄》,第 713—714 頁。
⑤ 如《蕭子良行狀》《蕭敷墓誌》《黄法氍墓誌》。參見《文選》卷六〇《齊竟陵文宣王行狀》,北京:中華書局,1977 年,第 825—831 頁;趙超:《漢魏南北朝墓誌彙編》,天津古籍出版社,2008 年,第 27—29 頁;羅新、葉煒:《新出魏晉南北朝墓誌疏證》,北京:中華書局,2005 年,第 45—46 頁。
⑥ 值得一提的是,1984 年南京北郊太平村曾山上石辟邪　隻,考古工作者依據其方位和地望推斷對應墓葬位於西北約 200 米的東嶽廟山上,該山東坡内凹處名爲"太子凹"。普通二年墓的位置,簡報云在"太子窪(凹)南面的山坡上"。則普通二年墓位於東嶽廟山東南麓,正在此範圍内。該石辟邪體形小於梁宗室王侯所用辟邪,也與誌主非宗室的身份一致。按蕭梁天監六年詔令,"凡墓不得造石人、(石)獸、(石)碑"(《隋書》卷八《禮儀志·三》,北京:中華書局,1973 年,第 153 頁),墓前陳列石獸需要皇帝特賜。如兩者確有對應關係,則誌主的喪葬規格就更耐人尋味了。遺憾的是,簡報未給出更精確的墓葬位置,《中國文物地圖集·江蘇分册》(北京:中國地圖出版社,2008 年,第 151 頁)雖在地圖上點出位置,但比例尺過小,參考價值不足。石辟邪的信息,參見阿吉:《南京太平村出土南朝石辟邪》,《東南文化》第 1 輯,1985 年,第 255—256 頁。

一段極具價值的信息：

> 天子爰以祖載之日，詔蘭臺謁者□□□致祭，又遣宣傳左右姚曇□監護葬事，遠至墓所。百僚會喪，朝野必集。

"祖載"是靈車出發前的祭祀，亦稱祖奠。祖奠的規模很大，隨後進行的送葬更是整個葬禮中的高潮。① 這一天不僅是喪家對外展示喪事排場的黃金時段，也是朝廷爲死者確定待遇的重要場合。葬者與皇帝之間的私人交誼如何，在此時也有直接呈現。據上文，梁武帝蕭衍不僅使蘭臺謁者致祭，另派遣近侍監護葬事至墓所，其場景之盛大，蕭衍對於誌主後事的關心，於此不難想像。

葬事官給、遣使監護，與中古時期的詔葬制度聯繫緊密。吳麗娛指出，南北朝時代的詔葬以皇帝下詔與官爲監護、弔奠爲標誌，且往往伴隨着贈官、贈謚，喪葬用具也多爲官給。② 誌主贈官、贈謚的情況因墓誌漫漶不詳，其餘幾項內容則在以上討論中已有確認。值得注意的是，上引第五十七至五十九行文字上下留白較多，與前後文格式不同。推想起來，喪家大概事先已知送葬當日朝廷會有所禮遇，故預留下空間，事後再行補刻。③ 總之，誌主的後事在禮儀實踐的層面也極盡哀榮。

學者指出，南朝時代，詔葬是帝后之外最高級別的葬禮。雖然詔葬的人選出於皇帝的意旨，並不固定。但其所具有的崇高規格，又決定了享用者若非皇親國戚便是功臣重望。④ 以門第論，誌主雖出自冀州大姓，但絕非膏粱華胄。以官位論，作爲其終官的廣州刺史雖專制一方，但由於地處邊鄙，談不上朝廷重臣。⑤ 天監中南渡的誌主，顯然也並非蕭梁的開國勳舊。由此說來，蕭梁方面對誌主後事的安排規格與其身份頗不相稱。

---

① 祖奠亦稱大遣奠、葬奠，《儀禮注疏》卷三九《既夕禮第十三》（清嘉慶二十年南昌府學刊本）鄭玄注云："士禮，特牲三鼎，盛葬奠加一等，用少牢也"，可見其在儒家喪葬禮儀中的重要性。
② 參見吳麗娛：《終極之典——中古喪葬制度研究》，北京：中華書局，2012年，第615頁。
③ 南朝祖奠後的葬禮流程不詳，但應與唐朝類似，即祖奠後遣車，隨即進入葬禮。爲了葬事順利展開，作爲墓誌主體的序文、辭銘應在祖奠前就撰刻完畢。墓誌第四十九行敘及誌主葬地後有"王人弔奠"一句，當刻於祖奠之日前，可見喪家事先已知朝廷會遣使致奠，但具體何人，有無其他禮遇，可能並不清楚，故空下三行事後補刻。唐代葬禮的情況，參見杜佑：《通典》卷一三九《開元禮纂類三四·凶禮·六》，北京：中華書局，1988年，第3535—3544頁。
④ 參見吳麗娛：《終極之典——中古喪葬制度研究》，第615—616頁。
⑤ 南朝廣州刺史的地位、選任情況，參見陳耀澤：《六朝時代的廣州刺史》，成功大學（臺灣）碩士學位論文，2010年，第112—146頁。

這一不同尋常的現象也促使我們重新審視誌主與蕭梁政治的具體關聯。前已敘及,誌主入梁後最爲重要的政治、軍事活動是參與浮山堰的修建。故下文便以此爲切入點,結合相關歷史背景試加討論。

三

浮山堰的興建是天監後期蕭梁方面的一次重大軍事行動,前後動用的勢力、軍力達二十萬餘人,經濟花費更爲巨大,僅沉入水中的鐵器便達數千萬斤。其直接目的,便是"堰淮水以灌壽陽",以此迫使北魏勢力徹底退出淮南。

在此需要交代一下淮南戰局之於蕭梁政權的意義。蕭梁與北魏在淮南的攻防緣自南齊末年豫州刺史裴叔業以壽陽城降魏事件。作爲江淮間水陸交通的樞紐,壽陽的戰略地位極其重要。對南朝而言,失去壽陽,不僅意味着北伐受阻,還使得都城建康面臨直接的軍事威脅。[1] 蕭梁建立後,北魏政權將逃奔而來的南齊宗室蕭寶寅安置於壽陽前綫,打出光復舊齊的旗號,更將淮南戰局與蕭梁政權的合法性牽連在一起。另可注意的是,作爲齊明帝蕭鸞經營多年的發迹之地,淮南的軍政官吏、地方豪強中不乏其義故。[2] 戰事的展開也爲蕭梁方面有效控制該區域、肅清潛在反對勢力提供了機遇。因此,儘管天監時期南北方沿秦嶺淮河一綫戰事頻發,淮南卻始終是蕭梁最主要的軍事進攻方向。這一點,無論是從浮山堰的修建,還是從此前蕭宏北伐、鍾離之役中建康方面所投入的巨額兵力、財力都不難窺其端倪。

蕭衍本人與淮南素無淵源,齊梁易代中所倚仗的軍事力量來自荊雍地區。[3] 蕭梁始建期,較爲熟悉淮南形勢的是王珍國、申胄、陳伯之等一批前朝舊將,但他們背景複雜,並不爲蕭衍所信任。[4] 在此情形下,在朝中根基甚淺而又熟稔淮域情勢的誌主爲蕭衍所青睞,便在情理之中了。前已提及,誌主入梁前曾負責過北魏沿淮軍鎮事務。這一經歷無疑使其對該區域的地理形勢與軍事情報頗爲了解。此外,誌主聯姻的滎陽鄭氏

---

[1] 關於壽陽戰略地位相對集中的總結,參見胡阿祥:《六朝疆域與政區研究(修訂本)》,北京:學苑出版社,2005年,第157—159頁。

[2] 齊明帝與豫州地方勢力的聯繫,參見韓樹峰:《南北朝時期淮漢迤北的邊境豪族》,北京:社會科學文獻出版社,2003年,第89—100頁。

[3] 參見章義和:《地域集團與南朝政治》,上海:華東師範大學出版社,2002年,第61—114頁。

[4] 南齊舊將除了馬仙琕、張稷、張齊以外,鮮有受重用者。而即便是馬、張等人,也主要活動於義陽三關、朐山、巴蜀等邊險地帶,立功不易。《梁書》卷一七史論云:"王珍國、申胄、徐元瑜、李居士,齊末鹹爲列將,擁强兵,或面縛請罪,或斬關獻捷;其能後服,馬仙琕而已",亦可見南齊舊將在蕭梁政治中境遇頗爲不佳。

也是壽陽當地的僑姓豪族,則其與淮南地方勢力或也有所聯繫。① 正因如此,誌主不久便調回建康,任臨川王蕭宏驃騎將軍府司馬,隨後又"獻謀帷幄,敕職宫(掖)",成爲蕭衍的智囊。誌主負責並完成浮山堰的修建,應當就在這一時期。

揆諸事實,浮山堰竣工後一度取得了良好的戰術效果,截斷淮水所形成泛濫區不僅面積廣闊,且具有相當的水深。② 壽陽城本就地勢低窪,天監十一年(512)時便因連續暴雨而"屋宇皆没"。浮山堰修成後情況更爲嚴重,使得北魏鎮將李崇不得不於高處建造新城以備大水。③ 不僅如此,由於淮水泛濫,北魏南下救援的路綫受阻,蕭梁方面則乘舟船之利一舉解決了陸戰乏力、糧運不繼等問題。若能維持此形勢,蕭梁方面奪回壽陽,進而完全控制淮南的可能性大增。負責修建浮山堰的誌主,對於促成這一戰略態勢至爲關鍵。堰成不久,梁武帝召回康絢諸部,大加封賞,受其節度的誌主當亦同時罷歸,因修堰有功升任廣州刺史,並領平越中郎將,專制嶺南。至此,他的身份也就不僅是蕭梁卵翼之下的歸降北人,而成爲在淮南戰局中發揮重要作用軍事人才。可惜的是,此後負責護堰的張豹子未能善加修治,導致浮山堰遇暴雨而潰壞,但這已與誌主無關。

天監時期,蕭梁政權中有一批因淮南戰局而嶄露頭角的軍事人才。除誌主以外,立傳於《梁書》的韋睿、昌義之、馮道根、康絢、裴邃皆屬此類。蕭梁始建期,這些人物的政治地位都不高。韋睿、昌義之、馮道根、康絢雖是蕭衍舊部,但正如史家姚察所言,韋睿"起上庸以附義,其地比(柳)忱則薄",昌、馮、康三人則"初起從上,其功則輕",在覆齊建梁過程中不甚醒目,隨着淮南戰事的展開,才"互有厥勞,寵進宜矣"。④ 至於裴邃,原本爲蕭遙光幕僚,南齊末一度入北,天監初才加入蕭梁政權。⑤ 而頗具意味的是,當這些軍界新星屢有斬獲之際,不僅張稷、王珍國等南齊舊將被排斥於權力核心之外,⑥以

---

① 滎陽鄭氏的南遷及其在豫州的活動,參見韓樹峰:《南北朝時期淮漢迤北的邊境豪族》,第80—88頁。
② 《梁書》卷一八《康絢傳》(第292頁)云:"其水清潔,俯視居人墳墓,了然皆在其下",可知。
③ 參見《魏書》卷六六《李崇傳》,第1468、1470頁。
④ 參見《梁書》卷一二《韋睿傳》、卷一八史論,第227、296頁。
⑤ 參見《梁書》卷二八《裴邃傳》,第413頁。
⑥ 如《南史》卷三一《張稷傳》(北京:中華書局,1974年,第818頁)載"武帝嘗於樂壽殿内宴,(張)稷醉後言多怨辭形於色"。又卷四六《王珍國傳》(第1161頁)載"初,(王)珍國自以廢殺東昏,意望臺鼎。先是出爲梁、秦二州刺史,心常鬱怏。"

王茂、曹景宗爲代表的佐命元勳也被逐漸架空軍權。① 功臣宿將接連不斷的故去,更進一步加速了權力更替。天監中期以後,這批崛起於淮南戰場的軍功新貴出任方面,不僅成爲了邊境防衛的柱石,也是梁武帝蕭衍賴以控制軍事力量的核心成員。

作爲蕭衍即位後培植的腹心爪牙,這批勳貴的成長與他的個人恩遇密不可分。兩者間的君臣關係較之頗多怨言的耆老元勳更爲良好而穩定,也因此受到了進一步的寵信。張金龍曾經注意到南朝禁衛系統在天監官職改革中新出現了"朱衣直閤"一職,品階高於一般的直閤將軍。② 實際上,這正是蕭衍爲這批輪番入直的新貴量身定制的禁衛武官。文獻記載蕭梁時任"朱衣直閤"者共計六例,其中就包括了前文提及的昌義之、馮道根、康絢與裴邃。③ 至於韋睿,其在天監時代已年過花甲,不宜直閤,故而以散騎常侍、護軍將軍入直殿省。④ 誌主"獻謀帷幄、敕職宫□"的經歷,亦可作此理解。高級禁衛武官的身份,不僅是對這些勳貴的信任與褒賞,更爲他們在御前建言獻計,乃至同蕭衍建立私人交誼提供了可能。

除去身前的寵信,這些勳貴身後的喪葬安排也較一般朝臣更爲隆重,且往往被給予殊禮。馮道根的事例就很能説明問題。《梁書》記載,馮道根去世之日恰逢春祠,梁武帝蕭衍聽聞後立即"幸其宅,哭之甚慟"。君臨臣喪雖見於古禮,但漢魏以來"行之者稀"。⑤ 馮道根終官不過散騎常侍、左軍將軍,遠非朝廷重臣,再加之與春祠衝突。因此無論從何角度而言,臨哭都不合常禮,而是蕭衍所給予的特殊禮遇。同樣,韋睿、康絢卒日,亦得到了皇帝臨哭的禮遇。而另一方面,多數朝臣元勳並無緣享此殊禮,可考者僅有蕭統、王慕韶、蕭琛、蕭穎冑、蕭穎達、柳慶遠、周捨、謝朓數人,由此亦可見這些新興勳貴在蕭衍心中的特殊地位。順帶一提,裴邃死於北伐途中,故不存在臨哭的可能。不過

---

① 王茂自天監五年攻魏荊州後便再未典兵,曹景宗自天監六年鍾離之役後亦被徵還。儘管兩人所拜侍中、丹陽尹、領軍將軍皆爲清顯官職,但無甚實權,曹、王二人也頗有不滿。參見《梁書》卷九《王茂傳》《曹景宗傳》,第175—181頁。王茂北伐荊州一事《梁書》不載,見於《魏書》卷八《世宗紀》,第202頁。又《梁書》卷二《武帝紀》(第48頁)載天監七年冬"詔大舉北伐。以護軍將軍始興王憺爲平北將軍,率衆入淫;車騎將軍王茂率衆向豫預"。但王茂、蕭憺本傳均未及此事,亦不見相關戰事記載,同書同卷又載(第48頁)次年春兩人分別轉任丹陽尹、中書令等職。則此次征討或未成行,或途中便已作罷。

② 參見張金龍:《南朝直閤將軍制度考》,《中國史研究》2002年第2期,第49—58頁。

③ 參見張金龍:《南朝直閤將軍制度考》。此外的兩人爲王神念與周炅。據《梁書》卷一八《昌義之傳》(第295頁),卷三九本傳(第556頁),王神念也參與了浮山堰之役,且早年自淮北的潁川郡南下歸梁,與淮南戰局亦頗有關聯。周炅任朱衣直閤在梁末侯景之亂時,與上述諸人時代無涉。

④ 參見《梁書》卷一二《韋睿傳》,第224—225頁。

⑤ 唐前君主臨喪的基本情況,參見皮慶生:《宋代的"車駕臨奠"》,《臺大歷史學報》第33期,2004年6月,第43—69頁。

建康有裴邃廟,位於光宅寺西側。① 光宅寺即蕭衍故宅,政治意味非比尋常,由此可見蕭梁朝廷對裴邃的後事安排亦極爲隆重。

如此,蕭梁朝廷派遣使者致祭、監護葬事的特殊禮遇,以及在墓葬形制、隨葬明器方面的較高規格,也可從以上角度獲得理解。值得注意的是,在誌主下葬的前一年,即普通元年,與之一同活躍於淮南的將星紛紛隕落。據《梁書》各本傳,普通元年正月,馮道根卒;八月,韋睿卒;康絢亦同年病卒。誌主葬禮前一個月,即普通二年七月,南北之間戰端再開,裴邃受命北討。其隨後出鎮淮南,並於當年試圖再次攻略壽陽。② 喪事不斷的悲愴氛圍與重新緊張的邊境形勢,或許是蕭衍對誌主厚加哀榮的另一動因。此外需要指出的是,在蕭梁銳意北伐的同時,北魏政局進一步走向混亂,南下者日漸增多。對於素來熱衷招誘北人的梁武帝蕭衍來說,爲早先南渡的歸降北人安排一場風光的葬禮,延請文壇菁英撰寫墓誌銘,無疑也有招攬人心的政治宣傳目的在内。

結　語

作爲南朝社會極盛而衰的轉折期,蕭梁時代所發生的巨大歷史變動素來爲海内外研究者所關注。以周一良、川勝義雄的研究爲代表,過往學界對於該時期的宏觀圖景已有大致清晰的勾勒。③ 然而,由於基礎史料的相對缺乏,構成其間具體歷史的人物、事件及其關聯至今在許多方面仍相當模糊。通過對《普通二年墓誌》所涉史實的考證,無疑可以彌補傳世文獻中的某些缺環。另一方面,過往學界關於蕭梁政治史雖不乏研究,但主要以典章制度、地域集團爲視角,側重於從整體上展開分析,把握其中特徵。《普通二年墓誌》主人葬禮相關問題的討論,則使我們關注到蕭梁政治内部的人群分野與權力結構變動。更重要的是,這方墓誌爲觸及南朝後期晚渡北人的活動實態提供了豐富而直觀的一手資料,有助於我們進一步認識該人群在南朝歷史進程中的位置及意義。實際上,晚渡北人在南朝的活躍不僅存在於政治層面,在文化、信仰等層面上亦如是。

---

① 《南史》卷五八《裴邃傳》(第1440頁)載:"邃廟在光宅寺西,堂宇弘敞,松柏鬱茂。范雲廟在三橋,蓬蒿不翦。梁武帝南郊,道經二廟,顧而歎曰:'范爲已死,裴爲更生。'"范雲爲蕭梁開國元勳,與沈約一同勸進。蕭衍此言頗足玩味,亦可見裴邃甚爲其所重。

② 裴邃謀劃攻略壽陽一事見《魏書》卷五八《楊播傳附楊侃傳》,第1281頁。其具體時間諸正史不載,從《魏書》稱裴邃爲豫州刺史來看,不早於普通二年(521)。《資治通鑑》繫此事於普通二年七月裴邃北伐後,或有所據。參見《資治通鑑》卷一四九《梁紀五·武帝普通二年》,北京:中華書局,1956年,第4666—4667頁。

③ 參見周一良:《論梁武帝及其時代》,《魏晉南北朝史論集續編》,北京大學出版社,1991年,第23—51頁;川勝義雄著,徐谷芃、李濟滄譯:《貨幣經濟的進展與侯景之亂》,《六朝貴族制社會研究》,上海古籍出版社,第253—289頁。

那麽,不斷南下的晚渡北人是如何與南朝境内的各色人羣展開互動的? 他們給南方的生計習俗、文化面貌又帶來了哪些具體影響? 以這些問題意識爲參照,通過新資料的不斷開掘與傳世文獻的勾稽,關於南朝的晚渡北人,尚有許多方面有待深入。①

附記:本文寫作期間,承蒙張學鋒、王志高、聶濋萌、于溯、許志强、廖基添等諸多師友惠賜寶貴意見,謹此一并致謝。

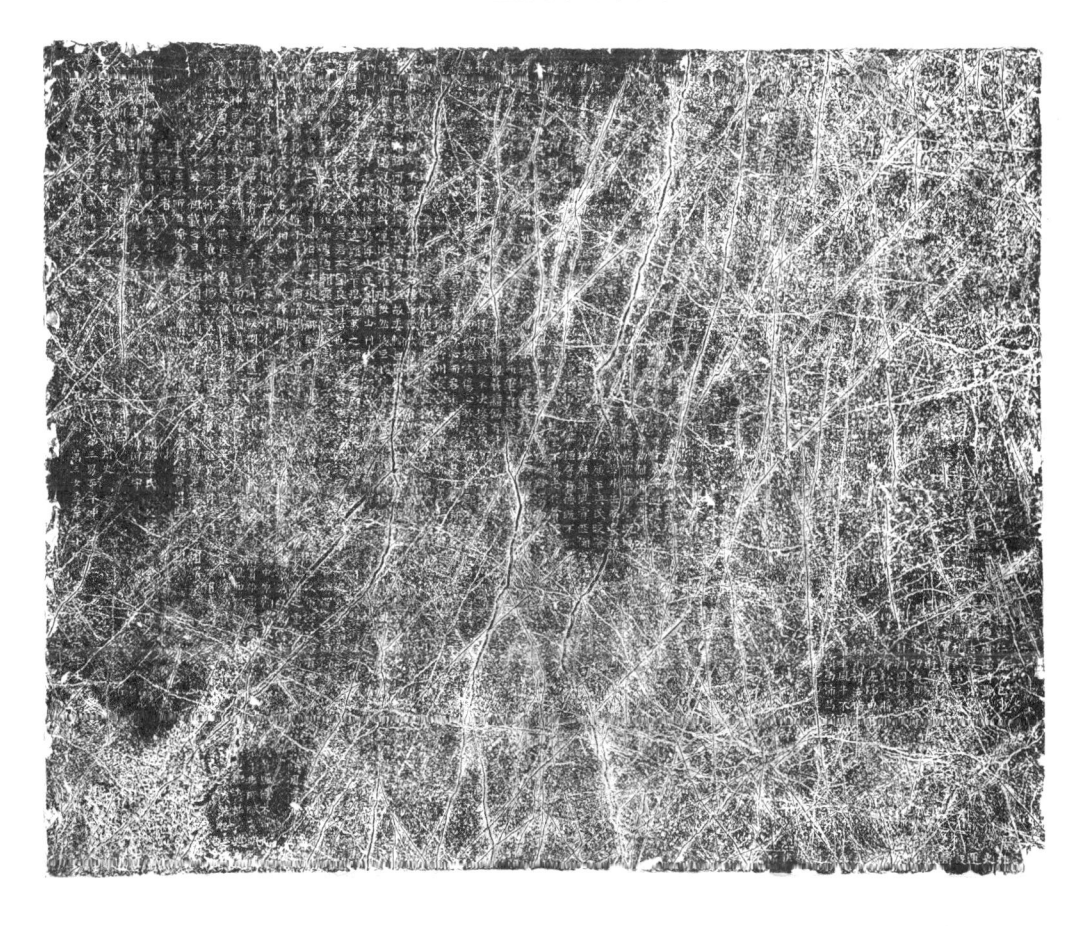

附一:墓誌拓片圖版

① 就這些話題,筆者有過一些初步嘗試,參見陸帥:《"青齊土民"與南朝社會——以五六世紀攝山千佛岩爲中心》,《東南文化》2015 年第 6 期,第 92—98 頁;陸帥:《晚渡北人与南朝観世音信仰——三つの〈觀世音應驗記〉を手がかりに》,《京都大學大學院 人間·環境學研究科 歷史文化社會論講座紀要》第 13 卷,2016 年,第 1—18 頁。

附二：墓誌録文

凡例：

- 本録文在故宮博物院、南京市博物館：《新中國出土墓誌・江蘇(二)南京卷》下册第 14—15 頁録文及南京市文物管理委員會：《南京郊區兩座南朝墓的清理簡報》若干録文及所刊部分拓片的基礎上，重新釋讀《新中國出土墓誌・江蘇(二)南京卷》上册第 35 頁拓片後作成。
- 與原墓誌行、列對調。
- □：有字，不可辨。
- ■：不知是否有字。（限譜牒部分。序及銘除尾行外默認爲滿列書寫。）
- 空格：確認無字（平抬或空白處）。
- ～：大片漫漶。

01：～冕相屬，若乃水□□□恒致仁□固已事～

02：～絶國□□裴憲□□□司徒盧諶特異爲～刺史

03：～重標□□□□識志度□深寔～變運

04：～通□邦族及～服闋禮終，未忘哀毁，～設

05：～春秋～寔貫儒林，解褐～轉

06：～遨遊魯衛～

07：～丈夫當功名自己～

08：～拜輔國將軍，安～

09：～斧松誓將～

10：～略先降由君～

11：～請法～

12：～主風牛不逸～

13：～領南沛、馬頭～

14：～

15：～

16：～侯

17：～

18：~

19：~

20：~

21：~

22：~

23：~

24：師~將軍~皇帝~問~

25：~君~曰：昔武安適趙，豈~

26：~效，猶當三舍，~

27：~桓范，罪極丁公，既編晉典，~

28：冬不~四月~歎，等升岳而長謠，梁天監~

29：鈇~政廉平，與民皎察，信~

30：川王司馬，~理庶績，夙宵匪懈，寬~

31：敦縛□既□道斷間~賞~恒序，君德既不孤，~

32：越中郎將，廣州刺史，~不易志於貪流，~

33：六月十二日，遘疾卒于~黔~

34：有遺床□是~而□士無忓~

35：許史憲章~謀謨而運籌，舉德~

36：影而無~博觀載籍，偏有計略，□閑~

37：搆長~無疑不決，接兵角□，~

38：兼之~裕加□積毀喪~陳師鞠旅，未傷心於□本□州□郡不□意於□□有~

39：□□是□記會□□□玄~欺心而君未~彌勘□情~

40：□歸~梁故廣州刺史徐元瑜，先於州喪□，留殯南□，彌歷歲年，~

41：如~軍國爲任，每以城鎮遼闊，尉候迂遠，而陸路動經□□，□源不盈，~

42：~不同，何者？源其陵谷遷革，年代積浸，□□潁□□□□塞~

43：遂通臣□門□□河激洛，源長流渭及涇，故委輸無窮，器械□關，□重~

44：爲當~設鎮，□此通波，遞灌陳汝，然後巨艦樓□，~樹~

45：十三年□□□□，乃令役徒於浮山建創，隨山刊木，輚流~高岸爲谷，~區~

46：□君躬親別□□督,傳流廣遠,難爲算思,執事之師,唯稟成策。輪□□致本絶言□□莫有□□製~

47：~何成於此□毀,乖君本圖,良可惜也。終復志習揣摩,~頌□奏□□請設~

48：□騎庶開□慕南□□塞北,而遽迫朝露,長掩夜臺,稅駕方岳,□□駟馬~

49：□焖終,追以普通二年八月七日,窆于琅耶郡臨沂縣□□里之莫□山,~降,王人弔莫,□事有~

50：~實,延州逢子産於上國,梁鴻寄伯通~師□若文淵之重~風素~

51：□而□才高行,式籍玄石,以相知之深,略寫聞見。東宮舍人何思澄~麗則勒爲之銘,其辭曰：

52：仙靈啓胄,盛德開源。有一於此,其後克蕃。王子分□,式□興~昆。哀彼中原,鞠爲藜莠,~戎首盛德不~

53：于後。異人間出,何當之有。於惟夫子,一時之選。明圖遠概,~散,實雄虜庭。勳~託身非所,~

54：得覯神武,神武□何,時惟 聖主。延首南風,~歸命有道。凌風而翔,遂~連郡盡悴　□□

55：□長反蜀,子卿歸漢,忠爲令德,在文載粲。孰若□□,□基□翰。□□異揆,比德同貫。獻謀帷幄,敕職官□。~方俟洪略□□

56：□堂悲哉長噫□命不將慷慨□□抑揚仁義萬古□言□□□賜~不有式~

57：　　　　天子爰以祖載之日　詔蘭臺謁者□□□致祭,又遣宣傳左右姚曇□監護葬

58：　　　　事,遠至墓所。百僚會喪,朝野必集。自非德標時俊,智度凝遠,豈得□□絡軌,

59：　　　　乾庶留心者哉?

60：曾祖謨,魏尚書左丞,司徒左長史,冀州大□□,□□太守。　夫人趙郡李氏。　父哲,中書舍人、洛陽令。

61：祖頤,魏冀州刺史,淮津定侯。　夫人清河崔氏　父□,度支尚書、清河太守。

62：父斌,本州別駕。　夫人清河張氏,■■■■■尚書,□□太守。

63：妻榮陽鄭氏　父義彦,宋江夏王國■■■■■散騎常侍,兗州刺史。

64： 三男　大男奮字,文武,年廿■■■■■■■年十四,　第三男平,字仲文,年十二。

65： 四女　大女法鏡,適清河崔緩。■■■■■■■□□ 第三女季華,年十四。　第四女□容,年十□。

南朝官職除拜考述*
——以制度程序及過程爲中心

周文俊

官職除拜,是朝廷進行命官授職的制度形式,也是官員受官與履新的程序安排。

就南朝時期而言,學界對官職除拜的具體運作,認識上仍多有模糊之處。究其原因,一方面是由於史料的局限,儘管史籍文獻對人物的仕履記載頗爲豐富,但對除拜過程則鮮少提及,有關官職任命的記録零碎而分散,我們不易看清其基本面貌。另一方面是由於解讀的局限,官職除拜作爲一種模式化的任命程序,難免給人以例行公事的印象,以往研究對官職除拜史料的利用,大多集中於人物任官時間方面的考證,至於除拜程式本身,則非關注之重點所在,專門的討論寥寥無幾。應當指出,官職除拜作爲一個制度問題,仍存在着不小的考釋空間,同時也很有深入研討之必要。

南朝官職除拜,就制度而言,它是王朝的日常政務,依託文書行政,可分爲不同的階段與環節,有着一套規範化的運作流程,各個職能部門依規章程式處理具體事務,最終完成對官員的任命。對官員來說,除拜程序是每次新任命之必經起點,期間亦會與朝廷發生多次關涉。朝廷授官與個人受官,構成任命過程中的基本關係,我們從此時期具體的官銜結構形態,已可窺見其一斑。與此呼應,官職除拜也是一套官場禮儀,授受雙方在不同階段、不同場合下展開多種形式的互動,富於政治文化的儀式符號更是交織其中,此過程是以禮儀型君臣關係爲中心展開,既有強調職位責任的功能取向、又有實現品位權益的現實意義。對此問題的探討,有助於更全面地了解南朝官僚制度的運作情形及官場場域的活動情境。

其實,即使是基礎的考據工作,我們也需要對文獻所記任命時間的性質,加以準確

---

* 本文爲高校基本科研業務費中山大學青年教師培育項目"魏晉南北朝公文體制與政務流程研究"(17WKPY39)階段性研究成果。

理解,這同樣離不開對官職除拜機制的深入解析。比如南朝各史本紀記錄以某人爲某官的時間,通常都是具體到某日,那麽,這一天的制度性質爲何?具體發生了什麽事?在此前後,又發生了什麽?進一步思考,這個日期緣何被録入官方史書系統?如不能充分了解除拜的制度程序及過程,也就難以確切理解制度與文本之間的邏輯關係,在進行具體考證時也容易出現判斷偏差,乃至誤讀。以上是筆者關注南朝官職除拜之緣起。

爲此,本文嘗試整理史料中的各種零散綫索,以官銜術語"新除"爲切入點,解析除、拜的制度涵義與性質,并從制度時間、政務環節與禮儀程式諸方面,考察南朝官職除拜的基本程序及其運行機制。隨帶一提的是,本文所觀察的官職,主要集中在中高級别範疇。

一、官銜所見"新除"釋義

南朝時期,官銜存在"新除某官"的專稱。它有着特定的制度涵義,是我們認識此時期官職除拜制度的重要切入口。作爲個人官位的結銜形式,"新除"在南朝史籍中並不稀見,兹舉例説明之。

《宋書・文帝紀》記載元嘉六年(429)朝廷對王敬弘的兩次任命:

> 夏四月癸亥,以尚書左僕射王敬弘爲尚書令……(五月)癸巳,以新除尚書令王敬弘爲特進、左光禄大夫。①

史書記載的兩次任命,時間前後僅相隔了三十天。顯然上述"新除"并不能簡單解釋爲新官,它是對王敬弘先前所授尚書令的一種制度化表述。《宋書・王敬弘傳》對此事始末有較詳細的交代:"遷尚書令,敬弘固讓,表求還東,上不能奪。改授侍中、特進、左光禄大夫",②可知王敬弘堅持辭讓尚書令之授,未有實際接受,朝廷亦隨之改授他官。《文帝紀》記載的後任命,稱他的前官爲"新除尚書令",應是來自此時期的制度規定,特指此官尚未完成受拜程序。

再看《梁書・武帝紀下》載:

---

① 《宋書》卷五《文帝紀》,北京:中華書局,2018年,第84頁。
② 《宋書》卷六六《王敬弘傳》,第1894頁。

（普通元年，520）六月丁未，以護軍將軍韋叡爲車騎將軍……（八月）甲子，<u>新除車騎將軍韋叡卒</u>。①

據同書《韋叡傳》載"普通元年夏，遷侍中、車騎將軍，以疾未拜。八月，卒於家"，②由於韋叡"以疾未拜"車騎將軍直至去世，故《武帝紀》將此官職記作"新除車騎將軍"，此亦表明除官而"未拜"，可稱爲"新除"。參考《南齊書·曹虎傳》載虎"轉散騎常侍、右衛將軍……帝疑虎舊將，兼利其財，新除未及拜，見殺"，③史家以"新除"與"未及拜"連敍，正可揭示其意。南朝史籍所見"新除"事例，均有"未拜"之義，這裏不再列舉。

史書使用"新除"的詞例，可追溯至《後漢書》。然其早期涵義，與上述解釋有着微妙差別，通常是指官員已受拜官職，而尚未到任。具體事例如《後漢書·宦者·張讓傳》稱"時鉅鹿太守河内司馬直新除"，該傳載漢靈帝時官員出任要職須交修宫錢，"當之官者，皆先至西園諧價，然後得去。有錢不畢者，或至自殺"，又云"其守清者，乞不之官，皆迫遣之"，司馬直不願同流合污，"被詔……辭疾，不聽。行至孟津……即吞藥自殺"。④從"當之官者""乞不之官"以及司馬直出任河北郡守而"行至孟津"的綫索，可知這裏的"新除"，側重於表示尚未到官。此外，如《伏隆傳》記載漢光武帝拜隆光禄大夫以鎮撫齊地，"並與新除青州牧守及都尉俱東"；⑤又如《趙岐傳》記載岐爲敦煌太守，"與新除諸郡太守數人俱爲賊邊章等所執"，⑥均同此義。

不惟"新除"，兩漢正史所見尚有"初除""始除"，亦可解釋爲受任而未之官。關於"初除"，《漢書·翟方進傳》載"故事，司隸校尉位在司直下，初除，謁兩府"；⑦《漢書·王莽傳上》載太后下詔，要求"州牧、二千石及茂材吏初除奏事者，輒引入至近署對安漢公，考故官，問新職，以知其稱否"；⑧《後漢書·丁鴻傳》載鴻上封事，提到"刺史二千石初除謁辭（大將軍竇憲），求通待報，雖奉符璽，受臺敕，不敢便去，久者至數十日"，⑨以上都是官吏在"初除"後須前往拜謁官長或權要之例。再如《後漢書·虞詡傳》載虞詡

---

① 《梁書》卷三《武帝紀下》，北京：中華書局，1973年，第63—64頁。
② 《梁書》卷一二《韋叡傳》，第225頁。
③ 《南齊書》卷三〇《曹虎傳》，北京：中華書局，2017年，第626頁。
④ 《後漢書》卷七八《宦者·張讓傳》，北京：中華書局，1965年，第2535—2536頁。
⑤ 《後漢書》卷二六《伏湛傳附伏隆傳》，第899頁。
⑥ 《後漢書》卷六四《趙岐傳》，第2123頁。
⑦ 《漢書》卷八四《翟方進傳》，北京：中華書局，1962年，第3414頁。
⑧ 《漢書》卷九九上《王莽傳上》，第4049頁。
⑨ 《後漢書》卷三七《丁鴻傳》，第1266頁。

被任命爲朝歌長,自云"初除之日,士大夫皆見弔勉",此後史載"及到官"云云,①即表明了他在"初除"時并未到任。在"初除"之外,"始除"亦有此義。如《後漢書·方術下·公沙穆傳》載穆遷繒相,他在到官之後,書謁繒侯劉敞,云"臣始除之日,京師咸謂臣曰'繒有惡侯',以弔小相",②正可與上例參證。綜合各種綫索可知,"新除"在早期史料中,並非制度專詞,意思可與諸如"初除""始除"互通,且主要用於一般敘述,與官銜尚無直接關係。

目前可考、年代最早的"新除"官銜用例,出自東晉。《北堂書鈔》卷五七引《晉中興書》云:

> 王珉,字秀琰,遷拜爲中書(科)令。詔曰:"新除侍中王珉,才學博瞻、理義精通,宜處機近,以察時務,其以珉長兼中書令。"③

參《晉書·王珉傳》載珉"歷著作、散騎郎、國子博士、黃門侍郎、侍中,代王獻之爲長兼中書令",④又《晉書·王獻之傳》載獻之"卒於官(中書令)",⑤以此推知中書令一職,因王獻之去世而空出官缺,朝廷以名望選王珉補之,其時王珉應是始除侍中而尚未受拜,故詔書稱"新除"。"新除侍中"作爲正式官銜出現在授官詔書之中,是其制度化的反映。可惜東晉留下的記載數量寥寥,難以展開更爲詳細的分析。⑥今見"新除"用例集中出現在南朝時期。

在上述詔文中,"新除侍中"是以單一官銜的形式存在的,未能確定是文字有簡省,抑或當時制度即如此。南朝時期,涉及"新除"的官銜,完整結構多爲"現居官+新除官",試舉例說明。任昉《齊竟陵文宣王行狀》記錄了朝廷褒贈竟陵王蕭子良詔,稱其生前官銜爲"故使持節都督楊州諸軍事、中書監、太傅、領司徒、楊州刺史、竟陵王、新除進督南徐州",⑦這是出自當時的第一手官方文書,無疑是相當正規的官銜書寫形式。其

---

① 《後漢書》卷五六《虞詡傳》,第1867頁。
② 《後漢書》卷八二下《方術下·公沙穆傳》,第2730頁。
③ 《北堂書鈔》卷五七《設官部九》引《晉中興書》,孔氏三十三萬卷堂影鈔本。按"科"字顯爲衍文,今刪。本條史料所載詔文,亦見《藝文類聚》卷四八《職官部四》引《王珉別傳》、《初學記》卷一一《職官部上》引《王珉別傳》、《太平御覽》卷二二〇《職官部十八》引《王珉別傳》。由此推測,何法盛《晉中興書》與《王珉別傳》兩者史源接近。
④ 《晉書》卷六五《王導傳附王珉傳》,北京:中華書局,1974年,第1758頁。
⑤ 《晉書》卷八〇《王羲之傳附王獻之傳》,第2106頁。
⑥ 另一用例見《晉書·安帝紀》載義熙十二年(416)六月己酉"新除尚書令、都鄉亭侯劉柳卒"。
⑦ 任昉:《齊竟陵文宣王行狀》,《文選》卷六〇《行狀》,北京:中華書局影印胡刻本,1977年,第829頁。

中"新除進督南徐州"是作爲正式官銜的組成部分,值得留意。聯繫該《行狀》前述云"復以申威重道,增崇德統,進督南徐州諸軍事,餘悉如故。並奏疏累上,身殁讓存",參考《南齊書·竟陵文宣王子良傳》"進督南徐州""其年疾篤"的記載,①可知子良屢次辭讓"進督南徐州",至去世時仍未受拜,故在此官前繫以"新除",單獨附列於官爵之後。以上文例顯示,現居官與新除官是一種並列結構,是此時期官銜的組合形態之一。

由此表明,"新除"作爲標示尚未受拜官職的結銜形式,是一種獨立的官銜結構。沈約《常僧景等封侯詔》云:

> 門下:廬陵王中兵參軍事、〔直〕(宣)閣將軍、軍主、新除右軍〔將軍?〕常僧景,車騎江夏王參軍事、直閣將軍、新除右軍中郎將薛元嗣、安東廬陵王參軍事、振武將軍徐元稱,假寧朔將軍、廬陵王國侍郎、延明主帥殷系宗,前軍將軍、直閣格虎隊主馬廣,或氣略强果、或志識貞濟、或忘家奉國,誠著夷險,方寄戎昭,克清時難,宜命爵啓土,以獎厥勞,可封一千户、開國縣侯,本官、新除、驅使悉如故。主者施行。②

如所周知,"如故"多見於此時期的封授官爵詔書,是常用的公文格套語,用於表示受官受爵者在朝廷本次封授以後的官銜保留項,無疑這也是理解官銜結構的重要綫索。所謂"本官、新除、驅使悉如故",是以概稱的形式代指諸人官銜結構,三者意思各有所指:本官指現居官;新除指的是新除官;驅使則指軍職。不妨以常僧景的官銜爲例來具體説明,他的"本官"是廬陵王中兵參軍事、直閣將軍;"驅使"是軍主;"新除"是右軍。驅使在當時别具涵義,主要涵蓋了由皇帝差遣指派、承擔實際職務的某些職位,它在詔書中别爲一項,從側面説明了本官與新除作爲官銜概稱的獨立性質,以及相互間的並列關係。"本官+新除"的概稱用例,即印證了前面對現居官與新除官的結構關係分析。

---

① 《南齊書》卷四〇《武十七王·竟陵文宣王子良傳》,第779頁。
② 沈約:《常僧景等封侯詔》,《文苑英華》卷四一六《中書制誥三七·封爵》,北京:中華書局,1966年,第2106頁。按此詔作成於南齊末。陳慶元先生認爲在永元元年(499)、二年(500)間(説見《沈約集校箋》,杭州:江蘇古籍出版社,1995年,第45頁),可參。從詔文"誠著夷險"、"克清時難"等語,可知常僧景等人是在東昏侯在位期間發生的某次軍事政變中立功。又薛元嗣時爲"車騎江夏王參軍事",江夏王寶玄於永元二年三月應崔慧景反,五月敗死。詔文不可能爲此次政變後作,更大的可能,是對應陳顯達永元元年起兵反,是年十二月底失敗事,可進一步推測此詔當作於永元二年初。

關於"新除",朱季海先生作了如下解釋:"凡授官未拜,但稱新除。此類或緣本人無意就新,或緣朝旨徒欲以爲遷轉階資之地。"①丁福林先生亦有類似理解,謂:"雖除職尚未及拜官就任……故曰'新除'。"②前賢在解釋工作上邁出了重要一步,可惜并未作更多的展開,論述亦稍嫌簡略,至如朱先生認爲"新除"緣於官員"無意就新"或用作"遷轉階資",這一理解更是改換了概念,將"未拜"等同於最終"不拜",進而將"新除"的發生,視爲特殊緣由下的運作結果,解釋上似有以偏概全之嫌,并未能有效揭示"新除"的完整制度涵義。誠然,史書記載的"新除",多數事例是得官者因各種原因最終不拜,如前面所引王敬弘、韋叡、蕭子良,均屬此類情形,這很容易引導我們以爲除拜特例與"新除"存在着因果關係。這是一個需要重點辨析的問題。

對此,前引《常僧景等封侯詔》充分提示了"新除"的實際涵義。我們看到,新除之所以列入"如故",成爲各人的官銜保留項,緣於這是一份封爵詔書。當時對立功者的班賞,朝廷既晉升了官位,又賜封了爵位,兩者在程序上各自獨立,即授官在前,封爵在後。由此判斷,常僧景、薛元嗣獲得升官,隨後在新官尚未及拜受時,朝廷又下詔封爵,詔文提到常僧景、薛元嗣二人官銜中的"新除"部分,其實就是他們早前已下詔除授的晉升官職。概言之,"本官、新除、驅使悉如故",是一種制度性的交代與補充,大意是要說明封爵乃獨立進行,並不影響諸人此後繼續完成拜受新除官職的程序。由此表明,官銜中的"新除",絲毫沒有"本人無意就新"的意圖,此外由於授官與封爵各自運作,亦充分排除了朝廷在封爵詔書中是以新除諸官爲"遷轉階資"之可能,可證官銜中的"新除",本身并無最終不拜官職的意思。

我們還可以從正史中找到類似例證,《宋書·沈慶之傳》載:

> 世祖踐阼,以慶之爲領軍將軍,加散騎常侍,尋出爲使持節、督南兖豫徐兖四州諸軍事、鎮軍將軍、南兖州刺史,常侍如故,鎮盱眙。

> 上伐逆定亂,思將帥之功,下詔曰:"朕以不天,有生罔二,泣血千里,志復深逆,鞠旅伐罪,義氣雲踴,群帥仗節,指難如歸。故曾未積旬,宗社載穆,遂以眇身,猥纂大統。永念茂庸,思崇徽錫。<u>新除使持節、散騎常侍、都督南兖豫徐兖四州諸軍事、鎮軍將軍、南兖州刺史沈慶之</u>,新除散騎常侍、領軍將軍柳元景,新除散騎常

---

① 朱季海:《南齊書校議》,北京:中華書局,1984年,第5頁。
② 丁福林:《宋書校議》,上海古籍出版社,2002年,第230頁。

侍、右衛將軍宗慤,督兗州諸軍事、輔國將軍、兗州刺史徐遺寶,寧朔將軍、始興太守沈法系,驃騎諮議參軍顧彬之,或盡誠謀初,宣綜戎略;或受命元帥,一戰寧亂;或稟奇軍統,協規効捷,偏師奉律,勢振東南。皆忠國忘身,義高前烈,功載民聽,誠簡朕心。定賞策勳,茲焉攸在,宜列土開邑,永蕃皇家。慶之可封南昌縣公,元景曲江縣公,並食邑三千户。慤洮陽縣侯,食邑二千户。遺寶益陽縣侯,食邑一千五百户。法系平固縣侯,彬之陽新縣侯,並食邑千户。"又特臨軒召拜。①

沈慶之"出爲使持節、督南兗豫徐兗四州諸軍事、鎮軍將軍、南兗州刺史,常侍如故",此後朝廷爲了賞功,又下詔封爵。② 其時沈氏尚未正式拜受新官,故詔書以"新除"繫其官銜。文中所見柳元景、宗慤二人官銜,亦同此理。從各人本傳可知,他們最終均拜受了"新除"官職,同樣不存在"無意就新"的情況。此亦表明,"新除"所指的除官未拜,並不限於史籍常見的那些作爲結果的"不拜"事例。原則上朝廷除授的官職,在受拜之前,均稱爲"新除"。

通過上述封爵詔的參證,可進一步明確"新除"的制度涵義:所有官職的任命,在正式除授以後,制度程序均會經歷"新除"過程,直至得官者完成受拜。從官銜形式理解,"新除"繫於官職,主要指此官尚在除拜之間,是既除未拜的一個制度階段。至於史籍所見各種最終"不拜"新授官職的事例,不論出於何種原因,實際上都可視爲正常除拜階段下的一種停滯,從而使官職止於"新除"狀態,換言之,此類終以不拜的官職,之所以稱"新除",與造成不拜的各種特殊緣由(包括"無意就新""遷轉階資")並無直接關係。"新除"作爲官銜形式,是官職除拜過程的一種制度標識。

二、除拜過程與制度時間

南朝史籍文獻記載某人的徙官,常用諸如除、拜、爲、授、遷、轉、補等動詞加以敍述,就史家要表達的意思而言,此類語詞通常並無多大區別。但若從南朝的制度運作本身

---

① 《宋書》卷七七《沈慶之傳》,第 2191—2192 頁。
② 據《宋書·孝武帝紀》載元嘉三十年六月庚申"詔有司論功班賞各有差",上述封爵詔書,是在此指示下形成的,具體流程是尚書臺(有司)接到庚申詔後擬出班賞方案,經過孝武帝審核同意,之後交由中書省草詔,再經皇帝畫可付外(具體文書程序的詳析見後)。另據《孝武帝紀》記載,元嘉三十年六月"壬申,以領軍將軍沈慶之爲鎮軍將軍、南兗州刺史。癸酉,以護軍將軍柳元景爲領軍將軍",與封爵詔書"新除使持節、散騎常侍、都督南兗豫徐兗四州諸軍事、鎮軍將軍、南兗州刺史沈慶之,新除散騎常侍、領軍將軍柳元景"相對應,可知封爵詔的頒出,不會早於閏六月癸酉。

理解，則要另當別論。依前節所揭，此時期官職的任命程序，均會經歷已除未拜的"新除"階段，直至受拜。換言之，先除後拜是以上過程的基本秩序。由此提示，"除""拜"作爲制度術語，既互有關聯，又各有特定含義（比如"新除"，就不能寫作"新拜"），共同構成了官職任命的基礎環節。循此思路，下面嘗試探討官職除拜的具體過程，解釋"除""拜"的制度涵義，并考察與此相關的制度時間性質。

南朝時期高級官職的除拜程序，在《隋書·百官志上》所載梁、陳時期"用官式"，有較爲集中的記述，云：

> 其有特發詔授官者，即宣付詔誥局，作詔章草奏聞。敕可，黃紙寫出門下。門下答詔，請付外施行。又畫可，付選司行召。得詔官者，不必皆須待召。但聞詔出，明日，即與其親入謝，後詣尚書上省拜受。若拜王公則臨軒。①

這條史料（以下簡稱《用官式》）展示了從朝廷"發詔授官"到得官者"拜受"的除拜過程始末，其重要性不言而喻。據此，官職除拜的主要程序可簡要歸納如下：

皇帝授官旨意（任命決議形成）→中書省詔誥局（草詔奏聞）→皇帝（敕可）→門下（答詔請付外）→皇帝（畫可）→尚書臺選司（行召）→得官者拜受

"發詔授官"是法理意義上的關鍵程序，即以詔書爲委任文書載體，確認官職任命。反過來亦可認爲，詔書未發出意味着官職任命未正式生效。對此，我們可找到若干事例加以説明。如《宋書·劉延孫傳》載劉延孫從外任被徵爲"侍中、尚書左僕射，領護軍將軍"，此後宋孝武帝"又欲以代朱脩之爲荆州，事未行，明年，（延孫）卒"，②所謂"事未行"就是指以劉延孫爲荆州刺史的詔書尚未發出，這項任命也就未能生效，是故在他去世後，朝廷褒贈詔書仍記其官銜爲"故侍中、尚書左僕射、領護軍將軍東昌縣開國侯"，可見皇帝即使已有授官旨意，甚至準備出詔的文書流程可能已在進行中，但只要詔書未發出，任命就未能作數。類似事例又見於《陳書·鄱陽王伯山傳》，鄱陽王陳伯山居母喪以孝聞，陳後主曾向群臣稱"鄱陽王至性可嘉，又是西第之長，豫章已兼司空，其亦須遷太尉"，其後"未及發詔而伯山薨"，③同樣提示了官位除授與"發詔"的直接關聯。再

---

① 《隋書》卷二六《百官志上》，北京：中華書局，1973年，第748—749頁。"後詣尚書上省拜受"之"後"字，點校本原屬上讀，似未達文意，今改正。
② 《宋書》卷七八《劉延孫傳》，第2214頁。
③ 《陳書》卷二八《世祖九王·鄱陽王伯山傳》，北京：中華書局，1972年，第361頁。

如《陳書·華皎傳》載皎"密啓求廣州,以觀時主意,高宗僞許之,而詔書未出。皎亦遣使句引周兵",① 此陳廢帝朝事,謂陳頊"僞許"華皎廣州刺史,同時又云"詔書未出",意味着授官須以詔書爲法理基礎,若無詔書正式發出,該任命不能成立。又如《陳書·孔奐傳》載"及右僕射陸繕遷職,高宗欲用奐,已草詔訖,爲後主所抑,遂不行",② 此陳宣帝朝事,當時以孔奐爲尚書右僕射的詔書已經草成,由於太子陳叔寶阻撓而"不行",從政務程序理解,這是説詔草并未正式付外,孔奐由此與右僕射失之交臂。

在明確發詔與官職任命之間關係的基礎上,可進一步考察除拜的制度時間及其性質。這裏不妨先揭舉同時期的一例北朝史證。《北史·外戚中·馮熙傳附馮誕傳》載北魏孝文帝以馮誕爲司徒事:

(太和)十六年(486),以誕爲司徒。帝既愛誕,<u>除官日</u>,親爲制三讓表并啓。<u>將拜</u>,又爲其章謝。③

這裏的"除官日"無疑是關鍵綫索,提示了官職任命的制度時間概念。與此相應,"將拜"意即臨近拜受之日,此表述亦暗示了另一個制度時間的存在,本文爲論述方便,姑稱此爲"拜受日"。由此推知,朝廷命官授職的程序起止,與"除官日""拜受日"直接相關。

不惟北朝實施過以上制度,南朝的官職除拜,亦遵循着相近的運作程式。前面所揭"新除"官銜,就是最爲直接的證據。"新除"表示了已除未拜的任命狀態,在拜受以後即取消,并轉爲"本官"。换言之,"新除"官銜的使用,是自除官日起,直到拜受日。"新除"就是由以上兩個時間所定義的制度性過程。梳理南朝史籍綫索,可進一步研判除、拜的制度時間性質。《梁書·簡文帝紀》載:

(中大通)三年(531)四月乙巳,昭明太子薨。<u>五月丙申</u>,詔曰:"非至公無以主天下,非博愛無以臨四海。所以堯舜克讓,惟德是與。文王舍伯邑考而立武王,格于上下,光于四表。今岱宗牢落,天步艱難,淳風猶鬱,黎民未乂,自非克明克哲,允武允文,豈能荷神器之重,嗣龍圖之尊。晉安王綱,文義生知,孝敬自然,威惠外宣,

---

① 《陳書》卷二〇《華皎傳》,第272頁。
② 《陳書》卷二一《孔奐傳》,第286頁。
③ 《北史》卷八〇《外戚中·馮熙傳附馮誕傳》,北京:中華書局,1974年,第2679頁。

德行内敏,群后歸美,率土宅心。可立爲皇太子。"七月乙亥,臨軒策拜,以脩繕東宫,權居東府。①

按此時期立儲、封爵、授官的制度程序是相通的,可相互參證。上述記載完整交代了蕭綱被立爲太子所經歷的兩個制度時間。"五月丙申,詔曰",表明這一天是立儲詔書發出之日,"除官日"的制度涵義,正與此相同,可認爲是除官詔書正式成立的日期。《用官式》謂得官者"但聞詔出"即可在次日入宫謝恩。這一行爲的前提,正是以"詔出"之日爲官職除授的法理時間。前面我們分析"事未行""未及發詔""詔書未出"意味着未正式授官,亦可與此參互理解。至於"七月乙亥,臨軒策拜",則清楚顯示這一天爲"拜受日"。策拜儀式的舉行,標誌着任命最終完成。《用官式》繼云得官者是"詣尚書上省拜受""拜王公則臨軒",當天即拜受日,可見拜受儀式不僅體現在空間秩序上,同時也在時間上注入了重要的制度意義。

官職任命須經歷一個制度過程,主要是基於行政現實運作的原因,至少自秦漢時期已經如此。侯旭東先生指出:"從秦漢通常情形看,新拜官還要新刻官印,亦需要準備制書一類文書,更有拜官授印的儀式,不是件倉促可就的事。"②儘管如此,漢代授官并没有刻意將除、拜加以區分,若某人不拜某官,相當於就和此官斷絶一切關係,朝廷并不會考究既除不拜的情况,從漢代史籍提示的綫索看,時人一般取拜受日作爲任命時間。③除、拜時間的區别化,可能經歷了一個漫長的過程。但至遲到西晉就已經確立。如《荀岳墓誌》記荀岳官歷,云:

> 太康元年(280)十二月舉秀才,二年正月廿日被戊戌詔書,除中郎。三年八月廿七日庚戌詔書,除太子舍人。六年十月七日辛巳,除尚書左中兵郎。七年七月十七日丁卯疾病,去職。被壬申詔書,除中郎。十年五月十七日,除屯騎始平王司馬。十二月廿七日除中郎,參平南將軍楚王軍事。永熙元年(290)九月,除參鎮南將軍事。永

---

① 《梁書》卷四《簡文帝紀》,第104頁。
② 侯旭東:《寵:信一任型君臣關係與西漢歷史的展開》,北京師範大學出版社,2018年,第138頁。
③ 以西漢朱博爲例,《漢書·百官公卿表下》哀帝建平二年(前5)"四月戊午,大司空博爲御史大夫,乙亥遷",這裏記"乙亥遷",是指朱博從御史大夫曾升丞相。據《漢書·五行志中之下》載"哀帝建平二年四月乙亥朔,御史大夫朱博爲丞相,少府趙玄爲御史大夫,臨延登受策,有大聲如鐘鳴",又《漢書·朱博傳》"初博以御史爲丞相,封陽鄉侯,玄以少府爲御史大夫,並拜於前殿,延登受策,有音如鍾聲",可知《百官公卿表下》所記朱博遷丞相的四月乙亥是拜受日。

平元年（291）二月三日，除河内山陽令，元康元年（291）三月廿五日到官。三年五月四日除領軍將軍長史，六月六日拜。四年五月五日除中書侍郎，六月二日拜。①

誌文對荀岳最後兩任官職——領軍將軍長史與中書侍郎，均記録了除、拜的具體日期，是目前所見兼記除官日與拜受日的最早用例。此外，誌文所記"二年正月廿日被戊戌詔書，除中郎""三年八月廿七日庚戌詔書，除太子舍人"，亦反映了除官日與除授詔書之間的内在關係。

在此認識基礎上，我們再來觀察南朝官職的除拜過程。依《用官式》所述，發詔授官須經過規範化的文書運作流程。對此，陳仲安、王素先生有過精要分析，指出"（中書省）詔誥局根據皇帝的旨意起草詔令……詔令經皇帝認可，用黄紙正式寫出後，再交門下省審核。門下省認爲没有問題，才答詔（即覆奏）請付外施行。經皇帝再次批准，遂送有關部門執行"，②所論甚是。關於門下答詔，還可補充一條史料。《文選》卷五〇李善注引《晉令》曰："侍中，除書、表、奏皆掌署之。"③所謂"除書"，應即除官詔書，門下有經署審核的權責。

至此，尚有一處關鍵細節需要確認，即"除官日"具體對應上述程序的哪一步呢？筆者認爲，皇帝最後"畫可"批准，是除授詔書正式付外（尚書臺）執行的法理依據，經此一步，即意味着"詔出""發詔"。在此之前，詔書還處於準備階段，并不具備法律效力。因此，這個"畫可"的日期，就是除官日。

試看以下史例，《陳書·世祖紀》載天嘉元年（560）七月：

景辰（按避唐諱，即丙辰），立皇子伯山爲鄱陽王。④

又《陳書·鄱陽王伯山傳》載：

天嘉元年七月丙辰，尚書八座奏曰："臣聞本枝惟允，宗周之業以弘，磐石既

---

① 録文參考毛遠明：《漢魏六朝碑刻校注》第二册，北京：綫裝書局，2008年，第309頁。《荀岳墓誌》拓片見於趙萬里：《漢魏南北朝墓誌集釋》，圖版14，影印本收入《石刻史料新編》第三輯第3册，臺北：新文豐出版公司，1977年。
② 陳仲安、王素：《漢唐職官制度研究（增訂本）》，上海：中西書局，2018年，第57—58頁。
③ 《文選》卷五〇《史論》沈約《恩幸傳論》，第704頁。
④ 《陳書》卷三《世祖紀》，第51頁。

建,皇漢之基斯遠,故能協宣五運,規範百王,式固靈根,克隆蔔世。第三皇子伯山,發睿德於齠年,表歧姿於卝日,光昭丹掖,暉暎青闈,而玉圭未秉,金錫靡駕,豈所以敦序維翰,建樹藩戚。臣等參議,宜封鄱陽郡王",詔曰"可"。……<u>其年十月,上臨軒策命之曰</u>:"於戲!夫建樹藩屏,翼獎王室,欽若前典,咸必由之。……往欽哉。其勉樹聲業,永保宗社,可不慎歟。"①

據上可知,陳文帝第三子陳伯山獲策封爲鄱陽王,同樣經歷了兩個制度時間:一在天嘉元年七月丙辰;另在當年十月某天。後者舉行了臨軒策命儀式,可明確爲拜受日。關於前者,還可再加考釋。

《伯山傳》載"天嘉元年七月丙辰",其後載"詔曰可",可知這是陳文帝在尚書八座奏案文書上畫"可"的日期。② 在此先稍加說明,伯山封王之命,并非以詔書形式發出,有別於慣常事例。據《伯山傳》稱"初高祖時,天下草創,諸王受封儀注多闕,及伯山受封,世祖欲重其事",於是通過最高級别政務官員聯名上奏的形式推動此事。③ 由於立伯山爲王,是來自最高政務機構尚書臺的請求,具體通過奏案形式上呈,因此皇帝無須另行下詔付臺執行,他只需在奏案上畫"可",尚書臺即獲得執行此項事務的法理授權。《隋志》所引《用官式》就提到中低級官職的銓選任命,"以黄紙録名,八座通署,奏可,即出付典名",④正可與此互證。從行政運作邏輯理解,不論以奏案抑或詔書的形式授官,均是以皇帝畫"可"爲據。《世祖紀》載立伯山爲王,事在七月丙辰,與《伯山傳》所記時間相合,無疑是關鍵提示。我們知道,史家修撰本紀,《起居注》等原始記注檔案是其重要依據。⑤《隋書·經籍志二》載録"《陳天嘉起居注》二十三卷",⑥《世祖紀》的上述日

---

① 《陳書》卷二八《世祖九王·鄱陽王伯山傳》,第359—360頁。標點經斟酌,有所調整。
② 至於尚書八座上呈奏案的具體時間,或即當天,或在稍前,但不論如何,八座奏上呈日期并不是史臣的記録重點。
③ 這一做法導源自漢武帝策封三王,有其政治涵義。它代表了來自官僚集團的意志,表示皇帝諸子封王,是出於公論,而非私意。《宋書》卷九九《二凶·元凶劭傳》載劉宋時劉劭弑父稱帝後,"使有司奏立子偉之爲皇太子",其意圖亦與此同。
④ 《隋書》卷二八《百官志上》,第748頁。
⑤ 南朝國史因襲《起居注》的痕跡,確有蛛絲馬迹可尋。如《宋書》卷六《孝武帝紀》載大明五年四月丙午,"雍州刺史海陵王休茂殺司馬庚深之,舉兵反,義成太守薛繼考討斬之"。中華書局1974年點校本於此出校説明,校勘記引《廿二史考異》云:"案《休茂傳》,(薛)繼考爲休茂盡力攻城,及休茂死,詐稱立義,乘驛還都,事泄伏誅。則繼考乃黨於休茂者,《紀》所書誤",其下點校者繼云:"按《休茂傳》,言尹玄慶既斬休茂,繼考以兵脅行府事劉恭之作啓,言繼考起義,因得封賞,尋事泄伏誅。蓋國史誤仍當日記注,沈約竟不追改,而於《休茂傳》則詳述其事始末。"點校者所言甚有見地。這個綫索正好提示了本紀的史源,與《起居注》等原始檔案材料關係密切。
⑥ 《隋書》卷三三《經籍志二》,第965頁。

期,很可能即源自此。史官之所以采用與記録這個時間,正是由於此爲皇帝畫"可"、政務文書正式生效之日。概而論之,這是文書時間經由史官記注,進而成爲史書時間。

以伯山封王事例爲突破口,可進一步推知,南朝正史諸《本紀》"某年某月某日,以某人爲某官"的記事模式,其中"某年某月某日"應當就是皇帝在授官詔書上畫"可"的日期,簡言之,就是"除官日"。

參考南朝授官的具體史例,可證實以上推斷。《宋書·文帝紀》載元嘉三十年(453)春正月:

> 壬午,以征北將軍、南徐州刺史始興王濬爲衛將軍、荆州刺史。①

又《宋書·二凶·始興王濬傳》載:

> (濬)乃因員外散騎侍郎徐爰求鎮江陵(按:即荆州),又求助於尚書僕射徐湛之……上以上流之重,宜有至親,故以授濬。時濬入朝,遣還京,爲行留處分。至京數日而巫蠱事發,時二十九年(452)七月也……明年正月,荆州事方行,二月,濬還朝。十四日,臨軒受拜。其日,藏嚴道育事發,明旦濬入謝,上容色非常。②

結合以上兩處記載,可整理出始興王劉濬爲荆州刺史的除拜過程始末。先是劉濬通過朝中的關係網絡向宋文帝請求出鎮荆州,文帝考慮再三,終於同意,這時授官旨意大概已傳達,故劉濬"爲行留處分",已爲赴任作準備。然而由於元嘉二十九年七月間巫蠱事發,這項任命被擱置,一直懸而未決。《始興王濬傳》謂元嘉三十年正月"荆州事方行",是說直到此時才正式發詔授劉濬荆州刺史。③《文帝紀》記載三十年正月壬午(初八),以劉濬"爲衛將軍、荆州刺史",就是說宋文帝這天才批准了授官,即在詔書上畫可,正式付外施行。顯然這個日子就是"除官日"。隨後劉濬在二月十四日"臨軒受拜",這一天無疑是"拜受日"。該事例清楚展示了皇帝形成授官旨意到得官者受拜官

---

① 《宋書》卷五《文帝紀》,第109頁。
② 《宋書》卷九九《二凶·始興王濬傳》,第2675—2676頁。
③ 前引《宋書·劉延孫傳》載宋孝武帝欲以劉延孫代朱修之爲荆州刺史,"事未行"而延孫卒,可與此"荆州事方行"相互參證。

職的過程，也爲我們理解本紀的授官時間提供了重要佐證。

再如《陳書·宣帝紀》載太建十二年北周鄖州總管司馬消難舉州鎮附陳，秋八月己未（初六），"詔以消難爲使持節、侍中、大都督、總督安隨等九州八鎮諸軍事、車騎將軍、司空，封隨郡公，給鼓吹、女樂各一部"，此"詔"字即表明了發詔授官之意。是月戊辰（十五）再次加授官銜，"以新除司空司馬消難爲大都督水陸諸軍事"，①兩次授官時間相隔極短，司馬消難肯定尚未拜受前官，故稱"新除"，此亦印證八月己未這天，必非拜受之日。這一事例有助補充判斷南朝各史本紀的官職任命日期，普遍從除官日。

當然，我們也要充分重視南朝各史的"反證"。比如立太子，本紀就多從"拜受日"。最明顯例子見《梁書·武帝紀下》，中大通三年（531）"秋七月乙亥，立晉安王綱爲皇太子。大赦天下，賜爲父後者及出處忠孝文武清勤，並賜爵一級"。② 聯繫前述《梁書·簡文帝紀》蕭綱被立爲太子的兩個制度時間，可明此爲拜受日。此外，如《陳書·世祖紀》載永定三年（559）"九月辛酉，立皇子伯宗爲皇太子，王公以下賜帛各有差"，③參《陳書·廢帝紀》載永定三年"世祖嗣位，八月庚戌，立爲皇太子"，④可知陳伯宗被立爲太子，當是八月庚戌發詔，至九月辛酉策拜，《世祖紀》記載此事，亦取拜受日。再如《南齊書·明帝紀》載建武元年（494）十一月"戊子，立皇太子寶卷，賜天下爲父後者爵一級，孝子從孫，義夫節婦，普加甄賜明揚。表其衡閭，賚以束帛。己丑，詔'東宮肇建，遠近或有慶禮，可悉斷之'"，⑤己丑（立太子次日）詔書既稱"東宮肇建"，則戊子爲拜受日無疑。以上史料還反映了一個重要綫索，即策拜太子的同時，例有大赦或賞賜之舉。⑥ 如

---

① 《陳書》卷五《宣帝紀》，第 97 頁。
② 《梁書》卷三《武帝紀下》，第 75 頁。
③ 《陳書》卷三《世祖紀》，第 48 頁。
④ 《陳書》卷四《廢帝紀》，第 65 頁。
⑤ 《南齊書》卷六《明帝紀》，第 92 頁。
⑥ 皇帝慶賀立太子所頒大赦或封賞，當發生在拜受日，尚有史例作爲旁證。《南齊書》卷三《武帝紀》載永明十一年（493）四月"壬午，詔東宮文武臣僚，可悉度爲太孫官屬。甲午，立皇太孫昭業、太孫妃何氏。詔賜天下爲父後者爵一級，孝子順孫義夫卽婦粟帛各有差"。據載，當年正月丙子"太子長懋薨"，發詔立太孫應在此後，且可肯定要早於四月壬午，因爲壬午已稱"太孫官屬"，如此，則十二天後的甲午"立皇太孫昭業、太孫妃何氏"，只可能是策拜儀式舉行日，即拜受日。是日"詔賜天下爲父後者爵一級，孝子順孫義夫節婦粟帛各有差"，正是儲君名分正式確定之時特意頒布的賞賜。

循此綫索,可確認南朝正史本紀大多以拜受日爲立太子的時間。① 由此推測,在立儲君的國本大事上,史官記注傾向於以禮成之日爲準,此外,諸如"納皇太子妃""皇太子冠"等,正史本紀所記時間亦爲儀式舉行日。②

綜上可知,除官日與拜受日,構成官職除拜的基本過程。兩個制度性時間通過不同的方式被記錄,從而進入到國家撰史系統,在讀史考史時尤需注意個中的區别。從除官日起,至受拜日爲止,有哪些基本環節與禮儀程式貫穿於這一過程,是接下來值得探討的問題。

三、除拜環節與禮儀程式

依前引《用官式》所示,除官日皇帝畫"可",在制度環節方面體現了双重意義:一方面它是決策流程的終點,經過一系列的文書程序,正式"發詔授官";另一方面,它是執行程序的起點,此前門下答詔已請"付外施行",經皇帝批准後,詔書正式"付選司行召",具體政務自此進入實施階段。

所謂"行召",指施行召拜。尚書臺於此履行其政務機構職能,宣布已生效(皇帝畫"可")的授官詔命,并傳召得官者接受新官職。如鮑照《謝秣陵令表》稱"即日被尚書召,以臣爲秣陵令……今便抵召,違離省闥",③這一來自得官者的敍述,確切交代了官

---

① 南朝各史本紀記立太子之日,多有大赦封賞。除了前面所揭,尚有如下史例:《宋書》卷五《文帝紀》載元嘉六年(429)"三月丁巳,立皇子劭爲皇太子。戊午,大赦天下,賜文武位一等";《宋書》卷六《孝武帝紀》載孝建元年(454)正月"丙寅,立皇子子業爲皇太子。賜天下爲父後者爵一級。孝子、順孫、義夫、節婦粟帛各有差";《宋書》卷八《明帝紀》載泰始二年(466)十月"戊寅,立皇子昱爲皇太子。曲赦揚、南徐二州"。《南齊書》卷二《高帝紀下》載建元元年(479)六月"甲申,立皇太子賾。斷諸州郡禮慶。見刑人重者,降一等,並申前赦恩百日";《南齊書》卷三《武帝紀》載建元四年(482)六月"甲申,立皇太子長懋。詔申壬戌赦恩百日";《南齊書》卷七《東昏侯紀》載永元元年(499)"夏四月己巳,立皇太子誦,大赦,賜民爲父後爵一級";《陳書》卷四《廢帝紀》載光大元年(567)"秋七月戊申,立皇子至澤爲皇太子,賜天下爲父後者爵一級,王公卿士已下賚帛各有差";《陳書》卷六《後主紀》載太建十四年(582)"夏四月景申,立皇子永康公胤爲皇太子,賜天下爲父後者爵一級,王公已下賚帛各有差"。

皇帝立太子,本紀明確繫於發詔日,只有兩例,出現在南朝陳代最後兩朝:《陳書》卷五《宣帝紀》載太建元年(569)"春正月甲午,即皇帝位于太極前殿……立柳氏爲皇后,世子叔寳爲皇太子";《陳書·後主紀》禎明二年(588)"庚子,廢皇太子胤爲吴興王,大軍師將軍、揚州刺史始安王深爲皇太子"。此外,尚有兩例不明:《宋書》卷三《武帝紀下》載永初元年(420)八月癸酉,"立王太子爲皇太子";《梁書》卷四《簡文帝紀》載太清三年(549)"丁亥,立宣城王大器爲皇太子"。

② 如《宋書》卷五《文帝紀》載元嘉十五年夏四月甲辰,"立皇太子妃殷氏,賜王公以下各有差。"另據《宋書》卷一四《禮志一》載"宋文帝元嘉十五年四月,皇太子納妃,六禮文與納后不異。百官上禮。其月壬戌,於太極殿西堂敍宴二宫隊主副、司徒征北鎮南三府佐、揚克江三州綱、彭城江夏南譙始興武陵廬陵南豐七國侍郎以上,諸二千石在都邑者,並豫會。"綜合兩處記載可知,四月甲辰(初五)應爲納太子妃的成禮日,是故本月壬戌(廿三)有宴會慶祝之事。

③ 鮑照著,錢仲聯增補集説校:《鮑參軍集注》卷一,上海古籍出版社,1980年,第53頁。

員在獲得新任命時所親歷的程序。此處"被尚書召"與前述"選司行召",正是召拜程序的一體兩面。鮑照所提到的"抵召",即與此相關,是説他前往臺省應奉召命,接受新官。《宋書·王敬弘傳》所載,可與此參證:

> 敬弘每被除召,即便祇奉,既到宜退,旋復解官,高祖嘉其志,不苟違也。①

從制度來看,這段表述簡要勾勒出了官職從任命到解任的基本環節。這裏説的"除召",實爲除官與行召的合稱,進一步判斷,除、召分别代指"發詔除官"與"選司行召"。兩個程序一内一外,前後相接,在授官環節中相互關聯,印證了兩者在授官過程中的一致性。江淹爲蕭道成代作的《蕭被尚書敦勸重讓表》稱"臣自初被詔,迄於今時",所謂"被詔",在表述上與"被尚書召"頗爲接近,這裏"詔"的具體指代,存在兩種可能:一是除官日朝廷出詔;二是有司行召時所頒詔書。不論如何,它們都表示了任命的正式成立。作爲參證,《用官式》載"得詔官者,不必皆須待召。但聞詔出,明日,即與其親入謝",得官者可以不待選司行召,而選擇在授官詔出以後即提前謝恩,其用意不言而喻,是官員爲了表達自身感激涕零的迫切心情,以此方式彰顯官位之授出於皇帝聖裁。這種頗爲形式主義的官場規矩,亦反映了"除"(文書程序)與"召"(執行程序)的緊密關聯。

從人事來看,王敬弘"每被除召,即便祇奉"是作爲特例爲史家所强調。此處"祇奉",意同鮑照所云"抵召",均指得官者應召受拜。相比起"除、召"所體現的程序連續性,"召、拜"的過程要更爲複雜,并不完全由行政程序決定其進度。如《晉書·謝安傳》載"有司奏安被召,歷年不至,禁錮終身,遂棲遲東土",②這種被召不至的情况,一定程度説明得官者在有司行召程序啓動以後,反而掌握了決定下一步進程的主動權。又如《宋書·王惠傳》云:"少帝即位,以蔡廓爲吏部尚書,不肯拜,乃以惠代焉。惠被召即拜……談者以廓之不拜,惠之即拜,雖事異而意同也。"③朝廷授吏部尚書,蔡廓"不拜"與王惠"即拜",都是故作姿態、另有深意,所以當時輿論稱"事異而意同"。可加注意的是,"即拜"竟然與"不拜"相提並論,説明他們有着共同點,并不屬於常規做法。由此可見,王惠"被召即拜",事類王敬弘"被除召,即便祇奉",在時人看來是非常之舉。據《宋

---

① 《宋書》卷六六《王敬弘傳》,第 1894 頁。
② 《晉書》卷七九《謝安傳》,第 2072 頁。
③ 《宋書》卷五八《王惠傳》,第 1736 頁。

書·王華傳》云:"宋世惟華與南陽劉湛不爲飾讓,得官即拜,以此爲常。"①"得官即拜"成爲了少數大族名士可供誇耀的資本,反過來説明"飾讓"儼然已成爲了官場慣例。换言之,讓官是召、拜之間不可忽略的重要環節。

南朝時期的讓官,作爲授官過程的禮儀化秩序,有着成型的格套程式,主要依託文書進程逐步展開。如《南齊書·謝朓傳》云:

> （朓）啓王敬則反謀,上甚善賞之。遷尚書吏部郎。朓上表三讓,中書疑朓官未及讓,以問祭酒沈約。約曰:"宋元嘉中,范曄讓吏部,朱修之讓黄門,蔡興宗讓中書,並三表詔答,具事宛然。近世小官不讓,遂成恒俗,恐此有乖讓意……謝吏部今授超階,讓别有意,豈關官之大小？撝讓之美,本出人情。若大官必讓,便與詣闕章表不異。例既如此,謂都自非疑。"朓又啓讓,上優答不許。②

由上述事例透露的信息,可推知當時讓官的文書流程:得官者"上表三讓",與此相應,皇帝須爲"三表詔答",得官者此後又有"啓讓",皇帝則以敕答回應,由此形成了上下雙向、多次往復、表啓并用的文書運作模式。可作參證的是,前引史載北魏孝文帝以馮誕爲司徒,"除官日,親爲制三讓表并啓",顯示南北朝不僅除拜程序基本相通,連讓官文書流程亦復相通。孝文帝爲馮誕撰寫上給自己的讓表與讓啓,無疑是他極爲重視此事的表現,這樣做絶非一時雅興所爲,亦非徒具形式,背後當有政治用意。③ 皇帝親身參與其中,替大臣包辦讓官文章,更可説明"三讓表并啓"是確認君臣關係的禮儀場合,也是藴含政治文化符號的官場儀式。④

"三讓表"作爲讓官的固定形式,據《文心雕龍·章表》稱"漢末讓表,以三爲斷",並引述曹操"爲表不必三讓"之語,可知其出現時間不會晚於漢末。⑤ 有理由相信,"大官必讓"是當時官場中的"結構性存在",制約着一衆官僚的行爲。如前所見,當時敢於受召即拜,不爲"飾讓"的官員,就劉宋時期而言,僅有區區數人,换一種角度理解,"得官

---

① 《宋書》卷六三《王華傳》,第1835頁。
② 《南齊書》卷四七《謝朓傳》,第826頁。
③ 史載馮誕去世後,北魏孝文帝"親爲作碑文及挽歌詞,皆窮美盡哀,事過其厚",事理同此。關於此事的分析,可參徐沖:《馮熙墓誌與北魏後期墓誌文化的創生》,《唐研究》第23卷,2017年。
④ 關於"三讓表并啓"所反映的官方文書體系及運作秩序,筆者已在另文討論與分析,説見《〈文心雕龍〉"啓"體論的文體譜系考察——以公文制度爲中心》,《中山大學學報(社會科學版)》2018年第4期。
⑤ （梁）劉勰撰、王利器校箋:《文心雕龍校證》卷五《章表》,上海古籍出版社,1980年,第154頁。

即拜"無異於一種公開的姿態宣示,即不接受官場成規,我行我素,其背後藴含着極大的風險成本。① 這種特立獨行的行爲之所以得到史家肯定,原因正在於此。這也可以解釋大多數官員爲何要選擇"飾讓",從中更反映出讓官雖非制度規定,但這一行爲乃基於當時政治文化,因此亦可視爲是除拜過程中的一種禮儀化程式。

經過包括讓官在内的一系列程序,得官者在通常情形下當是接受任命,進入準備拜受的階段,史家有時稱之爲"將拜"。如前述北魏馮誕爲司徒,"將拜,又爲其章謝",即其詞例。《宋書·武帝紀中》載劉裕平司馬休之以後,加領南蠻校尉:

> 將拜,值四廢日,佐史鄭鮮之、褚叔度、王弘、傅亮白遷日,不許。

此事又見《殷芸小説》載録,云:

> 鄭鮮之、王弘、傅亮啓宋武云:"伏承明見〔拜?〕南蠻,明是四廢日,來月朔好,不審可從群情遷來月否?"宋武手答云:"勞足下勤至,吾初不擇日。"帝親爲答,尚在其家。出《宋武手敕》。②

劉裕"將拜"南蠻校尉,在已選定拜受日的情形下,僚佐又以時值四廢日爲由,提出改期建議,劉裕則以"初不擇日"予以婉拒。這一事例反映了時人在拜受準備階段及日期選擇上的某些運作側面。拜官選擇吉日,無疑是一種普遍的文化心理。《南齊書·倖臣·紀僧真傳》載"及上(蕭道成)將拜齊公,已剋日,有楊祖之謀於臨軒作難。僧真更請上選吉辰,尋而祖之事覺",③這里"將拜"與"已剋日"是聯繫在一起的,正可與以上記載互證,在選日之外,紀僧真請改定"吉辰",則屬於選時。限於史料,未知每次臨軒儀式的舉行時間是否固定。不過據《陳書·蔡景歷傳》載朝廷授景歷守度支尚書,"舊式拜官在午後,景歷拜日,適值輿駕幸玄武觀,在位皆侍宴,帝恐景歷不豫,特令早拜,其見重如此",④可知一般在尚書上省舉行的拜官儀式,午時以後是其通例。

---

① 如前述朝廷授王惠吏部尚書,他在得官即拜後,"未嘗接客,人有與書求官者,得輒聚置閣上,及去職,印封如初時",這種任上不視求官書疏的行爲,與他當初"得官即拜"的姿態正相一致,是爲宣示自我人格,獨立於官場網絡,所以時人認爲王惠"即拜",意同蔡廓"不拜"。
② 余嘉錫:《殷芸小説輯證》,《余嘉錫論學雜著》,北京:中華書局,2007年,第294頁。
③ 《南齊書》卷五六《倖臣·紀僧真傳》,第1078頁。
④ 《陳書》卷一六《蔡景歷傳》,第228頁。

在時間以外，拜官儀式的空間，亦值得注意。《用官式》云詔授得官，"詣尚書上省拜受，若拜王公則臨軒"，儀式空間與拜官規格正相對應。先說"詣尚書上省拜受"，《梁書·陸杲傳》載杲"遷尚書殿中曹郎，拜日，八座丞郎並到上省交禮"，①是爲其例。又如《南史·何尚之傳附何求傳》載隱士何求被朝廷"除永嘉太守。求時寄住南澗寺，不肯詣臺，乞於野外拜受，見許"，②亦可證明得官者一般情況下是到尚書臺拜受新除官職，何求"乞於野外拜受"屬於特例。

再說"拜王公則臨軒"，臨軒是最高規格的拜官儀式，所拜官職只有位至"公"（包括開府儀同三司），始可享受這一殊禮。《南齊書·徐孝嗣傳》載徐孝嗣擁立蕭鸞爲帝有功，以尚書左僕射加侍中、中軍大將軍，又載："舊拜三公乃臨軒，至是帝特詔與陳顯達、王晏並臨軒拜授。"③他們三人的拜官儀式，本應在尚書上省舉行，"臨軒拜授"乃出於特恩，須由皇帝下特詔。《宋書·禮志一》云"凡遣大使拜皇后、三公，及冠皇太子，及拜蕃王，帝皆臨軒"，並載錄了當時的皇帝臨軒之儀：

<u>其儀，太樂令宿設金石四廂之樂於殿前。……皇帝服袞冕之服，升太極殿，臨軒南面。</u>謁者前北面一拜，跪奏："大鴻臚臣某稽首言，群臣就位。謹具。"侍中稱制曰："可。"謁者贊拜，在位皆再拜。大鴻臚稱臣一拜，仰奏："請行事。"侍中稱制曰："可。"鴻臚舉手曰："可行事。"<u>謁者引護當使者當拜者入就拜位。四廂樂作。將拜，樂止。禮畢出。官有其注。</u>④

首先稍作說明，沈約編撰《禮志》，自云"抄魏氏以後經國誕章，以備此志"，是綜合記錄魏晉至劉宋的歷代之制，不過可以確定這段文字的史源來自當時的官方儀注。依據之一，是文末所記"官有其注"，史臣要表達的是具體細節已見於儀注，不再詳敍。《禮志》類似用例尚有"宋冠皇太子及蕃王，亦一加也。官有其注"；"元嘉二十二年，太子釋奠，采晉故事，官有其注"，是史臣爲節省篇幅而作的簡要交代。上述史料源自官方的儀注資料，雖然是一個簡錄本，但仍然反映了劉宋臨軒的基本儀制。

南朝的臨軒拜官，近承魏晉，遠紹兩漢，《晉書·禮志下》載東晉咸康四年（338），成

---

① 《梁書》卷二六《陸杲傳》，第 398 頁。
② 《南史》卷三〇《何尚之傳附何求傳》，北京：中華書局，1975 年，第 787 頁。
③ 《南齊書》卷四四《徐孝嗣傳》，第 859 頁。
④ 《宋書》卷一四《禮志一》，第 370 頁。

帝臨軒,遣使拜太傅、太尉、司空,并引《儀注》云"太樂宿縣於殿庭",對比《宋志》"太樂令宿設金石四廂之樂於殿前",可知官方儀注有着前後相承的關係。臨軒拜官是一套由空間、人、儀軌的多重元素複合建構而成的王朝禮儀制度。

就空間而言,皇帝"升太極殿,臨軒南面",臨軒儀式位於作爲宮城正殿的太極殿。《宋書·何尚之傳》載尚之"及拜開府,天子臨軒,百僚陪位,沈慶之於殿廷戲之","殿廷"所指即太極殿前廷。在太極殿以外,尚有在另處拜受的特殊情況。如《南齊書·王敬則傳》載齊明帝即位,拜敬則爲大司馬,"臺使拜授日,雨大洪注……敬則大悦,曰:'我宿命應得雨。'乃列羽儀,備朝服,道引出聽事拜受",①王敬則時爲會稽太守,朝廷派遣臺使到當地拜授,儀式舉行地點設在治所聽事。又如《陳書·吳明徹傳》載陳宣帝以明徹平叛有功,授車騎大將軍、開府儀同三司,其時明徹在壽陽統軍,"詔遣謁者蕭淳風,就壽陽册明徹,於城南設壇,士卒二十萬,陳旗鼓戈甲,明徹登壇拜受,成禮而退,將卒莫不踴躍焉",②即在部隊駐扎所在舉行拜受。又如《梁書·謝朏傳》載"詔以爲侍中、司徒、尚書令……到京師,敕材官起府於舊宅,高祖臨軒,遣謁者於府拜授",③可見即使在另地拜授,皇帝仍會臨軒,儀式空間仍然是以太極殿爲中心。

就人而言,依照不同身份與角色,參與儀式的行動主體(包括個人與群體)包括有:皇帝、"當使者""當拜者"、百官以及行禮官。以下試分述之。

(一)皇帝。皇帝的在場,是決定臨軒作爲最高規格儀式的前提。"皇帝服衮冕之服",事例可見《宋書·二凶·元凶劭傳》載劉劭弑父即位後,"臨軒拜息偉之爲太子,百官皆戎服,劭獨衮衣"。④衮冕之服是皇帝參加南郊等最高級別祭禮時的服飾,臨軒儀用衮冕之服,使殊儀的意義更爲突出。

(二)"當使者"。史書常稱"臨軒遣使",使者的在位,同樣是該禮儀的核心組成部分。在最高級別的臨軒策拜儀式中,擔當使者的大臣,會寫入到策書之中,如九錫策命之禮。《宋書·武帝紀中》載東晉朝廷予劉裕的宋公九錫策文曰:

> 今命使持節、兼太尉、尚書左僕射、晉寧縣五等男湛授相國印綬,宋公璽綬。使持節、兼司空、散騎常侍、尚書、陽遂鄉侯泰授宋公茅土,金虎符第一至第五左,竹使

---

① 《南齊書》卷二六《王敬則傳》,第541頁。
② 《陳書》卷九《吳明徹傳》,第163頁。
③ 《梁書》卷一五《謝朏傳》,第264頁。
④ 《宋書》卷九九《二凶·元凶劭傳》,第2672頁。

符第一至第十左。①

《宋書·袁湛傳》亦載"時高祖北伐,湛兼太尉,與兼司空、散騎常侍、尚書范泰奉九命禮物,拜授高祖",②袁湛與范泰是拜授儀式的重要一環,由他們將"九命禮物"授予劉裕。《梁書·武帝紀上》載在齊和帝禪讓詔書下達後,宣德太后隨後頒令:"西詔至,帝憲章前代,敬禪神器於梁。明可臨軒遣使,恭授璽紱",③印證了使者在這場儀式中的主要功能與作用——將拜授信物交予當拜者。

(三)"當拜者"。臨軒是爲當拜者而設,《宋志》稱"謁者引護當使者當拜者入就拜位",這裏的"拜位",應是以席子來確定具體位置。據《宋書·五行志二》載"桓玄將拜楚王,已設拜席,群官陪位,玄未及出,有狗來便其席,萬衆睢候,莫不驚怪",④可以爲證。《續漢志·禮儀志中》亦載"拜諸侯王公之儀",其文曰:

> 百官會,位定,謁者引光禄勳前。謁者引當拜者前,當坐伏殿下。光禄勳前,一拜,舉手曰:"制詔其以某爲某。"讀策書畢,謁者稱臣某再拜。尚書郎以璽印綬付侍御史。侍御史前,東面立,授璽印綬。王公再拜頓首三。贊謁者曰:"某王臣某新封,某公某初除,謝。"中謁者報謹謝。贊者立曰:"皇帝爲公興。"重坐,受策者拜謝,起就位。禮畢。⑤

這一段東漢時期臨軒禮儀的記錄,着重描述的是當拜者在引入拜席以後的行禮過程,恰好是《宋志》較爲省略的部分,爲我們了解這套儀式的具體運作流程,提供重要參考信息。

(四)行禮官。臨軒儀式離不開負責引導、贊唱與傳達的行禮官員,他們負責掌握儀式具體流程,確保各個環節行禮如儀。依《宋志》記載的臨軒禮,謁者和大鴻臚是其中比較重要的兩種行禮官。《宋書·百官志上》載大鴻臚"掌贊導拜授諸王",此外又載謁者僕射"掌大拜授及百官班次"、謁者"掌小拜授及報章"。

(五)百官。臨軒是面向百官的一種儀式展示。所謂百官,並非泛指,而是具有一

---

① 《宋書》卷二《武帝紀中》,第42頁。
② 《宋書》卷五二《袁湛傳》,第1632頁。
③ 《梁書》卷一《武帝紀上》,第26頁。
④ 《宋書》卷三一《五行志二》,第1006頁。
⑤ 《續漢志·禮儀志中》,第3121頁。

定級別的官員。如漢代,《北堂書鈔》引應劭《漢官儀》:"凡拜,天子臨軒,六百石以上悉會",百官是儀式的觀禮主體,一方面皇帝參與,百官自然不能缺席,以此體現儀式的崇禮規格。東晉時蔡謨曾議稱"是以命使之日,御親臨軒,百僚陪列,此即敬事之意也"。①另一方面百官見證禮成,也通過儀式空間,確認王朝的權威。

在拜受禮成以後,若是得官者所任爲中央部門長官,仍有"還府"的儀式。事例見於《宋書·殷景仁傳》載:"丁母憂,葬竟,起爲領軍將軍,固辭。上使綱紀代拜,遣中書舍人周赳輿載還府";②《梁書·鄭紹叔傳》載紹叔被徵爲右衛將軍,"至家疾篤,詔於宅拜授,輿載還府。"③再看《南史·齊宗室·新吴侯景先傳》云:

> 初(齊)武帝少年,與景先共車,行泥路,車久故壞,至領軍府西門,車轅折,俱狼狽。景先謂帝曰:"兩人脱作領軍,亦不得忘今日艱辛。"及武帝踐阼,詔以景先爲兼領軍將軍。拜日,羽儀甚盛,傾朝觀矚。拜還,未至府門,中詔:"相聞領軍,今日故當無折轅事邪?"景先奉謝。④

蕭景先爲兼領軍將軍,以上文字反映了拜受日行禮以後,在列儀仗簇擁下還府的情境,"羽儀甚盛,傾朝觀矚"爲禮成還府之舉注入了濃厚的儀式感與權力展示意圖。《梁書·王僧孺傳》載僧孺拜兼御史中丞,"僧孺幼貧,其母鬻紗布以自業,嘗攜僧孺至市,道遇中丞鹵簿,驅迫溝中。及是拜日,引騶清道,悲感不自勝。"⑤這裏"引騶清道",應是指列儀仗還府之事。《陳書·蔡徵傳》載徵"初拜吏部尚書,啓後主借鼓吹",陳後主謂所司曰:"鼓吹軍樂,有功乃授,蔡徵不自量揆,紊我朝章,然其父景歷既有締構之功,宜且如所啓,拜訖即追還",⑥揆度後主之意,大概是將鼓吹暫借予蔡徵,以供儀仗所用。

以上解讀,從若干基本面展示了南朝官職除拜的制度環節與禮儀程式,并補充了常被歷史敘述一筆帶過而忽略的細節,由此提示除拜程序的實際運作,有着豐富而複雜的歷史面貌,循此可觀照南朝官僚制度的基本秩序,以及作爲確認權力、責任與資源分配的授受關係模式。

---

① 《晉書》卷二一《禮志下》,第 660 頁。
② 《宋書》卷六三《殷景仁傳》,第 1841 頁。
③ 《梁書》卷一一《鄭紹叔傳》,第 210 頁。
④ 《南史》卷四一《齊宗室·新吴侯景先傳》,第 1046 頁。
⑤ 《梁書》卷三三《王僧孺傳》,第 470 頁。
⑥ 《陳書》卷二九《蔡徵傳》,第 392 頁。

四、結　語

總括來説，南朝的官職除拜，是一個文書行政與官場儀式互爲結合的制度過程。"新除"出現在官銜之中，用以標示既除未拜的階段性狀態，其獨立的結構形態特徵，在漢唐之間的官職任命程序演變脉絡中，顯得尤爲矚目，這正是此時期官職除、拜經歷了制度性分化後的結果。

從閻步克先生所揭示的"品位—職位"視角理解，①除、拜的制度意義是各有側重。官職的除授，依靠一整套規範化的官方文書程式開展，是以"事"爲中心，更多體現出"服務取向"，本質上反映了王朝的理性行政精神，其"職位"化特徵頗爲鮮明。相比之下，官職的拜受則依託於禮儀運作，儘管這也是王朝政務的組成部分，但有着更多的爲"人"而設的成分，拜受儀式中的各種繁文縟節與形式主義，爲諸如身份、榮譽、地位等官僚自身利益之實現，提供了充分保證，從而添上了濃厚的"自利取向"色彩，其"品位"化特徵更爲明顯。至於"新除"，朝廷對官職的除而未拜，也在官資層面給予法理確認，這意味着授受雙方的利益天平，更加向官僚群體一側傾斜。閻先生通過分析"自利取向"與"服務取向"二者關係的動態變遷，探尋傳統官僚政治的進化軌跡，并推論魏晉南北朝處於"自利取向"充分擴張的歷史時期，本文的考述，印證了閻先生此説的先見之明與學理意義，也説明"品位—職位"視角，不僅可以幫助理解官僚制度的長時段演進歷程，也可以用於觀察短時段内某種制度程序的不同階段形態與内在特質。與此相應，此時期官員在新除期間所作"飾讓"，名義上是推賢讓能，強調"職位"性格，實質不過是"品位"類型下的儀式操作。這種名實的背離，或許要從東漢晚期以來"士林"秩序，對"官場"規則施加潛在而深刻之影響的角度加以思考。

另一方面，除官日與拜受日，由除、拜兩分而得以確立，作爲兩大基準時間，由此框定了官職任命的制度程序過程。值得注意的是，兩個時間均可通過不同的途徑與方式，進入官史體系之中，這提醒我們在考釋相關史料時，需要對具體的時間作進一步辨析與核定，才能避免將兩者混同。通過"時間性"的獨特視角，亦有助進一步理解南朝史籍的"文本性"，以及由此反映的歷史文本之生成與遷移機制。

附記：本文在撰寫過程中，趙燦鵬、黄樓、權家玉及唐雯諸位先生曾賜示寶貴意見與提供幫助，謹在此致謝。

---

① 參看閻步克：《品位與職位》第一章，北京：中華書局，2009年，第50—74頁。

北魏長川與牛川位置考

趙　傑

北魏泰常八年(423)曾築長城。《魏書·太宗紀》載：泰常八年正月,"蠕蠕犯塞。二月戊辰,築長城於長川之南,起自赤城,西至五原,延袤二千餘里,備置戍衛。"①這段長城位於長川之南,東起赤城,西至五原,長兩千餘里。② 長川是這段長城途經的重要地區。關於長川位置的考證,還涉及另一個地名,即牛川,如胡三省指出"長川即牛川"。③ 檢閲《魏書》,長川和牛川各記十餘次,説明這兩個地點在北魏具有非常重要的地位。但關於長川、牛川位置所在以及它們之間的關係,一直以來有多種觀點。本文將檢討以往各種觀點,並結合北魏初創時的有關事件考證它們的位置。

一、關於長川與牛川位置的幾種意見

1. 長川位於于延水(今東洋河)上游,地處陰山之南。

據《水經注·㶟水》："㶟水又東,左得于延水口,水出塞外柔玄鎮西長川城南小山。"④可知長川在于延水上游。㶟水爲今桑乾河,于延水爲今桑乾河支流東洋河。北魏柔玄鎮在今河北省尚義縣西部原哈拉溝鄉土城子古城。⑤ 長川城位於柔玄鎮西,一

---

① 《魏書》卷三《太宗紀》,北京：中華書局,1974 年,第 63 頁。
② 關於這段長城,《魏書·天象志》和《資治通鑑·宋紀》有相似記載,只是都未言及長川。《魏書·天象志》載：泰常"八年(423)春,築長城,距五原二千餘里,置守卒,以備蠕蠕"。(《魏書》卷一〇五之三《天象志三》,第 2400 頁)《資治通鑑·宋紀》載：景平元年(423)正月"柔然寇魏邊。二月,戊辰,魏築長城,自赤城西至五原,延袤二千餘里,備置戍卒,以備柔然。"(《資治通鑑》卷一一九《宋紀一》,景平元年,北京：中華書局,1956 年,第 3753 頁。)
③ 見《資治通鑑》卷一〇六《晉紀二十八》,太元十一年,胡三省注,第 3357 頁。
④ (北魏)酈道元著,陳橋驛校證：《水經注校證》卷一三《㶟水》,北京：中華書局,2013 年,第 307 頁。
⑤ 李逸友：《中國北方長城考述》,《內蒙古文物考古》2001 年第 1 期,第 40 頁。

般認爲即今内蒙古自治區興和縣西北約 15 公里民族團結鄉的土城子遺址。① 關於柔玄鎮和長川城的位置,在譚其驤主編《中國歷史地圖集》北朝魏《武川、禦夷等鎮》圖中,也有相同標示。② 曲英傑認爲興和縣土城子遺址應爲柔玄鎮所在,該遺址以西 8 公里臺基廟村南的城卜子遺址則爲長川城所在。③ 觀點雖有差別,但長川城的位置仍不出興和縣于延水上游一帶。

此外,史念海在《西北地方諸長城的分布及其歷史軍事地理》一文中言及長川在興和縣北。④ 李文信指出長川在于延水發源北方不遠的伊馬圖山脉中。⑤ 艾沖在《北朝諸國長城新考》一文中提出長川"位於今内蒙古興和縣西北、伊馬圖山中",⑥後又在《北朝拓跋魏、高齊、宇文周諸國長城再探索——兼與朱大渭先生商榷》一文中指出長川城在今興和縣西北的臺基廟鄉境。⑦ 毋有江認爲長川可能在今興和縣民族團結鄉一帶。⑧ 這些觀點雖未確指長川所在,但位置大體相當,均在于延水上游附近,也即地處陰山之南。

2. 長川位置與第一種觀點相似,但又指出長川即牛川。

長川即牛川的這種説法源自胡三省,他在《資治通鑑·晉紀》太元十一年(386)"春,正月,戊申,拓跋大會於牛川"條下注云:"自武周塞西出至牛川,牛川以北,皆大漠也。據《魏紀》,窟咄之來寇也,(拓跋)珪乞師于燕,自弩山至牛川,屯于延水南,出代谷以會燕師。又據《水經注》,于延水出長川城南,則長川即牛川也。《班志》,于延水出代

---

① 常謙:《北魏長川古城遺址考略》,《内蒙古文物考古》1998 年第 1 期,第 20、25 頁。李逸友:《中國北方長城考述》,第 31 頁。内蒙古自治區文化廳(文物局)、内蒙古自治區文物考古研究所編著:《内蒙古自治區長城資源調查報告·北魏長城卷》,北京:文物出版社,2014 年,第 2 頁。另該報告指出長川城南有秦漢長城遺迹,北魏泰常八年所築長城系沿用秦漢長城而成。
② 譚其驤主編:《中國歷史地圖集》第四册(東晉十六國南北朝時期),北京:中國地圖出版社,1982 年,第 53 頁。以下凡注《中國歷史地圖集》者,均出自該册,注釋時僅列出頁碼。
③ 曲英傑:《水經注城邑考》,北京:中國社會科學出版社,2013 年,第 337、338 頁。
④ 史念海:《西北地方諸長城的分布及其歷史軍事地理》,《河山集(七集)》,西安:陝西師範大學出版社,1999 年,第 283 頁。
⑤ 李文信:《中國北部長城沿革考》(下),《社會科學輯刊》1979 年第 2 期,第 135 頁。
⑥ 艾沖:《北朝諸國長城新考》,中國長城學會編:《長城國際學術研討會論文集》,長春:吉林人民出版社,1995 年,第 134 頁。
⑦ 艾沖:《北朝拓跋魏、高齊、宇文周諸國長城再探索——兼與朱大渭先生商榷》,《社會科學評論》2007 年第 3 期,第 58 頁。
⑧ 毋有江:《拓跋鮮卑政治發展的地理空間》,《魏晉南北朝隋唐史資料》第 28 輯(2012 年 12 月),第 28 頁。

郡且如塞外。則牛川亦當在且如塞外也。"①

關於胡三省所言之事,據《魏書·太祖紀》和《窟咄傳》記載,其經由如下:登國元年(386)正月,拓跋珪大會各部於牛川,即代王位。二月,幸定襄之盛樂(今內蒙古自治區和林格爾縣盛樂鎮土城子遺址②)。八月,窟咄在劉顯的配合下出兵北犯北魏南境,試圖奪取王位。強敵壓境,拓跋珪率部衆北逾陰山,依附賀蘭部。並遣安同求援於後燕慕容垂,慕容垂派子慕容麟率步騎六千救魏。安同與慕容垂使者蘭紇先返,至牛川,被窟咄兄子意烈阻截,蘭紇被抓,安同逃歸慕容麟。十月,慕容麟軍隊接近魏國南境。拓跋珪展開反攻,從弩山趕往牛川,屯駐于延水南,又出兵代谷,在高柳(今山西省陽高縣③)與慕容麟會合,大敗窟咄。窟咄逃奔劉衛辰,被劉衛辰殺。拓跋珪盡得其衆,勢力大增。④ 從上述記載中,可以看出拓跋珪反攻時趕往的牛川應在于延水附近,結合《水經注》長川城也在于延水附近,將二者指爲同一處地方倒也合理。至於拓跋珪繼代王位之牛川所在,將在後文討論。

譚其驤主編《中國歷史地圖集》北朝魏《武川、禦夷等鎮》圖中,在內蒙古自治區興和縣和河北省尚義縣的于延水一帶標注有長川城和牛川,其意應爲長川城是一座城堡,牛川則是範圍較廣區域的地名,二者位於同一地帶,也是這種觀點的一種表述。⑤

3. 牛川在今內蒙古自治區希拉木倫河和塔布河一帶,地處陰山之北。

王仲犖《北魏延昌地形志北邊州鎮考證》一文將牛川注爲"今內蒙四子王旗西北之錫拉木倫河"。⑥ 杜士鐸主編《北魏史》將拓跋珪即代王位之牛川注爲今內蒙古自治區四子王旗境內的塔布河。⑦ 上述錫拉木倫河和塔布河實爲同一條河流,按《內蒙古自治區地圖册》這條河流上游稱塔布河,下游稱希拉木倫高勒⑧(以下爲行文方便,統稱希拉木倫河)。

4. 牛川在今內蒙古自治區察右後旗韓勿拉鄉克里孟漢魏古城,位於陰山北麓。

李逸友在《中國北方長城考述》一文中,對《魏書·太宗紀》泰常元年(416)七月

---

① 見《資治通鑑》卷一〇六《晉紀二十八》,太元十一年,胡三省注,第3357、3358頁。筆者按:引文"屯于延水南,出代谷以會燕師"語,逗號原在"南"之前,今據《魏書》卷二《太祖紀》改在"南"之後(第21頁)。
② 毋有江:《拓跋鮮卑政治發展的地理空間》,第29頁。
③ 李憑:《北魏平城時代》(修訂本),上海古籍出版社,2011年,第322—324頁。
④ 《魏書》卷二《太祖紀》,第20、21頁;卷一五《窟咄傳》,第385、386頁。
⑤ 譚其驤主編:《中國歷史地圖集》,第53頁。
⑥ 王仲犖:《北周地理志》附錄一《北魏延昌地形志北邊州鎮考證》,北京:中華書局,1980年,第1096頁。
⑦ 杜士鐸主編:《北魏史》,太原:北嶽文藝出版社,2011年,第43頁。
⑧ 內蒙古自治區地圖制印院:《內蒙古自治區地圖冊》,北京:中國地圖出版社,2012年,第128、129頁。

"帝自白鹿陂西行,大獮於牛川,登釜山,臨殷繁水而南,觀于九十九泉"①這段話中的地名進行了指認,指出白鹿陂爲今白音淖爾,殷繁水爲今丹岱河,北流注入白音淖爾,九十九泉在今灰騰梁上,這些地點均在察右後旗境内。因此牛川也在察右後旗境内,即察右後旗韓勿拉鄉克里孟漢魏古城。②

  關於上述諸地名還有不同的説法。今卓資縣與察右中旗交界區域的灰騰梁(笔者按:灰騰梁大致呈西南—東北走向,從卓資縣與察右中旗交界向東北延至察右後旗西南境),據譚其驤主編《中國歷史地圖集》北朝魏《武川、禦夷等鎮》圖和常謙《北魏長川古城遺址考略》一文,爲武(或作"五")要北原。九十九泉據譚、常二人,位於武要北原北側,即灰騰梁北側。因此諸説關於九十九泉位置的意見大致相差不大。李逸友所指的丹岱河,在今察右後旗有兩條,一條即他指出的注入白音淖爾的那條,另外還有一條在察右後旗西南部(源於察右中旗東南,經察右後旗、察右前旗和集寧區注入黃旗海,其上游稱六道溝,中游稱喇嘛溝),譚其驤和景愛均指出後者爲古殷繁水。釜山,景愛指出是今察右後旗和中旗交界處的黑山,位於殷繁水西岸;譚其驤則將其標注在了殷繁水的東岸。白鹿陂,景愛認爲是今河北省張北縣的安固里淖。前田正名依青山定雄《中國歷代地名要覽》認爲釜山在今河北省徐水縣以西五里處,殷繁水在懷來縣附近,並進而指出九十九泉在殷繁水以東。③ 總之,太宗出巡路上的相關地名認識複雜,李逸友的克里孟漢魏古城説尚存很大爭議。

  5. 牛川在今内蒙古自治區大黑河上游一帶,約當今卓資縣境,位於陰山南麓。

  前田正名在《平城歷史地理學研究》一書中,指出牛川位於平城西北方向的平城與陰山之間,即"從平城西北行,經今天的右玉縣北行或西北行,抵達雲中、陰山途中所經過的地方","可能是位於白道嶺(今内蒙古自治區呼和浩特市西北與武川縣東南交界一帶)與地當雲中至平城的交通要衝的善無(今右玉縣)之間的一條河流","或者就是指大黑河上游,即《水經注》中所説的芒干水的上游"。④ 今大黑河上游支流有兩條,一

---

① 《魏書》卷三《太宗紀》,第 56 頁。
② 李逸友:《中國北方長城考述》,第 39 頁。
③ 譚其驤主編:《中國歷史地圖集》,第 53 頁。常謙:《北魏長川古城遺址考略》,《内蒙古文物考古》1998 年第 1 期,第 24 頁。景愛:《中國長城史》,上海人民出版社,2006 年,第 215 頁。[日]前田正名著、李憑等譯:《平城歷史地理學研究》,北京:書目文獻出版社,1994 年,第 124 頁和第 132 頁注 24。
④ [日]前田正名著、李憑等譯:《平城歷史地理學研究》,第 121—126 頁。關於白道嶺,前田正名在書中並未言及其具體位置,只是説白道嶺位於白道川近旁,白道川是今大黑河中游的一條支流,即《水經注》所載注入芒干水的白道中溪水[見(北魏)酈道元著、陳橋驛校證:《水經注校證》卷三《河水》,第 75 頁]。本文所述白道嶺位置據譚其驤主編《中國歷史地圖集》北朝魏《并、肆、恒、朔等州》圖所示(第 52 頁)。關於善無,前田正名指爲今山西省右玉縣。李憑《北魏平城時代》(修訂本)一書指出善無在今右玉縣威遠鎮古城村(第 353 頁)。

條源自内蒙古自治區察右中旗西南和卓資縣西北交界地帶,大致從北向南流經卓資縣西境,另一條大致從東南向西北從卓資縣東境流至西境,在卓資縣西南兩條支流合流。據前田正名言及大黑河上游向西北流淌,他所指的牛川應在今卓資縣境。毋有江也依前田正名之説,只是他推測在今卓資縣南側的涼城縣附近。①

以上幾種觀點對於長川位置的認識比較一致,而牛川就複雜了,有四種意見(下文還將敘述牛川位置的第五種解釋)。我們還是以《魏書》的記載本身爲立足點,對長川和牛川位置進行再考證。

二、《魏書》所記長川與牛川的梳理

《魏書》共記長川 11 次,牛川 18 次,包括《太祖紀》記牛川 8 次,長川 3 次;《太宗紀》記牛川 2 次,長川 3 次;《世祖紀》記牛川 1 次,長川 2 次,其餘有《序紀》《長孫肥附長孫翰傳》《娥清傳》記長川各 1 次,《窟咄傳》記牛川 2 次,《劉庫仁傳》《賀訥傳》《高車傳》《天象志》《禮志》記牛川各 1 次。其中《長孫肥附長孫翰傳》與《娥清傳》之長川事相一致,《窟咄傳》《賀訥傳》《天象志》《禮志》所記牛川之事與《太祖紀》《太宗紀》相一致。合并後,長川記有 10 次,牛川 13 次。可見這兩處地點在北魏,尤其是北魏前期具有非常重要的地位。

通過梳理《魏書》所記長川、牛川,它們之間存在兩種不同的位置關係,其一是長川即牛川,如前文所述,在于延水附近;其二明言長川與牛川不在同地。同樣是《魏書·太祖紀》中的記載:天興二年(399)正月,拓跋珪"車駕北巡,分命諸將大襲高車,大將軍、常山王遵等三軍從東道出長川,鎮北將軍、高涼王樂真等七軍從西道出牛川,車駕親勒六軍從中道自駁騧水西北。"②這裏明確指出長川與牛川並非一地,一個在東道,一個在西道。

《魏書·太宗紀》載泰常二年(417)十二月,明元帝"幸大寧長川"。③ 此句明言長川在大寧一帶,而北魏大寧郡、大寧縣在今河北省張家口市和懷安縣一帶,④據此可以認爲前述長川在于延水一帶的觀點是準確的。這樣我們就確定了天興二年(399)拓跋珪伐高車時東道之長川。又如前述,登國元年(386)拓跋珪反攻窟咄之牛川也在于延

---

① 毋有江:《拓跋鮮卑政治發展的地理空間》,第 28 頁。
② 《魏書》卷二《太祖紀》,第 34 頁。
③ 《魏書》卷三《太宗紀》,第 58 頁。
④ 譚其驤主編:《中國歷史地圖集》,第 50、51 頁。杜士鐸主編:《北魏史》,第 27、71 頁。

水附近,因此存在着一個與長川位置相當的牛川。

明言長川與牛川各是各的記載除《魏書·太祖紀》天興二年(399)之東道長川、西道牛川外,還有《長孫肥附長孫翰傳》和《娥清傳》,二傳所言同事,爲二將討伐柔然可汗大檀之事,分別記爲"出長川"和"從東道出長川",①雖未言牛川,但既然未寫東道出牛川之語,那也可以明確有一個與長川不在一起的牛川。西道牛川按前節所述,有三種可能的位置,分別是陰山以北、陰山北麓及南麓。據《魏書》所記,385 年八月,拓跋珪從劉顯部北逃到賀蘭部。登國元年(386)正月,在牛川被賀蘭部首領賀訥等擁戴爲代王。②因此拓跋珪即代王位之牛川應在賀蘭部境内。接下來我們通過考察劉顯部境(包括其父劉庫仁、其叔劉眷時部境)和賀訥部境來確定此處牛川之位置。

376 年,苻堅滅代後,將代國分爲河東、河西兩部,河東由劉庫仁統率,河西由劉衛辰統率。③同時賀蘭部首領賀訥"總攝東部爲大人,遷居大寧,行其恩信,衆多歸之,侔於庫仁"。④説明此時劉庫仁部在黄河以東地區,賀訥部在大寧一帶,也即今河北省西北部的張家口市一帶。383 年淝水之戰後的 384 年十月,劉庫仁欲救被慕容垂圍於鄴城的苻丕,"發雁門、上谷、代郡兵,次於繁畤"。⑤説明黄河東部漢時的雁門郡、上谷郡、代郡爲劉庫仁部境。當月,劉庫仁弟劉眷在劉庫仁被害後繼攝國事,在善無(今山西省右玉縣威遠鎮古城村⑥)擊敗賀蘭部,又在意辛山(今内蒙古自治區二連浩特市西南⑦)擊敗柔然别帥肺渥,然後徙牧於牛川。⑧説明此時賀蘭部又到了今晉蒙交界的右玉縣一帶,至於劉眷徙牧之牛川的具體位置實在不好確認,從善無到意辛山之間的廣闊地帶都有可能。

再之後就是 385 年,劉顯謀殺其叔劉眷,並欲加害拓跋珪。當年八月,拓跋珪從劉顯部北逃至賀蘭部。次年即登國元年(386)正月,在牛川被賀訥等舉爲代王。二月幸

---

① 《魏書》卷二六《長孫肥附長孫翰傳》,第 653 頁;卷三〇《娥清傳》,第 720 頁。
② 《魏書》卷二《太祖紀》,第 20 頁;卷一三《獻明皇后賀氏傳》,第 324 頁;卷一四《紇羅傳》,第 345 頁;卷八三上《賀訥傳》,第 1812 頁;卷八三上《賀訥附賀悦傳》,第 1813 頁。
③ 《魏書》卷二《太祖紀》,第 19 頁;卷二三《劉庫仁傳》,第 604、605 頁;卷二四《燕鳳傳》,第 610 頁;卷二五《長孫嵩傳》,第 643 頁;卷二九《奚斤傳》,第 697 頁;卷八三上《賀訥傳》,第 1812 頁;卷九五《鐵弗劉虎附劉衛辰傳》,第 2055 頁。
④ 《魏書》卷八三上《賀訥傳》,第 1812 頁。
⑤ 《魏書》卷二三《劉庫仁傳》,第 605 頁。
⑥ 李憑:《北魏平城時代》(修訂本),第 353 頁。
⑦ 杜士鐸主編:《北魏史》,第 42 頁。
⑧ 《魏書》卷二三《劉庫仁附劉眷傳》,第 605、606 頁。

定襄之盛樂（今内蒙古自治區和林格爾縣盛樂鎮土城子遺址）。三月劉顯爲避鋒芒，從善無南遷馬邑（今山西省朔州市朔城區①）。② 説明劉顯部在善無一帶，也説明劉眷徙牧之牛川應在今晉蒙交界的右玉縣一帶，地當陰山以南。又據《賀訥傳》明言拓跋珪"北歸"賀訥，③此時賀訥部位在劉顯部北。

登國元年（386）八月因窟咄進犯魏國南境，拓跋珪北逾陰山，幸賀蘭部，以山爲屏。④ 説明賀蘭部此時在陰山以北。遊牧民族逐水草而居的特點，使得他們不可能固定於某地，因此從上文中可看到賀訥部從河北省西北部移徙晉蒙交界地區，在被劉眷擊敗後，又遷到陰山以北的情況。我們設定385年八月拓跋珪北歸賀訥直到次年八月窟咄北犯時，賀訥部沒有大的遷移，那麼拓跋珪繼位之牛川也應在陰山以北地帶。這樣根據劉顯部和賀訥部的位置，我們就確定當時牛川至少應有兩處，一處在陰山以南，一處在陰山之北。其中陰山以南的右玉縣一帶是關於牛川位置的第五種解釋。

《魏書·太祖紀》言東道出長川，西道出牛川，拓跋珪從中道自駮髯水西北。駮髯水據林幹《突厥與回紇史》指出在今内蒙古自治區集甯市（笔者按：現已爲烏蘭察布市集甯區）西北。⑤ 牛川若在察右後旗或卓資縣境内的話，距離中道駮髯水和東道長川太近，似不合適。而若在右玉縣一帶，又距離邊境較遠，與長川、駮髯水位置無法對應起來，也不合適。因此西道牛川在陰山以北的希拉木倫河一帶是合理的，這樣我們就確定了陰山以北牛川的位置。

拓跋珪反攻窟咄之牛川在于延水一帶，位於陰山以南。結合上述牛川還在陰山以南的右玉縣一帶，如此可能在晉蒙交界地區，東起于延水，西至善無的東西向的較廣闊地帶都稱爲牛川。這個地帶在自然地理上被稱爲"察哈爾湖區"，有湖泊約160個，東起賽行壩（笔者按：今稱賽罕壩）和大馬群山，西以涼城山地與土默特平原相接，北部以羊群廟至溫都爾廟一綫與烏蘭錫林湖區分界，著名的岱海、黄旗海、安固里淖等均位於其間，而古代湖泊的範圍遠較今日爲大。⑥ 牛川與察哈爾湖區的對應關係當非巧合。

---

① 李憑：《北魏平城時代》（修訂本），第351頁。
② 《魏書》卷二《太祖紀》，第20頁；卷二三《劉庫仁附劉顯傳》，第606頁。
③ 《魏書》卷八三上《賀訥傳》，第1812頁。
④ 《魏書》卷二《太祖紀》，第21頁；卷一五《窟咄傳》，第385頁；卷二七《穆崇傳》，第661頁。
⑤ 林幹：《突厥與回紇史》，呼和浩特：内蒙古人民出版社，2007年，第9、10頁。
⑥ 孫金鑄：《内蒙古高原的湖泊》，《内蒙師院學報》（自然科學）1965年第1期，第49頁。

顧祖禹在《讀史方輿紀要》中言及牛川在大同府北塞外,[①]林幹在《東胡史》中將牛川注爲今内蒙古自治區呼和浩特市東南,[②]雖都有些泛泛,但還是很有道理的。

三、結　論

綜前所述,北魏前期時,長川在于延水上游一帶,牛川則有陰山南北之分。陰山之北的牛川,如拓跋珪即位之牛川,伐高車時西道之牛川,在今希拉木倫河一帶。

陰山以南之牛川,既有可能與長川同在于延水附近,也有可能在于延水至善無之間的較廣闊區域。拓跋珪反攻窟咄之牛川即在于延水附近,劉眷徙牧之牛川則在善無一帶。至於安同被意烈阻截之牛川,很有可能是于延水附近的牛川。明元帝從白鹿陂西行之牛川,據殷繁水等位置的考證,在于延水附近也是合理的。

---

① （清）顧祖禹撰,賀次君、施和金點校:《讀史方輿紀要》卷四四《山西六》,北京:中華書局,2005 年,第 2012 頁。
② 林幹:《東胡史》,第 90 頁。

中古源氏的郡望變遷與身份認同

郭 碩

北魏政權南遷洛陽,孝文帝"詔遷洛之民,死葬河南,不得還北。於是代人南遷者,悉爲河南洛陽人。"①後來的氏姓書中,遂有"後魏遷洛,有八氏十姓,咸出帝族。又有三十六族,則諸國之從魏者;九十二姓,世爲部落大人者,並爲河南洛陽人。"②孝文帝改革將遷洛之民死葬河南和河南洛陽籍貫強行統一,形成代北虜姓士族獨具特色的"河南洛陽"郡望,以强化諸遷洛北族的華夏身份認同,早已成爲學界的常識。隨着這項强化華夏身份認同的改革的實施,多數隨孝文帝南遷洛陽的北族成員都注籍河南洛陽,③這在北魏出土的墓誌碑刻材料中可以得到證明。六鎮勢力南下以後的一些墓誌顯示,同一家族的成員由於遷洛與否可能會出現"同族異籍"的情況,④但隨孝文帝遷洛的鮮卑後裔,在洛陽出土的墓誌中注籍他處的不多。不過,近年新見三方出土於洛陽的北魏鮮

---

* 本文是中國博士後科學基金第 11 批特別資助項目"内遷諸族的地域認同與北朝民族融合研究"(2018T110966)、中國博士後科學基金第 61 批面上資助項目"北魏遷洛後的地域整合與政治文化"(2017M612955)及四川大學中央高校基本科研業務費研究專項項目"北朝時期的地域整合與政治變遷"(SKQ201723)的階段性成果。

① 《魏書》卷七下《高祖紀下》,點校本修訂本,北京:中華書局,2017 年,第 210—211 頁。
② 《隋書》卷三三《經籍志》,北京:中華書局,1975 年,第 990 頁。
③ 按"籍貫"與"郡望"之關係,岑仲勉在札記《唐史中之望與貫》中指出,"故就最初言之,郡望、籍貫,是一非二。歷世稍遠,支胤衍繁,土地之限制,饑饉之驅迫,疾疫之蔓延,亂離之遷徙,遊宦之僑寄,基於種種情狀,遂不能不各隨其便,散之四方,而望與貫漸分,然人仍多自稱其望者,亦以明厥氏所從出也。延及六朝,門户益重,山東四姓,彭城三里,簪纓綿綴,蔚爲故家,此風逮唐,仍而未革,或久仕江南而望猶河北,或世居東魯而人曰隴西,於後世極糅錯之奇,在當時本通行之習。"參見岑仲勉:《唐史餘瀋》,上海:中華書局上海編輯所,1960 年,第 229 頁。不過,就史料的情況而言,二者的區分未必明顯,特別是北朝與户籍制度、中正制度相關而標記的籍貫,往往同時也被稱作郡望。因此,本文對於這兩個概念的使用,仍可能視史料的不同而靈活運用,一般情況下郡望偏向於文化認同的層面,籍貫則多用於官方的規定。
④ 近年來已經有學者對内遷北族同族異籍的現象進行關注,如吳洪琳研究北朝隋唐之際獨孤氏的墓誌時,就注意到獨孤氏等家族的墓誌中出現了同族異籍的問題,認爲這是"北方民族頻繁遷徙的具體表現",同時"更深層次也反映了内遷北族的認同變化"。參見吳洪琳:《關於中古時期獨孤氏的幾個問題》,載杜文玉主編:《唐史論叢》第 20 輯,西安:三秦出版社,2015 年,第 233—246 頁。

卑後裔墓誌,籍貫均未曾著録於洛陽,分別是:熙平元年(516)楊君妻源顯明墓誌,注籍樂都;①永安元年(528)的源延伯墓誌,注籍涼州西平;②永安元年的源模墓誌,亦注籍涼州西平。③此外,卒於東魏武定五年(547)的源剛,其墓誌也注籍爲涼州西平。④這幾方墓誌均出自源氏一族,表明源氏南遷洛陽以後很有可能並未和其他鮮卑南遷諸族一樣注籍河南洛陽,而是别有選擇。

《魏書》源氏諸傳並未記載其籍貫,只是强調其先與北魏皇室同源,而賜姓源氏。同時對其家族的世系記載得比較清楚,其後的史料中也少見中古時期常見的冒姓、篡改之事。除了由禿髮氏改姓源氏的時間等少數幾個問題之外,似乎史書記載中的軒輊之處並不太多。唐柳芳將源氏列爲洛陽"虜姓"士族的首七姓之一,⑤後來姚薇元將源氏與其他遷洛的鮮卑姓氏並列,稱源氏爲"代郡源氏",⑥得到學界的廣泛認可。實際上,《北史·源賀傳》在《魏書》的基礎上增加了"西平樂都人"五字,⑦《北齊書·源彪傳》《隋書·源雄傳》也記其籍貫爲"西平樂都人",⑧没有像其他代遷諸族一樣稱河南洛陽人,長期未引起學界注意。洛陽新近出土的北朝源氏家族成員墓誌注籍涼州的情況,更直接證明該家族北魏時期便是如此,與其他代北虜姓注籍洛陽並不相同;源氏在入唐以後又爲何自稱"河南洛陽人",成爲虜姓士族首七姓之一,也是值得探討的問題。源氏對河西與洛陽郡望的選擇及其背後對南涼帝胄與北魏宗室身份的糾結,爲探討這個家族歷史面貌的更多細節提供可能。本文擬以北朝隋唐源氏對河西還是洛陽郡望的選擇爲切入點,梳理源氏家族在北魏政權中地位和背景的獨特性和典型性,重點探討注籍地選擇背後對家族歷史記憶的選擇與身份認同,及其背後的社會歷史變遷。

---

① 見趙君平編:《邙洛碑誌三百種》,北京:中華書局,2004年,第12頁;録文見李永强,余扶危主編:《洛陽出土少數民族墓誌彙編》,鄭州:河南美術出版社,2011年,第353—354頁。
② 見齊運通主編:《洛陽新獲七朝墓誌》,北京:中華書局,2012年,第28頁。録文見李永强,余扶危主編:《洛陽出土少數民族墓誌彙編》,第354頁。對墓誌的考釋和研究,有宫大中:《新發現的北魏源延伯墓誌銘》,《中原文史》2011年第2期,第24—26頁;楊慶興:《新見〈源延伯墓誌〉》,《中國書法》2016年第6期,第197—199頁;張馨:《北魏〈源延伯墓誌〉商補——兼及北魏末夏州的軍事地位》,《文物春秋》2017年第1期,第61—69頁。
③ 見齊運通主編:《洛陽新獲七朝墓誌》,第29頁;又見殷憲:《〈源模墓誌〉書迹以及誌文所及北魏源氏的幾個相關問題》,西安碑林博物館編:《第七屆中國書法史論國際研討會論文集》,北京:文物出版社,2009年,第254—267頁;宫萬瑜:《邙洛近年出土馮聿、源模、張懋三方北魏墓誌略考》,《中原文物》2012年第5期,第74—78頁。
④ 見齊運通主編:《洛陽新獲七朝墓誌》,第42頁。
⑤ 《新唐書》卷一九九《柳沖傳附柳芳傳》,北京:中華書局,1975年,第5678頁。
⑥ 姚薇元:《北朝胡姓考》,北京:中華書局,2007年,第258頁。
⑦ 《北史》卷二八《源賀傳》,北京:中華書局,1974年,第1023頁。
⑧ 《北齊書》卷四三《源彪傳》,北京:中華書局,1972年,第577頁。

一、拓跋宗室與禿髮子孫：源氏入魏的身份

源氏是北朝相當有影響的鮮卑漢化士族，長期活躍在北朝直到唐代中期的政治舞臺上。該家族最受學界關注之處不僅在於政治層面的影響，還在於其在北朝隋唐的文化轉變過程中所體現出的典型性。早在20世紀中期，陳寅恪就由北齊時源師民被權相高阿那肱斥爲"漢兒"事，提出了著名的北朝之胡化與漢化問題不在種族而在文化的論點。① 此後，源氏便作爲北朝漢化較爲徹底的胡姓士族的典型案例被學界不斷討論，從士族政治、士族文化的角度對北朝隋唐源氏家族進行的個案研究也有出現。② 不過，相對於北朝其他鮮卑大姓，源氏進入北魏政權的時間其實相對較晚，本出自十六國的南涼王室禿髮氏。這個家族最初受到河西文化習染，與代北鮮卑貴族的文化特質並不全然一致；同時源氏在北魏王朝中的地位又極爲特殊，還曾經與北魏皇室聯宗，政治地位又與其他鮮卑顯貴有所不同。源氏與北魏皇室聯宗的時間，聯宗後的源（禿髮）氏與北魏拓跋皇族、鮮卑帝室十姓之間又有何種區隔，傳世史料的記載並不明確。要獲得對源氏系統的認識，還有必要對相關說法略加清理。

關於源氏的族源及其與拓跋氏的關係，《魏書·源賀傳》記載說，南涼政權爲西秦乞伏熾盤所滅，其主禿髮傉檀之子破羌奔魏，後見到太武帝，太武帝謂破羌曰"卿與朕源同，因事分姓，今可爲源氏"；③ "破羌"改名爲"賀（頭跋）"，亦是太武帝所賜。《晉書·禿髮烏孤載記》也說"其先與後魏同出"，又記其"八世祖匹孤率其部自塞北遷於河西"事，但皆沒有明確記載源氏出自後魏先世的哪一代。唐《元和姓纂》卷四"源"條稱與"後魏同出代北，其先聖武帝詰汾，長子匹孤"④云云；卷一〇"禿髮"條又稱"與後魏同出聖武帝詰汾，長子匹孤，神元時率其部衆徙河西，六代孫樹機能立，盡有涼州之地。"⑤《新唐書·宰相世系表》也說，"源氏出自後魏聖武帝詰汾長子疋孤"。⑥ 源氏是詰汾長子之後的說法在《源延伯墓誌》中得到確證。⑦《魏書·官氏志》載拓跋分氏之

---

① 陳寅恪：《隋唐制度淵源略論稿》，北京：三聯書店，2001年，第46頁。
② 較爲典型者如郭鋒：《北朝隋唐源氏家族研究——一個少數族漢化士族家族門第的歷史榮衰》，《中國社會經濟史研究》2002年第3期，第1—12頁。
③《魏書》卷四一《源賀傳》，第1019頁。
④ 林寶：《元和姓纂》卷四，北京：中華書局，1994年，第450頁。
⑤ 林寶：《元和姓纂》卷一〇，第1478頁。引文對原標點有改動。
⑥《新唐書》卷七五上《宰相世系表五上》，第3361頁。
⑦ 張馨：《北魏〈源延伯墓誌〉商補——兼述北魏末夏州的軍事地位》。

事,稱"至獻帝時,七分國人,使諸兄弟各攝領之,乃分其氏",加上"叔父之胤"以及"疏屬","凡與帝室爲十姓,百世不通婚"。① 而《魏書》卷一四《神元平文子孫傳》以下所見北魏宗室諸傳,記載範圍以神元帝利微子孫爲限。獻帝鄰是聖武帝詰汾之父,而神元帝利微則是聖武帝之子。源氏被定爲聖武帝之後代,表明其在北魏以血緣關係構造的圈層結構中,居於一種比帝室十姓更親近,而又比神元子孫稍疏的位置。

羅新《北魏直勤考》認爲,南朝文獻及出土石刻史料所見具有"直勤"稱號者,都具有拓跋姓,且都是神元帝利微的子孫,與《魏書》所列北魏的宗室範圍重合。而源賀在北魏前期也具有"直勤"稱號。②羅新據此推斷太武帝所謂賜姓源氏,即賜姓拓跋,認可和接納他爲宗室成員。③劉軍認可具備拓跋姓即爲直勤的説法,但依據《魏書·官氏志》的"七分國人"的記載,認爲拓跋本支子弟以拓跋爲氏應自獻帝始,而不是神元帝。他指出,如果按照羅新的邏輯,那麽神元之上的獻帝、聖武帝的旁系後裔姓拓跋者的身份便無從確定。④儘管有此爭議,但有幾個問題是比較清楚的。首先,源氏曾經稱拓跋氏應該没有問題。錢大昕早已經指出,"秃髪"即"拓跋"之轉譯,⑤《隋書·經籍志》記録的南涼史書名爲《托跋涼録》也是直接證據。在東晉郭黁口中,秃髪氏還和拓跋氏一樣被稱作"索頭"。⑥ 在主要使用鮮卑語的北魏前期,二者爲同姓應該没有問題。其次,源氏具有與華夏政權的宗室地位相當的"直勤"稱號,而北魏帝室十姓没有見到稱"直勤"的,那就説明源氏在拓跋氏的血緣圈層結構中比帝室十姓更爲親近。

爭議因目前還未見到直接證據而可加以解決,但也可從其他姓的一些情况看出某些問題。如長孫氏,《新唐書·宰相世系表》云:"長孫氏出自拓拔鬱律。生二子:長曰沙莫雄,次曰什翼犍。什翼犍即後魏道武皇帝祖也。後魏法,七分其國人,以兄弟分統之。沙莫雄爲南部大人,後改名仁,號爲拓拔氏。生嵩,太尉、柱國大將軍、北平宣王。

---

① 《魏書》卷一一三《官氏志》,第3266頁。
② 北魏:《司馬金龍妻欽文姬辰墓誌》載其父爲"侍中、太尉、隴西王、直勤賀豆跋",參見山西省大同市博物館、山西省文物工作委員會:《山西大同石家寨北魏司馬金龍墓》,《文物》1972年第3期,第20—33頁。又《宋書》卷九五《索虜傳》所見北魏獻文帝的詔書中有"侍中、太尉、征東大將軍、直勤頭拔"。參見《宋書》,北京:中華書局,1974年,第2356頁。"駕頭拔"即"賀豆跋"的訛寫,即《魏書》所載的源賀。
③ 羅新:《北魏直勤考》,《中古北族名號研究》,北京大學出版社,2009年,第85—86頁。
④ 劉軍:《論鮮卑拓跋氏族群結構的演變》,《内蒙古社會科學(漢文版)》2011年第1期,第43—47頁。
⑤ 錢大昕認爲:"按秃髪之先,與元魏同出。'秃髪'即'拓拔'之轉,無二義也。古讀輕脣音如重脣,故'赫連佛佛'即'勃勃'。'發'從'友'得聲,與'跋'音正相近。魏伯起尊魏而抑涼,故别而二之,《晉史》亦承其説。"參見錢大昕《廿二史考異》卷二二《秃髪烏孤載記》條,上海古籍出版社,2004年,第388頁。
⑥ 《晉書》卷九五《藝術·郭黁傳》稱,"黁嘗曰:'涼州謙光殿後當有索頭鮮卑居之。'終於秃髪傉檀、沮渠蒙遜迭據姑臧。"參見《晉書》,北京:中華書局,1974年,第2488—2489頁。

道武以嵩宗室之長,改爲長孫氏"。① 這條材料對長孫氏族源的記載,與源氏出自聖武帝詰汾長子匹孤的説法極爲相似。該記載所見長孫氏與拓跋氏分姓的時代更晚,也有某些明顯的問題。畢竟拓跋鬱律已經是神元帝的曾孫了,其時拓跋氏的世系記載已經非常清楚了。不過,多有史料表明,長孫氏也曾經稱拓跋氏,甚至北魏早期都是如此。② 還有一個例子就是娥青,《宋書》稱他爲魏明元帝拓跋嗣之弟,而《魏書·娥青傳》稱其曾"轉宗正卿",宗正之職例以拓跋宗室擔任,姚薇元稱娥氏"本姓拓跋,因事被黜",③應該不誤。這些例子很可能表明,獻帝鄰"七分國人"的故事以及拓跋氏的血緣圈層結構,並不像《魏書·官氏志》所記載的那麼明確和清晰。拓跋氏可以因爲現實的需要,將某些人群加入或者排除出拓跋氏的血緣圈層結構中。

源賀一族能夠與太武帝聯宗,除了秃髪氏與拓跋氏可能存在某種血緣上的關係以外,還有一個重要原因,那就是河西鮮卑的勢力以及秃髪氏在河西地區強大的影響力。從西晉時代的樹機能開始,秃髪氏長期以來都是河西地區一支強大的少數民族勢力。當秃髪傉檀少子保周、臘于破羌(當即源賀原名破羌異寫)以及秃髪覆龍、秃髪副周、秃髪承鉢等人歸北魏之後,北魏"以保周爲張掖王,覆龍酒泉公,破羌西平公,副周永平公,承鉢昌松公",皆封以王、公高爵。④ 實際上,北魏的封爵並非是在秃髪氏諸人入魏之初就授予的,而是隨着北魏征服河西的戰事而得以封授的。《魏書·世祖紀》載,延和元年(432)"秃髪傉檀子保周棄沮渠蒙遜來奔,以保周爲張掖公",⑤而保周進爵爲王、源賀進爵爲公都是數年以後的事。北魏攻取河西地區,是統一北方過程中完成得較晚也是持續時間較長的戰事,秃髪兄弟在其中起到了重要作用。《魏書·源賀傳》載其事云:

> 世祖征涼州,以賀爲鄉導。詔問攻戰之計,賀對曰:"姑臧城外有四部鮮卑,各爲之援。然皆是臣祖、父舊民,臣願軍前宣國威信,示其福禍,必相率歸降。外援既

---

① 《新唐書》卷七二上《宰相世系表二上》,第2409頁。
② 《魏書·官氏志》載獻帝鄰七分國人事云,"次兄爲拓拔氏,後改爲長孫氏"。《宋書》也多次稱長孫嵩爲"托跋嵩"、長孫道生爲"托跋道生"。又《舊唐書·長孫無忌傳》稱:"其先出自後魏獻文帝第三兄。初爲拓拔氏,宣力魏室,功最居多,世襲大人之號,後更跋氏,爲宗室之長,改姓長孫氏。"參見《舊唐書》卷六五《長孫無忌》,北京:中華書局,1975年,第2446頁。相關辨析,還可參見郭碩:《"拓跋""鮮卑"合稱與拓跋氏族稱問題》,《人文雜誌》2016年第2期,第83—91頁。
③ 姚薇元:《北朝胡姓考》,第257頁。
④ 《晉書》卷一二六《秃髪烏孤載記》,第3157頁。
⑤ 《魏書》卷四上《世祖紀上》,第96頁。

服,然後攻其孤城,拔之如反掌耳。"世祖曰:"善。"於是遣賀率精騎歷諸部招慰,下三萬餘落,獲雜畜十餘萬頭。及圍姑臧,由是無外慮,故得專力攻之。涼州平,遷征西將軍,進號西平公。①

這條材料顯示,源賀進號西平公是涼州平定以後的事。關於攻取涼州事,《魏書·世祖紀》也載,太延五年(439)九月沮渠牧犍降,"進張掖公禿髮保周爵爲王,與龍驤將軍穆罷、安遠將軍源賀分略諸郡,雜人降者亦數十萬。"②這條材料暗示,禿髮保周進爵爲王,正是北魏欲利用禿髮氏在涼州的影響力而封授的。禿髮氏兄弟回到涼州,對北魏平定該地的作用也是不言而喻。尤爲有趣的是,這則材料中出現了兄弟不同姓的現象,兄保周姓禿髮氏,而弟源賀則姓源氏。實際上,整個《魏書》和《北史》所見的禿髮氏子孫中,姓源氏的只有源賀及其子孫,禿髮保周在《魏書》出現 20 次,都姓禿髮氏。這種統一的口徑很可能出自魏收的清理,可能也代表着北魏官方的態度。今見北魏到唐代世系可以查考的二十余方與源氏有關的墓誌以及《元和姓纂》所見源氏子弟中,也未見非源賀子孫者。③

禿髮保周不稱源氏,有可能是因爲他據涼州謀反而被剝奪了宗室地位,也有可能與拓跋皇氏聯宗者只有源賀一人,具體細節已經難以考索。禿髮保周據涼州謀反,其事正在攻取涼州以後不久,《魏書》記太延五年十月"遣張掖王禿髮保周諭諸部鮮卑,保周因率諸部叛於張掖";④次年七月,"保周自殺,傳首京師"。⑤ 至於源賀爲何未受牽連,史籍缺載。禿髮保周叛魏自立對源賀的影響,可能就是讓北魏切斷了他與涼州的聯繫,不再讓他參與涼州的事務。源賀本傳載,涼州平後,源賀一直跟隨在太武帝身邊,後拜殿中尚書,直至太武帝死去。殿中尚書事雖樞要,但畢竟不能與涼州地方多有關聯。此後,源賀因在擁立文成帝的政變中有定策之功,由西平公進爵西平王,並進入北魏的權力核心,不過也與涼州關聯不多,死後也未歸葬涼州,而是陪葬金陵。源賀再次涉入涼

---

① 《魏書》卷四一《源賀傳》,第 1019—1020 頁。
② 《魏書》卷四上《世祖紀上》,第 105 頁。
③ 郭鋒清理出東魏至唐代源氏墓誌 13 方,其中東魏 1 方,唐 12 方,除個別世系無從考證外,所涉人物全部都是源賀子孫。參見郭鋒:《北朝隋唐源氏家族研究——一個少數族漢化士族家族門第的歷史榮衰》,《中國社會經濟史研究》2002 年第 3 期。筆者所見新出源氏墓誌可考見世系者尚有北魏 3 方,東魏 1 方,唐 5 方,宋初 2 方,也全部都是源賀子孫。
④ 《魏書》卷四上《世祖紀上》,第 105 頁。
⑤ 《魏書》卷四下《世祖紀下》,第 110 頁。

州事務,是孝文帝延興元年(471)平定河西敕勒諸部反叛事,此時距太武帝平定涼州已經三十餘年了。同時,源氏與涼州的關係,在源賀成爲北魏中樞重臣以後,也還在若隱若現地被提及,如文成帝太安二年(456)源賀轉封隴西王;賀長子延早卒,贈涼州刺史、廣武侯。這表明,源賀與涼州的關聯,在源賀進入平城以後數十年,還是藕斷絲連,不曾徹底斷絶。

與涼州以及河西鮮卑的關聯,正是源氏與拓跋子弟、帝室十姓最大的區别。源賀以聖武帝詰汾子孫身份加入拓跋血緣集團,其實也與太武帝平定涼州的軍事行動相關,其兄禿髮保周則未能得到這種待遇;南涼帝胄的身份以及加入北魏的時間之晚,也未讓源賀洗去身上的投附力量色彩。源氏的這種特殊性,並不會因爲源氏與太武帝聯宗而消去,也没有因爲源賀成爲北魏重臣而立即改變。

二、注籍涼州與死葬洛陽:遷洛後源氏地位的曲折與注籍選擇

北魏孝文帝遷洛以後,對北族社會進行了較爲廣泛的清理,源氏一族也受到了某些影響。羅新認爲,孝文帝改姓時分别元、源二姓,源賀及其子孫被逐出宗室的範疇。[①] 這無疑是一個重要的發現,不過源氏一族在孝文帝改革中所受的影響,還不僅僅限於與皇室分姓。諸多曲折的因由,導致其家族隨改革而來的政治地位、社會角色乃至身份認同的變化。

《魏書》對源氏在孝文帝改革中所受的影響,只是簡單記載源懷"後例降爲公"。北魏王爵降號爲公的背景,是太和十六年(492)孝文帝"改降五等"。《魏書·高祖紀下》載:"制諸遠屬非太祖子孫及異姓爲王,皆降爲公,公爲侯,侯爲伯,子男仍舊。"[②] 藉此,孝文帝對北魏的血緣圈層結構進行了進一步劃分,非太祖(道武帝)之後的成員都被排除出王爵之外,其他爵位也都要降爵一級。需要提及的是,這道詔書《南齊書·魏虜傳》的記載更爲詳細,"王爵非庶姓所僭,伯號是五等常秩。烈祖之胄,仍本王爵,其餘王皆爲公,公轉爲侯,侯即爲伯,子男如舊。"[③] 依據《魏虜傳》的記載,孝文帝改革所指向的是"王爵非庶姓所僭",相對於神元、平文、昭成子孫,北魏前期受封王爵者還有數量更大的異姓王群體,包括掌控國之喪葬祠禮的"帝室十姓"家族。《魏書·官氏志》說,

---

① 羅新:《北魏直勤考》,《中古北族名號研究》,第88頁。
② 《魏書》卷七下《高祖紀下》,第201頁。
③ 《南齊書》卷五七《魏虜傳》,點校本修訂本,北京:中華書局,2017年,第1097頁。

"太和以前,國之喪葬祠禮,非十族不得與也。高祖革之,各以職司從事。"①其實也是取消帝室十姓通過血緣圈層結構獲得的特權。孝文帝通過改革摧毁了異姓王的制度,而將宗室王的血緣圈層結構縮小到道武帝子孫群體。《魏書》記載源懷"例降爲公",自然也就是以此次改革的措施而言。

鮮卑異姓顯貴失去王爵以後的政治、社會地位,孝文帝實際上利用華夏士族社會的方式作了某種程度的補償。這就是著名的"分定姓族",用新的方式將鮮卑顯貴納入士族社會。定姓族詔"其穆、陸、賀、劉、樓、于、嵇、尉八姓,皆太祖已降,勳著當世,位盡王公,灼然可知者,且下司州、吏部,勿充猥官,一同四姓。"②這道詔書所説的標準是"勳著當世,位盡王公"者,表明改革其實針對的就是原來的鮮卑王公高爵群體及其家族。只是劃分的標準不再是"帝室十姓"的血緣圈層結構,而是道武帝以來特别是孝文帝改革期間的功勳與爵位。從該詔可知,分定姓族詔所確定的代北鮮卑"八姓",並没有源氏在列。由此可見,被逐出元氏宗室範圍、又被取消王爵的源氏,也没能進入最顯貴的鮮卑"八姓"之列,從某種層面來説,這表明源氏從屬於代北族姓的利益已經在很大程度上消失。

源氏在孝文帝的改革中利益受到的影響,可能要比其他異姓王更大,原因可能與爵制改革有關。有史料顯示,源懷太和十六年"例降爲公"最初其實只是取消了王爵,實封公爵則經歷了比較曲折的過程。孝文帝死後,源懷上書宣武帝,申訴其事稱:

> 昔世祖升遐,南安在位,出拜東廟,爲賊臣宗愛所弑。時高宗避難,龍潛苑中,宗愛異圖,神位未定。臣亡父先臣賀與長孫渴侯、陸麗等表迎高宗,纂徽寶命。麗以扶負聖躬,親所見識,蒙授撫軍大將軍、司徒公、平原王。興安二年,追論定策之勳,進先臣爵西平王。皇興季年,顯祖將傳大位於京兆王。先臣時都督諸將,屯於武川,被徵詣京,特見顧問。先臣固執不可,顯祖久乃許之,遂命先臣持節授皇帝璽綬於高祖。至太和十六年,麗息叡狀秘書,稱其亡父與先臣援立高宗,朝廷追錄,封叡鉅鹿郡開國公。臣時丁艱草土,不容及例。至二十年,除臣雍州刺史,臨發奉辭,面奏先帝,申先臣舊勳。時敕旨但赴所臨,尋當别判。至二十一年,車駕幸雍,臣復陳聞,時蒙敕旨,征還當授。自宫車晏駕,遂爾不白。竊惟先臣遠則援立高宗,寶曆

---

① 《魏書》卷一一三《官氏志》,第3266頁。
② 《魏書》卷一一三《官氏志》,第3274頁。

不墜;近則陳力顯祖,神器有歸。如斯之勛,超世之事。麗以父功而獲河山之賞,臣有家勛,不霑茅社之賜。得否相懸,請垂裁處。①

源懷上書中提及的陸叡封公事,《魏書》叡本傳有記載:"十六年,降五等之爵,以麗勛著前朝,封叡巨鹿郡開國公,食邑三百户"。② 陸叡受封是因兄子昕之先已襲爵,源懷本受父爵卻未能及例,是由於在太和十六年爵制改革中"丁艱草土,不容及例",取消王爵的同時也未獲實封之公爵,因而"不霑茅社之賜"。源懷丁憂事,《魏書》本傳提到"以母憂去職,賜帛三百匹、穀千石",③而《北史》則多"車駕幸代,詔使者吊慰"一句。④ 結合源懷申訴上書提及的時間來看,此"車駕幸代"應該就是太和十八年孝文帝遷都後回平城處理後續事務期間。源懷丁憂期間,恰好是孝文帝全面改革並遷都洛陽的關鍵時期,源氏自然也就未能在這些改革中立下什麼功勛,甚至也沒有隨遷洛陽。在此期間,北魏在洛陽新都進行的以當世官爵爲依據的"分定姓族"諸項改革,均已告完成。源賀雖太和初年還位列侍中、太尉、隴西王,但畢竟家族成員不多,力量也不強大,可能在源懷丁憂期間也沒人爲其家族爭取利益。太和二十年以後,源懷丁憂期滿,兩次向孝文帝申訴復爵之事,也均未及成功,其公爵也就不明不白地成爲太和改革的犧牲品。

源懷無辜失爵事件對源氏家族的影響是顯而易見的。不過,在宣武帝時代,特別是源懷此次上書之後,源氏家族的利益還是得到了一定的補償。源懷上書的直接結果就是復爵,詔稱"宿老元丕,云如所訴,訪之史官,頗亦言此。可依比授馮翊郡開國公,邑九百户。"⑤源懷雖然重獲實封公爵,但並没有因此而補入遷洛鮮卑"八姓"的範圍。大約也在復爵前後,源懷被除授車騎大將軍、涼州大中正。此後,源懷之子子雍、纂,也先後擔任涼州大中正。高歡控制朝政以後,源懷之孫彪還於天平四年(538)擔任涼州大中正,不久後遭父憂去職。從《魏書》的記載來看,景明以後擔任涼州大中正一職者,全部出自源懷一家。如所周知,魏晉南北朝的州郡中正一般由在中央任官職的當地士人兼任。這表明,自源懷開始,源氏一族已經重新注籍涼州,並成爲北魏官方認可的涼州著姓。

---

① 《魏書》卷四一《源賀附源懷傳》,第 1025—1026 頁。
② 《魏書》卷四〇《陸俟附陸叡傳》,第 1008 頁。
③ 《魏書》卷四一《源賀附源懷傳》,第 1023 頁。
④ 《北史》卷二八《源賀附源懷傳》,第 1026 頁。
⑤ 《魏書》卷四一《源賀附源懷傳》,第 1026 頁。

北魏以源氏家族重新注籍涼州,除了可能有對"分定姓族"事件進行補償的考慮以外,可能還有利用源氏的影響來穩定西北邊地的考慮。孝文帝遷都以後,北魏西、北邊境的胡族勢力又逐漸强盛起來。源賀在世時,在北魏西北邊地胡族特別是河西鮮卑中的影響自不待言,源懷在西、北諸胡族中也還有一定的影響。同時,孝文帝時代以後,北魏對河西上層人物的控馭已經較爲成熟,北魏朝廷對源氏與河西的關係也不再有防範之意。自太和十九年除征北大將軍、夏州刺史(治今陝西靖邊縣北)以後,源懷基本上都在西、北邊境和關中地區爲官,其本傳稱"自京師遷洛,邊朔遥遠,加連年旱儉,百姓困弊。懷銜命巡撫,存恤有方,便宜運轉,有無通濟。"①源懷死後,源子雍、子恭兄弟也相繼在西北邊地爲官。沃野鎮民破落汗拔陵叛亂,夏州諸胡回應,時爲夏州刺史的源子雍被胡帥曹阿各拔所執,"子雍雖被囚執,雅爲胡人所敬,常以民禮事之。子雍爲陳安危禍福之理,勸阿各拔令降,阿各拔將從之,未果而死。拔弟桑生代總部衆,竟隨子雍降。"②源子恭則曾平定河州(治今甘肅臨夏)羌亂,"河州羌卻鐵忽反,殺害長吏,詔子恭持節爲行臺,率諸將討之。子恭嚴勒州郡及諸軍,不得犯民一物,輕與賊戰,然後示以威恩,兩旬間悉皆降款。"③這些事件雖然與涼州没有直接聯繫,但也清楚地顯示出源氏父子在西北邊境諸胡中的影響力。

有學者注意到,在孝文帝遷洛以後,很多原來遠離故土的士人重新回到故里,這類事例頗多。如晉皇室後裔司馬氏家族重新回到闊别二百年的河内温縣故里,重新與鄉里結合,並以地方豪强的面貌在魏末的亂局中崛起;④又如存在僞冒之嫌的弘農楊播家族,也有學者根據墓誌資料考訂出該家族也在孝文帝遷洛以後舉家遷居弘農華陰,將自己塑造成弘農楊氏正宗;⑤還有原出高麗的宣武帝外戚高肇一族,也利用權勢冒姓渤海高氏,在山東德州(北魏渤海郡)地區還出土有多方高肇家族墓誌,顯示高肇一族已經冒入渤海高氏的聚居地。⑥源氏一族重新注籍涼州,擔任涼州大中正,也算得上是回歸

---

① 《魏書》卷四一《源賀附源懷傳》,第1026頁。
② 《魏書》卷四一《源賀附源子雍傳》,第1030頁。
③ 《魏書》卷四一《源賀附源子恭傳》,第1034頁。
④ 郭津嵩:《回歸故里與重塑舊族——北朝隋唐的河内司馬氏家族》,《唐研究》第17輯,2011年,第159—178頁。
⑤ 李文才、俞鈺培:《北朝楊播家族研究》,《北朝研究》第6輯,北京:科學出版社,2008年,第107—116頁;尹波濤:《北魏時期楊播家族建構祖先譜系過程初探——以墓誌爲中心》,《中國史研究》2013年第4期,第101—116頁;黄楨:《製造鄉里:北魏後期的弘農習仙里楊氏》,《國學研究》第36卷,2015年,第255—276頁。
⑥ 仇鹿鳴:《"攀附先世"與"僞冒士籍":以渤海高氏爲中心的研究》,《歷史研究》2008年第2期,第60—74頁。

故里。不過,與河內司馬氏、弘農楊氏、渤海高氏這些地處中原的地方大姓回歸故里相比,源氏注籍涼州西平和樂都,不過是選擇了祖先禿髮烏孤建國與禿髮傉檀遷都之地,與涼州鄉里的關係似乎不夠密切。涼州辟處西北邊境,民族關係複雜,爲戰亂時期士人避難之所尚可,而很難成爲高官輩出的北魏源氏家族遷徙的選擇。

有證據表明,源懷一族並未回到地處偏遠的涼州鄉里,而是舉家安置了洛陽。《洛陽伽藍記》載:"美人徐月華善彈箜篌,能爲《明妃出塞》之曲歌,聞者莫不動容。永安中,與衛將軍原士康爲側室,宅近青陽門,徐鼓箜篌而歌,哀聲入雲,行路聽者,俄而成市。"①這個原士康,多有版本作"源士康",郭鋒認爲是源子雍長子。② 源子雍長子就是源延伯,從新出《源延伯墓誌》來看,其名闕而不書,似也不能推翻郭文的結論。無論是否即源延伯本人,從其諸弟字中均有"士"字來看,士康是源懷孫輩的可能性確實很大。若此事屬實,則可推知源氏置宅於洛陽,在洛陽城中還頗有影響。源氏家族的葬地也在洛陽,《源延伯墓誌》《源模墓誌》兩方墓誌均在洛陽出土,是直接的證據。源氏家族成員最早葬於洛陽的,可能是源懷。關於源懷的葬地情況,出土的兩方墓誌提供了相關信息。《源模墓誌》稱"窆于司徒墓左,北芒南崗之所",③按源模爲"司徒惠公之孫",《魏書·源賀附源懷傳》載源懷死後贈司徒、冀州刺史,謚"惠",④墓誌中的"司徒""司徒惠公"就是源懷,"北芒"就是洛陽北邙山,正是代北貴族葬地集中區域。《源延伯墓誌》也稱"祔葬于皇祖惠公舊山之所"。⑤ 由此可見,源懷之墓也在北邙山附近,這裏應該是北魏源氏家族的墓區。從兩方墓誌均以源懷墓爲參照物且都葬在其周邊的情況看,源懷在北邙山的墓地,應該已經成爲源氏家族墓地的標誌和中心。

三、墓誌所見魏末源氏祖先記憶與亂世中的家族文化變遷

注籍涼州而死葬洛陽的情況,顯示出源氏家族在北魏孝文帝遷洛以後的郡望與家族定居之實際籍貫處於分離狀態。從某種程度上説,涼州代表着河西鮮卑與南涼時代的歷史榮光,定居洛陽則是北魏王朝當世地位的反映,也是代北鮮卑走向華夏文化的標

---

① 范祥雍:《洛陽伽藍記校注》卷三"高陽王寺"條,上海古籍出版社,2011年,第177頁。
② 郭鋒:《北朝隋唐源氏家族研究——一個少數族漢化士族家族門第的歷史榮衰》,《中國社會經濟史研究》2002年第3期。
③ 齊運通主編:《洛陽新獲七朝墓誌》,第29頁。
④ 《魏書》卷四一《源賀附源懷傳》,第1028—1029頁。
⑤ 齊運通主編:《洛陽新獲七朝墓誌》,第28頁。

誌。這種歷史與現實的糾結，也會在某種程度上影響源氏的文化性格。對家族歷史中胡漢兩種文化因素的取向，以及對文化取向產生影響的社會風尚，才是影響到源氏郡望選擇的基本動因。更值得追問的是，面對當時社會文化層面複雜而多元的面貌，源氏究竟是如何看待，又是如何取捨的。

源氏一族如何看待涼州河西鮮卑與北魏拓跋鮮卑的歷史，《源延伯墓誌》提供了一個北魏末年的分析樣本，還有必要進行更細緻的分析。按，墓誌提及"於時季父子恭作牧豫州，任限邊城，弗獲臨訣，遥想墳柏，北徨摧裂，聊題厥狀，銘之玄石"，説明誌文是墓主叔父源子恭所撰。兹將墓誌敘其郡望、先世内容照録如下：

> 君諱□，字延伯，涼州西平人也。其先神元□皇帝有昆曰託后跋匹孤，略地河西，遂王涼州，君其後也。積世綿綿，自小而大，迄高祖禿髮縟但，爲乞伏熾槃所滅，曾祖太尉避難東歸，還復舊京，即拜西平侯，後改封隴西王。祖司徒，父儀同。①

誌文中提及了兩位祖先同時也是南涼先王的名諱，分别是託后跋匹孤（孤）和禿髮縟但（傉檀）。兩個姓氏"託后跋"和"禿髮"寫法不一致，但都應是"拓跋"的不同鮮卑語音譯，寫作"禿髮"是北魏史官所創的帶有貶義的譯法。從墓誌來看，源子恭在提及自己祖先的時候采用帶貶義的"禿髮"姓似乎有點不合常理，畢竟可以采用"涼王"或者諡號"景王"來代替。不過，誌文對兩位祖先直呼其名而不使用王號或者諡號代替，與前後文也不太一致。這段誌文中有兩處空格，第一處是避墓主人的名諱，第二處"皇帝"前闕字，乃是平闕制度的固定格式。避墓主名諱以外，墓誌對於墓主曾祖源賀、祖父源懷、父源子雍的名諱也均未提及，顯然是精心照顧到了避諱制度。對兩位曾爲南涼君主的祖先直呼其名，甚至祖孫之間姓氏寫法也不相同，不應當出於疏忽。實際上，墓誌中的這種寫法都能從《魏書》中找到依據。匹孤的姓寫作"託后跋"，與《魏書·序記》對拓跋得姓的解釋"北俗謂土爲托，謂后爲跋，故以爲氏"相符；而傉檀的姓則寫作"禿髮"，蓋與《魏書》所見寫法相符。按《魏書·鮮卑禿髮烏孤傳》所見得姓"禿髮"來歷，也正是在匹孤之後，"匹孤死，子壽闐統任。初，母孕壽闐，因寢產於被中，乃名禿髮，其俗爲被覆之義。"②此條未見於《晉書》，《魏書》則係魏收據北魏國史編成，這個説法可能出自更

---

① 齊運通主編：《洛陽新獲七朝墓誌》，第28頁。
② 《魏書》卷九九《鮮卑禿髮烏孤傳》，第2383頁。

早的北魏官方記載。從《魏書》體例看,北魏國史對南涼君主,應該都是直呼其名的;墓誌中所見自源賀以後的官爵,全都是北魏所授。在避諱與不避諱之間收放自如,正表明源子恭對不同歷史階段的敘事可能有意秉持着某種原則。對兩位南涼先王直呼其名而不及謚號,也可能是由於源子恭有意與北魏官方的説法相照應。

源子恭所撰的私家墓誌對家族歷史的表述,似乎處處照應北魏國家的觀點,乃至對南涼祖先直呼其名,這表明源氏家族對"魏臣"的身份要比南涼"帝胄"的身份看得更重。同時,源子恭在誌文中選擇兩位鮮卑遠祖,其實也是飽含深意。拓跋匹孤是河西鮮卑基業最早的創立者,同時也是河西鮮卑與拓跋鮮卑血緣關係的聯結點,故而首先在墓誌中強調"神元皇帝有昆曰託后跋匹孤"云云;禿髮傉檀則是南涼政權最後的君主,南涼被滅也是禿髮氏東歸,重新與拓跋氏建立君臣關係的轉捩點。以此承接源賀以下在北魏的官爵,凸顯出決定源氏家族當世社會地位的兩大要素:血統與官爵。這顯示,源氏家族念念不忘當年河西鮮卑"遂王涼州""積世綿綿"的光輝歷史,同時更加看重源氏與拓跋氏的血統關係以及在北魏王朝的功勳與榮耀。

中原士族對於自身社會地位強調得最多的,就是"婚"與"宦"。近年出土的北魏《源延伯墓誌》《源模墓誌》以及卒於東魏而入隋改葬的《源剛墓誌》,都只是提及父系祖先的榮耀,而對家族的婚姻關係不置一詞,這與當時墓誌文中經常連篇累牘記載婚姻關係的寫法不太一樣。嫁給弘農楊津的源顯明,①其墓誌則提到其父、祖的婚姻關係:"祖諱跋,魏故太尉公、涼王,祖夫人武威孟氏;父諱懷,魏故特進驃騎大將軍、尚書令、司徒公、馮翊郡開國公,謚曰惠,夫人河南尉氏"。②"跋"即源賀鮮卑名"賀頭跋"的省寫,源賀的姻家武威孟氏是涼州大姓,孟禕、孟愷都是禿髮傉檀的重臣,孟禕更是名士,時稱"段懿、孟禕,武威之宿望"。③ 源賀還同時與乞伏熾磐聯姻,《晉書》有禿髮氏與西秦乞伏氏和親的記載,《司馬金龍妻欽文姬辰墓銘》也提到"太尉隴西王直懃賀豆跋女,乞伏文照王外孫女"。④ "賀豆跋"就是源賀,"乞伏文照(昭)王"就是西秦王乞伏熾磐。據此,源懷與姬辰可能是同父異母的兄妹或姊弟。按《魏書》記載,源懷死於北魏正始三

---

① 《源顯明墓誌》未提及其夫名諱,只稱"弘農郡華陰縣潼鄉習仙里魏故洛州使君弘農簡公懿之第五子婦",按《魏書》卷五八《楊播傳》,其父懿,死後贈洛州刺史、弘農公,謚曰"簡";其第五帝爲楊津。又按楊津墓誌近年也已出土,誌中提及"洛州使君簡公懿第五子",可以參證。參見王慶衛、王煊:《新見北魏〈楊津墓誌〉考》,《碑林集刊》第 14 輯,上海科學技術出版社,2008 年,第 1—6 頁。
② 趙君平編:《邙洛碑誌三百種》,第 12 頁。
③ 《晉書》卷一二六《禿髮烏孤載記》,第 3149 頁。
④ 趙超:《漢魏南北朝墓誌彙編》,天津古籍出版社,2008 年,第 35 頁。

年(506),時年六十三,則當生於北魏太平真君五年(444),距離南涼滅亡已經30年了。從源懷的出生時間看,孟氏似乎應是源賀入魏以後所娶,看來源賀入魏後仍舊還與涼州大族聯姻。源懷夫人尉氏,尉氏位居代北"八姓"之列,可能來自與源賀同時代的重臣尉元家族。源懷本傳提到,"時后父于勁勢傾朝野,勁兄于祚與懷宿昔通婚",①可見源懷的姻親還有代郡于氏,而于氏也在代北"八姓"之列。欽文姬辰的丈夫司馬金龍是東晉皇室之後,源顯明的夫家弘農楊氏、家族也多有北魏重臣。可見源氏家族的婚姻圈不像中原士族那樣封閉,比代北貴族似乎也更開放和多元,但姻家的門第也都頗高。這種多元化的婚姻讓源氏比一般的家族更容易受到各種文化因素的影響,也頗能融入代北遷洛新貴士族群體。源氏幾方男性墓誌不及婚姻,或許是因爲源氏的社會地位更多的來自血統與功勳,而較少與婚姻相關。

從墓誌可知,源模和源延伯兄弟雖分別卒於孝昌二年(526)和孝昌三年,但都下葬於永安元年(528)的十一月八日。葬期的遷延和集體安葬,應與當時的政治局勢有關。這幾年正是北魏的多事之秋,特別是武泰元年(528)四月的河陰之變,更是導致北魏宗室公卿大臣至少一千三百餘人死於非命。② 見諸《魏書》記載的河陰之變遇難者,有源懷少子源纂。另外,河陰之變後爾朱榮追授死難者、諸死者子孫官爵,詔書中有"馮翊郡開國公源紹景復先爵隴西王",③有學者推斷其父源肅也應是遇難者。④ 源子雍、源延伯父子稍早都死於鎮壓葛榮的冀州之戰,延伯墓誌稱"卒於冀州行陣之中",⑤蓋爲實錄。源子雍另有二子"士正、士規,並坐事死",⑥或也在魏末變亂之際。根據窪添慶文的統計,河陰之變罹難的宗室、朝官中,無論是從人數還是比例來説,元氏所受迫害的程度最嚴重,以致史籍中會出現"會爾朱榮入洛,殺害元氏"這樣的字句;大族之中,受衝擊較大的典型是隴西李氏,受影響較小的典型是弘農楊氏。⑦ 從窪添慶文的統計可以看出,河陰之變中受衝擊的程度其實也與其家族置宅落籍情況有一定的聯繫。受到衝

---

① 《魏書》卷四一《源賀附源懷傳》,第1026頁。
② 按河陰之變死難人數,諸記載頗不相同,《魏書·爾朱榮傳》的記載爲一千三百人,而《魏書·莊帝紀》《魏書·靈徵志》《北史》及《通鑑》皆記載爲二千人,《洛陽伽藍記》則記載爲三千人。陳爽認爲,一千三百人可能是指遇害官員的人數,而二千人則可能是被害的所有人數。參見陳爽:《河陰之變考論》,《中國社會科學院歷史研究所學刊》第4輯,北京:商務印書館,2007年,第309—344頁。
③ 《魏書》卷一〇《孝莊帝紀》,第305頁。
④ 張馨:《北魏〈源延伯墓誌〉商補——兼述北魏末夏州的軍事地位》。
⑤ 齊運通主編:《洛陽新獲七朝墓誌》,第28頁。
⑥ 《魏書》卷四一《源賀附源子雍傳》,第1032頁。
⑦ 窪添慶文:《魏晉南北朝官僚制研究》,臺北:臺灣大學出版中心,2015年,第401—417頁。

擊較小的弘農楊氏,早已舉家遷回弘農,楊椿等人已經告老還鄉,楊愔等人未及任官,因而都得以幸免;而河陰之變受害者尤多的隴西李氏,其實也是置宅、死葬於洛陽而未回歸隴西鄉里的。河陰之變的個案其實也在一定程度上反映了魏末的總體情況,政治變亂的中心在洛陽,因而洛陽的家族所受衝擊也最大。源氏家族根基皆在洛陽,難以像某些中原舊族那樣回歸鄉里而躲過變亂,變亂中基本上只能與北魏王朝相始終。史料顯示,北魏末年源懷子輩因各種原因凋零殆盡,源子雍更是本人和四個兒子都亡於變亂之際,只有在南境擔任地方官的源子恭等少數人幸免於難。

魏末政治變亂之中,注籍涼州的源氏,與注籍洛陽的代姓貴族處於相同的境遇,也對北魏的破亡感同身受。源子恭在源延伯的墓誌文中特別強調源氏與拓跋氏的血緣關係,其實也正表達了源氏家族與北魏王朝相始終的微妙情感。源氏家族成員隨着北魏的破亡英年早逝,源延伯以身許國的事跡也是給風雨飄搖中的北魏王朝的一曲挽歌。東魏遷鄴,洛陽作爲元魏王朝都城的事實也已經不復存在;北魏滅亡以後,源氏與北魏皇室虛擬的血緣關係也失去了標識宗室的意義。北魏王朝這些失去的榮光,卻成爲源氏念念不忘的精神寄託,也加速了源氏融入代姓貴族的進程。北朝後期,源氏與元氏混淆的事例也有出現,隋《李和墓誌》説李和年輕時"與夏州刺史元子雍同心起義",這個"元子雍"就是源子雍,羅新指出這是北朝後期源氏有時也寫作元氏的例證。① 這或許是個無意的筆誤,但源氏對"與魏同源"的強調則確鑿無疑。可以説,魏孝文帝遷都以後源氏注籍涼州的痕跡雖然在墓誌中多有體現,可能也曾經影響到源氏的家族利益,但似乎並未影響源氏對北魏王朝的家國認同。

魏齊易代之際,源氏家族爲政治變動所裹挾,除源纂子源雄"脱身而遁,變姓名,西歸長安"以外,②大體都隨魏齊禪代而入於東魏北齊。變亂中幸存下來而顯於齊周者,也基本都是源子恭和源纂的子孫。洛陽在戰亂中成爲一片廢墟,而源氏主要的立宅死葬之地,也隨都城的變化而發生變動。經過東西魏的分裂和魏齊禪代,入齊後的源氏與河西最後的聯繫也應該是徹底斷絕了。隨着家族成員漢化的深入乃至成爲"漢兒"的典型,源氏家族與遥遠的涼州故里的關聯似乎已經頗爲遥遠,文化上的認同也漸趨淡漠。從這樣的背景下來理解北齊之初源師民被高阿那肱斥爲"漢兒"的著名故事,可以看出彼時的胡漢之隔,其實已經只剩下六鎮南下諸胡與洛陽士族社會的隔閡。遷洛群

---

① 羅新、葉煒:《新出魏晉南北朝墓誌疏證(修訂本)》,北京:中華書局,2016年,第311頁;羅新:《北魏直勤考》,《中古北族名號研究》,第85頁。
② 《隋書》卷三九《源雄傳》,第1154頁。

體內部的胡漢區隔,事實上已經没有太多的痕迹了。北朝後期,注籍涼州還是洛陽並不是決定源氏與北魏王朝關係的關鍵問題,也並不會成爲源氏家族胡化還是漢化的導向。非但六鎮鮮卑將源氏視作"漢兒",源氏子孫也已經將自己和新舊洛陽士族視爲一體了,涼州舊籍不過是秃髮鮮卑給源氏子孫留下的最後的一點痕迹了。這也是在元魏衰亡、東西分立的政治變動中,源氏與北魏皇室以及其他遷洛代北貴族越來越接近的基本背景。

四、唐代源氏"河南洛陽"郡望的選擇與流行

對源氏郡望的記載,唐初幾部史書中有時還沿用北魏的舊說。《北齊書》《隋書》和《北史》都在唐初成書,三史中源賀及源文宗、源雄諸傳,都稱"西平樂都人",是其顯例。唐早期的墓誌中也有沿用舊説者,洛陽出土、葬於永淳元年(682)的《胡光復墓誌》就稱光復"妻西平源氏"。① 不過,《隋書·源師傳》稱其爲"河南洛陽人";②兩《唐書》記載的源氏子孫,包括兩唐書的《源乾曜傳》以及《舊唐書·源休傳》,皆稱"相州臨漳人"。③源師民由北齊入隋,源乾曜是開元(713—741)年間的宰相,源休曾參與建中四年(783)的涇原兵變。表面上看,似乎源氏的籍貫有一個從西平樂都到河南洛陽、再到相州臨漳轉變的過程。相州臨漳即北朝鄴城,是東魏北齊的都城,這一點的性質與洛陽相同。不過,唐代以及宋初涉及源氏的多方墓誌及其他史料所反映的情況,與兩《唐書》所記的"相州臨漳"並不一致。誌文中提及郡望者除年代最早的《胡光復墓誌》沿用西平舊籍以外,都稱"河南洛陽人""河南人"或稱"河南源氏""河南冠族",④從未見稱"相州臨漳

---

① 《胡光復墓誌》,《北京圖書館藏中國歷代石刻拓本彙編》第16册,鄭州:中州古籍出版社,1989年,第175頁。
② 《隋書》卷六六《源師傳》,第1552頁。
③ 《舊唐書》卷九八《源乾曜傳》,北京:中華書局,1975年,第3070頁;《新唐書》卷一二七《源乾曜傳》,第4447頁;《舊唐書》卷一二七《源休傳》,第3574頁。
④ 筆者搜集到的這類史料頗多,今按時間順序略具如下:開元三年(715)《崔府君夫人源氏墓誌》,"代爲河南冠族",周紹良、趙超:《唐代墓誌彙編》,上海古籍出版社,1992年,第1173頁;開元十年(722)《源杲墓誌》,"河南洛陽人也",周紹良、趙超:《唐代墓誌彙編》,第1257頁;開元二十七年(739)《姚如衡墓誌》:"夫人河南源氏",周紹良、趙超:《唐代墓誌彙編》,第1492頁;開元二十八年(740)《源衍墓誌》,"河南人也",周紹良、趙超:《唐代墓誌彙編續集》,上海古籍出版社,2001年,第573頁;開元二十九年(741)《楊府君夫人河南源氏墓誌》,"河南人也",周紹良、趙超:《唐代墓誌彙編》,第1521頁;天寶三載(744)六月十日《韋韫夫人源端墓誌》:"河南人也",趙力光主編:《西安碑林博物館新藏墓誌彙編》中册,北京:綫裝書局,2007年,第449頁;天寶六載(747)《源光乘墓誌》:"河南洛陽人也",周紹良、趙超:《唐代墓誌彙編》,第1605頁;天寶九載(750)《慕容故夫人源氏墓誌》:"夫人河南源氏",周紹良、趙超:《唐代墓誌彙編》,第1645頁;建中元年(780)《張翔墓誌》:"夫人河南源氏",周紹良、趙超:《唐代墓誌彙編》,第1821頁;貞元四年(788)《劉揖妻源夫人墓誌》:"河南洛陽人也",周紹良、趙超: (轉下頁)

人"之例。另外值得注意的一點是,這些注籍河南的墓誌史例,不少都是與源乾曜、源休時代相近的源氏家族成員,也包括源乾曜兩個孫女(韋韞妻源端、張翔妻源氏)、曾孫女(劉摺妻源夫人)和源休叔父(源光乘)等近親。

史書記載的"相州臨漳"與墓誌中"河南洛陽"的不同說法,其產生的原因可能還不止是兩地都曾經做過都城,更可能是因爲源氏家族實際聚居之處主要是相州臨漳,而所奉郡望則爲河南洛陽,故而有此區別。著名譜學家柳芳所撰《源光乘墓誌》稱其爲河南洛陽人,而詳述其家族世系淵源時,提到"因官而遷,爰宅於鄴"。① 這句話置於"洎皇唐應運"之前,或許表明源氏宅於鄴始於唐以前。源氏宅於鄴城或許是自東魏遷鄴以後的事,這與源氏家族在北朝東西分裂後直到入唐以後主要任官於東魏北齊的歷史頗爲相合。墓誌中有信息顯示,東魏遷鄴以後,源氏多有死葬鄴城者。東魏《源磨耶墓誌》稱"司州魏郡臨漳縣魏故源貳虎之曾孫磨耶",② 不過源磨耶六歲去世,該墓誌是一方簡陋的磚志,以作爲權葬的標記,或許不具有標記郡望的意義。《源剛墓誌》則稱:"以武定五年十一月十四日卒於城安縣崇仁里,春秋卅。以其月權窆於鄴城之北二里,以大隋開皇三年(583)歲次癸卯十一月丙申朔十四日癸酉遷葬於洛陽河南先公之舊塋。"③ 這說明源剛於城安縣(治今山東蘭考)去世後,一度安葬於鄴城,三十多年後又遷葬洛陽。不過源剛之弟源雄,④ 其父死後孤身投奔宇文泰,其後成爲周隋平齊、平陳的功臣,期間並沒有和家族主體在一起。源剛隋初遷葬回洛陽,很可能與源雄有關,但這並不代表源

(接上頁)《唐代墓誌彙編》,第1848頁;貞元十三年(797)《張府君夫人河南源氏墓誌》:"河南源氏",《唐代墓誌彙編》,第1890頁;貞元十六年(800)《李愻墓誌》:"夫人河南源氏",陝西省古籍整理辦公室、洛陽市第二文物工作隊編:《全唐文補遺》第8輯,西安:三秦出版社,2005年,第141頁;貞元十八年(802)《源玄禕墓誌》:"河南人也",周紹良、趙超:《唐代墓誌彙編續集》,第784頁;寶曆二年(826)《源序墓誌》:"今則代爲河南人也",趙力光、傅清音:《新見唐代源序夫婦墓誌考證》,《碑林集刊》第22輯,2017年,第42—53頁;宋至道二年(996)《源護墓誌》:"河南洛陽人",《千唐誌齋藏誌》,北京:文物出版社,1984年,第1255頁;咸平三年(1000)《源崇墓誌》:"河南洛陽人",《千唐誌齋藏誌》,第1256頁。傳世文獻中也有其例,《鄭州原武縣丞崔君夫人源氏墓誌銘》:"河南洛陽人也",《文苑英華》卷九六六,北京:中華書局,1966年,第5078頁;柳宗元《故襄陽丞趙君墓誌》:"夫人河南源氏",《柳宗元集》卷一一,中華書局,1979年,第279頁。另顏真卿《唐故通議大夫行薛王友柱國贈秘書少監國子祭酒太子少保顏君碑銘》:"與會稽賀知章、陳郡殷踐猷、吳郡陸象先、上穀寇泚、河南源光裕、博陵崔璪友善",源光裕(墓誌多寫作光俗)是源休伯父。參見周紹良《全唐文新編》卷二四〇,長春:吉林文史出版社,第3905頁。李華《三賢論》:"河南源衍季融,粹微而同",參見周紹良《全唐文新編》卷三一七,第3605頁。源衍,光裕之子,墓誌見上引。

① 周紹良、趙超:《唐代墓誌彙編》,第1605頁。
② 《魯迅輯校石刻手稿》,李新宇、周海嬰編:《魯迅大全集》第27冊,武漢:長江文藝出版社,2011年,第403頁。
③ 齊運通:《洛陽新獲七朝墓誌》,第42頁。
④ 據《源剛墓誌》和《隋書·源雄傳》,源剛和源雄均爲源纂之子;源剛殁於東魏武定五年(547),年四十;源雄殁於隋平陳後二年(591),時年七十,可知剛長源雄14歲,爲兄。

氏家族整體遷回洛陽。源雄本傳就提及，北周大象二年（580）楊堅即位前夕，尉遲迥起兵，因"時雄家累在相州，迥潛以書誘之"，①可知彼時源雄的家族尚居於鄴城。源雄子孫的墓誌未見出土，見諸唐代墓誌而世系可考者多是源子恭的後人。其中大部分是源師民之後，包括源光乘、源休所屬的琨玉房，以及源乾曜所屬的直心房兩個分支；另有源杲及其女楊府君妻源氏的墓誌出土，乃是源子恭子文舉的後裔。這幾大系在北齊以迄隋唐，有可能是曾經聚居在鄴城的。史書中記載源乾曜和源休爲相州臨漳人，反映的可能就是源氏家族聚居的情況。

入唐以後，隨着政局的穩定，源氏家族成員的宅居之地，應該是不再局限於相州一地了。墓誌信息顯示，當時的政治中心長安和洛陽都有源氏居、葬之地。1987 年出土于西安東郊的《源端墓誌》稱"以天寶三載五月廿四日，遘疾終於囗京新昌里。以其載六月十日厝於萬年縣白鹿原，近源氏別業，禮也"。② 據墓誌信息，源端雖許嫁韋氏，但死、葬似還在源家，蓋因去世時"未爲廟見，歸葬婦宗"。③ 誌文所闕之字或爲"西"字，新昌里所在的新昌坊是長安著名街坊，④名人宅第很多，或爲源端祖父源乾曜曾經置宅之處；白鹿原則當有源氏墓葬區。洛陽出土的源氏墓誌則多得多，多個房支都有信息顯示其家曾立宅於洛陽。如源文舉曾孫源杲"以開元十年二月九日寢疾薨於東都崇讓里第"，"粵以其年三月一日遷厝於河南縣平樂鄉邙山之北原"；⑤琨玉房的源衍"（開元）廿八年夏四月疾動終於河南私第"，"諸弟卜殯于河南縣梓澤原"。⑥ 除源氏子孫的墓誌以外，洛陽還出土有多方源家妻室墓誌，誌文信息顯示也多安葬在北邙及附近區域。洛陽出土的源氏墓誌遠較長安和其他地方爲多，唐代源氏自稱"河南洛陽人"，似乎也逐漸名實相符。

值得注意的是，六朝以迄唐代，墓誌中稱某郡某縣人，往往是標識郡望而不是宅葬之地。唐代各地大族遷居兩京特別是洛陽，乃是當時的普遍現象，毛漢光曾利用墓誌資料對此現象有系統的研究，并將其總結爲"唐代士族之中央化"。⑦ 洛陽出土的唐代墓

---

① 《隋書》卷三九《源雄傳》，第 1154 頁。
② 趙力光主編：《西安碑林博物館新藏墓誌彙編》中册，北京：綫裝書局，2007 年，第 449 頁。
③ 趙力光主編：《西安碑林博物館新藏墓誌彙編》中册，第 449 頁。
④ 徐松撰，李健超增訂：《增訂唐兩京城坊考》，西安：三秦出版社，2006 年，第 159—162 頁；王静：《唐代長安新昌坊的變遷》，《唐研究》第 7 輯，2001 年，第 229—248 頁。
⑤ 周紹良、趙超：《唐代墓誌彙編》，第 1257 頁。
⑥ 周紹良、趙超：《唐代墓誌彙編續集》，第 573 頁。
⑦ 毛漢光：《從士族遷移看唐代士族之中央化》，《中國中古社會史論》，上海書店出版社，2002 年，第 234—333 頁。

誌數量極多,幾乎各地的大姓都有,但基本都沿用六朝舊郡望,改稱"河南洛陽人"者非常罕見。源氏墓誌自稱"河南洛陽人",幾個房支都有意無意地從相州遷回洛陽,其中更藴含有其家族乃至整個社會的文化崇尚。唐代郡望的意義與北朝時代已有很大的不同,特别是與選舉的關係已經疏離,然而士族社會對"塚中枯骨"與"當世冠冕"的崇尚則還留有餘緒。① 張九齡撰《崔府君夫人源氏墓誌》稱其"姓源氏,代爲河南冠族,本與後魏同源,因而命氏",②將"河南冠族"與源姓得姓歷史"與後魏同源"放在一起,便很清楚地顯示出郡望與祖先歷史的密切關聯。柳芳在著名的《氏族論》中説:

> 代北則爲"虜姓",元、長孫、宇文、于、陸、源、竇首之。"虜姓"者,魏孝文帝遷洛,有八氏十姓,三十六族九十二姓。八氏十姓,出於帝宗屬,或諸國從魏者;三十六族九十二姓,世爲部落大人,並號河南洛陽人。③

柳芳與源氏家族關係密切,《源衍墓誌》稱"後來有柳芳、王端、殷晉、顔真卿、閻伯璵,皆稀世鴻寶,一相遇便爲莫逆之交";④李華《三賢論》也將河南源衍與河東柳芳等人並列;⑤《源光乘墓誌》則題"前右武衛冑曹參軍柳芳撰"。⑥ 在《氏族論》中,柳芳將源氏列入"虜姓"首七姓之中,並歸結七姓"號河南洛陽人"的原因爲孝文帝遷洛所定。其内容雖脱胎於《魏書·官氏志》,但所見代北著姓,與《魏書》所列"一同四姓"之八姓已經多有出入。柳芳所增之長孫、宇文、源、竇四姓,均爲唐代皇后或宰相之姓;去掉的嵇、賀、劉、樓、稽、尉諸姓,唐代多已趨於衰微。因此,柳芳所説的歷史事件雖然是北魏孝文帝定姓族,但所列舉的首七姓則是唐代姓氏書所確定的"虜姓"士族大姓。除竇氏以外,這些大姓多數都以洛陽爲郡望,而郡望由他處變爲洛陽者,源姓是唯一一姓。這也表明唐代中期的源氏,已經完全融入代北虜姓士族之中。源氏後人對姓族形成歷史的觀感,也就逐漸簡化,如《源序墓誌》稱:"源寶與元同族,其先鼻祖於後魏,今則代爲河

---

① 唐長孺指出唐代的姓氏書與門户的婚姻和社會地位尚有較大關係,卻與選舉極少關涉。參見唐長孺:《魏晉南北朝隋唐史三論》(第 2 版),武漢大學出版社,2013 年,第 305 頁。同樣,郡望這種確定姓族地位高低的標誌,也就與選舉疏離,更多的成爲一種社會地位和家族歷史的象徵。
② 周紹良、趙超:《唐代墓誌彙編》,第 1173 頁。
③ 《新唐書》卷一九九《柳沖傳附柳芳傳》,第 5678 頁。
④ 周紹良、趙超:《唐代墓誌彙編續集》,第 573 頁。
⑤ 周紹良:《全唐文新編》卷三一七,第 3605 頁。
⑥ 周紹良、趙超:《唐代墓誌彙編》,第 1605 頁。

南人也。"①《源崇墓誌》則雜糅了《魏書》中某些祖先記憶的説法:"其先出於黄帝,君長北方凡七十餘代。值魏道武稱孤之後,謂涼王子賀曰:與卿同源,因而命氏,厥後遂爲河南洛陽人。"②源氏在北朝曾經注籍涼州西平,乃至曾經爲南涼禿髪氏後裔的歷史,也就漸漸被遺忘了。

五、結　語

中古虜姓士族郡望許多有争議的問題,如果不再滿足於尋找抵牾之處並加以辨僞的研究範式,而梳理不同時代史料的形成背景,其實多能得到合理的解釋。源氏家族的個案表明,源氏在北魏遷洛後注籍涼州而隋唐以後奉河南洛陽郡望,其實並非簡單的記載疏誤,而是一個複雜而又合理的過程。源氏家族郡望轉變的過程雖只是個案,結論的適應性和有效性還有待更多的研究來加以檢驗,不過通過源氏家族的個案我們仍舊有可能在某種層面上思考北朝隋唐虜姓士族的諸多關鍵問題。促成這個個案産生的社會背景,是南北朝以來的社會利用郡望之類的標籤對家族成員進行身份和地位的定位。通過分析"河南洛陽"郡望在虜姓士族群體乃至整個社會中的意義,能夠更爲完整地剖析虜姓士族群體在族群與地域之間選擇與糾結的歷程,進而探索虜姓士族如何通過郡望等標籤融入士族社會的政治文化中。同時,由於虜姓士族的胡族淵源,其郡望改易表像背後的胡漢文化衝突與融合,各種族群的社會流動及其與當時社會政治變動的關係到底如何,也能得到一個整體的觀感。

源氏成爲"河南洛陽人"的歷程,似乎要比一般的虜姓士族曲折。孝文帝遷都後所確定"河南洛陽"郡望的人群範圍,並不像後世追敍特别是墓誌資料所見的那樣廣泛。實際上,六鎮鮮卑南下以後,尚有不少代北胡族也開始了成爲"河南洛陽人"的歷程,雖然其進程與源氏頗不相同。奉"河南洛陽"郡望的群體,事實上其邊界並不是嚴格而穩定的。一個總體的趨勢是,北朝隋唐"河南洛陽人"的範圍不斷擴大,唐代"虜姓士族"的圈子已經不再只有遷洛拓跋鮮卑子孫了,也包括更爲寬泛的北朝内遷胡族子孫群體。形成這種趨勢的歷史背景,則是"河南洛陽"郡望作爲虜姓高門的標識意義。北魏孝文帝遷都以後,代北鮮卑貴族"悉爲河南洛陽人",這次改革後代北貴族的文化轉變非常徹底,嗣後"河南洛陽"的郡望也就成爲北朝隋唐虜姓士族彰顯門第的金字招牌。與其

---

① 趙力光、傅清音:《新見唐代源序夫婦墓誌考證》。
② 《千唐誌齋藏誌》,第1256頁。

他漢魏高門不一樣的是,虜姓士族"河南洛陽"的郡望,是通過孝文帝改革的政治行爲強行規定的。這也就使得北魏時代特别是孝文帝改革的歷史記憶越來越被强化,同時淡化和扭曲了祖先記憶譜系中的其他階段、其他人物。基於這種歷史因由,源氏"涼州西平"舊望的失憶,也就具有了合理性和典型性。

源氏的個案,對應了北朝隋唐之際胡族群體融入士族社會的幾個關鍵節點。源氏在北魏遷洛後注籍涼州的史事,還隱約可見代北鮮卑與河西鮮卑的區隔,雖然源賀早在半個世紀前就已經和北魏皇帝聯宗。北齊時代源師民被南下六鎮貴族稱爲"漢兒",表明魏末變亂以後洛陽幾大士族群體的胡漢區隔已趨於消亡。隋唐以迄安史之亂以前,士族社會内部僅僅只是剩下了郡姓和虜姓的名義區别,至於鮮卑各部乃至與其他"五胡"人群的區隔,則早已了無痕迹。包括源氏在内的虜姓士族以"河南洛陽"爲郡望,也就幾乎成了慣例。源氏家族的個案之所以能契合這些歷史節點,其原因主要在於南北朝以來,無論是郡姓還是虜姓士族,都會根據祖先血統和當世冠冕的標準爲自身尋求某種身份定位,讓家族成員在士族社會中獲取政治資本和社會地位。雖然這些家族取得成就的因素往往很複雜,但士族社會對門第的崇尚,經常左右了他們對郡望等標識性因素的選擇。源氏家族郡望的改變,其實也是這種歷史背景下對士族身份重塑的過程。這種身份重塑的過程,與胡漢之間文化隔閡的消弭,郡姓與虜姓士族區隔的消失,乃至士庶之分也不再存在的歷史過程,軌迹頗爲一致。

附記:本文初稿曾在四川大學歷史考古青年沙龍第七期宣讀,獲得仇鹿鳴、胡鴻、黄楨等老師的寶貴意見,謹以致謝。

略論隋唐之際江淮黄淮間文人群體
——以《文選》的傳播爲例

朱 海

中國幅員廣闊,歷史悠久,地域文化特色鮮明,當南北朝時,南北隔絶日久,地域文化差異明顯,當時但有南北交聘,時人常感歎南北風俗不同,這些鮮明的特色不僅在當時爲人矚目,亦爲後世學者津津樂道。隋唐統一以後,南北文化俱皆迎來新生,其間頗有折衝融合。唐代關中、河北、江南三大地域人文薈萃,爲史家熟知,[①]而黄淮、江淮之間雖不處此前北周、北齊及南朝的政治、文化核心區域,但亦非無人。今試以《文選》的傳播爲例,對隋唐之際"不南不北"或説"亦南亦北"的江淮、黄淮間文人群體略加考察,不當之處敬請批評指正。

一、曹憲、李善及江淮黄淮間文人

《文選》是我國現存最早的一部詩文總集,在我國文學發展史上具有重要地位,歷代學者對其研究積澱頗豐,號爲"選學",[②]對此王書才先生《〈昭明文選〉研究發展史》[③]

---

① 詳參李浩《唐代關中士族與文學》,北京:中國社會科學出版社,2003年;《唐代三大地域文學士族研究》(增訂本),北京:中華書局,2008年,第2版(2002年第1版)。杜曉勤《初盛唐詩歌的文化闡釋》(北京:東方出版社,1997年)對隋唐之際的詩歌、詩風、詩壇與三大地域的關係、景遐東《江南文化與唐代文學研究》(北京:人民文學出版社,2005年)對江南地域與唐代文化、文學的關係等並有研究。

② 筆者所見,近代以來,即有如高步瀛:《文選李注義疏》,高步瀛著,曹道衡、沈玉成點校,北京:中華書局,1985年(惜高先生遺著僅剩八卷);駱鴻凱:《文選學》,北京:中華書局,2015年;屈守元:《文選導讀》,北京:中國國際廣播出版社,2008年;穆克宏:《昭明文選研究》,北京:人民文學出版社,1998年;傅剛:《〈昭明文選〉研究》,北京:中國社會科學出版社,2000年;《〈文選〉版本研究》,西安:世界圖書出版西安有限公司,2014年;顧農:《文選論叢》,揚州:廣陵書社,2007年;胡大雷:《〈文選〉編纂研究》,桂林:廣西師範大學出版社,2009年;馮淑静:《〈文選〉詮釋研究》,北京:中國社會科學出版社,2011年;還有饒宗頤主編:《敦煌吐魯番本文選》,北京:中華書局,2000年;羅國威箋證:《敦煌本〈文選注〉箋證》,成都:巴蜀書社,2000年;金少華:《敦煌吐魯番本〈文選〉輯校》,杭州:浙江大學出版社,2017年;劉明:《俄藏敦煌 Φ242〈文選注〉寫卷臆考》,《文學遺産》2008年第2期等。

③ 王書才:《〈昭明文選〉研究發展史》,北京:學習出版社,2008年。王先生此書主要論述清代以前《文選》研究狀況。

及王立群先生《現代〈文選〉學史》①有詳細介紹,港臺及日本歐美學者亦成果衆多,俞紹初、許逸民先生主編、鄭州大學古籍所編《中外學者文選學論集》②及《中外學者文選學論著索引》③頗值參閱,不待一一羅列。④

《文選》發展史上,隋唐之際是一個重要時期,⑤曹憲與李善可稱代表人物。《舊唐書》卷一八九上《儒學上·曹憲傳》記:

> 曹憲,揚州江都人也。仕隋爲秘書學士。每聚徒教授,諸生數百人。當時公卿已下,亦多從之受業。憲又精諸家文字之書,自漢代杜林、衛宏之後,古文泯絶,由憲此學復興。大業中,煬帝令與諸學者撰《桂苑珠叢》一百卷,時人稱其該博。憲又訓注張揖所撰《博雅》,分爲十卷,煬帝令藏於秘閣。貞觀中,揚州長史李襲譽表薦之,太宗徵爲弘文館學士,以年老不仕,乃遣使就家拜朝散大夫,學者榮之。太宗又嘗讀書有難字,字書所闕者,錄以問憲,憲皆爲之音訓及引證明白,太宗甚奇之。年一百五歲卒。所撰《文選音義》,甚爲當時所重。初,江、淮間爲文選學者,本之於憲,又有許淹、李善、公孫羅複相繼以《文選》教授,由是其學大興於代。⑥

同書同卷《許淹傳》記:

> 許淹者,潤州句容人也。少出家爲僧,後又還俗。博物洽聞,尤精詁訓。撰《文選音》十卷。⑦

同書同卷《李善傳》記:

---

① 王立群:《現代〈文選〉學史》,北京:中國社會科學出版社,2003年。王先生此書主要論述晚清以降《文選》研究狀況。另有王先生學生郭寶軍《宋代文選學研究》,北京:中國社會科學出版社,2010年。
② 俞紹初、許逸民主編,鄭州大學古籍所編:《中外學者文選學論集》,北京:中華書局,1998年。岡村繁先生《岡村繁全集》第貳卷《文選之研究》收有作者多篇《文選》研究論文,頗值參閱,見岡村繁著,陸曉光譯:《岡村繁全集》第貳卷《文選之研究》,上海古籍出版社,2002年。
③ 俞紹初、許逸民主編,鄭州大學古籍所編:《中外學者文選學論著索引》,北京:中華書局,1998年。
④ 另有研究南朝及昭明太子蕭統生平、文學成就者,如曹道衡:《蘭陵蕭氏與南朝文學》,北京:中華書局,2004年;林大志:《四蕭研究——以文學爲中心》,北京:中華書局,2007年等。
⑤ 汪習波先生有非常深入、細緻的研究,參汪習波《隋唐文選學研究》,上海古籍出版社,2005年。
⑥ 《舊唐書》卷一八九上,北京:中華書局,1975年,第4945—4946頁。《大唐新語》卷九《著述》所記略同,見(唐)劉肅撰,許德楠、李鼎霞點校:《大唐新語》,北京:中華書局,1984年。
⑦ 《舊唐書》,第4946頁。

> 李善者,揚州江都人。方雅清勁,有士君子之風。明慶(顯慶,避中宗諱)中,累補太子內率府錄事參軍、崇賢館直學士,兼沛王侍讀。嘗注解《文選》,分爲六十卷,表上之,賜絹一百二十匹,詔藏于秘閣。除潞王府記室參軍,轉秘書郎。乾封中,出爲經城令。坐與賀蘭敏之周密,配流姚州。後遇赦得還,以教授爲業,諸生多自遠方而至。又撰《漢書辯惑》三十卷。載初元年卒。子邕,亦知名。①

同書同卷《公孫羅傳》記:

> 公孫羅,江都人也。歷沛王府參軍,無錫縣丞,撰《文選音義》十卷,行於代。②

《舊唐書》卷一九〇中《文苑中·李邕傳》記:

> 李邕,廣陵江都人。父善,嘗受《文選》於同郡人曹憲。後爲左侍極賀蘭敏之所薦引,爲崇賢館學士,轉蘭臺郎。敏之敗,善坐配流嶺外。會赦還,因寓居汴、鄭之間,以講《文選》爲業。年老疾卒。所注《文選》六十卷,大行於時。③

《新唐書》卷一九八《儒學上·曹憲傳》記:

> 曹憲……于小學家尤邃。……憲始以梁昭明太子《文選》授諸生,而同郡魏模、公孫羅、江夏李善相繼傳授,於是其學大興。句容許淹者,自浮屠還爲儒,多識廣聞,精故訓,與羅等並名家。羅官沛王府參軍事、無錫丞。模,武后時爲左拾遺,子景倩亦世其學,以拾遺召,後歷度支員外郎。④

同書卷二〇二《文藝中·李邕傳》記:

> 李邕字泰和,揚州江都人。父善,有雅行,淹貫古今,不能屬辭,故人號"書

---

① 《舊唐書》,第4946頁。
② 《舊唐書》,第4946頁。
③ 《舊唐書》,第5039頁。
④ 《新唐書》,北京:中華書局,1975年,第5640—5641頁。

箧"。顯慶中,累擢崇賢館直學士兼沛王侍讀。爲《文選注》,敷析淵洽,表上之,賜賚頗渥。除潞王府記室參軍,爲涇(經)城令,坐與賀蘭敏之善,流姚州,遇赦還。居汴、鄭間講授,諸生四遠至,傳其業,號"《文選》學"。

邕少知名。始善注《文選》,釋事而忘意。書成以問邕,邕不敢對,善詰之,邕意欲有所更,善曰:"試爲我補益之。"邕附事見義,善以其不可奪,故兩書並行。既冠,見特進李嶠,自言"讀書未徧,願一見祕書。"嶠曰:"祕閣萬卷,豈時日能習邪?"邕固請,乃假直祕書。未幾辭去,嶠驚,試問奧篇隱帙,了辯如響,嶠歎曰:"子且名家!"①

揚州爲當時《文選》學盛地,②嚴格意義上來説,揚州在長江以北,所以《舊唐書》稱其爲"江、淮間"。曹憲既"仕隋爲秘書學士","公卿已下,亦多從之受業",是曾經北上就職,然後返還家鄉揚州授徒,同樣的,李善也曾經北上,經歷政治風波,晚年卻是既不回"京邑",也不回揚州,而是"寓居汴、鄭之間,以講《文選》爲業","汴、鄭之間"則屬於"黃淮之間"。胡可先生利用新出墓誌對李邕及其家族、家世婚姻、文學、書法、與政治政局關係等並有詳細討論,③指出"李邕先世是江夏人,其祖李元哲曾一度遷居到江都,李善也曾在江都從曹憲受《文選》之學",④那麼我們或可視李善爲江都人。

李善的兒子李邕頗有盛名,衆所周知,自不待言。李善的學生馬懷素亦頗爲知名。《舊唐書》卷一○二《馬懷素傳》記:

> 馬懷素,潤州丹徒人也。寓居江都,少師事李善。家貧無燈燭,晝采薪蘇,夜燃讀書,遂博覽經史,善屬文。舉進士,又應制舉,登文學優贍科……開元初爲户部侍郎……三遷秘書監,兼昭文館學士。懷素雖居吏職,而篤學,手不釋卷……是時秘書省典籍散落,條疏無叙,懷素上疏曰:"南齊已前墳籍,舊編王儉《七志》。已後著述,其數盈多,《隋志》所書,亦未詳悉。或古書近出,前志闕而未編;或近人相傳,浮詞鄙而猶記。若無編録,難辯淄、澠。望括檢近書篇目,并前志所遺者,續王儉

---

① 第5754頁。他對李嶠"固請"看"祕書",然後又"未幾辭去",更像是在文章大家李嶠面前的顯示賣弄,也反映出他的性格。
② 諸祖煜先生撰有《唐代揚州的〈文選〉學》,《揚州師院學報(社會科學版)》1996年第1期。
③ 參胡可先《新出石刻與唐代文學家族研究》,第十章《洛陽出土唐代李邕家族墓誌考論》,北京大學出版社,2017年,第624—661頁。
④ 第628頁。

《七志》,藏之秘府。"上於是召學涉之士國子博士尹知章等,分部撰録,并刊正經史,粗創首尾。①

馬懷素有墓誌,其郡望扶風,漢馬融之後,亦屬"寓居江都"。誌稱:

  代以學聞。……父文超……精意《易》道及《洪範》,破曉氣候……龍朔初,黜置使舉檢校江州潯陽丞,棄官從好,遂寓居廣陵,與學士孟文意、魏令謨專爲討論,具有撰著。公即尋陽府君第三子也。幼聰穎,六歲能誦書,一見不忘,氣韻和雅,鄉黨以爲必興此宗。十五,遍誦《詩》《禮》《騷》《雅》,能屬文,有史力……公年甫弱冠……博游史籍,無不畢綜……②

魏令謨當即《新唐書》所記魏模。與兩《唐書》本傳相較,墓誌未記馬懷素少時家貧及"師事李善"事,但對其家世記載頗詳,仕宦履歷等略同。

《舊唐書》卷一八九下《儒學下·邢文偉傳》記:

  邢文偉,滁州全椒人也。少與和州高子貢、壽州裴懷貴俱以博學知名於江、淮間。③

同書同卷《高子貢傳》記:

  高子貢者,和州歷陽人也。弱冠遊太學,遍涉六經,尤精《史記》。與文偉及亳州朱敬則爲莫逆之交。④

也是幾位同時"以博學知名於江、淮間"。

《全唐文》卷二六四收有李邕撰《唐贈太子少保劉知柔神道碑》,劉知柔即劉知幾

---

① 第3163—3164頁。
② 張瓊瓊先生、胡可先先生有專文介紹,詳參張瓊瓊:《唐馬懷素墓誌銘考》,《吉林廣播電視大學學報》2010年第3期;胡可先:《出土文獻與唐代詩學研究》第四章第一節《馬懷素墓誌箋證》,北京:中華書局,2012年。墓誌録文據胡可先先生文,第232—234頁。
③ 第4959—4960頁。
④ 第4960—4961頁。

兄,系出黃淮間一等高門彭城劉氏。劉知幾一門學術傳家,本人才高八斗,與史館同僚多有不協,但也有如下幾位交往密切者。《史通》卷十《自敍》記:

> 及年以過立,言悟日多,常恨時無同好,可與言者。維東海徐堅,晚與之遇,相得甚歡,雖古者伯牙之識鐘期,管仲之知鮑叔,不是過也。復有永城朱敬則、沛國劉允濟、義興薛謙光,①河南元行沖、陳留吳兢、壽春裴懷古,亦以言議見許,道術相知。所有榷揚,得盡懷抱。每云:"德不孤,必有鄰,四海之内,知我者不過數子而已矣。"②

朱敬則、③吳兢、④裴懷古⑤諸人皆出黃淮間。

上述諸人當然難稱政治或地域集團,但其交往密切似乎也不脱地域因素,核心"聯繫人"或爲朱敬則。《舊唐書》卷九〇《朱敬則傳》記:

> 朱敬則,字少連,亳州永城人也。代以孝義稱,自周至唐,三代旌表,門標六闕,州黨美之。敬則倜儻重節義,早以辭學知名。與三從兄同居,財產無異。又與左史江融、左僕射魏元忠特相友善。⑥……敬則重然諾,善與人交,每拯人急難,不求其報。又嘗與三從兄同居四十餘年,財產無異。雅有知人之鑒,凡在品論者,後皆如其言。⑦

上述高子貢"與文偉及亳州朱敬則爲莫逆之交",《舊唐書》卷一〇二《吳兢傳》記"吳兢,汴州浚儀人也。勵志勤學,博通經史。宋州人魏元忠、亳州人朱敬則深器重之,及居相輔,薦兢有史才,堪居近侍,因令直史館,修國史。"⑧恐怕不僅因朱敬則曾官居相職,

---

① 《舊唐書》卷一〇一《薛登傳》記:"薛登本名謙光,常州義興人也。……謙光博涉文史,每與人談論前代故事,必廣引證驗,有如目擊。少與徐堅、劉子玄齊名友善。"第3136頁。
② (唐)劉知幾著,(清)浦起龍通釋、王煦華整理:《史通通釋》,上海古籍出版社,2009年,第268—269頁。
③ 事見《舊唐書》卷九〇、《新唐書》卷一一五本傳。朱敬則是亳州永城人。
④ 事見《舊唐書》卷一〇二、《新唐書》卷一三二本傳。吳兢是汴州浚儀人。
⑤ 事見《舊唐書》卷一八五下《良吏下》、《新唐書》卷一九七《循吏》本傳。裴懷古是壽州壽春人,未知與上述壽州裴懷貴者關係若何。
⑥ 第2912—2913頁。
⑦ 第2915頁。
⑧ 第3182頁。

更因爲他"倜儻重節義"和"重然諾,善與人交",如此方能與這些"知識分子"成莫逆之交。

二、曹憲、李善諸人的家族地域之學

《文選》之學在隋唐之際由揚州而江淮黃淮,自有其發端因子。饒宗頤先生撰有《唐代文選學略述——〈敦煌吐魯番本文選〉前言》,①言:

> 尚論隋唐之際,選學蓬勃原因,繼承前此音注之業而外,有三事需加措意者。(一)《漢書》學與《文選》學二者之兼行互補,(二)大型類書著述之興盛,(三)崇文、弘文二館收藏圖書對於文學資料之助益……②蓋非博綜難以治《選》,亦惟博綜而能兼治《文選》……③

饒先生論證精當,言爲準的。如前所述,曹憲"該博",許淹"博物洽聞,尤精詁訓",李善"淹貫古今",號稱"書簏",④馬懷素"博覽經史","遍誦《詩》《禮》《騷》《雅》,能屬文,有史力","博游史籍,無不畢綜",邢文偉與高子貢、裴懷貴"俱以博學知名於江、淮間",高子貢"遍涉六經,尤精《史記》",他如李邕、劉知幾、吳兢等眾所周知,他們所結交者如徐堅、元行沖、薛謙光等都是"該博"之輩。不僅揚州曹李之輩治《文選》要在"博綜"與"音注"二事,上舉黃淮江淮間學者學術旨趣皆是如此。

我們着意強調另外二事,一是家族,一是地域。陳寅恪先生《隋唐制度淵源略論稿》二《禮儀附:都城建築》曾言:

> 蓋自漢代學校制度廢弛,博士傳授之風氣止息以後,學術中心移於家族,而家族復限於地域,故魏、晉、南北朝之學術、宗教皆與家族、地域兩點不可分

---

① 載《唐研究》第四卷,北京大學出版社,1998年。饒先生文中曾提及"故友劉茂華著《江淮學術之啓蒙及其成熟》,(《浸會學院學報》第四卷一期,1977年)",惜無緣得見。
② 第51頁。許逸民先生《論隋唐'〈文選〉學'興起之原因》(載《文學遺產》2006年第2期)亦有論述。
③ 第53頁。
④ 《舊唐書》卷一五七《李磎傳》記李邕姪孫李郾之孫李磎"聚書至多,手不釋卷,時人號曰'李書樓'",第4150頁。

離。①……又學術之傳授既移於家族,則京邑與學術之關係不似前此之重要。②

陳先生所論在南北朝,至隋唐之際曹李諸人之時仍然體現得非常明顯。魏模"子景倩亦世其學",馬懷素"代以學聞",父文超"精意《易》道及《洪範》,破曉氣候",李善、李邕父子更是如此。"李善在鄭州授徒講學,注釋《文選》,並在此有故宅,其後(李氏)各代對於其講學舊址,常有修繕,直至大中時已歷二百餘年,還成爲其家族的重要文化依託。"③劉知幾家族更是典型。《舊唐書》卷一〇二《劉子玄傳》記:

> 劉子玄……少與兄知柔俱以詞學知名④……自幼及長,述作不倦,朝有論著,必居其職。預修《三教珠英》《文館詞林》《姓族系錄》,論《孝經》非鄭玄注、《老子》無河上公注,修《唐書實錄》,皆行於代,有集三十卷。⑤
>
> 兄知柔,少以文學政事……代傳儒學之業,時人以述作名其家。
>
> 子玄子貺、餗、彙、秩、迅、迥,皆知名於時。
>
> 貺,博通經史,明天文、律曆、音樂、醫算之術,終於起居郎、修國史。撰《六經外傳》三十七卷、《續說苑》十卷、《太樂令壁記》三卷、《真人肘後方》三卷、《天官舊事》一卷。
>
> 餗,右補闕、集賢殿學士、修國史。著《史例》三卷、《傳記》三卷、《樂府古題解》一卷。
>
> 彙,給事中、尚書右丞、左散騎常侍、荊南長沙節度,有集三卷。
>
> 秩,給事中、尚書右丞、國子祭酒。撰《政典》三十五卷、《止戈記》七卷、《至德新議》十二卷、《指要》三卷。論喪紀制度加籩豆,許私鑄錢,改制國學,事各在本志。
>
> 迅,右補闕,撰《六說》五卷。
>
> 迥,諫議大夫、給事中,有集五卷。⑥

---

① 陳寅恪:《隋唐制度淵源略論稿(外二種)》,石家莊:河北教育出版社,2002年,第20頁。
② 第23頁。
③ 前揭胡可先:《新出石刻與唐代文學家族研究》,第640頁。
④ 第3168頁。
⑤ 第3173頁。
⑥ 第3174頁。

幾乎涵蓋各個知識層面。

家學傳承不僅在於家庭環境潛移默化的影響、家庭文化資源的便利，更重要的恐怕是"家長"的有意安排與規劃。劉知幾的幾個兒子既在史學上多有建樹，又各有專攻，各有所長，我們不清楚他對兒子是否刻意如此安排，不過他的父親對他確是自小嚴格要求和悉心培養的。《史通》卷十《自敍》記：

> 予幼奉庭訓，早游文學。年在紈綺，便受《古文尚書》。每苦其辭艱瑣，難爲諷讀。雖屢逢捶撻，而其業不成。曾聞家君爲諸兄講《春秋左氏傳》，每廢《書》而聽。逮講畢，即爲諸兄説之。因竊歎曰："若使書皆如此，吾不復怠矣。"先君奇其意，於是始授以《左氏》，期年而講誦都畢。于時年甫十有二矣。所講雖未能深解，而大義略舉。父兄欲令博觀義疏，精此一經。辭以獲麟已後，未見其事，乞且觀餘部，以廣異聞。次又讀《史》《漢》《三國志》。既欲知古今沿革，曆數相承，於是觸類而觀，不假師訓。①

劉知幾的這段自敍可以使我們非常詳細、直觀地了解所謂"家學"如何傳承。他"幼奉庭訓""年在紈綺，便受《古文尚書》"，很小即要接受父親規劃，他的諸兄則是父親的另外安排，即"爲諸兄講《春秋左氏傳》"。劉知幾志在史家，違背父親規劃，"屢逢捶撻"，卻在史學方面顯示出卓越的天分、濃厚的興趣與遠大的志向，"先君奇其意，於是始授以《左氏》"，此後仍然希望他在"雖未能深解"的情況下"博觀義疏，精此一經"，但劉知幾沒有按照父親意願，"不假師訓"，終成一代史學名家，所謂"捶撻""令""乞"都可見"庭訓""師訓"的強烈程度，②當然也是家學傳承的必要條件。

受交通、人員信息往來等物質條件所限，"學術、宗教"流波所及當有一定區域。當南北朝時，黃淮江淮之間號稱四戰之地，很難出現如曹憲"每聚徒教授，諸生數百人"的情況，而隨着南北統一，局勢穩定，如果有曹憲這號人物，那麼在一個相對較大的地域範圍內就會出現"每聚徒教授，諸生數百人"的情況。特別是運河無疑會起到極大的促進作用。史念海先生《隋唐時期運河和長江的水上交通及其沿岸的都會》上篇《運河的暢通及其沿岸的都會》對揚州、汴州、宋州、徐州、楚州等，以及其周邊水陸交通皆有詳細

---

① 第267—268頁。
② 《晉書》卷八八《孝友·劉殷傳》記劉殷"有七子，五子各授一經，一子授《太史公》，一子授《漢書》，一門之內，七業俱興"，北京：中華書局，1974年，第2289頁。

論述,并借助史料指出"由於交通的便利,南來北往的旅人也就不計遠近,而繞道揚州。"①《全唐文》卷六一二陳鴻《廬州同食館記》言:

> (合肥郡)東南自會稽朱方宣城揚州,西達蔡汝,陸行抵京師。江淮牧守,三臺郎吏,出入多遊郡道。……開元中,江淮間人走崤函,合肥壽春爲中路。大曆末,蔡人爲賊,是道中廢。元和中,蔡州平,二京路復出於廬,西江自白沙瓜步,至於大梁,斗門堰埭、鹽鐵税緡、諸侯權利,駢指於河,故衣冠商旅,率皆直蔡會洛。②

也可見交通是否通暢、局勢是否承平對經濟文化發展、人員信息交流的巨大影響。

陳寅恪先生説"學術之傳授既移於家族,則京邑與學術之關係不似前此之重要",我們可以從曹憲、李善等人的選擇得到印證,他們似乎有意無意之間也在回避京邑,李邕、劉知幾、吴兢等人都是仕途不順,前舉諸人還不同程度地捲入政治紛爭,這是另一話題,此不多論。但同時,由於承平日久,政治、文化資源又會日益向京邑集中,對地域文化集團起到消解作用。每當分隔復合之時,我們便會格外關注所分隔區域的地域差異,隨着長期統一穩定,交流頻繁,地域差異雖然仍然存在,也會爲人提及,但不會成爲熱議話題,我們現在所見,南北朝時喜論南北差異的大抵如此。其後,文人聚集日漸以學術文學主張和交誼而論,出身地域反倒在次,韓柳如此,元白也如此。③

三、唐代曹憲、李善之後的《文選》之學

李善注《文選》以後,至開元間又有五臣注。

《吕延祚進五臣集注文選表》曰:

> 臣延祚言:臣受之于師曰,同文底績,是將大理;刊書啓衷,有用廣化。實昭聖代,輒極鄙懷。臣延祚誠惶誠恐,頓首頓首。臣覽古集至梁昭明太子所撰《文選》三十卷,閲玩未已,吟讀無斁。風雅其來,不之能尚,則有遣詞激切,揆度其事,宅心隱微,晦滅其兆,飾物反諷,假時維情,非夫幽識,莫能洞究。往有李善,時謂宿儒,

---

① 史念海著:《唐代歷史地理研究》,北京:中國社會科學出版社,1998年,第317頁。
② (清)董誥等編:《全唐文》,北京:中華書局,1983年,第6181頁。
③ 賈晉華先生《唐代集會總集與詩人群研究》(第二版,北京大學出版社,2015年)即以若干唐代詩人唱和應答作品集爲綫索考察詩人群體。

推而傳之,成六十卷。忽發章句,是徵載籍,述作之由,何嘗措翰?使復精核注引,則陷於末學;質訪指趣,則歸然舊文。只謂攪心,胡爲析理?臣懲其若是,志爲訓釋,乃求得衢州常山縣尉臣呂延濟、都水使者劉承祖男臣良、處士臣張銑、臣呂向、臣李周翰等,或藝術精遠,塵遊不雜;或詞論穎曜,巖居自修,相與三復乃詞,周知祕旨。一貫於理,杳測澄懷;目無全文,心無留義,作者爲志,森乎可觀。記其所善,名曰集注,並具字音,復三十卷。其言約,其利博,後事元龜,爲學之師,豁若撤蒙,爛然見景,載謂激俗,誠惟便人。伏惟陛下浚德乃文,嘉言必史;特發英藻,克光洪猷,有彰天心,是效臣節。敢有所隱,斯與同進。謹於朝堂拜表以聞,輕瀆冕旒,精爽震越。臣誠惶誠恐。頓首死罪,謹言。開元六年九月十日工部侍郎臣呂延祚上表。

上遣將軍高力士宣口敕:朕近留心此書,比見注本,唯只引事,不說意義,略看數卷,卿此書甚好。賜絹及綵一百段,即宜領取。①

前揭汪習波先生《隋唐文選學研究》第五章《開元以後的"〈文選〉學"嗣響》第一節《呂延祚〈進《集注文選》〉表的相關問題》考訂精審,指出五臣有投玄宗所好的政治投機心理,而歷來論者亦指出,其中一個原因是,李善注失在"唯只引事,不說意義",②隨着科舉的盛行,《文選》日漸成爲發蒙識字和考試教材,五臣注有"豁若撤蒙,爛然見景,載謂激俗,誠惟便人"的作用,那麼當開元盛世,重注《文選》這一既宏大又習見的經典文學作品集便適逢其時。

此表引發後世聚訟不已,自唐至清,歷代治《文選》學者大多對五臣持激烈的抨擊態度,學界至近代始漸漸對五臣注給予較爲積極的評價。陳延嘉先生《〈文選〉李善註與五臣註比較研究》,選取若干篇章,對李善註與五臣註進行了非常仔細、深入的對讀比較,並對二者進行了中肯的評價,一定程度上對長期以來頗受非議的五臣註給予了相當積極的肯定。陳先生的結論是:一、李善是《文選》的功臣。李善註是選學史上的一座豐碑;亦有不足,應加以改進。二、五臣也是《文選》的功臣。五臣註是選學史上的另一座豐碑;亦有不足,應加以改進。三、五臣註對李善註有繼承有超越,是對李善註的積極的發展,這不僅表現在理論上,而且表現在一個個具體的註釋中。特別是對通俗化的追求符合訓詁史、註釋史的發展規律、對作品藝術特點的關註符合欣賞的審美需求這

---

① 此依《六臣注文選》所收,北京:中華書局,1987年,係據商務印書館1919年《四部叢刊》所收涵芬樓藏宋刊本影印,《全唐文》卷三〇〇亦收。
② 此說亦引起選學界長期討論,參見前揭各位先生論著。

兩個方面,把選學研究向前大大推進了一步,絕非倒退。四、兩家註析之則爲兩珍……合之則爲完寶……①

唐代此後又有注《文選》的幾次嘗試,但都不怎麽成功。《大唐新語》卷九《著述》記:

> 開元中,中書令蕭嵩以《文選》是先代舊業,欲注釋之。奏請左補闕王智明、金吾衛佐李玄成、進士陳居等注《文選》。先是,東宫衛佐馮光震入院校《文選》,兼復注釋。解"蹲鴟"云:"今之芋子,即是着毛蘿蔔。"院中學士向挺之、蕭嵩撫掌大笑。智明等學術非深,素無修撰之藝,其後或遷,功竟不就。②

如前揭學界成果所示,《文選》歷代注本可謂多矣,然最終相對完整流傳下來的就是李善注本和五臣注本,一定程度上説明兩者是相對較好的順應讀者需求的本子。依今日視角來看,對於科舉考試而言,《文選》有類今日語文教材,諸家注便是教材參考資料或説是作文教輔,其流傳之廣、版本之多、傳抄時你中有我我中有你便不足爲奇。曹李之時,科舉未盛,《文選》尚有較高的"學術"價值,此後隨着科舉盛行,《文選》日益成爲學子案頭必備的發蒙應試"教材",文史名家便不再,或説不屑於爲之訓注,所以我們見到注者多爲"衢州常山縣尉臣吕延濟、都水使者劉承祖男臣良、處士臣張銑、臣吕向、臣李周翰""左補闕工智明、金吾衛佐李玄成、進士陳居""東宮衛佐馮光震"等籍籍無名之輩,從他們任職情況看,要麽是處士,並無一官半職,要麽是"金吾衛佐""東宮衛佐",俱是"學術非深,素無修撰之藝"者流,實在是學術文化領域的"雜色",五臣亦很難稱其爲"臣"。又由於李善注堪稱完備,即使後人作注,也很難在偏重識字(音韻訓詁)、"引事"方面有大的超越,至於五臣所言"意義",有類今日作文教輔的針對某一篇章指出其"段落大意""中心思想",初學者發蒙或有作用,真正科考作用實在有限,並且一般學生有教師傳授,教師盡可口授"意義",況且對於文學作品的理解、體會,很難像考試經義一樣嚴格確定"標準答案",所以是否有"意義"並不是那麽重要。

《文選》編撰系出南方,《文選》之學在隋唐之際肇興於揚州,繼而對此後整個南北方都產生巨大影響。唐長孺先生《論南朝文學的北傳》對南北朝以迄唐末宋初,南朝文

---

① 長春:吉林文史出版社,2009年,第447頁。陳先生有專文論李善注"釋事而忘義",收於本書附錄。王立群先生《〈文選〉版本注釋綜合研究》也有詳論,鄭州:大象出版社,2014年。
② 第134頁。

學在北方乃至全國的傳播、影響並有精當論述,唐先生的結論是:

> 隋及唐初正是徐(陵)、庾(信)文體流行全國、上下同風的時代,那時曾經有人譴責這種"淫放""輕薄"之辭,然而收效甚微,甚至他們自己也並不能擺脫"江左餘風"。……終唐一代,由於進士科照例考試律賦、律詩,古文並不能真正壓倒繼承江左的駢文……古文倡於唐之韓、柳,重興於宋之歐陽修,而成於王安石之進士科試經義。宋代是古文真正壓倒駢文的時代,也是文化中心南移的時代。①

今以《文選》爲例,以爲上述結論之注腳。

如所周知,《文選》體現了南北朝時南朝的學術文化,②但其與徐庾體有所不同。岡村繁先生不同意《文選》與《玉臺新詠》的"新舊"之分,而是認爲:

> 前者(《文選》)是多維的、理想主義的硬派文學之淵藪,而後者(《玉臺新詠》)則是專門的、頹廢享樂的軟派文學之苑囿。③

《文選》至少是以昭明太子的名義編撰的,其中網羅了正統文學各類體裁的典範作品,可謂是正宗堂皇的官撰選集。與此相對,《玉臺新詠》則是專收滋生於低級趣味的"宫體"詩的選集,其内容頹廢,追求享樂,屬於宫闈内部的"新聲",況且還是徐陵假託"麗人"私下偷偷編成。④

隋唐之際治《文選》諸學者,以李善爲代表,難稱"浮華",反倒是從名物、音韻入手,頗有清代"樸學"特質,這恐怕也是清儒標榜李善的原因。如前所述,曹憲、李善諸人都是"博物洽聞,尤精詁訓"之輩,注釋《文選》都是長於文字音韻訓詁,兩《唐書》將諸人列入《儒學》而非《文苑》《文藝》,理所當然。李善號"書簏",他"不能屬辭",或許是"不

---

① 原載《武漢大學學報》1993 年第 6 期,復收於同著:《唐長孺文集·山居存稿續編》,北京:中華書局,2011 年,第 240—241 頁。唐先生並有《讀抱朴子推論南北學風的異同》(收於同著《唐長孺文集·魏晉南北朝史論叢》,北京:中華書局,2011 年)論南北學風尤其是經學異同,曹道衡先生有《南朝文學與北朝文學研究》(南京:江蘇古籍出版社,1999 年)論南北文學異同,胡寶國先生有《南北史學異同》(收於同著《漢唐間史學的發展》,北京:商務印書館,2003 年)論南北史學異同。
② 相關研究可參周唯一先生《南朝學術文化與〈文選〉》,北京:人民出版社,2015 年。
③ 岡村繁:《文選之研究》,第 97 頁。
④ 岡村繁:《文選之研究》,第 114 頁。

能",也可能是"不願"或"不屑",注《文選》"釋事"時卻絕不可能是"忘意",因爲李邕"附事見義",他並不首肯。我們想,他與李邕對"意義"的不同理解倒在其次,更重要的或許是他不認同在注釋《文選》時加入過多注釋者的理解。

但是時代畢竟不同,李善自己的兒子和學生卻是善"屬辭"的。《新唐書》卷二〇二《文藝中·李邕傳》記:

> 邕之文,於碑頌是所長,人奉金帛請其文,前後所受鉅萬計。邕雖訕不進,而文名天下,時稱李北海。盧藏用嘗謂:"邕如干將、莫邪,難與爭鋒,但虞傷缺耳。"後卒如言。杜甫知邕負謗死,作《八哀詩》,讀者傷之。①

馬懷素"善屬文""登文學優贍科",李邕"文名天下,時稱李北海",他們的文章都是一時之選,與李善"不能屬辭"形成鮮明對照。但同時,他們不是"浮華"之輩,而有廣博、深厚的學識功底。李嶠是"文章四友",乃一時文壇翹楚,李邕受到他的驚歎,後來李邕本人也對與己相仿的文學後進有知遇之恩。《舊唐書》卷一五七《郗士美傳》記:

> 郗士美,字和夫,高平金鄉人也。父純,字高卿,爲李邕、張九齡等知遇,尤以詞學見推,與顔真卿、蕭穎士、李華皆相友善。舉進士,繼以書判制策,三中高第……有文集六十卷行於世。
>
> 士美少好學,善記覽,父友顔真卿、蕭穎士輩嘗與之討論經傳,應對如流,既而相謂曰:"吾曹異日當交於二郗之間矣。"②

我們注意到,李邕"碑頌是所長",郗士美"以書判制策,三中高第",他們所擅長的是當時廣爲應用的所謂"應用文"。《文選》也好,徐庾體也好,駢文講究用韻,讀來朗朗上口,但其只是一種形式,六朝確定聲韻,聲韻之學的確定一定要通過一種文章形式作爲載體方能流傳、確定並爲人接受,從而走出"書齋",相輔相成,駢文也對聲韻的確定起到決定性的作用。所謂"淫放""輕薄"要不在形式,而是内容,筆者以爲,其核心有二,一是以"風花雪月""男女閨情"爲題材,一是合韻用典。

---

① 第5757頁。
② 第4145—4146頁。

《隋書》卷六六《李諤傳》記：

> 李諤字士恢，趙郡人也。好學，解屬文。仕齊爲中書舍人，有口辯，每接對陳使。……（入隋後）諤又以屬文之家，體尚輕薄，遞相師效，流宕忘反，於是上書曰：
>
> 臣聞古先哲王之化民也，必變其視聽，防其嗜欲，塞其邪放之心，示以淳和之路。五教六行爲訓民之本，《詩》《書》《禮》《易》爲道義之門。故能家復孝慈，人知禮讓，正俗調風，莫大於此。其有上書獻賦，制誄鐫銘，皆以褒德序賢，明勛證理。苟非懲勸，義不徒然。降及後代，風教漸落。魏之三祖，更尚文詞，忽君人之大道，好雕蟲之小藝。下之從上，有同影響，競騁文華，遂成風俗。江左齊、梁，其弊彌甚，貴賤賢愚，唯務吟詠。遂復遺理存異，尋虛逐微，競一韻之奇，爭一字之巧。連篇累牘，不出月露之形，積案盈箱，唯是風雲之狀。世俗以此相高，朝廷據茲擢士。禄利之路既開，愛尚之情愈篤。於是閭里童昏，貴遊總丱，未窺六甲，先制五言。至如羲皇、舜、禹之典，伊、傅、周、孔之說，不復關心，何嘗入耳。以傲誕爲清虛，以緣情爲勛績，指儒素爲古拙，用詞賦爲君子。故文筆日繁，其政日亂，良由棄大聖之軌模，構無用以爲用也。損本逐末，流遍華壤，遞相師祖，久而愈扇。
>
> 及大隋受命，聖道聿興，屏黜輕浮，遏止華偽。自非懷經抱質，志道依仁，不得引預搢紳，參廁纓冕。開皇四年，普詔天下，公私文翰，並宜實錄。其年九月，泗州刺史司馬幼之文表華艷，付所司治罪。自是公卿大臣咸知正路，莫不鑽仰墳集，棄絕華綺，擇先王之令典，行大道於茲世。如聞外州遠縣，仍踵敝風，選吏舉人，未遵典則。至有宗黨稱孝，鄉曲歸仁，學必典謨，交不苟合，則擯落私門，不加收齒；其學不稽古，逐俗隨時，作輕薄之篇章，結朋黨而求譽，則選充吏職，舉送天朝。蓋由縣令、刺史未行風教，猶挾私情，不存公道。臣既忝憲司，職當糾察。若聞風即劾，恐挂網者多，請勒諸司，普加搜訪，有如此者，具狀送臺。
>
> 諤又以當官者好自矜伐，復上奏曰：……
>
> 上以諤前後所奏頒示天下，四海靡然向風，深革其弊。①

李諤是北方趙郡李氏，既"好學，解屬文"，應該文章可稱，我們從他的上書可窺一斑，他

---

① 《隋書》，北京：中華書局，1973年，第1543—1546頁。此處贅引繁文，意在結合語境及上下文，完整把握李諤上書要旨。

既然"每接對陳使",想來對南方情狀、南方文化、南方文學並不陌生,也因此對南方文章積弊所知甚深。但他抨擊的主要是內容,即"忽君人之大道,好雕蟲之小藝""連篇累牘,不出月露之形,積案盈箱,唯是風雲之狀",其次才是形式,"競一韻之奇,爭一字之巧",抨擊形式也主要是因爲過分追求形式而損害內容,因文害義。南北朝隔絶日久,南方繼承"魏之三祖"以後的"魏晉新聲",統一以後,北人仰慕南方人物風流,原本不足爲奇,但如果因此而"棄大聖之軌模""不復關心""羲皇、舜、禹之典,伊、傅、周、孔之説",勢必動搖國基,影響北方文化正統性的標榜。除了科舉試詩賦的影響以外,①由於駢文重聲韻,講對仗,有獨特的文學審美價值,②這種文章形式終唐一代始終有着巨大的影響,③正如唐長孺先生所指出的,古文真正壓倒駢文要到宋代。

駢文在唐代之所以仍然有着巨大的影響,我們想,至少有兩個原因,即一: 采用駢文的形式而賦予其有別於"淫放""輕薄"內容之外的"意義";二,采用相對不那麽嚴格的格式要求,特別是克服追求極致的"競一韻之奇,爭一字之巧"的弊端,是所謂"舊瓶裝新酒"。《四六叢話》卷三二《作家五·唐四六諸家》收有多位唐代寫出過優美駢文的作家,④以陸贄爲例,《舊唐書》卷一三九《陸贄傳》記陸贄勸德宗下詔罪己以安撫天下,"奉天所下書詔,雖武夫悍卒,無不揮涕感激,多贄所爲也。"⑤除了內容以外,其文章感情深摯、氣勢磅礴,我們現在讀來也不免爲之讚歎。⑥

唐長孺先生在《論南朝文學的北傳》一文中指出,唐代君臣上下、普通民衆,駢文皆廣爲流行,如墓誌、契約亦不例外。我們在這裏想標出一節,即用典。以"書判"爲例,如所周知,唐代禮部試以後,士子還要參加吏部試,以"身言書判"爲試,判又有"實判""虛判"之分。初盛唐著名文人張鷟《龍筋鳳髓判》所做諸判誠是龍飛鳳舞,⑦堆砌辭藻,無典不句,是典型的"江左遺風",但至中唐白居易做擬判,雖然仍是駢文形式,但很少用典,代表了其時科舉考試的典型文風,能夠使"武夫悍卒""揮涕感激"的文章不可能堆砌典故,我們想,這或許也是李諤沒有明言的原因之一,隨着時代的發展,用典也漸漸

---

① 相關研究可參張鵬飛先生《〈昭明文選〉應用研究》第二章《〈昭明文選〉與唐代的科舉詩文》,北京: 中國社會科學出版社,2014年。
② 相關研究可參鍾濤先生《六朝駢文形式及其文化意藴》,北京: 東方出版社,1997年。
③ 參于景祥先生《六朝駢文對唐代駢文家的影響》,收於同著:《駢文論稿》,北京: 中華書局,2012年。
④ (清)孫梅著,李金松校點:《四六叢話》,北京: 人民文學出版社,2010年。
⑤ 第3792頁。
⑥ 參(唐)陸贄撰,王素點校:《陸贄集》,北京: 中華書局,2006年。
⑦ 參見(唐)張鷟著,蔣宗許、劉雲生、蔣信、譚勤、陳默箋注:《龍筋鳳髓判箋注》,北京: 法律出版社,2013年。

爲"賦誄銘"所專有，用一種已經"特殊"的形式表示一類特殊的情感。

　　總結本文，當南北朝時，南北隔絶日久，圍繞各自京邑形成江南、關中、河北等幾個具有較爲鮮明特色的文化區域，並在統一以後繼續體現出來，也是唐代人才輩出的幾大地域。黄淮、江淮一帶此前文化積澱非稱豐厚，但在南北統一以後，由於曹憲、李善等人的傑出貢獻，一時在揚州形成《文選》之學極爲興盛的局面，使得隋唐之際在《文選》學發展史上具有重要地位。曹李之輩治《文選》要在"博綜"與"音注"二事，而黄淮、江淮間學者學術旨趣大抵皆是如此。① 自江淮、黄淮一帶發端的《文選》學，自南而北得到廣泛傳播，既促進了南北文化的交流，②也在交流中借由科舉試詩賦的文化環境而因緣附會，由廟堂走入民間，在提升整個民族特別是普通民衆的文化素質方面起到巨大作用，在這一過程中，與之密切相關的駢文也完成了自身的蜕變。

　　附記：本文曾在 2016 年 11 月 25—27 日於南開大學"中古社會史研究再出發：第三届古史新鋭南開論壇"上宣讀，得到林曉光先生批評指正，謹此致謝！

---

① 這一特點或承南朝學風遺緒。可參胡寶國：《知識至上的南朝學風》，《文史》2009 年第 4 輯。
② 曹道衡先生《東晉南北朝時代北方文化對南方文學的影響》（收於同著：《中古文學史論文集》，北京：中華書局，2002 年）指出交流是雙向的，南北朝時期北方文化對南方文學的影響亦不應忽視。

五代都城設置與府縣等級升降考

齊子通

不計十國,僅就五代而言,新設的都城地點就有三個,即汴州、魏州、鎮州。關於五代都城的變遷,中日學者多有討論,①但重點聚焦於開封。伴隨着權力更迭,新設都城與原有都城的稱謂變動頻繁,與之相應的府縣等級亦隨之浮動升降,特別是府縣等級變化,撲朔迷離。最近新出的《中國行政區劃通史》(五代十國卷)對此內容着墨不多,筆者在撰寫其他論文時曾注意到這一問題,但也沒有深入展開。② 若細致梳理這一時期與都城設置相關的府、縣等級變化,則能夠發現一些以往不易解讀的歷史信息,甚至能夠總結出一些規律。今不揣淺陋,條次分析如下,不當之處,敬請方家前輩批評指正。

一

開平元年(907)四月,朱温代唐,升汴州爲開封府,號東都,以洛陽爲西都,原京兆府被廢爲雍州。開封府的屬縣等級爲赤縣、畿縣,遵循了唐代以來京府的建制規格,以開封、浚儀二縣爲赤縣,尉氏、封丘、雍丘、陳留四縣爲畿縣。與此同時,朱温還將原汴州諸城門進行改名。如,宋門爲觀化門,尉氏門爲高明門,鄭門爲開陽門,梁門爲乾象門,酸棗門爲興和門,封丘門爲含曜門,曹門爲建陽門等。③ 不過,整體而言,作爲都城所在之地,開封府轄縣明顯偏少,僅有六縣,爲此,開平三年(909)二月,朱温進一步擴大了

---

① (清)趙翼:《陔餘叢考》卷一八《汴京始末》,北京:商務印書館,1957年,第341頁;張其凡:《五代都城變遷》,《暨南學報(哲學社會科學版)》1985年第3期;程存潔:《唐代城市史研究初編》,北京:中華書局,2002年;宮崎市定:《讀史札記七·五代國都》,《史林》第21號第1卷,後收入《宮崎市定全集》卷17,岩波書店,1992年;久保田和男著,郭萬平譯:《宋代開封研究》,上海古籍出版社,2010年;等等。
② 周振鶴主編、李曉傑著:《中國行政區劃通史》(五代十國卷),上海:復旦大學出版社,2014年。拙文:《次赤、次畿縣的成立與唐宋府制變遷》,《魏晉南北朝隋唐史資料》第31輯,2015年7月。
③ 《五代會要》卷一九"開封府"條,上海古籍出版社,2006年,第307頁。

開封的轄區：

> 敕東都曰：自升州作府，建邑爲都，未廣邦畿，頗虧國體。其以滑州酸棗縣、長垣縣，鄭州中牟縣、陽武縣，宋州襄邑縣，曹州戴邑縣，許州扶溝、鄢陵縣，陳州太康縣等九縣，宜並割屬開封府，仍升爲畿縣。①

"建邑爲都，未廣邦畿，頗虧國體"，道出了開封府轄區狹窄，與都城地位不相匹配的境況。後梁將與汴州相鄰的滑州、鄭州、宋州、曹州、許州、陳州的九縣割屬開封府，九縣皆升爲畿縣。至此，我們也發現，原汴州城門名稱與汴州周圍的州縣名稱具有很大相似性，二者在交通方位上或有密切的關係：即宋門通往宋州方向，尉氏門通往尉氏縣方向，鄭門通往鄭州方向，酸棗門通往酸棗縣方向，封丘門通往封丘縣方向，曹門通往曹州方向。

後唐奉唐正朔，不承認後梁開封都城地位，同光元年（923）十二月，復降爲宣武軍節度使，屬縣等級自然也隨之而降。同光二年（924）二月詔曰："汴州元管開封、浚儀、封丘、雍丘、尉氏、陳留六縣，僞庭割許州鄢陵、扶溝，陳州太康，鄭州陽武、中牟，曹州考城等縣屬焉。其陽武、匡城、扶溝、考城四縣，宜令且隸汴州，餘還本部。"②該詔書對後梁開平三年（909）汴州擴地之舉，既有所否定，也有所保留。除汴州原有六縣外，開平三年（909）新增九縣中的陽武、匡城（即長垣縣）、扶溝、考城（即戴邑縣）四縣仍屬汴州，其餘五縣重歸本州。明宗天成四年（929）五月敕："汴州宮殿並去鴟吻，賜本道節度使爲治所，其衙署、諸門、園亭、名額並廢。"③但事實并沒有如此簡單，明宗巡行汴州也引發了禮制上的矛盾，直到後晉時期才得以妥善解決。晉初，出自河東集團的石敬瑭尊奉後唐遺制，定都洛陽，但爲了就近控制魏州範延光叛亂，巡行汴州。此時，御史中丞張昭遠提出了明宗在汴州遺留下來問題：

> （天福二年）夏五月……丙辰，御史中丞張昭遠奏："汴州在梁室朱氏稱制之年，有京都之號，及唐莊宗平定河南，復廢爲宣武軍。至明宗行幸之時，掌事者因緣修葺衙城，<u>遂掛梁室時宮殿門牌額，當時識者或竊非之</u>。一昨車駕省方，暫居梁苑，

---

① 《册府元龜》卷一九六《閏位部·建都》，北京：中華書局，1960年，第2358—2359頁。
② 《舊五代史》卷三一《唐莊宗本紀》，北京：中華書局，1976年，第429頁。
③ 《五代會要》卷一九"開封府"條，上海古籍出版社，2006年，第307頁。

臣觀衙城内齋閣牌額，一如明宗行幸之時，無都號而有殿名，恐非典據。臣竊尋秦漢已來，寰海之内，鑾輿所至，多立宫名。近代隋室於揚州立江都宫，太原立汾陽宫，岐州立仁壽宫。唐朝於太原立晉陽宫，同州立長春宫，岐州立九成宫。宫中殿閣，皆題署牌額，以類皇居。請准故事，於汴州衙城門權掛一宫門牌額，則餘齋閣，並可取便爲名。"敕：行闕宜以大寧宫爲名。①

按此記載，唐莊宗廢除了開封都城地位，此後明宗巡行汴州時，爲接迎明宗，"掌事者"掛起後梁宫殿門牌額，這種有違國體的做法引起有識之士非議。至天福二年（937），石敬瑭巡行汴州時，衙城内齋閣牌額仍然如明宗行幸之時，懸掛着後梁舊額，同時也造成汴州無都城之號而有宫殿之名的矛盾。爲此，張昭遠主張從漢唐以來制度，以巡幸之地取以宫名，以類皇居。於是在汴州衙城門權掛一宫門牌額，名大寧宫。平定範延光叛亂之後，天福二年（937）七月甲戌，"詔洛京留司百官並赴闕"，②此成爲政治中心重新轉移汴州的重大信號。在汴州長居一年多之後，石敬瑭宣布定都開封。天福三年（938）十月庚辰，御札曰：

爲國之規，在於敏政；建都之法，務要利民。曆考前經，朗然通論，顧惟涼德，獲啓丕基。當數朝戰伐之餘，是兆庶傷殘之後，車徒既廣，帑廩鹹虛。經年之挽粟飛芻，繼日而勞民動衆，常煩漕運，不給供須。今汴州水陸要衝，山河形勝，乃萬庾千箱之地，是四通八達之郊。爰自按巡，益觀宜便，俾升都邑，以利兵民。汴州宜升爲東京，置開封府，仍升開封、浚儀兩縣爲赤縣，其餘升爲畿縣。應舊置開封府時所管屬縣，並可仍舊割屬收管，亦升爲畿縣。③

石敬瑭從汴州之漕運與地理位置兩方面，闡述定都汴州之利。重新以之爲東京，置開封府。開封、浚儀兩縣爲赤縣，其餘諸縣升爲畿縣。同時，將被唐莊宗分割出去的五縣，重新隸屬開封府，亦爲畿縣，即恢復後梁開平三年舊制。石敬瑭出自河東，又係後唐明宗之婿，因而在政治法律制度也多沿用明宗朝制。但在對待開封的態度上，石敬瑭卻最終承襲了後梁經營開封的成果。如果説後唐在定都問題上，尚且受李唐舊制的影響，

---

① 《舊五代史》卷七六《晉高祖本紀》，第1001頁。
② 《舊五代史》卷七六《晉高祖本紀》，第1005頁。
③ 《舊五代史》卷七七《晉高祖本紀》，第1020頁。

而石敬瑭重新定都開封,則意味擺脱了這種束縛,同時也象徵着唐末五代以來都城從洛陽至開封東移之格局的確立。

二

同光元年(923)四月己巳,李存勗於魏州即皇帝位,以魏州爲東京興唐府,以太原府爲西京,以鎮州爲真定府,稱北都。①唐莊宗立東京興唐府後,改元城縣爲興唐縣、貴鄉縣爲廣晉,二縣爲赤縣,其餘爲畿縣。"興唐",即以恢復李唐爲號召;李克用父子據三晉之地,被李唐封爲晉王,故立"廣晉縣","興唐""廣晉"二縣的名字,分别象徵着前唐政權與李存勗政權。前者爲後者存在和發展提供正統合法性的支援,後者以現實政權資源尊重前者。從興唐、廣晉二縣的設置,亦可窺視李存勗欲以此調和二者關係。對李存勗而言,尊奉李唐與自我勢力發展壯大皆不可或缺,至同光三年(925),才將東京名號讓渡給洛陽,恢復洛陽東都之稱謂,同時改東京興唐府爲鄴都興唐府,與太原府並爲次府,屬縣爲赤縣、畿縣。但是,明宗天成四年,鄴都興唐府卻被廢除鄴都之號。《五代會要》卷一九"大名府"條記載:

> 天成四年五月敕:"先升魏州爲鄴都,有留守、王城使及宫殿諸門閣亭名額,並廢。"②

天成四年(929)五月敕稱,先升魏州爲鄴都,確切的説先升爲東京興唐府,後爲鄴都興唐府,這裏徑稱鄴都,恐當時之便謂,亦可理解。因爲興唐府稱鄴都,有京都名號,故有留守、王城使等官職,也有諸宫殿門,及與京都名號匹配的諸門名稱。按此敕,這些官職及相關宫殿諸門閣亭皆停廢。敕文雖然没有直接記載廢除鄴都之號,但與都城名號相關"符號"廢除之後,"鄴都"之號理應也被廢除。

《五代會要》卷一九"大名府"條記載,晉天福二年(937)九月"改興唐府爲廣晉府,興唐縣爲廣晉縣",③此舉顯然是突出"晉"政權存在的現實意義。但是還有一個疑問,前興唐府兩赤縣爲興唐、廣晉,後晉改興唐縣爲廣晉縣,豈不是存在兩個廣晉縣?成書年代稍早於《五代會要》的《太平寰宇記》卷五四《河北道三》記載:"元城縣……後唐改

---

① 《舊五代史》卷二九《唐書五·莊宗紀三》,第404頁。
② 《五代會要》卷一九"大名府"條,第310頁。
③ 《五代會要》卷一九"大名府"條,第310頁。

爲興唐縣,晉復爲元城"。① 按興唐縣本由元城縣改名而來,又後晉之廣晉府的廣晉、元城二縣並稱,只不過廣晉縣居元城縣之前,因此,《太平寰宇記》所載後晉改興唐縣復爲元城縣之説是正確的,《五代會要》之記載則有訛誤。這裏改名的重要用意在於去"興唐"之名,顯"廣晉"之義。"改興唐府爲廣晉府"也表明,此前興唐府一直存在,天成四年(929)五月的改制中,保留了興唐府建制。一年之後,即晉天福三年(938)十月敕:"魏州廣晉府復升爲鄴都,置留守,廣晉、元城兩縣爲赤縣,其餘屬縣爲畿縣"。② 從"魏州廣晉府復升爲鄴都"可以判斷,後唐天成四年五月敕,確實廢除了鄴都稱號,進一步佐證前説。因没有都城之號的興唐府屬縣應爲次赤、次畿。後晉恢復鄴都名分,則需設置與之地位匹配的官職,因此置留守,同時廣晉、元城二縣爲赤縣,其餘屬縣爲畿縣,這都是與"都"號相匹配的建制規格。但是與鄴都相關的其他建制並没有立即恢復,而是存在一定滯後性。比如鄴都諸門改名,直到天福七年(942)四月才得以實現。③

後漢乾祐元年(948)三月,"改廣晉府爲大名府,廣晉縣爲大名縣",④如同後晉改名以清除前朝影響一樣,後漢改名之舉也是去"後晉"相關的影響。後晉之廣晉縣、元城縣皆爲赤縣,因後漢存在的時間較短,後漢大名府之大名縣、元城縣是否仍爲赤縣缺乏史料記載,縣級不得而知。郭威起兵清君側,時任鄴都留守兼天雄軍節度使,郭威南下,使柴榮擔任留守。可見,鄴都大名府是郭威父子後方基地,帶有幾分"龍興"的意味。郭威廣順元年(951)春即位,《五代會要》記載:"周廣順元年六月,以大名府元城縣爲赤縣。"⑤按此記載,後漢之元城縣應不爲赤縣,故有後周廣順元年(951)改元城縣爲赤縣之説。六月改元城爲赤縣,應與鄴都大名府對郭威父子取得政權有重大作用有關。周廣順三年(953)底,郭威自知不久於人世,爲使柴榮順利即位,徵鄴都留王殷守入朝,顯德元年(954)正月,郭威去世,去世之前,廢除鄴都之號。廢除鄴都之號的大名府屬縣有無變化,史書無載,但根據其他史料,可推測廢除鄴都之號以後的大名府屬縣等級。《五代會要》卷一九"大名府"條記載:"顯德元年正月,廢鄴都留守,依舊爲天雄軍大名府,在京兆府之下,其屬縣地望、官吏品秩,並同京兆府。"⑥據此可知,廢除鄴都名號之

---

① 《太平寰宇記》卷五四《河北道三》,北京:中華書局,2007年,第1108頁。
② 《五代會要》卷一九"大名府"條,第301頁。
③ 《五代會要》卷一九"大名府"條,第310頁。
④ 《五代會要》卷一九"大名府"條,第310頁。
⑤ 《五代會要》卷一九"大名府"條,第310頁。
⑥ 《五代會要》卷一九"大名府"條,第310頁。

後,仍保留天雄軍及大名府,地位在京兆府之下,但同時又稱"屬縣地望,官吏品秩,並同京兆",這是否有些矛盾呢? 欲詳考此事,首先要了解此時京兆府地位及屬縣情況。

三

京兆府、河南府被唐莊宗同光三年立爲東西二京(二府),興唐府、太原府爲次府。唐明宗長興三年(932)四月,中書門下奏請重定三京、諸道州府地望次第者。按照舊制,以王者所都之地爲上,故而請以河南道爲上,關內道第二,河東道爲第三,餘依舊制。對於其他諸府:

> "案十道圖,以關內道爲上,遂以鳳翔府爲首,河中、成都、江陵、興元爲次。中興初,升魏州爲興唐府,鎮州爲真定府,皆是創業興王之地,請升二府於五府之上,合爲七府。仍以興唐爲首,真定、鳳翔、成都、江陵、興元爲次。"從之。①

鳳翔、河中、成都、江陵、興元是唐代後五府,也合稱五府,位在京兆、河南、太原三府之下。其實,五府屬縣等級是一致的,爲次赤、次畿。但在這五府中,因鳳翔府屬關內道,故位次居首,河中、成都、江陵、興元四府也是按照其所屬的"道"在十道圖的位次而定。興唐府、真定府是後唐所設,與李存勖政權發展及後唐建立有一定關係,故被視爲創業興王之地。興唐,真定二府在五府之上,合稱七府,以興唐府爲首,真定、鳳翔、成都、江陵、興元爲次。顯然這裏缺了"河中",應是史書傳抄缺漏。其實,此時成都、興元二府在孟知祥控制之下,江陵府爲荊南所有,因名義上皆臣屬後唐,故仍以七府稱之。興唐府已經在天成四年失去鄴都之號,此時的興唐府屬縣爲次赤、次畿。後晉以開封洛陽爲東西兩京,太原府爲龍興之地,爲北京,原京兆府失去了京都名號。晉天福七年(942)十月敕:"改西京爲晉昌軍,留守爲節度觀察使,仍依舊爲京兆府,在七府之上。"②京兆府失去西京之號,是五代以來政治重心東移的必然結果。特別是石敬瑭重新定都開封之後,確立洛陽、開封並重的格局。京兆府失去西京名分,正是這種形勢發展的反映。但是,京兆府的地位下降是一個歷史過程,漸進演化,而非一蹴而就。此時的京兆府雖無京都之號,屬縣仍爲赤縣、畿縣。另一方面,廣晉府屬縣也爲赤縣、畿縣,且有鄴

---

① 《五代會要》卷一九"諸府"條,第311頁。
② 《五代會要》卷一九"京兆府"條,第309頁。

都之號。但"京兆府,在七府之上",則表明京兆府儘管失去了京都名分,地位卻高於有京都之號的廣晉府。顯然,這是京兆府歷史傳統的餘威影響力發揮了作用。直到後周時期,京兆府地位又有了進一步的下降:"周廣順元年六月,降京兆府同五府,長安、萬年縣爲次赤縣。"①郭威將京兆府地位降同五府,原爲赤縣的長安、萬年被降爲次赤縣。雖未記載其餘屬縣的等級,但顯然應被降爲次畿縣。而周廣順元年(951)六月,郭威升大名府元城縣爲赤縣,且有鄴都之號。僅從大名府和京兆府的屬縣等級看,大名府地位似乎在京兆府之上,然仍有待更爲詳細的史料確定二者之關係地位。

《宋史》卷二六四《盧億傳》記載:

> 周初,爲侍御史。漢末兵亂,法書亡失。至是,大理奏重寫律令格式,統類編敕。乃詔億與刑部員外郎曹匪躬、大理正段濤同加議定。<u>舊本以京兆府改同五府,開封、大名府改同河南府,長安、萬年改爲次赤縣,開封、浚儀、大名、元城改爲赤縣</u>。又定東京諸門薰風等爲京城門,明德等爲皇城門,啓運等爲宮城門,升龍等爲宮門,崇元等爲殿門。廟諱書不成文,凡改點畫及義理之誤字二百一十有四。又以晉、漢及周初事關刑法敕條者,分爲二卷,附編敕,自爲《大周續編敕》,詔行之。②

又《舊五代史》卷一四七《刑法志》記載:

> 周太祖廣順元年六月,敕侍御史盧億、刑部員外郎曹匪躬、大理正段濤同議定重寫法書一百四十八卷。先是,漢隱帝末,因兵亂法書亡失。至是,大理奏重寫律令格式、統類編敕,凡改點畫及義理之誤字凡一百一十四。以晉、漢及國初,事關刑法敕條凡二十六件,分爲二卷,附於編敕,目爲《大周續編敕》,命省寺行用焉。③

《宋史》之《盧億傳》附在其子《盧多遜傳》之下,對於盧億在後周時期整理律令格式一事,兩個版本所記載的實質內容是一致,《宋史》記載爲"周初",《舊五代史》則明確記載爲周廣順元年(951)六月,時間契合。所不同者,在記載此事過程中,《宋史》多出了一則劃定大名府、京兆府地位升降的史料。該則史料對"京兆府改同五府,長安、萬年改

---

① 《五代會要》卷一九"京兆府"條,第309頁。
② 《宋史》卷二六四《盧億傳》,北京:中華書局,1977年,第9117頁。
③ 《舊五代史》卷一四七《刑法志》,第1962頁。

爲次赤縣"的記載與《五代會要》是一致的。對於大名府,前揭《五代會要》僅載"後周廣順元年六月,以大名府元城縣爲赤縣"。而《宋史》中的這則史料明確記載"開封、大名府改同河南府"。相應的,開封府、大名府分別所屬的開封、浚儀、大名、元城四縣爲赤縣。這些詳細的信息彌補了《五代會要》之缺,具有珍貴的史料價值。這則記載表明,大名府、開封府、河南府屬於第一層級,屬縣爲赤縣、畿縣。而京兆府與鳳翔、河中、成都、江陵、興元府爲另一層級,屬縣爲次赤、次畿。這樣的層級劃分在機構上與唐代八府分化極其相似,爲便於分析,謹以下表示之。

表一　唐後期八府與後周九府之比較

府的層級＼朝代	唐　後　期	後周廣順元年六月
前三府	京兆府、河南府、太原府 (赤縣、畿縣)	開封府、河南府、大名府 (赤縣、畿縣)
後五(六)府	鳳翔府、河中府、成都府、江陵府、興元府 (次赤、次畿)	京兆府、鳳翔府、河中府、成都府、江陵府、興元府 (次赤、次畿)

從上表中,可以直觀地發現二者的異同。其相同之處是:唐後期的八府與後周的九府都分爲兩個層級,第一層級府的屬縣爲赤縣、畿縣。第二層級府的屬縣爲次赤、次畿。其中第一層級都是有三府,且河南府在第一層級中都是位列第二。在第二層級中,都包括鳳翔府、河中府、成都府、江陵府、興元府五府。所不同者,後周的開封府取代了原京兆府地位,大名府取代太原府地位,京兆府淪落至第二層級,等同後五府。開封府與京兆府的地位升降反映了政治重心的東移。鄴都大名府同樣受此影響,地位上升。後唐、後晉、後漢時期,京兆府承前唐歷史傳統餘威影響尚能保持屬縣爲赤縣、畿縣的高位。但是,隨着歷史的演進,京兆府的這種餘威影響逐漸式微。後周立國之初,就將其地位降同後五府,屬縣等級降爲次赤、次畿,結束了京兆府自開元元年以來名位尊重的歷史,因京兆府長期遠離中央權力中心,略顯幾分落魄與孤寂。以更廣闊的歷史視野觀察,這也是一個時代的終結的映射。

四

除了以上諸府升降,五代時期的真定府之存廢也值得關注,通過對真定府廢置考辨,可以引發我們認識唐宋之際政區變革的一種新現象。

同光元年(923)四月,莊宗以鎮州爲真定府,號北都。太原府爲西京,魏州爲興唐府,號東京。同年十月,李存勖滅梁。《新五代史》卷五《唐本紀五·莊宗下》載"十一月乙巳復北都爲鎮州,太原爲北都"。① 李存勖入住中原,統治區域擴大,權力重心南移,太原府爲西京顯然已經不合時宜,故而恢復北都稱號。這又與真定府的北都稱謂矛盾,故而"復北都爲鎮州"。按此說,真定府在失去北都稱號的同時,似乎也失去真定府之號,重新爲鎮州。《資治通鑑》載"廢北都,復爲成德軍"。② 成德軍節度使本治鎮州,仍然沒有提及真定府的存廢。但胡三省注云:"同光初,建北都於鎮州,以鎮州爲真定府,尋廢北都而真定府不廢"。③ 按照胡三省的注解,真定府失去北都之號的同時,保留府制,仍爲真定府。但《五代會要》卷二〇《州縣分道改置》、《舊五代史》卷一五〇《郡縣志》皆記爲"復爲成德縣",④"成德縣"稱謂頗爲怪異,當爲"成德軍"之誤。成書於宋初的《太平寰宇記》卷六一《河北道十》"鎮州"條,直接記述鎮州治所真定縣,同時也敘述了五代時期鎮州變化:"唐同光初,改爲北都,其年復爲成德軍,晉天福七年(942)改爲恒州順德軍,以安重榮叛命初平故也。漢天福十二年復爲成德軍,皇朝因之。"⑤按《太平寰宇記》記載,絲毫沒有提及鎮州置真定府之事,以上記載,衆說紛紜,各有不同。那麼,真定府去北都稱謂之後,究竟是爲鎮州? 成德軍? 還是依舊保留府制?

《舊五代史》卷二九《莊宗本紀三》記載,同光元年四月初設北都真定府之初,以任圜爲真定尹,北京副留守("京"應爲"都")。⑥《資治通鑑》亦載:"潞州觀察判官任圜爲工部尚書,兼真定尹,充北京副留守("京"當作"都");皇子繼岌爲北都留守、興聖宮使,判六軍諸衛事。"⑦兩書皆記載任圜爲真定尹,副留守。而《資治通鑑》記皇子李繼岌爲北都留守,顯然任圜所起的是輔佐職能。廢都之後,《冊府元龜》卷九二四《總錄部·傾險》載:"及廢都爲方正,朝廷命樞密使郭崇韜爲節度使遙領之"。⑧ 所謂"廢都爲方正"可能是"廢都爲方鎮"之誤,朝廷命郭崇韜遙領節度使。《冊府元龜》卷三二九《宰輔部·兼領》載:"後唐郭崇韜,莊宗同光元年十月,以侍中、樞密使兼領成德軍節度,鎮冀

---

① 《新五代史》卷五《唐本紀五·莊宗下》,北京:中華書局,1974年,第46頁。
② 《資治通鑑》卷二七二後唐紀一同光元年十一月乙巳條,北京:中華書局,1956年,第8905頁。
③ 《資治通鑑》卷二七六後唐天成三年四月辛酉條,北京:中華書局,1956年,第9019頁。
④ 《五代會要》卷二〇《州縣分道改置》,第330頁;《舊五代史》卷一五〇《郡縣志》,第2016頁。
⑤ 《太平寰宇記》卷六一《河北道十》"鎮州"條,第2248頁。
⑥ 《舊五代史》卷二九《唐書五·莊宗紀三》,第404頁。
⑦ 《資治通鑑》卷二七二莊宗同光元年四月,第8883頁。
⑧ 《冊府元龜》卷九二四《總錄部·傾險》,第10910頁。

深趙等州觀察處置等使、真定尹"。①《舊五代史》卷三〇《莊宗本紀第四》也記載同光元年十月,郭崇韜兼成德軍節度使、真定尹。②

按照此説,郭崇韜於同光元年(923)十月,即遥領成德軍節度使。但是《新五代史》《資治通鑑》皆記載同光元年(923)十一月,廢北都。十月,真定府依舊爲北都,爲何《册府元龜》記載郭崇韜十月即開始遥領? 這與廢都之後才遥領成德節度使是相矛盾的。③無論郭崇韜兼鎮是在廢都之前,還是廢都之後,從其擔任的官職來看,成德軍節度使、真定尹是並存的,即成德軍與真定府是同時存在的機構。從"鎮冀深趙等州觀察處置等使"這一官職來看,鎮州也與成德軍節度使、真定尹同時存在。不過,即使鎮州改爲真定府之後,在諸多場合也依舊稱呼"鎮州"。這樣的例子很多。晉、漢、周對鎮州、成德軍改名之後,某州、某某軍、真定府有着同時並存的格局。《五代會要》、新舊《五代史》及《資治通鑑》等皆有此現象,兹略列取其一端,以作説明。

表二　五代時期真定府、某州、某某軍

	某　　州	某　某　軍	真　定　府
後唐	及即位,以功授鎮州節度副使,加檢校司徒,旋爲留後。《舊五代史》卷九一《王建立傳》 (同光四年五月)丁丑,鎮州留後王建立奏涿州刺史劉殷肇不受代,謀作亂,已討擒之。《資治通鑑》卷第二百七十五 鎮州節度使范延光加檢校太傅。《舊五代史》卷四〇《唐書一六·明宗本紀第六》	(同光二年)李嗣源爲成德軍節度使。《新五代史》卷二四《郭崇韜傳》 明宗移鎮真定,表爲成德軍馬步軍都指揮使。《舊五代史》卷一二三《李從敏傳》 明宗即位,除成德軍節度副使。《舊五代史》卷九四《高漢筠傳》	道(馮道)讓琪(李琪)曰:"昨來收復定州,非真定也。"琪昧於地理,頓至折角。《舊五代史》卷一二六《馮道傳》 先是,定州王都叛命,琪不詳鎮州爲真定,誤用之,故及於罰。《册府元龜》卷一五四《帝王部·明罰第三》 (天成三年)十二月壬寅朔,詔真定府屬縣宜准河中、鳳翔例升爲次畿,真定縣升爲次赤。《舊五代史》卷三九《唐書一五·明宗本紀第五》

---

① 《册府元龜》卷三二九《宰輔部·任職兼領奉使任職》,第3890頁。
② 《舊五代史》卷三〇《唐書六·莊宗本紀第四》,第416頁。
③ 或者廢都之後,遥領之説誤,或《新五代史》《資治通鑑》記載十一月廢都之説誤。但《舊五代史》卷六七《任圜傳》又記同光二年郭崇韜兼鎮成德軍,時間繁錯,未知孰是。

續表

	某　州	某某軍	真定府
後晉	天福六年十二月,鎮州節度使安重榮稱兵向闕,天福七年,正月癸亥,改鎮州爲恒州,成德軍爲順國軍。《舊五代史》卷八〇《晉書六·高祖本紀第六》 "近者,相次得進奏院狀報:吐渾首領白承福已下舉衆内附,鎮州節度使安重榮上表。"《舊五代史》卷八九《桑維翰傳》 鎮州節度使杜威充北面行營都招討使。《舊五代史》卷八三《晉書九·少帝本紀第三》	天福七年,正月"癸亥,改鎮州爲恒州,成德軍爲順國軍"。《舊五代史》卷八〇《晉書六·高祖本紀第六》 順國軍節度、鎮深趙等州觀察處置幽州道行營副招討使、特進、檢校太師兼中書令、行真定尹駙馬都尉杜重威。《册府元龜》卷一二〇《帝王部·選將第二》晉少帝開運元年八月制書原文内容	順國軍節度、鎮深趙等州觀察處置幽州道行營副招討等使、特進、檢校太師兼中書令、行真定尹駙馬都尉杜重威。《册府元龜》卷一二〇《帝王部·選將第二》晉少帝開運元年八月制書原文内容
後漢	詔恒州復爲鎮州,順國軍復爲成德軍。《舊五代史》卷一〇〇《漢書二·高祖本紀下》 以護聖左廂都指揮使、恩州團練使白再榮爲鎮州留後。《舊五代史》卷一〇〇《漢書二·高祖本紀下》	詔恒州復爲鎮州,順國軍復爲成德軍。《舊五代史》卷一〇〇《漢書二·高祖本紀下》	
後周	鎮州高公米　《舊五代史》卷一一〇《周書一·太祖本紀》出自太祖詔書原文 鎮州節度使福進奏乞朝覲,三奏,允之。詔侍衛步軍都指揮使曹英權知鎮州軍府事。《舊五代史》卷一一二《周書四·太祖本紀第四》	世宗嗣位,加同平章事,授成德軍節度使。《舊五代史》卷一二九《曹英傳》	太祖曰:"吾方思之,豈忘爾父邪?"即召弘裕。弘裕老,不能行,乃就其家拜金紫光禄大夫、真定少尹。《新五代史》卷一九《周太祖家人傳第七》

如上表可見,從後唐至後周,皆有真定府機構,與鎮州(恒州)、成德軍(順國軍)同時存在。這與天福七年(942),西京改晉昌軍而保留京兆府的建制頗爲類似。因此,宋初理應也存在真定府建制,例如《宋史》卷二七〇《王明傳》記載"……端拱元年,代還。

表求換秩,改禮部侍郎。會契丹擾邊,詔以明知真定府"。① "端拱"爲宋太宗年號,表明當時有真定府。不過,筆者考察《續資治通鑑長編》對於太祖、太宗兩朝的敍事,發現幾乎都以"鎮州"稱之。真宗之後,則極少稱鎮州,多以真定府稱之。某州、某某軍、某某府並稱的現象,應始於五代,至北宋更爲流行。洪邁《容齋隨筆》卷四"府名軍額"專有記載,對於鎮州,其記載曰:"鎮州,軍額曰成德,府曰真定。"②這也進一步表明,同光元年(923)十一月,真定府去北都之號以後,府制一直保留,胡三省的説法是可信的。

結　語

整體而言,五代政權更迭導致了都城改置,但是,這種都城改置往往具有不徹底性,與前朝都城相關"元素符號"仍舊存在,一旦這樣的"元素符號"對現實政治構成直接衝擊,統治者才會再作革新,從而呈現出一定的歷史滯後性。在五代政權中,與都城相關的府縣名稱,不只是一般地名稱謂,而是有着强烈的政治象徵含義,在府縣名稱的變化中,更能發現其背後的政治訴求。諸府屬縣的等級變化,不僅是五代政權變更的一個縮影,同時也折射出政治重心東移的歷史過程。從真定府考辨中,我們可以發現,某州、某某軍、某某府並稱現象的歷史脉絡,即肇始於五代,成形於北宋。

---

① 《宋史》卷二七〇《王明傳》,第9267頁。
② 洪邁:《容齋隨筆》卷四"府名軍額"條,上海古籍出版社,1978年,第48頁。

吐蕃時期沙州永壽寺研究二三題*

楊　銘

20世紀60年代，日本學者藤枝晃曾研究過吐蕃時期敦煌的僧尼、寺院數，在他繪製的一個表格中，"永壽寺"名列第十三，並稱其建立的時間是吐蕃統治敦煌的後半期，具體時間是以835年爲中心。①

20世紀80年代，中國學者李正宇發表《敦煌地區古代祠廟寺觀簡志》一文，其中對永壽寺有過簡單的條目式的記敍，認爲此寺僅見於吐蕃占領敦煌時期，寺址待考，吐蕃占領末期，具體是公元839年以後失載，或改額爲另一寺名而繼續存在。②

其後，武内紹人曾在其1995年出版的《敦煌西域出土的古藏文契約文書》一書中，例舉出一組有關永壽寺（weng shivu si）的藏文文書，即編號爲P. t. 1297的系列文書，其中包括一件漢文寫本、六件藏文寫本。由於該著作是英譯古藏文契約文書的專著，因而除了翻譯和注釋這六件文書以外，武内紹人没有對吐蕃統治敦煌時期的永壽寺做進一步的研究，只是借鑒藤枝晃給出的關於該寺存在的時間，推定了這六件藏文文書的寫成時間和性質。③

1999年，馬德發表《敦煌文書〈諸寺付經曆〉芻議》一文，其中用較少的篇幅提及有關永壽寺的諸種文獻，以及該寺的僧人的情况。④

自藤枝晃、李正宇、武内紹人及馬德等諸位先生的研究以後，尚未有專文對吐蕃統

---

* 本文爲國家社會科學基金重大項目《〈敦煌本吐蕃歷史文書〉相關民族、人物事件研究及分年分類輯注》（批准號：17ZDA212）階段性成果；西南民族大學中央高校基本科研業務費專項資金項目（編號2019SYB09）最終成果。

① 藤枝晃：《吐蕃支配期の敦煌》，《東方學報》第31輯，京都，1961年，第265—270頁。

② 《敦煌學輯刊》1988年1、2期合刊，第80頁。

③ Tsuguhito Takeuchi, *Old Tibetan Contracts from Central Asia*, Daizo Shuppan, Tokyo, 1995, pp. 152‑154.

④ 《敦煌學輯刊》1999年第1期，第36—48頁。相關文獻還見於馬德《敦煌佛教教團》，《敦煌吐魯番研究》第一輯，北京大學出版社，1995年，第161—176頁；施萍婷《日本公私收藏敦煌遺書敍録（三）——國會圖書館、大東急紀念文庫、東洋文化研究所藏敦煌遺書》，《敦煌學習集》下，蘭州：甘肅民族出版社，2004年，第411—412頁。

治時期的沙州永壽寺作專題考證,或有也是在研究其他問題時順便提及。爲此,筆者認爲有必要利用近年來有關資料不斷披露和相關研究漸次深入的條件,將有關吐蕃時期沙州永壽寺的相關文書和相關問題補正如下。

一、有關永壽寺的敦煌漢文寫本及其紀年

藤枝晃曾在《吐蕃統治下的敦煌》一文中指出,有關沙州永壽寺的漢文寫本,除了S.796《小抄》的跋尾和P.2404《六門陀羅尼經論》的跋尾之外,尚有編號爲P.3770、北圖海字五號《稻竿經》以及雨字五十五號等寫本。鑒於藤枝晃的例舉並不完整且有錯誤,而其他文章因不是專門討論永壽寺的,故亦未對相關漢文寫本一一引述,因而本文將根據較近刊布的寫本資料,引用並考證如下。

S.796《小抄》,在《敦煌遺書總目索引》記爲"S.796(3)《小抄一卷》題記",錄文爲:"清信佛弟子闞良贊爲亡父寫小抄一卷,乙巳年三月二十一日於大蕃國沙州永壽寺僧法原寫畢"。① 而《英藏敦煌社會曆史文獻釋錄》(四)所錄文字有異,應更爲可信,現引用如下:

S.796(5)《乙巳年沙州永壽寺僧法原所抄詩並題記》:

乙巳年(825)三月二十一日於大番(蕃)國沙州永壽寺僧法原寫畢:莫言炙手火復熱,火盡須叟灰亦滅。借問雲肖(霄)富貴人,阿奈(那)個從頭命不絕?②

北圖海字五號《稻竿經》,據筆者檢索爲《大乘稻竿經》,尾題:

佛教大乘稻竿經,癸卯年(823)十月十日於永壽寺寫。③

北圖雨字五十五號爲《佛說遺教經一卷》,尾題:

---

① 商務印書館編:《敦煌遺書總目索引》,北京:中華書局,1983年,第126頁。
② 郝春文、金瀅坤編著:《英藏敦煌社會曆史文獻釋錄》(4),北京:社會科學文獻出版社,2006年,第255頁。
③ 《國家圖書館藏敦煌遺書》83册,BD06205號,北京圖書館出版社,2008年,第13頁;許國霖:《敦煌石室寫經題記與敦煌雜錄》,黃永武主編:《敦煌叢刊初集》第十,臺北:新文豐出版公司,1985年,第25頁。

"大番國沙州永壽寺律師神希記"。①

而藤枝晃文提到的 P. 2404《六門陀羅尼經》末題,經筆者查明爲:"癸丑年十月上旬八日於沙州永康寺(集)譯訖,故記之也。"②其不爲永壽寺自明,因而可以捨之不論。至於編號爲 P. 3770 的寫本,經查目前出版的《敦煌社會經濟文獻真蹟釋録》等,有關永壽寺的相關記載是在其背面,正面是《某鄉右姓某專用放妻書一道》。

這裏,筆者舉出另一例可能記載了沙州永壽寺的寫經題記,其爲北圖辰字六十一號《四分律戒本疏卷三》,尾題:

"壬子年(832)三月二十八日於沙州壽永寺寫"。③

查敦煌漢、藏文寫本,目前尚未見到有所謂"沙州壽永寺"的,這裏很可能是寫經人的一種筆誤。因此可以判定,這也是出自沙州永壽寺的一種寫經題記。

同時,有四件出自敦煌的《付經曆》提到了永壽寺,前三件分別是 P. 3336《丑年寅年贊普新加福田轉大般若經付諸寺維那曆》,其中第 3 行爲"寅年(834)正月八日爲……**壽**付常悟四十卷";P. 3336V0《付經曆》第 2 行:"**永壽**付九百三十總";④S. 4914《卯年(835)九月七日某寺轉付經曆》第 2 行:"**壽**第十八帙付靈寶"。⑤

第四件爲日本濱田德海氏舊藏 115v 號敦煌漢文寫本《諸寺付經曆》,有關永壽寺的內容如下:

---

① 《國家圖書館藏敦煌遺書》46 册,第 73 頁,BD03355 號 5;許國霖:《敦煌石室寫經題記與敦煌雜録》,第 26 頁。
② 《法藏敦煌西域文獻》14 册,上海古籍出版社,2000 年,第 228 頁;商務印書館編:《敦煌遺書總目索引》,北京:中華書局,1983 年,第 263 頁。
③ 《國家圖書館藏敦煌遺書》16 册,第 418 頁,BD01061 號;許國霖:《敦煌石室寫經題記與敦煌雜録》,第 46 頁。楊富學、李古和編:《敦煌漢文吐蕃史料輯校》(蘭川:甘肅人民出版社,1999 年,第 280 頁),則直接將本題記錄爲"沙州永壽寺"。
④ 《法藏敦煌西域文獻》23 册,上海古籍出版社,2000 年,第 211—213 頁;土肥義和《莫高窟千佛洞と大寺と蘭若と》,池田温編:《講座敦煌 3:敦煌社會》,東京,1980 年,第 356—357 頁。而關於 P. 3336 的"寅年"所對的公元紀年,北原熏《晚唐五代的敦煌寺院經濟》一文所列"吐蕃時期敦煌寺院一覽表"標注爲 822 年,見池田温編:《講座敦煌 3:敦煌的社會》,東京,1980 年,第 450 頁。
⑤ 中國社科院歷史所、敦煌吐魯番學會、英國國家圖書館、倫敦大學亞非學院編:《英藏敦煌文獻》(漢文佛經以外部分)7 册,成都:四川人民出版社,1992 年。

12　壽第五十五帙、第七帙付寺主

24　壽新十七、十六、五

30　維那靈照,**永壽**兩帙付貞秀,大雲兩帙付惠深

36　壽兩帙,新第(缺)四帙付道光①

　　關於日藏 115v 號《諸寺付經曆》的年代,日本學者土肥義和認爲在 826(午年)—827(未年)之間,其所載文字包括敦煌的 11 座僧寺和 5 座尼寺。② 而所有上引《付經曆》中各行出現"壽"、"永壽"等字樣的,無疑就是指吐蕃統治時期的沙州永壽寺。

　　有關公私文書方面,目前發現的敦煌寫本僅有三件,分別是 P.4686《吐蕃子年(832)二月二十三日孫清便粟契》、P.3730v《吐蕃未年(827)四月紇骨薩部落百姓吳瓊嶽便粟契附龍華子便穀憑》、P.4722《永壽寺主靈賢等牒》。後者僅見"永壽寺主靈賢等"數字,③而 P.4686 和 P.3730v 兩種十分重要,現分別引出並討論如下:

(一) P.4686《吐蕃子年(832)二月二十三日孫清便粟契》

1　子年二月二十三日,悉董薩部落百姓孫清,爲無糧用,今於永壽寺便佛物

2　粟漢鬥三碩。其粟請限至秋八月末送納,如違,倍。仍任掣奪家資,用

3　充粟直。如身有東西不在,及依限不辦填還,一仰保人等,依時限還

4　足。恐人無信,故立此契爲憑。便粟人孫清印

5　保人兄孫昌奴印

6　見人

7　見人僧寶積　寶積。

8　子年二月二十八日,僧寶積,爲無牛䐑,今於功德粟便豆漢鬥兩碩捌鬥。

9　子年四月二日泛金藏便豆壹漢碩。④

---

① 馬德:《敦煌文書〈諸寺付經歷〉芻議》,《敦煌學輯刊》1999 年第 1 期,第 36—48 頁。
② 土肥義和:《莫高窟千佛洞と大寺と蘭若と》,池田温編:《講座敦煌 3:敦煌社會》,東京:1980 年,第 356—357 頁。
③ 《法藏敦煌西域文獻》33 冊,上海古籍出版社,2005 年,第 133 頁;商務印書館編:《敦煌遺書總目索引》題爲"殘狀(下署永壽寺主靈賢等)",北京:中華書局,1983 年,第 306 頁。
④ P.4686 即 P.t.1297-1b,見載西北民族大學、上海古籍出版社、法國國家圖書館編:《法國國家圖書館藏敦煌藏文文獻》(12),上海古籍出版社,2011 年,第 61 頁;唐耕耦、陸宏基編:《敦煌社會經濟文獻真蹟釋錄》第 2 輯,全國圖書館文獻縮微複製中心,1986 年,第 78 頁。

上件契約十分完整,因而其内容一目了然,就是一名叫"孫清"的悉董薩部落的百姓,"爲無糧用",向永壽寺借"佛物粟"漢鬥三碩,歸還的時間定於當年的秋八月末,然後規定了如果違約的懲處辦法。關於這件契約寫成的時間,這裏也可以給出大致的期限,因爲據已有的研究,"悉董薩部落"這種半軍事化的部落組織,在敦煌出現的時間是在9世紀的20年代以後、40年代以前,那麼契約所給出的"子年"也就只能是820年(庚子)、832年(壬子)中的其中一年,筆者暫且將其考訂爲832年(壬子)。這一時間的推定,符合藤枝晃所説的永壽寺的存在以835年爲中心。

(二) P.3730v《吐蕃未年(827)四月紇骨薩部落百姓吴瓊嶽便粟契附龍華子便穀憑》:

1　未年四月三日,紇骨薩部落百姓吴瓊嶽,爲(?)無糧用,今於永壽寺僧 手下 佛(?)

2　□物粟漢鬥捌碩。其粟清(請)限至秋八月末送納。如違限,倍。一任掣奪家資雜物

3　等,用充粟直。中間身不在,一仰保人等代納。恐人無信,故立此契爲憑。

4　便粟人吴瓊嶽,保人男恩(?)子,保人僧靈俊。

5　保人男悉的□,悉的□洛易。五月十一日,吴瓊嶽便豆兩碩捌鬥,瓊嶽洛易。

6　保人男鐘愛,保人僧。

7　未年四月四日,紇骨薩百姓龍華子便捌鬥貳勝(升),華子洛易。①

木契約的内容與格式與前件契約相同,内容之一便是紇骨薩部落百姓吴瓊嶽"爲無糧用",在未年四月三日、五月十一日,分兩次從永壽寺僧人手中借得"捌碩粟""兩碩捌鬥豆",歸還的時間,按契約同樣是當年的"秋八月末",這也是當年農事收穫的季節。此外,這件文書還記載了當年的"四月四日",紇骨薩百姓龍華子"便捌鬥貳勝"糧食的契約。雖然該契約不完整,没有記載龍華子是向誰借、借什麽,但根據前面的内容,仍可判斷出借出糧食的仍是永壽寺僧人。

---

① 池田温:《中國古代籍帳研究》,東京:東京大學出版會,1979年,第550頁;《敦煌社會經濟文獻真蹟釋録》第二輯,第105頁。

至於本契約寫成的時間,已有的研究表明,"紇骨薩部落"與悉董薩部落一樣,也是9世紀的20年代以後、40年代以前出現於沙州的半軍事化的漢人部落之一,加上"悉寧宗部落",這三個半軍事化的漢人部落被習慣地稱爲"沙洲三部落"。① 因此,本契約涉及的"未年"只能是 827 年(丁未)、839 年(乙未),筆者暫且將其考訂爲 827 年(丁未),同樣是在藤枝晃判斷的永壽寺存在的 835 年前後。

據以上所引,在敦煌漢文寫本中見到的有關沙州永壽寺的題記共四則,《付經曆》四筆,公私文書三件,其紀年如下:

表一　永壽寺文書紀年表

序號	編　號	紀　年	題　名
1	北圖海字五號	卯年(823)	《大乘稻竿經》尾題
2	S.796(5)	巳年(825)	《抄詩並題記》
3	德海氏舊藏 115v	午年—未年(826—827)	《諸寺付經曆》
4	P.3730v	未年(827)	《便粟契》
5	北圖辰字六十一	子年(832)	《四分律戒本疏卷三》尾題(?)
6	P.4686	子年(832)	《便粟契》
7	P.3336	寅年(834)	《付諸寺維那曆》
8	S.4914	卯年(835)	《付經曆》
9	北圖雨字五十五	?	《佛説遺教經一卷》尾題
10	P.3336V0	?	《付經曆》
11	P.4722	?	《永壽寺主靈賢等牒》

二、敦煌藏文文書記載的永壽寺及其經濟活動

藤枝晃曾經提到,沙州永壽寺還與收藏於法國國家圖書館的 P.t.1297 藏文文書記載的 snying tsom gyi sde 有關係。而藏文的 snying tsom gyi sde,可與敦煌漢文文書中的"悉寧宗部落"勘同,該部落也是吐蕃在 9 世紀 20 年代以後在敦煌組建的三個半軍事化漢人部落之一,前兩個就是上文提及的"悉董薩部落"和"紇骨薩部落",他們在敦煌藏文文書中分別寫作 stong sar gyi sde 和 rgod sar gyi sde。②

P.t.1297 文書藏文文書,共包括六份藏文文本和一份漢文文本,由八張紙張黏合而成,裱糊在一張較長的紙張背面,紙張正面的内容是漢文宅經和書儀等。20 世紀 80

---

① 《陰處士碑》(載有 839 年的日期)上記載的"沙州三部落",很可能就是指上述三部落而言。參山口瑞鳳主編:《講座敦煌 2 敦煌の歴史》,東京:大東出版社,1980 年,第 195—232 頁。
② 楊銘:《吐蕃統治敦煌西域研究》,北京:商務印書館,2014 年,第 20—22 頁。

年代，我國著名藏學家王堯、陳踐先生曾根據膠片對其中的 5 件進行過漢譯和考釋，將其分別定名爲《寧宗部落夏孜孜永壽寺便麥契》《爲牧放羊群入田之訴狀及判詞》《購馬契約》《收割青稞雇工契》《虎年借馬契》。①

後來，武内紹人著《敦煌西域出土的古藏文契約文書》一書，又對這六份藏文文本進行了英譯和注解。他認爲，從 P. t. 1297 系列文書可以看到，除了一份法律訴訟（文本 2）以外，這些文書都是契約。每份契約的貸方或買方，被雇者或借者，擁有契約的某一方——要麼是永壽寺（weng-shivu-si），要麼是與之關聯的某一方，尤其是"靈賢和尚"（ban de leng hyen）的名字出現在一份以上的文本中。這些特點表明 P. t. 1297 是涉及永壽寺的系列文書，並且爲寺廟擁有，因此應稱之爲"永壽寺文檔"。②

以下筆者綜合王堯、陳踐以及武内紹人等先生所做的考釋列出一表，便於本文後面的引述和讀者理解。

表二　P. t. 1297 文書題名及紀年表

序號	紀　年	王堯、陳踐題名	武内紹人題名
1a	［鼠年］（832）	寧宗部落夏孜孜永壽寺便麥契	借糧契
1b	鼠年（即 P. 4686）		
2	豬年（?）	爲牧放羊群入田之訴狀及判詞	地產法律文書
3	羊年（827）	購馬契約	售馬契
4	虎年（834）	收割青稞雇工契	雇傭契
5	虎年（834）	虎年借馬契	借馬契
6	牛年（833）		借豆契

而筆者在近年來從事相關研究過程中，新發現了一組有關沙州永壽寺的藏文文書，它們就是藏於英國國家圖書館的 S. 2228 系列文書。由於在這之前，尚未有學者提出過它們與沙州永壽寺有關，現引用其編號及題名如下：

（一）S. 2228(1) 借布契殘卷

本殘卷僅存第一行和第二行的一個文字。其內容是售出或借出一卷布，時間是"狗年（830 年）夏"，出現"和尚張靈賢"（dge slong cang leng hyen）之名。該殘卷曾經武

---

① 王堯、陳踐：《敦煌吐蕃文獻選》，成都：四川民族出版社，1983 年，第 59 頁；王堯、陳踐：《敦煌吐蕃文書論文集》，成都：四川民族出版社，1988 年，第 16、29—32、172 頁。

② Tsuguhito Takeuchi, *Old Tibetan Contracts from Central Asia*, Daizo Shuppan, Tokyo, 1995, pp. 152–154. 武内紹人把 leng hyen 還原成漢字的"靈顯"，不過我們在相關的漢文文書中發現了"靈賢"這個名稱，如 P. 4722《永壽寺主靈賢等牒》，所以筆者認定 leng hyen 對應的漢字爲"靈賢"。

内紹人譯釋,但未提及與沙州永壽寺有關。① 近期刊於《斯坦因收集品 Or. 8210 中的古藏文文獻》第 44 頁。②

(二) S. 2228(2)殘卷

寫於片段二背面,僅存一字"以上(gong)……"刊布於《斯坦因收集品 Or. 8210 中的古藏文文獻》第 44 頁。

(三) S. 2228(3)關於林苑歸屬的訴狀

這份關於林苑歸屬的訴狀,存藏文 15 行,首缺,尾完整。其内容涉及一個叫"張魯杜"(cang klu vdus)的人,與一座文書未提及名稱的寺院争奪一處林苑,"張魯杜"有一個漢姓和一個有吐蕃人特色的名字 klu vdus。筆者認爲該寺院應該就是永壽寺,但此文書没有明確的年代記載,只能通過其中涉及的人物事件推導出文書寫成的年代是在 830 年左右,而這個時間也是永壽寺存在時間的中段。③ 該寫本同樣刊於《斯坦因收集品 Or. 8210 中的古藏文文獻》第 44—46 頁。

(四) S. 2228(4)亥年通頰迪迪與和尚張靈賢夥耕書

該文書是"通頰色通巴部落"一名叫"迪迪"(tevu tevu)的農户,與"和尚張靈賢"之間關於田地、耕牛和農具借貸及夥耕的契約,文書起首標注的時間是"豬年(831)春"。藏文 15 行,首全,結尾處可能不完整。文書曾經托馬斯、劉忠、武内紹人等學者先後譯釋,④ 亦未提及與沙州永壽寺的關係。新近被刊布於《斯坦因收集品 Or. 8210 中的古藏文文獻》第 46 頁。

(五) S. 2228(5)何山子借麥契殘卷

是一份"張貪勒"(cang brtan legs)借大麥給紇骨薩(rgod sar)部落的"何山子"(ha shan zhi)的契約,同樣在卷首標明的時間是"豬年(831)春"。藏文 7 行,不完整。刊於《斯坦因收集品 Or. 8210 中的古藏文文獻》第 47 頁。

(六) S. 2228(6)潘拉子借麥契殘卷

是一份潘拉子(phan lag zig)借貸小麥和大麥的契約,時間是"豬年(831)夏",張貪

---

① Tsuguhito Takeuchi, *Old Tibetan Contracts from Central Asia*, Daizo Shuppan, Tokyo, 1995, p. 64, p. 83.
② Iwao, K; Schaik, S. V; Takeuchi, T., *Old Tibetan Texts in the Stein Collection Or. 8210*, Studies in Oid Tibetan Texts from Central Asian, vol. 1, The Toyo Bunko, Tokyo, 2012.
③ 楊銘、貢保扎西:《Or. 8210/S. 2228 系列古藏文文書及相關問題研究》,《敦煌研究》2016 年第五期。
④ Thomas, F. W., *Tibetan Literary Texts and Documents Concerning Chinese Turkestan*, London, 1951, pp. 161 - 163. 但文書編號被錯誤地寫爲 S. 0228;劉忠、楊銘:《敦煌西域吐蕃歷史文獻》,北京:民族出版社,2003 年,第 145 頁。Tsuguhito Takeuchi., *Old Tibetan Contracts from Central Asia*, Daizo Shuppan, Tokyo, 1995, pp. 309 - 316.

勒的姓名再次出現。藏文3行,不完整。《斯坦因收集品Or. 8210中的古藏文文獻》第47頁。

根據以上考證,筆者在此列出一份編號爲S. 2228的"永壽寺文書一覽表"如下:

表三　S. 2228文書題名及紀年表

序　號	紀　　年	題　　名
1	狗年(830年)	借布契殘卷
2	?	殘卷
3	?	關於林苑歸屬的訴狀
4	豬年(831年)	亥年通頰部落迪迪與僧人張靈賢夥耕書
5	豬年(831年)	紇骨薩部落何山子借麥契殘卷
6	豬年(831年)	潘拉色借麥契殘卷

爲什麽説S. 2228系列文書與P. t. 1297系列文書一樣,與沙州永壽寺有關呢? 以下這裏先引入P. t. 1297文書來説明。

P. t. 1297片斷一《借糧契》寫到:"[鼠年(832)]悉寧宗部落(snying-tshoms gyi sde)之夏孜孜(hva dze-dze)因無種子及口糧,瀕於貧困危殆,從永壽寺(weng shivu sivi)三寶與十方糧中,商借麥及青稞八漢碩。還時定爲當年秋八月三十日,送至永壽寺之掌堂師(dge skos)靈賢和尚(ban de leng hyen)順緣庫中。"①

P. t. 1297片斷五《借馬契》也是一份有關"永壽寺"的寫本,其中提到:"虎年(834)冬,和尚張靈賢(ban de cang leng-hyen)從色通人(se tong-pa)部落郭央勒(skyo yang-legs)處,購得母馬一匹;後來央勒要借回該馬。雙方商定,於兔年秋八月内將馬送還靈賢和尚家中"。②

根據上引P. t. 1297系列文書的内容,在9世紀30年代初(文書紀年分别是832、834年),"張靈賢"(cang leng hyen)是吐蕃時期沙州永壽寺的一名和尚;而他在紀年幾乎同時的S. 2228系列文書中,具體是指《狗年(830)借布契殘卷》和《豬年(831)通頰部落迪迪與僧人張靈賢夥耕書》文書中,其稱號是"和尚張靈賢"(dge slong cang leng

---

① 王堯、陳踐編著:《敦煌吐蕃文書論文集》,成都:四川人民出版社,1988年,第16頁。譯名根據原藏文略有改動。
② 王堯、陳踐編著:《敦煌吐蕃文書論文集》,第29頁;Tsuguhito Takeuchi, *Old Tibetan Contracts from Central Asia*, Daizo Shuppan, Tokyo, 1995, p. 315. 以上引文係綜合參考漢、英兩種譯文而成。

hyen），而前引 P. 4722 所題爲"永壽寺主靈賢等"，①這四件分別用藏、漢文字寫成的文書都指向了僧人"靈賢"，俗姓張，爲永壽寺寺主。如此，筆者認定藏於英國國家圖書館的 S. 2228 系列藏文文書與沙州永壽寺有關。

以下，筆者依據上述 P. 3730v、P. 4686 和 P. t. 1297 系列、S. 2228 系列文書，列出吐蕃統治時期沙州永壽寺僧人與借方（或被雇傭方）的關係爲：

表四　沙州永壽寺借貸表

紀年	貸（雇）方	借（被雇）方	涉及物品	文獻出處
827 年	永壽寺僧	紇骨薩部落百姓吳瓊嶽	粟	P. 3730v
830 年	（永壽寺僧人）　張靈賢	?	布	S. 2228(1)
831 年	（永壽寺僧人）　張靈賢	通頰色通巴部落庶民迪迪	耕牛、農具	S. 2228(4)
831 年	（永壽寺僧人?）張貪勒	紇骨薩部落何山子	麥	S. 2228(5)
831 年	（永壽寺僧人?）張貪勒	（紇骨薩部落?）潘拉子	麥	S. 2228(6)
832 年	永壽寺	悉董薩部落百姓孫清	粟	P. 4686
832 年	永壽寺靈賢和尚	悉寧宗部落夏孜孜	麥	P. t. 1297(1)
833 年	永壽寺	悉寧宗部落康達倉	大豆	P. t. 1297(6)
		永壽寺寺户［……］德	大豆	P. t. 1297(6)
834 年	（永壽寺?）張海净和尚	謝比西	雇工	P. t. 1297(4)
834 年	（永壽寺）　靈賢和尚	悉董薩部落郭央勒	馬	P. t. 1297(5)
839 年	（永壽寺?）張本嘉和尚	蔡多部落甲雜臘贊	馬	P. t. 1297(3)

依據上表，我們可資討論的歷史信息有三點：第一，貸出方或雇主方，均爲永壽寺或僧人，出現最早的時間是 827 年，最晚是 834 年；而作爲借方或被雇傭方的，幾乎均出自 820 年以後在敦煌建立的半軍事化的漢人部落，依次爲：紇骨薩部落、通頰色通巴部落、悉董薩部落、悉寧宗部落。第二，"張靈賢"這個關鍵人物出現了四次，第一次是在 830 年，中間經過 831、832 年，最後一次是 834 年，在 832 年這一次完整的記録爲"永壽寺靈賢和尚"，很明顯在文獻反映的時空範圍之内，"靈賢和尚"從一開始就是永壽寺的僧人。第三，這樣的時間、地點、人物及借貸或雇傭關係，被記載於 P. 3730v、P. 4686 和 P. t. 1297 系列、S. 2228 系列文書中，充分説明了除 P. 3730v、P. 4686 和 P. t. 1297 系列文書以外，S. 2228 系列文書亦出自吐蕃統治中後期建立的永壽寺，或與永壽寺有關，當無歧義。

---

① 我們在 P. t. 1261《吐蕃佔領敦煌時期齋僞曆》中，發現了"靈賢"的名字及"洪辯"僧人的名字，表明其活動於吐蕃統治敦煌中後期。見《敦煌社會經濟文獻真蹟釋録》第三輯，第 163 頁。

三、永壽寺存在時間與改額再探討

藤枝晃提出永壽寺的建立是在吐蕃統治敦煌的後半期，具體時間是以 835 年爲中心，但是根據 P. t. 994《沙洲諸寺名》所載的沙洲 17 座寺院的吐蕃文拼音名稱，永壽寺、永康寺、興善寺等寺名消失了，出現了顯德寺、乾明寺等，他認爲這也許是改名的結果。①

日本學者土肥義和與北原熏也曾提及或討論過永壽寺建立和消亡的時間。土肥義和提到，根據濱田德海氏舊藏 115v 號敦煌漢文寫本《諸寺付經曆》，在 826（午年）—827（未年）之間，敦煌有 11 座僧寺和 5 座尼寺，其中包括永壽寺；但到吐蕃統治末期，永壽寺、永康寺有可能已經改名爲"三界寺"和"淨土寺"，也有可能後兩寺爲新建，但無論如何，及至歸義軍初期後者取代了前者成爲了著名的佛教大寺。② 而北原熏在他列出的一張吐蕃時期敦煌寺院統計表中，指明永壽寺、永康寺、興善寺在敦煌存在的時間範圍是在 806—850 年間，而具體出現於文書中的時間，在先的是 P. 3336《丑年寅年贊普新加福田轉大般若經付諸寺維那曆》的丑年（821），偏晚的是 S. 4914《卯年九月七日某（當）寺轉付經曆》中的卯年（835）。③

李正宇曾指出，永壽寺在吐蕃占領末期的 839 年以後不見文獻記載，有改寺名存在的可能。④ 武內紹人認爲，永壽寺存在於從 810 年到 840 年左右的這個時間範圍內。具體如，P. t. 1297 系列文書的年份，始於牛年（文書 6）、終於鼠年（文書 1b），相應的時間段應是 809—820 年、821—832 年或者 833—844 年。同時考慮到文本當中出現的姓名結構爲"漢姓與吐蕃名字"，這種姓名類型在吐蕃統治敦煌末期比較普遍，因此可以將文書寫成的時間擬定爲後兩個時間段，即 821—832 年或 833—844 年。⑤

看來，不管是我國學者或日本學者對於永壽寺存在的時間範圍的討論，均符合筆者前面對於敦煌漢藏文書的年代的檢討。不過，筆者覺得仍有必要對這一問題作進一步的考證。

---

① 藤枝晃：《吐蕃支配期の敦煌》，《東方學報》第 31 輯，京都，1961 年，第 199—292 頁。
② 土肥義和：《莫高窟千佛洞と大寺と蘭若》，池田溫編：《講座敦煌 3：敦煌社會》，東京，1980 年，第 356—351 頁。
③ 北原熏：《晚唐五代の敦煌寺院經濟》，池田溫編：《講座敦煌 3：敦煌社會》，第 418、450—452 頁。
④ 《敦煌學輯刊》1988 年 1、2 期合刊，第 80 頁。
⑤ Tsuguhito Takeuchi, *Old Tibetan Contracts from Central Asia*, Daizo Shuppan, Tokyo, 1995, p. 154.

前面討論的漢藏系列文書的紀年問題已基本解決,唯獨遺留 S.2228 第 3 號文書的紀年尚不明白。由於 S.2228 第 3 號文書没有直接的紀年,所以考證起來比較困難。但細讀其中,一段提到年份的敍述提供了可以追溯的綫索,其曰:"鼠年調整草地和農田時,從各方將作爲供養的所有農田收回,並賜給百姓作爲自耕地。"也就是説,吐蕃當局在其統治的 60 餘年之中的某一個"鼠年",曾經在敦煌進行大規模的"調整草地和農田",也就是重新劃分土地和草場。

我們知道,自吐蕃貞元二年(786)最終占領敦煌以後,到 9 世紀 20 年代共有 3 個子年,即 796、808、820 三個年頭,其中哪一個年份是敦煌"調整草地和農田"的鼠年呢? 這裏不妨引入 P.t.1078《悉董薩部落土地糾紛訴狀》加以考證,其載:姓王的兩兄弟與竇氏毗連而居,因土地糾紛争執不下,某吐蕃官吏把有争議的田攫爲己有,占用近 20 年。後來,"自沙州百姓編軍(vbangs rgod)分出之後",王氏提出申訴,要求當局歸還其地。吐蕃官吏占田的時間,據文中講,是"後一個子年"。所謂"後一個子年",即是第二個子年(808),亦即吐蕃官吏占田之年。① 根據這一綫索,筆者認爲 S.2228 系列文書三提到的"鼠年"就是 808 年,因爲此年吐蕃當局在敦煌進行了大規模的"調整草地和農田",P.t.1078《悉董薩部落土地糾紛訴狀》中提到的吐蕃官吏,才有可能把有争議的田攫爲己有。因此,S.2228 系列文書三提到"鼠年"與 P.t.1078 記載的吐蕃官吏占田的時間一致,即公元 808 年。

當然,以上追溯的是 S.2228 系列文書三内容中提到的時間,而非文書寫成的時間,文書寫成的時間在 808 年之後是可以肯定的。僅從張德列把林地捐與寺院、後來又將土地分給張魯杜,然後引發歸屬官司,以及文書中寺院方申辯"樹木爲寺院所有,並由寺僧護養長大"等語,也可推斷出文書本身寫成的時間至少是在 808 年之後的十年以上的時間,也就是到了 830 年左右永壽寺存在時間的中段。而且還可以推測,可能就是因爲該寺的建成而觸發了有關林地歸屬的糾紛,故才有了該文書的問世。

問題是被日本學者池田温定名爲《吐蕃戌年(818)六月沙州諸寺丁仕車牛役簿(附亥年(819)——卯年(823)注記)》(S.05428v)的寫本,記有沙州龍興寺、大雲寺、蓮臺寺、開元寺等 14 座寺院 185 户寺户的丁仕車牛役情,其中没有"永壽寺"之名,而現存所知的出現永壽寺的有年代題款的寫本最早的是前述《大乘稻竿經》尾題的"癸卯年

---

① 楊銘:《吐蕃統治敦煌西域研究》,北京:商務印書館,2014 年,第 23 頁。

(823)十月十日",這就説明永壽寺有可能是在戌年(818)六月之後,卯年(823)十月之前建立的。因此,筆者認爲有必要對永壽寺存在的時間範圍加以修正,可以提出寬、嚴兩個時間段,前者以818—844年這個大範圍爲宜,後者根據文獻的確切紀年爲823—839年。①

此外,有關吐蕃統治末期,永壽寺、永康寺可能改額爲"三界寺"和"净土寺"的問題,根據敦煌文書中的人物聯繫,筆者也可提出進一步明晰的觀點,這就是永壽寺改名爲净土寺的可能性非常大。這個觀點,是以早期的永壽寺僧人寶積爲綫索的。

根據前引 P.4686《吐蕃子年(832)二月二十三日孫清便粟契》,寶積在爲孫清便粟一事中獨立充當證人,承擔了一定的法律責任的同時,又於孫清便粟後的第五日,自己因"爲無牛䐡,今於功德粟便豆漢鬥兩碩捌鬥",因文書殘缺,還期不載。從這件文書所載,寶積一方面爲悉董薩部落百姓孫清便佛物充當證人,同時自己也因"爲無牛䐡",從本寺"便豆漢鬥兩碩捌鬥"來看,毫無疑問,他是一個永壽寺的僧人。

而就是這個寶積,後來又成了净土寺的僧人之一。S.5893《(公元九世紀)沙州净土寺僧籍》録得:

寶積,沙州敦煌縣,慈惠鄉。

S.2614《唐年代未詳(公元八九五年?)沙州諸寺僧尼名薄》記載沙州净土寺僧人名號與數量如下:

1　净土寺,李僧政,法受,惠明,法藏,法心,
2　法惠,信惠,海鏡,神寂,惠真,道啓,慈
3　恩,惠寂亡,**寶積**,紹宗,慶安,法靈,
4　法光,顧濟,龍贊,舊沙彌:恒明。新沙
5　彌:神會,宗智,計僧壹拾玖人,計新舊
6　沙彌三人,都計貳拾貳人。

---

① 見以下附表。

此外,寶積還見於 P.4957《當寺轉帖》,①不過這件文書由於殘缺的緣故,未能記載寶積所屬寺院的更多信息。總之,僅從以上列舉的文書所載證明,寶積早先爲永壽寺的僧人,後來又成了净土寺的僧人,因而可佐證吐蕃統治敦煌時期建立的永壽寺,後來改名净土寺,其一部分僧人因此得以轉寺,成爲净土寺的僧人,寶積即爲其中之一。

總之,本文提出的初步結論是:永壽寺在敦煌存在的確切時間爲 823—839 年,後來可能改額爲净土寺而繼續存在。

附表:敦煌諸種有關沙州永壽寺漢、藏寫本編年表

序號	編　號	紀　年	題　名
1(漢)	北圖海字五號	卯年(823)	《大乘稻竿經》尾題
2(漢)	S.796(5)	巳年(825)	《抄詩並題記》
3(漢)	P.3730v	未年(827)	《便粟契》
4(藏)	S.2228(1)	狗年(830)	《借布契》
5(藏)	S.2228(4)	豬年(831)	《夥耕書》
6(藏)	S.2228(5)	豬年(831)	《借麥契》
7(藏)	S.2228(6)	豬年(831)	《借麥契》
8(藏)	P.t.1297(2)	豬年(?)	《羊群入田之訴狀及判詞》
9(漢)	北圖辰字六十一	子年(832)	《四分律戒本疏卷三》尾題(?)
10(漢)	P.4686	子年(832)	《便粟契》
11(藏)	P.t.1297(1)	[鼠年](832)	《借糧契》
12(藏)	P.t.1297(6)	牛年(833)	《借豆契》
13(漢)	P.3336	寅年(834)	《付諸寺維那曆》
14(藏)	P.t.1297(4)	虎年(834)	《雇工契》
15(藏)	P.t.1297(5)	虎年(834)	《借馬契》
16(漢)	S.4914	卯年(835)	《付經曆》
17(藏)	P.t.1297(3)	羊年(839)	《售馬契》
18(漢)	北圖雨字五十五	?	《佛説遺教經一卷》尾題
19(漢)	P.3336V0	?	《付經曆》
20(漢)	P.4722	?	《永壽寺主靈賢等牒》
21(藏)	S.2228(3)	?	《林苑歸屬的訴狀》

---

① 上引寫本分别見於《敦煌社會經濟文獻真蹟釋録》第一輯,第 357 頁;第四輯,第 233—234 頁、第 247 頁。

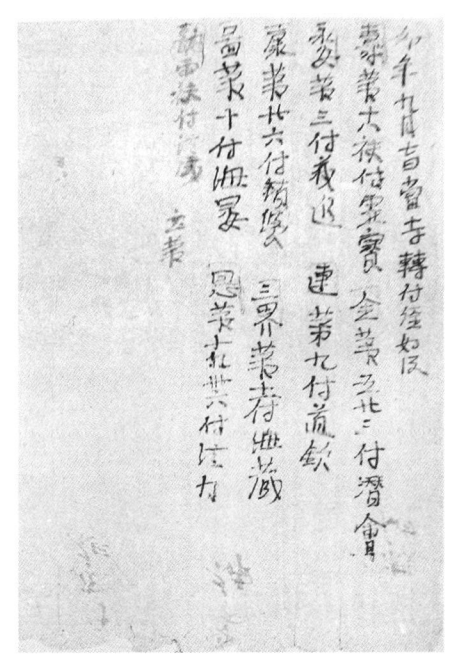

附圖一　辰字六十一號《四分律戒本疏卷三》尾題　　附圖二　S.4914《卯年九月七日某寺轉付經曆》

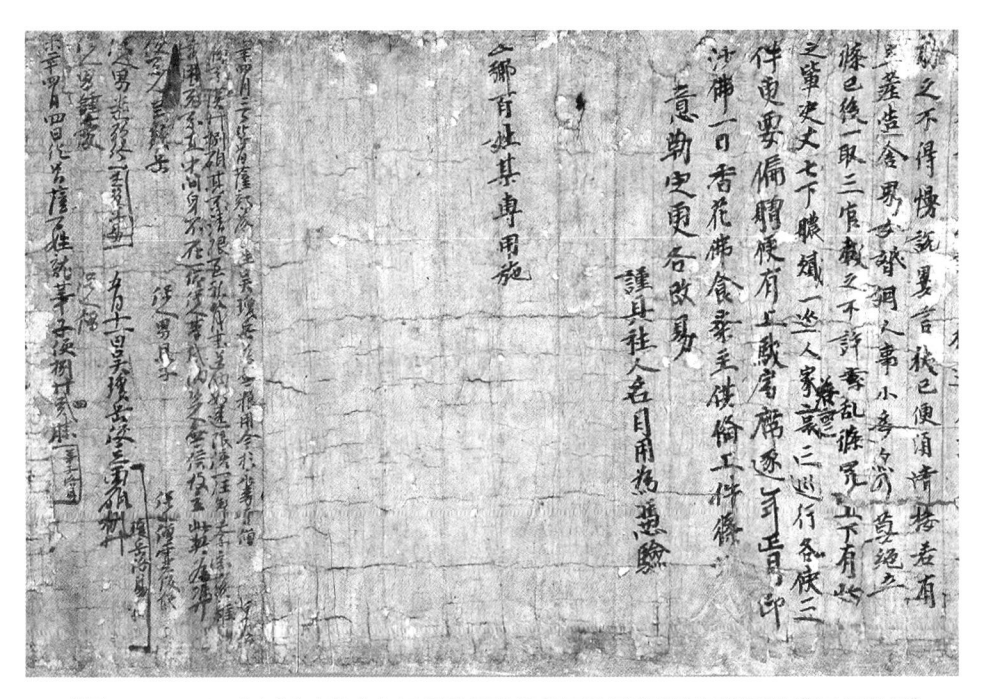

附圖三　P.3730v(左)《吐蕃未年四月紇骨薩部落百姓吳瓊嶽便粟契附龍華子便穀憑》

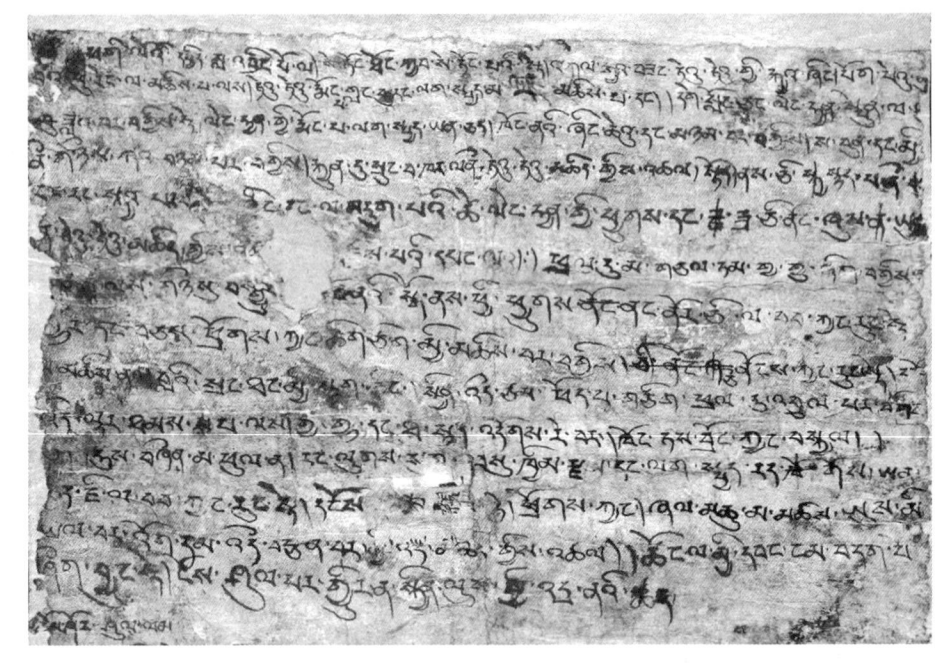

附圖四　S.2228(4)《亥年通頰部落迪迪與僧人張靈賢夥耕書》

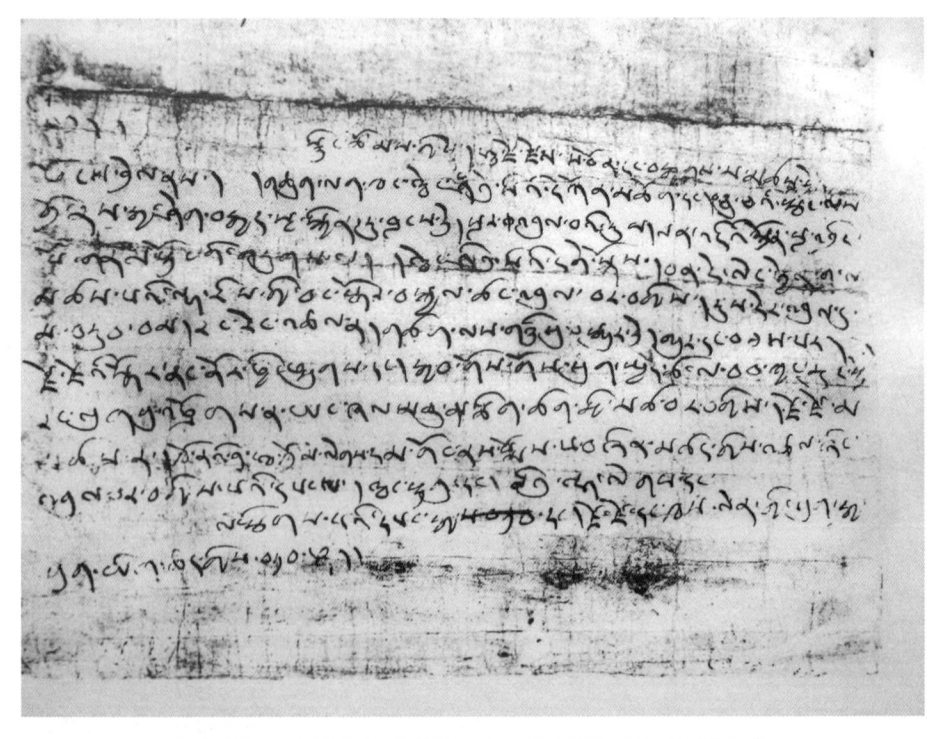

附圖五　P.t.1297(1a)《悉寧宗部落夏孜孜永壽寺便麥契》

浙江圖書館藏清抄本《唐會要》述略

曹海花　劉安志

迄今所知，國內外所藏明清時期《唐會要》抄本，總有十六種之多。其中除國家圖書館所藏三種（編號分別爲 10521、03873、04216，以下分別簡稱國圖 A、B、C 本）、北京大學圖書館所藏一種、上海圖書館所藏四種、臺北圖書館所藏二種（即一百卷本和八十八卷本，以下簡稱臺北 A、B 本）、日本東京靜嘉堂所藏一種（以下簡稱日藏本），總十一種，中日學者有過不同程度的考察與介紹外，[①]其餘五種，即中國科學院圖書館藏二種（編號分別爲 011、1033，以下簡稱中圖 A、B 本）、浙江圖書館藏一種（以下簡稱浙圖本）、江蘇鎮江圖書館藏一種（以下簡稱鎮圖本）、廣東省立中山圖書館藏一種（以下簡稱廣圖本），尚未有學者給予專門介紹，具體情況不明。今向各方家介紹浙江圖書館所藏清抄本《唐會要》概況，並比較其與武英殿本（以下簡稱殿本）、四庫全書本（以下簡稱四庫本）及其他諸抄本之異同，以揭示其價值。不當之處，敬請批評指正。

浙圖本凡二十册，無版框，開本高 29.2 釐米、寬 18.4 釐米。目録首葉鈐"鹽官蔣氏衍芬草堂三世藏書印""寅昉""臣光焴印"三方印，乃浙江海寧蔣光焴（1825—1892）藏書印，表明該抄本曾爲蔣氏所收藏。册一襯葉有墨筆題識："竹垞先生稱是編詞簡禮備，購之四十年始得，而以中有闕卷爲憾。然李唐一代掌故，新舊《唐書》而外，詔敕則有《唐大詔令》，官制則有《六典》，五禮則有《開元禮》，律法則有《唐律》，各成一家，可

---

① 貝塚茂樹、平岡武夫：《唐代史料の集成について》，《學術月報》七—六，1954 年。平岡武夫：《唐代の行政地理》，京都大學人文科學研究所，1955 年，第 19 頁。島田正郎：《在臺北"國立中央図書館"藏鈔本·唐會要について》，載《律令制の諸問題——滝川博士米壽記念會論集》，東京：汲古書院，1984 年，第 669—689 頁。古畑徹：《〈唐會要〉の諸テキストについて》，《東方學》第七十八輯，1989 年，第 82—95 頁。鄭明：《〈唐會要〉初探》，《中國唐史學會論文集》，西安：三秦出版社，1989 年，第 167—182 頁。周殿傑：《關於〈唐會要〉的流傳和版本》，《史林》1989 年第 3 期。古畑徹：《〈唐會要〉の流傳に關する一考察》，《東洋史研究》五十七——一，1998 年，第 96—124 頁。榎本淳一：《北京大學圖書館李氏舊藏〈唐會要〉の倭國·日本國條について》，《工學院大學共通課程研究論叢》三十九—二，2002 年。又收入榎本淳一著：《唐王朝と古代日本》附論二，東京：吉川弘文館，2008 年，第 185—196 頁。

云詳備。若是編所載,以《通典》《通志》《册府元龜》校之,尚多脱漏,烏得言備耶?長夏枯坐,隨筆改正,十得二三,而大段譌誤,不可通曉,展卷徒生厭倦而已。庚申伏日甌亭吴城識於甌花齋。"其後録有晁氏《郡齋讀書志》、陳氏《書録解題》、王氏《玉海》中"唐會要"語,即通行本題爲"唐會要題辭"者。

該抄本無行格,每葉十二行,每行字數多爲二十四字,也有少數爲二十一、二十二、二十三、二十五、二十六、二十七、二十八、二十九字者不等。全本存在多種書體,似非出自一人之手。書中存有不少錯訛脱漏之處,故有後人朱筆、墨筆兩種校語,或校正其字,或增補脱文,或作跋語。從抄本避諱情況看,全書各卷並不一致,有的"玄""弘""曆"三字俱不避康熙、乾隆皇帝諱,如卷二、卷三、卷九十四等;有的"玄"字避諱,"弘""曆"二字不避諱,如卷二十四、卷三十九等;有的"玄""弘""曆"三字皆避諱,如卷五十六、卷五十七等。再結合全書存在多種書體情況看,可知該抄本并非一次性抄寫完畢。另外,該本"琰"字除卷三十九"火"字旁寫作"又"者,①其餘均不避諱。又"顒"字卷四十五不避諱,卷十一、卷五十六"頁"字旁缺最後兩點,尚難判定是否避諱。不過,上揭"庚申伏日甌亭吴城識於甌花齋"一語,可以初步判定此本最後抄寫時間,當在乾隆初年。按吴城字敦複,號鷗亭,乃清代前期著名藏書家吴焯(1676—1733)長子。吴焯有藏書樓,名"瓶花齋",這裏"甌花齋"或爲"瓶花齋"之筆誤。據鄧長風先生考證,吴城生於康熙四十年(1701),卒於乾隆三十七年(1772),享年七十二歲。②"庚申伏日",即指某庚申年的三伏天。而有清一代庚申年,主要有康熙十九年(1680)、乾隆五年(1740)、嘉慶五年(1800)、咸豐十年(1860)四次,故而可以判定,吴城題識中所説的"庚申",即指乾隆五年(1740)。吴城對該抄本"隨筆改正",發生於乾隆五年夏天。再結合前揭避諱情況看,可知抄本最後完成時間,當在此年或之前的乾隆某年。至於目録首葉所鈐"鹽官蔣氏衍芬草堂三世藏書印""寅昉""臣光焴印"三方印,表明該抄本後來轉歸蔣光焴(1825—1892)收藏,其完成時間應該不會晚至19世紀。

該抄本一百卷全,其中卷二《帝號下》宣宗條未出現錯簡現象,與其他抄本有異。③卷七至卷十所抄爲《白虎通義》《馬氏南唐書》《唐文粹》《翰苑集》諸書内容,與其他抄

---

① 按同卷"弘""曆"二字均不避諱,知此處"琰"并非避諱字。
② 鄧長風:《明清戲曲家考略全編》,上海古籍出版社,2009年,第533—536頁。
③ 按國家圖書館藏明抄本、上海圖書館藏傅增湘藏本、臺北圖書館藏二種抄本、日本静嘉堂藏抄本等,此處均出現錯簡,相關内容錯入卷三一《裴冕》中。此點關涉諸抄本的傳承關係問題,值得注意。

本相同。① 卷七首葉書眉有墨筆題"自七卷起至十一卷,錯褫已極,無從校正"。該卷末葉尚存"建州節度使查文徽劍州刺史陳海舟師應之文徽留晦屯江口進門伏兵發文徽被執海興越人戰大敗之獲其將馬文進葉仁安于建康帝送"一段文字,其後有墨筆題識:"建州節度使一段,與上文不屬,疑誤。"卷十一《明堂制度》總十一葉,其中開元五年正月條末"依舊爲乾元殿"後,尚有五葉多文字,起"貞觀元年上宴群臣",止"條上怪其能以問",所記與明堂制度完全無關。又"條上怪其能以問"與上文"何必擇才也"之間空五行。有趣的是,中圖 A 本所抄內容與格式,與浙圖本完全一致。而中圖 B 本"條上怪其能以問"與上文"何必擇才也"之間無空,且"條上怪其能以問"條之後,又多出五葉多的文字。國圖 B 本同浙圖本,卷末有無名氏題識:"此卷自貞觀元年上宴群臣下,皆述太宗之事爲,多與明堂制度不合。"國圖 C 本、鎮圖本、廣圖本、臺北 A 及 B 本、日藏本則同中圖 B 本。這些情況表明,諸抄本之間至少存在兩種傳抄系統:一種即浙圖本、中圖 A 本、國圖 B 本系統,另一種爲中圖 B 本、國圖 C 本、鎮圖本、廣圖本、台北 AB 本、日藏本系統,值得作進一步研究。

又浙圖本卷四九《燃燈》以下五條闕失,情形與四庫本和其他諸抄本相同。因此,今存武英殿本《燃燈》以下五條內容,極有可能爲清代四庫館臣所補,並非《唐會要》原文。②

值得注意的是,浙圖本卷八十二《醫術》長慶元年正月條出現錯簡,其文如下:"所著《千金方》三十卷,行之於代。序論絲綿等並請依本縣時價(後略)。"抄本校者已注意此問題,故在此葉上半部貼有一紙條,書有朱、墨兩種校語,朱筆題識爲"此處疑有失,錯行之于代序論下",墨筆校語爲"以原抄本校對,與此本一樣"。其後卷八十三亦貼有一紙條,其上同有朱、墨兩種校語,朱筆題識爲"此處有失葉",墨筆校語爲"以原本校過,乃原抄失葉,俟有善本再補"。據此可知,浙圖本并未抄錯,而是所據"原本"已有"失葉",該本照抄而已。今檢其他諸抄本,並無浙圖本類似的錯簡情況,說明在這些抄本之外,尚有一個卷八十二出現錯簡的抄本系統。此點關涉清前期《唐會要》諸抄本的系譜及傳承關係問題,有待另文探討。

另外,浙圖本卷九十二至卷九十四三卷內容完整無闕,也頗值得關注。其卷九十二

---

① 陳尚君:《所謂〈全本唐會要〉辨僞》,杜澤遜主編:《國學茶座》第一期,濟南:山東人民出版社,2013 年,第 76—79 頁。
② 參見劉安志:《清人整理〈唐會要〉存在問題探析》,《歷史研究》2018 年第 1 期。

正文存《内外官料錢下》《内外官職田》《諸司諸色本錢上》三目,與篇首目錄吻合。其中《内外官料錢下》起長慶二年十月條,終會昌二年條,與四庫本及其他諸抄本合。殿本則改"長慶二年十月"爲"長慶元年二月",①不知整理者所據爲何?因爲《册府元龜》卷五〇七《邦計部・俸禄第三》即作"(長慶)二年十月"。② 有趣的是,浙圖本《内外官職田》存四條文字,與四庫本殘存内容相近,二本之間當存在某種關聯。爲便於説明問題,兹列表比較如下。

表　浙圖本、四庫本卷九十二《内外官職田》異同表

版本序號	浙　圖　本	四　庫　本
1	天寶元年冬十一月准禮依時刻三嚴又其時所設宮懸懸而不作鑾駕進發不明皷吹至祀日太廟饗禮畢鑾駕欲發及南郊行事鑾駕還宮之時然後各有三嚴皇帝既還大次停一刻湏田一畝五品以上田各得十畝四品以上各得田十二畝五品以下各得田八畝四品以下各得田十一畝一品各得田三十畝二品各得田廿五畝三品各得田廿畝六品以下得田七畝六品以上各得田八畝七品各得田五畝七品以下附内閣殿宇勑俸以上俱内官	(原闕)五品以上田各得十畝四品以上田各得十二畝五品以下各得田八畝四品以下得田十一畝一品各得田三十畝二品各得二十五畝三品各得田二十畝六品以下得田七畝六品以上各得田八畝七品各得田五畝七品以下附内閣殿宇勑俸以上俱内官
2	正觀元年秋七月勅刺史頒行天下凡屬外任官員田依職授田凡一品各得田四十畝二品各得田三十畝三品各得田廿五畝四品各得田廿畝五品田同四品六品各得田十八畝七品各得田十五畝七品以下附一品内授俸銀四兩穀十二担	貞觀元年秋七月勅刺史頒行天下凡屬外任官員田依職授田凡一品各得田四十畝二品各得田三十畝三品各得田二十五畝四品各得田二十畝五品田同四品六品各得田十八畝七品各得田十五畝七品以下附一品内授俸銀四兩穀十二擔
3	景龍四年春三月勅旨頒行天下凡屬文武官員五品以下各加田五畝五品以上各加田四畝	景龍四年春三月勅旨頒行天下凡屬文武官員五品以下各加田五畝五品以上各加田四畝
4	長慶元年十月勅司馬兼中書令合屬内官各依舊外再加田五畝七品以下仍舊	長慶元年十月勅司馬兼中書令合屬内官各依舊外再加田五畝七品以下仍舊

根據上表所列,可知浙圖本除第一條從"天寶元年"至"湏田一畝"一段多出七十六

---

① 《唐會要》卷九二《内外官料錢下》,北京:中華書局,1955年,第1667頁。
② 《册府元龜》,北京:中華書局,1960年,第6089頁。

字外,①其餘與四庫本基本相同。不僅如此,中圖 A 本《内外官職田》同樣存四條文字,除第一條闕"鑾駕進發不鳴鼓吹至祀曰太廟饗禮畢鑾駕欲發及南郊行事"二十五字,第二條"正觀"作"貞觀"外,其餘與浙圖本全同。據此不難推知,這三種抄本之間存在着密切的關聯,當屬同一個抄本系統。再結合浙圖本最後抄成年代,可知上述四條有關《内外官職田》的記載,早已存在於乾隆五年以前的某個《唐會要》抄本中,四庫本所記相關文字,并非四庫館臣所增補,而是所據底本原有的内容。據考,殿本所據底本爲浙江汪啓淑家藏本,四庫本所據底本則爲江淮馬裕家藏本,四庫本乃沈叔埏所整理。② 按沈氏所著《頤彩堂文集》卷八《書自補〈唐會要〉手稿後》明確記載:

> 乾隆戊戌(四十三年,1778 年)九月,魚門太史屬余校《唐會要》百卷,内第七卷至九卷,竹垞跋所謂失去雜以他書者也。余因鈔新舊《唐書》及《太平御覽》《文苑英華》《册府元龜》諸書補之,且以七卷之《封禪》分作二卷,八卷之《郊議》、九卷之《雜郊議》並爲一卷,則十卷之《親拜郊》以《雜録》并入,繼以《親迎氣》,《后土》則分《方丘》、《社稷》,《藉田》則以《藉田東郊儀》并入,《九宫壇》則專抄《禮儀志》,終以《皇后親蠶》,四卷遂成完書。至竹垞所闕之九十二、三、四三卷,此本尚存。蓋館書之進,自邗上馬氏嶰穀、涉江兄弟所藏者,勝虞山錢氏本多矣。昔褚少孫補《史記》……諸人皆以補史著稱,而余以抄撮成此,於少孫輩特札吏比耳,豈可同年語耶!③

沈氏所言"至竹垞所闕之九十二、三、四三卷,此本尚存",從浙圖本、中圖 A 本所記情況看,應屬事實。他在整理《唐會要》過程中,當删除了"天寶元年"至"湏田一畝"一段文字,並在前面補加"原闕"二字,遂成今本。

按殿本所據浙江汪啓淑家藏本,即臺北圖書館藏"清康熙抄本"(現移藏臺北故宫博物院圖書館),已影印收入《原國立北平圖書館甲庫善本叢書》。④ 該本《内外官料錢

---

① 按其中"准禮依時"至"停一刻須"一段文字,出自《唐會要》卷一八《緣廟裁製下》:"元和元年十二月,禮儀使髙郢奏:'……伏請勒停,準禮依時刻二嚴。又其時所設宫懸,懸而不作,鑾駕進發,不鳴鼓吹。至祀日,太廟饗禮畢,鑾駕欲發,及南郊行事,鑾駕還宫之時,然後各有三嚴。皇帝既還大次,停一刻須槌一鼓爲一嚴,三刻須槌二鼓爲再嚴,五刻須槌三鼓爲三嚴。往例儀注,皆準此禮。'"第 365 頁。
② 劉安志:《武英殿本與四庫本〈唐會要〉非同本考》,載《魏晉南北朝隋唐史資料》第三十五輯,上海古籍出版社,2017 年,第 213—230 頁。
③ (清)沈叔埏:《頤彩堂文集》,《續修四庫全書》集部別集類,第 1458 册,上海古籍出版社,2002 年,第 429 頁。
④ 《原國立北平圖書館甲庫善本叢書》第四二〇—四二一册,北京:國家圖書館出版社,2015 年。

下》後闕，四庫館臣乃據《册府元龜》等書補撰《内外官職田》（其後《諸司諸色本錢上》《諸司諸色本錢下》，亦據《册府元龜》等書補撰），①同時把四庫本景龍四年條、長慶元年條録入其中，前條刪除"春"字，後條改"長慶元年"爲"其年"，並刪除"司馬"之"馬"字。② 遺憾的是，在現存唐宋史籍中，找不到與這兩條内容相吻合的任何記載。其實，從浙圖本、中圖 A 本所記内容看，有關唐代内外官職田的這四條文字記載，明顯不是《唐會要》原文。限於本文主旨，這裏不宜多説，擬另文探討。

　　浙圖本《内外官職田》後，《諸司諸色本錢上》僅存半葉十一行，末行尾題"以下前已備悉"。中圖 A 本則存十三行，除個別字有異外，内容與浙圖本完全相同。四庫本《内外官職田》後闕，原據底本是否存在與浙圖本、中圖 A 本相同的記載，尚不清楚。審浙圖本、中圖 A 本所抄内容，俱見於前面《内外官料錢下》，其非《唐會要》原文，也可肯定。殿本整理者據《册府元龜》等書補撰《諸司諸色本錢上》後，將其移至下卷，與《諸司諸色本錢下》合爲第九十三卷，從而完全打亂了《唐會要》原書的編排順序，實不可取！

　　浙圖本卷九十三《諸司諸色本錢下》計三葉零一行，其後雜録"明堂制度"兩葉半内容，尾存二行墨書題識："據曝書亭跋，此卷已全闕，書賈欲足其數，襍以他書，殊可恨也！"此識語書法與前面正文相同，當是作者（疑即吳城本人）據某抄本抄録後發出的感嘆。中圖 A 本在該卷首葉子目"諸司諸色本錢下"後，尚有"明堂"二字，卷末並無前揭浙圖本"殊可恨也"之類的題識。不管如何，二本出自同一個抄本系統，於此又添新證。審二本所記内容，俱見於同書卷十一《明堂制度》，其非《唐會要》原文，亦可斷言。

　　浙圖本卷九四爲《北突厥》《西突厥》《沙陁突厥》《吐谷渾》，其中《沙陁突厥》正文小目作《西陁突厥》。四庫本亦作《西陁突厥》，但卷次有異，其卷九十三爲《北突厥上》，卷九十四爲《北突厥下》《西突厥》《西陁突厥》《吐谷渾》。中圖 B 本卷九十三爲《北突厥》《西突厥》，卷九十四爲《西陁突厥》《吐谷渾》，在分卷上與四庫本有些相似，但都不是《唐會要》原本目次。值得注意的是，中圖 A 本與國圖 B 本卷九十四所記，皆與浙圖本完全相同。據學者考證，該卷所記，實乃後人據朱熹《資治通鑑綱目》補撰，並非《唐會要》原文。③ 需要進一步指出的是，卷中"玄""弦""弘""曆"諸字，國圖 B 本皆不避

---

　① 參見古畑徹：《〈唐會要〉の諸テキストについて》，《東方學》第七十八輯，1989 年，第 82—95 頁。又黃麗婧：《〈唐會要〉闕卷後人僞撰考》，《江淮論壇》2012 年第 4 期。
　② 《唐會要》卷九二《内外官職田》，第 1669、1672 頁。
　③ 參見黃麗婧：《〈唐會要〉闕卷後人僞撰考》，《江淮論壇》2012 年第 4 期。又吳玉貴：《〈唐會要〉突厥、吐谷渾卷補撰考》，《文史》2015 年第 2 輯。

諱,這説明後人對此卷的補撰,早在康熙以前就已完成了。復據明末清初大儒朱彝尊《曝書亭集》卷四五《唐會要跋》載:

> 今雕本罕有,予購之四十年,近始借抄常熟錢氏寫本。惜乎第七卷至第九卷失去,雜以他書,第十卷亦有錯雜文字。九十二卷缺第二翻以後,九十三、九十四二卷全闕。安得收藏家有善本借抄成完書?姑識此以俟。①

按朱彝尊生於1629年,卒於1709年,其購之四十年而不得"雕本",此事當發生在清初時期。其所見常熟錢氏抄本卷九十三、九十四全闕,則卷九十四的補撰,或有可能爲清初學人所爲,補撰時間當發生在康熙之前的順治年間。當然,這一判斷純屬推測,尚有待進一步證實。

有關北突厥、西突厥、沙陁突厥、吐谷渾之記載,四庫本雖拆分爲九十三、九十四兩卷,但内容與浙圖本、中圖A、B本大致相同(個別條目順序有異),説明這四種抄本關係密切。前揭沈叔埏稱馬裕家藏本卷九十二、卷九十三、卷九十四三卷尚存,並未殘闕,則四庫本卷九十三、卷九十四兩卷並非四庫館臣所補撰,也是可以肯定的。又汪啓淑家藏本此兩卷殘闕不存,可知四庫本并非以汪啓淑家藏本爲底本。殿本卷九十四所記,則是四庫館臣據四庫本卷九十三、卷九十四兩卷文字加工整理而成,但有些删改並不徹底,導致問題時有出現,如對四庫本中宗嗣聖年號的删改,即爲顯例。殿本《北突厥》嗣聖四年條載:"嗣聖四年七月,骨篤禄寇朔州,武后遣黑齒常之等擊之,骨篤禄散走磧北"。其後接記:"長壽二年九月,武后以僧懷義討之。十年九月,骨篤禄死,弟默啜立。② 十一年三月,復遣僧懷義討默啜。十二年十月,默啜遣使請降。"③四庫本"嗣聖四年七月"之後,相繼爲"(嗣聖)六年九月""(嗣聖)十年九月""(嗣聖)十一年三月""(嗣聖)十二年十月",時間無誤,而殿本整理者改"(嗣聖)六年九月"爲"長壽二年九月",然後面未作相應删改,導致"十年九月""十一年三月""十二年十月"三個時間,上無所承,不知年號爲何,具體指何年?

至於浙圖本卷九十五至卷一百情況,與四庫本及其他諸抄本並無多大差異,這裏就不繼續介紹了。

---

① (清)朱彝尊:《曝書亭集》,上海:世界書局,1937年,第545頁。
② "立",四庫本與中科院圖書館011號本皆誤作"五"。
③ 《唐會要》,第1691頁。

以上粗略介紹了浙圖本的若干情況，並比較了其與四庫本及其他諸抄本之異同，所得結論大致如下：

浙江圖書館所藏《唐會要》抄本，係清乾隆五年（1740）或此前乾隆某年最後抄寫而成的一個本子。該抄本卷首有著名藏書家吴焯長子吴城（1701—1772）的墨書題識，卷中存朱、墨兩種校語，據吴城題識"長夏枯坐，隨筆改正"，則校語有可能出自吴城手筆。目録首葉鈐"鹽官蔣氏衍芬草堂三世藏書印""寅昉""臣光焴印"三方印，表明此本後來爲浙江海寧蔣光焴（1825—1892）所收藏。該本存在多種書體，且"玄""弦""弘""曆"諸字，既避諱又不避諱，説明此本各卷並非出自一人之手，抄寫時間也不盡相同。其卷九十二、卷九十三、卷九十四所記，與四庫本及中圖 A 本基本相同，表明這三個抄本關係密切，當出自同一個抄本系統。另外，該抄本卷九十四所記，又與國圖 B 本卷九十四以及中圖 B 本卷九十三、卷九十四所記相同，也説明其與這兩種抄本之間存在某種關聯。這五種抄本所記，均與鎮圖本、臺北 AB 本、日藏本等明顯有別（這幾種抄本卷九十二《内外官職田》《諸司諸色本錢上》闕，卷九十三、卷九十四兩卷全闕），可知它們分屬不同的傳抄系統。從這一意義上講，過去認爲清代前期的《唐會要》抄本，存在常熟錢氏抄本和浙江汪啓淑家藏本兩個系統，①這一看法恐怕需要重新審視了。

---

① 參見周殿傑：《關於〈唐會要〉的流傳和版本》，《史林》1989 年第 3 期。又《唐會要·前言》，上海古籍出版社，2006 年新 1 版，第 6—12 頁。

《唐刺史考全編》拾誤

曾 潤

郁賢皓先生大作《唐刺史考全編》（以下簡稱《全編》），①以其搜羅詳備、考訂精審而蜚聲中外，是治唐史者案頭不可或缺的工具書。然唐代州府、刺史衆多，事迹複雜，各類史料多有訛謬散亂、真僞混淆之處，因此，憑一己之力實難盡善，疏誤在所難免。近年來，隨着唐代墓誌的大量刊布，郁先生及一些學者利用新見墓誌材料對《全編》進行了訂補，訂正了原著一百多條疏誤，②然零星疏失似尚未盡除。筆者在學習時，也發現《全編》偶有一些失檢、失考、引證等方面的疏忽。現依據相關傳世文獻，同時兼及近年新刊石刻資料，對已發現的刺史姓名、繫年不當及其他相關問題，擇其有足補正《全編》者，條列於次。③

本文所收凡76條。其中，删除誤列19條，訂正人名訛誤16條，改定原有任職時間不確或錯誤34條，新增入州月隴右道"雄州"和嶺南道"鸎州（泰州）"，同時訂正濰州的建置沿革。爲方便研究者查閱，其体例仍遵從《全編》，以道、州爲單位。其中，《全編》誤收條目，經考證應删除者，在刺史姓名後用"●"標志。限於學殖，難免不當，敬祈方

---

① 郁賢皓：《唐刺史考全編》，合肥：安徽大學出版社，2000年。
② 學界利用新史料對《全編》訂補的論文可謂汗牛充棟，舉不胜舉。參見郁賢皓：《〈唐刺史考全編〉訂補》，《南京師大學報》（社會科學版）2001年第3期；毛陽光：《〈唐刺史考全編〉再補訂》，《文獻》2007年第2期；張天虹：《〈唐刺史考全編〉補正——以河朔藩鎮時期（763—907）的石刻資料爲中心》，《中國國家博物館館刊》2012年第7期；黃樓：《〈唐刺史考全編〉考補——以〈洛陽新獲七朝墓誌〉爲中心》，《魏晉南北朝隋唐史資料》第29輯，2013年（後收入氏著《碑誌與唐代政治史論稿》，北京：科學出版社，2017年）；吳炯炯：《〈唐刺史考全編〉補正（四）》，《敦煌學輯刊》2013年第2期；黃樓：《〈唐刺史考全編〉訂補——以〈大唐西市博物館藏墓誌〉爲中心》，《吐魯番學研究》2014年第1期；曾潤：《〈唐刺史考全編〉訂正》，《圖書館理論與實踐》2017年第6期。限於篇幅，對《全編》做出補充而較少涉及《全編》原文訂正者，兹不贅述。
③ 《全編》全書三百餘万字，還有一些引用、考證、圖版識字、索引編製等方面的疏忽。如卷五八虢州"陳憲"條：《全編》引《陳憲墓誌》云："兩《唐書》本傳未及。按神龍元年陳憲任工部侍郎任，見《唐會要》卷二六，《元龜》卷五六〇作神龍三年。"著列"約武后末"。今按：兩《唐書》無陳憲傳。《唐會要》、《元龜》所載神龍三年任工部侍郎者爲劉憲。劉憲，兩《唐書》有傳。《全編》誤將劉憲的材料列入。諸如此類的問題，因不涉及姓名和任職時間，限於篇幅，也暫不作討論。

家批評指正！

第一編　京畿道

卷五　岐州(扶風郡、鳳翔府)　豆盧寬　貞觀十六年(642)

《全編》引《豆盧遜墓誌》:"祖寬,禮部尚書、左衛大將軍、光禄大夫、行岐州刺(缺五字)國公,贈特進(缺七字)。"著列其名於貞觀中。按現存文獻載豆盧寬所任刺史惟岐州一州。考《豆盧寬碑》:"(貞觀)三年,除禮部尚書……六年,授左衛大將軍……十六年,□□州刺史。□□右輔,寄□左陽。"①唐初之岐州,隋爲扶風郡,漢爲三輔之右扶風。誌稱"右輔",顯謂岐州。證知墓誌貞觀十六年所授之"□州刺史",即岐州刺史。《全編》列名於貞觀中,失考。豆盧寬任岐州刺史,又見近出《豆盧欽望碑》(景龍四年二月廿八日)。②

第二編　關内道

卷九　丹州(咸寧郡)　李博乂(李博叉)　武德時

《全編》卷一〇六恒州及卷二〇四商州俱引《全唐文》卷二九九張嘉貞《趙州瘦陶令李懷仁德政碑》,疑李義貞觀中刺恒州和商州。覈檢《趙州瘦陶令李懷仁德政碑》:"君諱懷仁,字即□,隴西狄道人,代祖元皇帝曾孫,太宗文皇帝之族子也……亡祖湛……父義,持節丹松商恒四州長史、使持節都督丹州松州商州恒州等州諸軍事恒州刺史,徵拜宗正卿,轉左驍衛大將軍、上柱國、隴西郡公……(懷仁)永徽元年,以宗室子弟敕授朝議郎,行瘦陶縣令。"元皇帝即李昞,唐高祖李淵之父,武德元年六月追贈爲元皇帝。李昞之子李湛,李淵次兄。是知此"李義"爲蜀王李湛之子。考李助《唐故洪州高安縣令李府君(愻)墓誌銘并序》(大和三年六月十八日):"我五代祖諱湛……唐武德二年,以高祖母兄,追封蜀王。高祖諱博乂,蜀王中子。以文武才略,佐定大業,先蜀王一年封隴西王。自武德至咸亨,凡刺七郡,位至特進,太常伯,宗正卿。"③《新唐書》卷七〇上《宗室世系上》梁王房:"宗正卿、隴西恭王博乂,以蜀王第二子繼。"長子"蒲州潼水府折衝、

---

① 張沛:《昭陵碑石》,西安:三秦出版社,1993年,第117—119頁。
② 楊希義、劉向陽:《乾陵新出唐豆盧欽望墓碑考釋》,《陝西歷史博物館館刊》第六輯,西安:陝西人民教育出版社,1999年,第136—140頁。
③ 喬棟、李獻奇、史家珍編著:《洛陽新獲墓誌續編》,北京:科學出版社,2008年,圖版和録文,見第214頁和第465頁。另見胡戟、榮新江主編:《大唐西市博物館藏墓誌》,北京大學出版社,2012年,第826—827頁。吳鋼先生《全唐文補遺》第八輯(西安:三秦出版社,2005年)録作"博義"。圖版"乂"字甚明,作"義"訛。

陳留郡公懷仁。"隋、唐間人,往往取其名之一字以行,歷史上不少其例。① 證知碑之隴西郡公李義,當即隴西郡王李博義。復檢《金石錄》卷四:"《唐慶陶縣令李明府清德頌》,正書,無書、撰人姓名。永徽元年。"②此頌應即《全唐文》所載之《趙州癭陶令李懷仁德政碑》。③ 知碑立於永徽元年(650)。則其任丹州、松州、商州、恒州四州刺史,俱在永徽元年前。

按隴西郡王李博義之名,《舊唐書》卷六〇本傳作"李博義",而《新唐書》卷七八本傳作"李博乂"。近年出土墓誌,上引《李愻墓誌》及閻旻《大唐故隴西郡君李夫人(琰)墓誌銘并序》(天寶十二載二月廿四日),作"李博义"。④ 竇明哲《大唐雄州刺史竇府君故夫人李氏墓誌銘并序》(垂拱元年七月五日),作"李乂"。⑤ "李乂"即李义、李博义,亦即"李博乂"。中古時期"乂"字常寫作"义"。例如北魏時期的著名人物元乂,在古代各種抄本裏多寫作"元义",中華書局點校本《魏書》《北史》統一釐作"元乂"。《中華大藏經》第一一七四《集沙門不應拜俗等事》卷三、卷六,凡五見"司禮太常伯、隴西郡王博乂"之名,"博乂""博义"互見。而《大正藏》第二一〇八所載《集沙門不應拜俗等事》,俱作"博乂"。則其名或當作"李博乂"。《全編》不審"李義"即李博义,又漏書丹州和松州,今並正補之。其都督丹州,當在貞觀元年罷都督府之前。而出刺松州,則當在貞觀二年置松州都督府之後。

卷一二　慶州(安化郡、順化郡)　　魏靖　　開元初

《全編》據《全唐文》卷四〇二魏靜小傳:"靜,開元時官慶州刺史。"著列魏靖異名魏靜,未加按斷。按《全唐文》載魏靜文一篇,即《永嘉集序》。《全編》引《新書·藝文志三》及《宋高僧傳》卷八,俱記《永嘉集》編綴者爲"慶州刺史魏靖"。今再補充兩條材料:宋道源《景德傳燈錄》卷五溫州永嘉玄覺禪師:"慶州刺史魏靖緝而序之,成十篇,目

---

① 説詳岑仲勉:《貞石證史》"李儼即李懷儼"條,岑仲勉:《金石論叢》,上海古籍出版社,1981年,第98頁。
② (宋)趙明誠撰,金文明校證:《金石錄校證》卷四,桂林:廣西師範大學出版社,2005年,第57頁。
③ 《趙州癭陶令李懷仁德政碑》,《全唐文》卷二九九唐玄宗相張嘉貞文。然細讀碑文,所記止於永徽元年,文中全然不見幾十年後追頌之意。而《金石錄》稱"無書、撰人姓名,永徽元年"立。宋陳思《寶刻叢編》卷六"趙州"條同。則此文非唐相張嘉貞作,疑《全唐文》著名有誤,或時人偶同姓名者义。
④ 趙力光主編:《西安碑林博物館新藏墓誌續編》,西安:陝西師範大學出版總社有限公司,2014年,第331—333頁。另見趙文成、趙君平編:《秦晉豫新出土墓誌蒐佚續編》,北京:國家圖書館出版社,2015年,第800—801頁。
⑤ 吳鋼主編:《全唐文補遺》第七輯,西安:三秦出版社,2000年,第12—14頁。另見崔庚浩、王京陽:《唐長安南郊高陽原地區出土的四方高宗武周時期墓誌》,《碑林集刊》第七輯,西安:陝西人民美術出版社,2001年,第76—86頁;吳敏霞主編:《長安碑刻》下冊,西安:陝西人民出版社,2014年,第406—407頁。後兩文俱疑墓誌"乂"爲"义"之訛。

爲《永嘉集》,並盛行於世。"①宋志磐《佛祖統紀》卷十"永嘉真覺禪師"條:"禪師玄覺……號真覺大師。睿宗先天元年,安坐示滅,塔于西山……慶州刺史魏靖緝所著文爲十卷,號《永嘉集》。"②可見《全唐文》作"魏静"誤。③《全編》慶州卷魏静之名應刪。

卷一四　原州（平涼郡）　　于德方　　貞觀末—永徽五年（？—654）

《全編》引《嘉泰會稽志》,著列其名於"永徽中"。按于德方任原州都督,首見宋孔延之《會稽掇英總集》。其卷十八"唐太守題名記":"于德方,永徽五年正月十七日自原州都督授。"④考《唐文拾遺》卷六二《唐越州都督于德芳碑》:"(缺)都督原慶□□四州諸軍□□□□史。永徽元年,授□□□。三年,(缺)能官逾於鄧訓。顯慶三年,授金紫光禄大夫、使持節隴州諸軍事、行隴州刺史。"⑤檢《舊唐書》卷三八《地理一》:原州,武德元年置。"貞觀五年,置都督府,管原慶會銀亭達要等七州。十年,省亭達要三州,唯督四州。天寶元年,改爲平涼郡。乾元元年,復爲原州。"可知唐貞觀、永徽之際,原州都督府督原、慶、會、銀四州。碑之"都督原慶□□四州諸軍□□□□史",似可補作"都督原慶會銀四州諸軍事原州刺史"。而碑於此後續書"永徽元年",則于德芳之始任原州都督,必在永徽元年前。《全編》僅列於"永徽中",失考。

卷一四　原州（平涼郡）　　陳令英　　高宗前期

《全編》引陳子昂《爲金吾將軍陳令英請免官表》,著列陳令英武后時刺原州。今按:陳子昂《爲金吾將軍陳令英請免官表》云:"屬高宗崇德深仁,孝理天下,以臣祖父兄弟,一門五人,皆伏節盡忠,身死王事,遂超臣不次,授原州都督,臣時年三十二……階緣此恩,累忝藩翰,持節統部,前後八州……屬陛下大聖,矜老容愚,不以臣駑怯,更加寵命,授以青紫,遣督幽州。"據羅庸先生《唐陳子昂先生伯玉年譜》,此表作於神功元年(697)。文中"超臣不次,授原州都督"者,當爲以"孝理天下"之高宗,而非武后。文云"屬陛下大聖,矜老容愚","陛下"爲武后;"矜老"云云,顯已暮年。與"時年三十二",明顯不合。《全編》節録不當,故致此誤。

---

① (宋)道源:《景德傳燈録》卷五,臺北:新文豐出版公司,1993年,第93頁。
② (宋)志磐撰,釋道法校注:《佛祖統紀校注》卷一〇《天宫旁出世家》,上海古籍出版社,2012年,第248—249頁。
③ 傅璇琮先生等據《全編》相同的材料,也曾斷定當作"竇靖"。見傅璇琮、張忱石、許逸民:《談〈全唐文〉的修訂》,《文學遺産》1980年第1期,第43—48頁。
④ (宋)孔延之編,鄒志方點校:《〈會稽掇英總集〉點校》,北京:人民出版社,2006年,第265頁。
⑤ (清)陸心源:《唐文拾遺》卷六二,《全唐文》第五册,上海古籍出版社,1990年,第311頁。

卷一五　隴州（汧陽郡）　　鄭凝績●　　應刪

《全編》隴州卷據《舊唐書・鄭畋傳》，列名於中和二年（882）。壁州卷引《壁州鄭凝績尚書》，署名於乾符中至中和時。彭州卷又據《通鑑》，書名於中和三年（883）。龍州卷又引《新唐書・鄭畋傳》，著名於中和時。諸書記載不一，《全編》未辯而備録。對此歧異，嚴耕望先生《唐僕尚丞郎表》卷一八有所考辯：" 《通鑑》：中和三年七月，鄭畋罷相。'以其子兵部侍郎凝績爲彭州刺史，使之就養。'按：新表，畋再相之罷亦在三年七月。新傳於再相罷後書云：'以凝績爲壁州刺史，留養，徙龍州。'作壁州，與鑑異。考《桂苑筆耕》七《壁州鄭凝績尚書別紙》：'伏承自小司馬假大宗伯出刺始寧。'……由兵侍出刺，與鑑合；然壁州始寧郡，與新傳合；則鑑之彭州誤也。據此而言，凝績由兵侍出爲檢校禮尚、壁州刺史，徙龍州也。而舊傳云：'僖宗以畋子給事中凝績爲隴州刺史，詔侍畋就郡養病。'省書壁州，又誤龍爲隴耳。"①按嚴先生辯析鄭凝績由兵侍出刺壁州，至當；然謂由壁州徙龍州，則未恰。考《道光通江縣志》卷九鄭畋《壁州新建山寺記》："大唐中和歲次癸卯，天子在蜀，鳳翔節度使滎陽鄭畋以疾辭所任……至七月，初蒙允授檢校司徒、東宫太保。季秋，子凝績自兵部尚書拜疏乞郡迎養，愜得壁州長史。冬十月，奉辭行在……四月，太守除狡僚，喬居於保谷，畋病瘑，表請懸車，辰旨不允，再詔追覲，凝績改佩天彭印。崖途震棧如壁，實危，遂越暑乞即路於孟秋……甲辰孟秋二十三日，朝請郎、行尚書刑部郎中、柱國、賜緋魚袋鄭損書。"②宋王象之《輿地碑記目》卷四："《壁州山寺記》，大唐中和歲次癸卯，丞相鄭畋作。"中和癸卯，爲中和三年。然據記文，實作於"甲辰孟秋"，即中和四年。"壁州長史"，嚴先生引《桂苑筆耕集》及《新唐書・鄭畋傳》，俱作"壁州刺史"。鄭畋記稱"凝績峻以御下，清以滌己，修飭政理，安調黎元，吏不爲奸，廬肆豐溢，民淳歲稔，寬泰樂輸。"知凝績確行刺史之職。記之"長史"，似爲"刺史"之訛。天彭即彭州。唐垂拱二年（686）置。證知鄭凝績中和三年（887）七月，由兵侍出爲壁州刺史；次年夏，徙彭州。《全編》龍州、隴州署名當刪除，壁州、彭州書時應訂正。

卷一六　夏州（朔方郡）　　強循　　開元九年（721）

《全編》引《全唐文》卷三二九（當作二二九）《楊執一神道碑》，著列強循"約開元

---

① 嚴耕望：《唐僕尚丞郎表》卷一八《輯考六下・兵侍》，上海古籍出版社，2007年，第970頁。
② （清）錫檀：《道光通江縣志》卷九《藝文上》，《中國地方志集成・四川府縣志輯》第六三册，成都：巴蜀書社，1992年，第193—195頁。陳尚君：《全唐文補編》（北京：中華書局，2005年）卷八七，據《北京圖書館藏中國歷代石刻拓本滙編》第三四册收補此文，文有殘缺。據龍顯昭《巴蜀佛教碑文集成》（成都：巴蜀書社，2004年）題記，是石今存四川省通江縣文物管理所。

二、三年"刺夏州。按碑云:"以單于款關,授右衛將軍、檢校勝州都督兼處置降户使……徵還本官,又兼原州都督。旋屬降户翻叛,河朔俶擾。邊城聳矍,諸將無功。強循連率夏州,按察關内。"①按唐玄宗開元九年四月,蘭池州顯首康待賓叛,攻陷六胡州。七月,兵部尚書王晙討平之。是年八月,蘭池胡康願子寇邊復叛。《舊唐書》卷九三《王晙傳》:"九年,蘭池州胡苦於賦役,誘降虜餘燼,攻夏州反叛,詔隴右節度使、羽林將軍郭知運與晙相知討之……知運兵至,與晙頗不相協。晙所招撫降者,知運縱兵擊之,賊以爲晙所賣,皆相率叛走……俄而賊衆復相結聚,晙坐左遷梓州刺史。"此碑所謂"降户翻叛,河朔俶擾。邊城聳矍,諸將無功"者,②是強循"連率夏州",即在開元九年。據碑文,強循連率夏州時楊執一任原州都督。而《全編》原州卷開元中著列楊執一名,也可佐證強循之出刺夏州在開元中,而非開元初。《全唐文》卷三五一賈彦璿《大唐故忠武將軍行薛王府典軍上柱國平棘縣開國男李府君(無慮)墓誌銘》:"轉授鄜州葦川府右果毅。時關内按察使強□以君幹蠱,奏攝會州司馬。"誌主卒開元十七年五月,春秋六十二。誌中之"關内按察使強□",亦即強循。

第三編　　隴右道

卷二七　秦州(天水郡)　　路文昇(路詮)●　　應删

《全編》云:"《姓纂》卷八京兆三原路氏:'文昇,唐平、愛、秦三州刺史。'《新表五下》路氏同。《金石文字新編三·路詮誌》題作'秦州刺史'。"故列路文昇貞觀初刺秦州。按清毛鳳枝《關中石刻文字新編》卷三誌題實作《大唐故銀青光禄大夫使持節泰州諸軍事泰州刺史上柱國宣城(下缺)》,不作"秦州刺史",③《全編》引誤。誌題作"秦州刺史"者,乃《關中金石文字存逸考》卷五。然其注云:"全文見《古誌石華續編》。"覆檢

---

① 《全唐文》卷二二九張説《贈户部尚書河東公楊君神道碑》,第1020—1021頁。強循之名,《全唐文》原作"強修",《全編》改作"強循"。近年出土是碑圖版正作"強循"。見李小勇:《唐楊執一神道碑考釋》,《文博》2014年第4期,第60頁。

② 岑仲勉先生《突厥集史》(北京:中華書局,1958年)以爲此指開元四年冬突厥降户阿悉爛跌思泰等率衆反叛事。然檢賀知章《楊執一墓誌銘》:"徵拜涼州都督……殆五六年矣……乃加兼御史中丞……久之,轉原州都督,未赴,復授涼州……尋復右衛將軍……出許州刺史……復授右衛將軍,檢校勝州都督……尋還本官,復兼原州都督。"(武伯綸:《西安碑林簡史》,《文物》1961年第8期)據《全編》所考,楊執一開元二、三年爲涼州都督。涼州之後,數次遷轉,復兼原州都督,而此時強循才"連率夏州",始有翻叛之事。岑先生此説恐未恰。

③ (清)毛鳳枝:《關中石刻文字新編》卷三,《石刻史料新編》第一輯,第二二册,臺北:新文豐出版公司,1982年,第17021頁。

《古誌石華續編》,"秦州刺史"仍作"泰州刺史"。① 故知《關中金石文字存逸考》卷五誌題之"秦州"爲"泰州"之訛,不足爲憑。而新出《大唐故國子生陽平路君(季琳)墓誌銘》(垂拱元年八月十一日):"祖文昇,隋齊王屬,皇朝左光禄大夫、沙平愛泰衡五州諸軍事五州刺史、宣城縣開國公。"②《唐故朝散大夫檢校金部郎中韶州刺史裴公(札)夫人陳留縣君陽平路氏墓誌銘并序》(貞元廿年十一月一日):"高祖文昇,國初銀青光禄大夫、泰州刺史。"③俱可證路文昇所任爲泰州刺史。《全編》此條所著,秦州爲泰州之形訛,應删除。

按唐初泰州有二,一見河東道,《全編》附録四四列入。另一見嶺南道,爲《全編》失收。檢《新唐書·地理七上》嶺南道"藤州感義郡"條:寧風縣,"武德五年以縣置鸎州……(貞觀)七年更名泰州,徙治寧風縣……八年徙治安基,復爲鸎州……十八年州廢,以寧風來屬。"④知此泰州僅存在於貞觀七、八年。毛鳳枝云:"詮所官泰州,係寧風之泰州。因其與愛州相近,同屬嶺南道也。"⑤據誌文,文昇從宦之初,即爲南海郡司功書佐,在嶺南時間較長,熟知當地情況。毛氏所斷極是。今據補。⑥

卷二七　秦州(天水郡)　楊執一●　應删

《全編》引《苑玄亮墓誌》:"解褐授秦州□渡府別將,爲□州都督楊執一所器。"以"□州"爲秦州,故於秦州著列楊執一名。按"秦州□渡府"爲"秦州三渡(度)府"。⑦ 依照一般行文習慣,若"□州"爲秦州,誌文"秦州"當略而不書,文意自明。似知此處之泐,不應作"秦"。覆檢此誌圖版,缺字絶非"秦"字。圖版缺字左上已泐失,不可辨認,但中間似爲"日"字,而下底"小"字甚明。⑧《全編》原州卷著有楊執一名,故知此處所

---

① (清)黄本驥:《古誌石華續編》,《石刻史料新編》第二輯,第二册,臺北:新文豐出版公司,1979年,第1429頁。誌文另見周紹良主編:《唐代墓誌彙編》顯慶一六六,上海古籍出版社,1982年,第333—334頁。《全唐文補遺》第七輯收録此文,墓主姓氏據誌文内容補作"馬",作《馬詮墓誌》,誤。
② 《秦晉豫新出土墓誌蒐佚續編》,第396頁。
③ 吴鋼主編:《全唐文補遺》(千唐誌齋新藏專輯),西安:三秦出版社,2006年,第302—303頁。圖版見中國文物研究所、千唐誌齋博物館編:《新中國出土墓誌》河南(三)·千唐誌齋(壹)·上册,北京:文物出版社,2015年,第251頁。
① 《新唐書》卷四二上《地理志上》,北京:中華書局,1975年,第1104頁。
⑤ (清)毛鳳枝:《關中金石文字存逸考》卷五,《石刻史料新編》第二輯,第一四册,第10478頁。
⑥ 根據《裴札夫人路氏墓誌》,王化昆先生《〈唐刺史考全編〉再補遺》(《河洛文化論叢》第五輯,北京:國家圖書館出版社,2010年)於河東道之泰州增補路文昇名;而于兆軍先生《〈唐刺史考全編〉訂正》(《鄭州航空工業管理學院學報》2014年第1期),雖斷秦州爲泰州之訛,仍以路文昇所任爲河東道之泰州。蓋俱未見毛氏考證之失。
⑦ 張沛:《唐折衝府彙考》,西安:三秦出版社,2003年,第228頁。
⑧ 饒宗頤:《唐宋墓誌:遠東學院藏拓片圖録》,香港:中文大學出版社,1981年,第405頁。另見北京圖書館金石組編:《北京圖書館藏中國歷代石刻拓本滙編》第二五册,鄭州:中州古籍出版社,1989年,第25頁。

泐之"□州",當爲"原州"。《全編》誤録,應删除。

卷二七　秦州(天水郡)　　蘇孝充●　　應删

《全編》據《千唐誌·蘇咸墓誌》(開元二十九年十一月廿三日):"皇秦州都督孝充之孫,皇户部尚書、太子賓客珦之季子也。"疑蘇孝充高宗時都督秦州。檢《千唐誌》另有《唐同州河西主簿李君(全育)故夫人蘇氏(兖)墓誌銘并序》(開元廿二年四月六日):"皇朝贈秦州長史孝充之曾孫,皇朝户部尚書珦之孫,今銀青光禄大夫、左庶子、河内郡開國公晉之第五女。"①蘇孝充職銜則著作"贈秦州長史"。兩方墓誌,前後相距不到十年,而所記職銜迥異。按蘇孝充之子蘇珦顯赫於神龍,其孫蘇晉知名於開元,兩《唐書》各有傳,但俱不言其先世。《元和姓纂》卷三"藍田蘇氏",同樣闕載。② 可見蘇珦一門並非閥閱世家。其秦州之職銜,應是蘇珦、蘇晉貴後追贈。蓋先"贈秦州長史",後贈"秦州都督"。唐人自高門第,以贈官混同實職,在墓誌中較爲普遍。《全編》誤收,應删除。

卷二七　秦州(天水郡)　　魏靖　　開元十四年(726)

《全編》引《魏靖墓誌》:"(歷)庫部郎中,萬年縣令,慶沁易涇四州刺史,靈慶秦三州都督,入爲右金吾將軍。"著列魏靖"約開元十二年"刺秦州。按《魏靖墓誌》云:"入爲右金吾將軍。以開元十四年八月廿四日遘疾,終于邠州□定驛,春秋六十八……上以公有文武之姿,方託以心膂之任,自故使持節徵爲執金吾。承命駿奔,未至道殁。"明言魏靖開元十四年八月,由"使持節"(秦州都督)入爲金吾將軍,"承命駿奔"至邠州□定驛而卒。《全編》失引。復考張説《大唐開元十三年隴右監牧頌德碑》:"皇帝東巡狩、封岱宗……回衡飲至,朝廷宴樂,上顧謂太僕少卿兼秦州都督監牧都副使張景順曰:'吾馬幾何?其蕃育,卿之力也。'"③唐玄宗從岱嶽回東都,時在開元十三年十二月己巳二十日。其時秦州都督尚爲張景順。則魏靖出刺秦州,必在開元十四年初。

卷二八　成州(同谷郡)　　豆盧仁業　　永徽元年(650)

《全編》引《唐豆盧仁業碑》,列名於高宗時。覆檢是碑:"(授)使持節成州諸軍事、成州刺史。昔□(年?)有稱,宣德是最。丁定公憂去職。"知"定公"卒時成業在成州刺

---

① 河南省文物研究所、河南省洛陽地區文管處:《千唐誌齋藏誌》,北京:文物出版社,1984年,第737頁。録文見《唐代墓誌彙編》開元四〇〇,第1432—1433頁。

② 岑仲勉先生校注蘇珦世系,只引《蘇兖墓志》,當也認爲《蘇咸墓志》所敍"秦州都督"並非實職。見(唐)林寶撰,岑仲勉校記:《元和姓纂》卷三,北京:中華書局,1994年,第293頁。

③ (唐)張説著,熊飛校注:《張説集校注》卷一二《大唐開元十三年隴右監牧頌德碑》,北京:中華書局,2013年,第621—625頁。

史任。按"定公"爲仁業之父豆盧寬。《豆盧寬碑》云:"永徽元年六月四日,薨於京城之弘德里第,春秋六十有九……諡曰定公……長子囗州刺史、上柱國、芮國公仁業。"① 是知誌泐之"囗州",當即成州。則豆盧仁業丁憂去職,即在永徽元年六月。《全編》失考。

卷三一　鄯州(西平郡)　李思文●　應删

《全編》引《武欽載墓誌》,按云:"息調露元年八月四日卒于隴西大使之館,春秋十五。知是年李思文在隴西大使任。"疑李思文調露元年(689)刺鄯州。按古代以西爲右,故隴西即隴右。"隴西大使"即"隴右大使",此處乃"隴右諸牧監使"的省稱,與鄯州都督無關。《武欽載墓誌》云:"再除太僕少卿,兼知隴西事。"所謂"隴西事",也即隴右諸牧監事,亦可説明隴西大使與鄯州都督没有關係。檢《唐會要》卷六六:"儀鳳三年十月,太僕少卿李思文檢校隴右諸牧監使,自兹始有使號。"②《通典》卷二五同。知隴右諸牧監使自李思文始設。復檢《元龜》卷九八六:調露元年"十一月,詔禮部尚書、簡較(檢校)右衛大將軍裴行簡(儉)爲定襄道行軍大總管,率太僕少卿李思文、營州都督周道務等……總三十餘萬,以討突厥。"③知李思文調露元年十一月仍在太僕少卿任。再考《通鑑》卷二〇二"儀鳳三年正月"條:"丙子,以(李)敬玄……爲洮河道大總管兼安撫大使,仍檢校鄯州都督。""永隆元年八月"條:"中書令、檢校鄯州都督李敬玄,軍既敗,屢稱疾請還;上許之。"知儀鳳三年至永隆元年鄯州都督爲李敬玄。其間鄯州都督並無缺額。故《全編》此條屬誤收,應删除。

卷四二　瓜州(晉昌郡)　張臣合(張合)　貞觀二十三年—永徽初(649—?)

《全編》引《張臣合墓誌》,列其名於貞觀二十三年至顯慶三年。按《張臣合墓誌》云:"父明達,銀青光禄大夫、麟州靈臺縣令……(臣合,貞觀)七年,除壯武將軍、行鹽州刺史……十六年,轉甘州刺史……廿三年,加正議大夫、瓜州刺史……顯慶元年,授朗州刺史。龍朔三年,考(改)授泉州刺史。"復檢《大唐故朝散大夫上柱國少府監丞清河張府君(自然)墓誌銘并序》(先天二年二月二十六日):"曾祖達,唐義旗初,通議大夫、銀青光禄大夫、麟州靈臺縣令,贈弘州刺史。祖合,唐義旗初,朝請大夫、通議大夫、左驍衛左二十三府驃騎將軍、苑游軍長史、鹽甘瓜義朗泉六州諸軍事、泉州刺史、潞城縣男。"④

---

① 《昭陵碑石》,第118—119頁。
② (宋)王溥:《唐會要》卷六六《羣牧使》,上海古籍出版社,2006年,第1354頁。
③ (宋)王欽若等編纂:《册府元龜》卷九八六《外臣部·征討門五》,北京:中華書局,1960年,第11580頁。又見兩《唐書·突厥上》、兩《唐書·裴行儉傳》和《通典》卷一九八《突厥中》。
④ 《唐代墓誌彙編》先天〇〇五,第1146—1147頁。圖版見《北京圖書館藏中國歷代石刻拓本滙編》第二一册,第9頁。"鹽",《唐代墓誌彙編》錄作"監"。按唐無"監州",蓋"鹽州"之訛,圖拓正作"鹽"。

兩誌比讀，不難發現，張達即張明達，張合即張臣合。《張臣合墓誌》載其依次任鹽、甘、瓜、朗、泉五州刺史，而《張自然墓誌》則記其爲鹽、甘、瓜、義、朗、泉六州。瓜州之後，朗州之前，尚有義州一徙，爲《張臣合墓誌》所略。《全編》不察張合本即張臣合，誤以其由瓜州遷朗州；既於義州卷失載張臣合，又於京畿道泉州卷誤著張合名，今並正之。

第四編　都畿道

卷五三　鄭州（滎陽郡）　房仁裕　顯慶二年（657）

清陸增祥《八瓊石金石補正》卷三六崔融《贈兵部尚書忠公房仁裕碑并序》："遷鄭州刺史。屬河洛建都，周漢光宅。"①考《舊唐書·高宗紀上》：顯慶二年十二月"丁卯，手詔改洛陽宮爲東都，洛州官員階品並准雍州。"②此所謂"河洛建都"者。則其遷鄭州刺史，即在顯慶二年。《全編》疑任職貞觀中期，誤。

第五編　河南道

【卷六○　陳州（淮陽郡）　陶禹　開元十九年（731）　未之任】

《全編》引《陶禹墓誌》，著列開元十九年。按誌云："累牧縣、澤、陳三郡……自承恩灞涘，言赴宛丘，纔屆許昌，便增舊疾。豈生涯有限，何福善無徵？以開元十九年二月十二日，終于許州之旅館。"宛丘爲陳州治所。陶禹承恩出刺陳州，將赴宛丘，行至許昌，舊疾增發而卒。《全編》署年不誤，然引文不當，不審陶禹實未之任。另，《全編》於陳州卷、綿州卷、澤州卷俱注云"（誌）未言享年"。按誌於銘文最末鐫刻："春秋五十有四。"此享年也。

卷六六　鄆州（東平郡）　蔣合（蔣善合）　武德四年—六年（621—623）

《全編》鄆州卷列名蔣喜（蔣善人），松州卷署名蔣喜，扶州卷書曰蔣喜（蔣善合），三卷著錄所據俱爲《唐代墓誌彙編》貞觀○五一《蔣喜墓誌》。按《唐代墓誌彙編》收錄之《蔣喜墓誌》，吳鋼先生《全唐文補遺》第五輯及《唐代墓誌彙編續集》貞觀○一四錄文，俱作《蔣合墓誌》。③覈檢《洛陽出土歷代墓誌輯繩》所載此誌圖版："君諱合，字玄符，

---

① （清）陸增祥：《八瓊石金石補正》卷三六，《石刻史料新編》第一輯，第六冊，第4578頁。
② 《舊唐書》卷四《高宗紀上》，北京：中華書局，1975年，第77頁。
③ 吳鋼主編：《全唐文補遺》第五輯，西安：三秦出版社，1998年，第93頁。周紹良、趙超主編：《唐代墓誌彙編續集》貞觀○一四，上海古籍出版社，2001年，第17頁。

洛陽人也。"拓圖"合"字甚明。①《唐代墓誌彙編》作"君諱喜"，蓋誤錄。又，《全編》鄆州卷引《元龜》卷一二六：武德四年"六月戊戌，蔣善人以鄆州……來降"。今按：《通鑑》卷一八九"武德四年六月戊戌"條，亦載此事，而"蔣善人"作"蔣善合"。考《蔣合墓誌》云："大唐武德四年，詔使授公戴州禹城縣令。刺史孟噉鬼河濟凶渠，圖爲反噬。公陰結義勇……斬獲魁首。奉表奉（奏）聞，詔授大將軍、鄆城縣開國公……尋奉詔授持節鄆州諸軍事、鄆州刺史。"《通鑑》卷一八九：武德四年七月，"孟海公與竇建德同伏誅，戴州刺史孟噉鬼不自安，挾海公之子義以曹、戴二州反，以禹城令蔣善合爲腹心；善合與其左右同謀斬之。"誌與史合。而《舊唐書》卷六一《竇軌傳》、《元龜》卷三四七《將帥部·立功第十》、卷九八五《外臣部·征討第四》、卷九九〇《外臣部·備禦第三》等，俱載武德中有扶州刺史蔣善合，時代與相當。由此可見，《元龜》"蔣善人"之"人"，當係"合"之訛。《全編》此三州著錄之名，俱應訂正爲"蔣合（蔣善合）"。

卷六八　曹州（濟陰郡）　　劉子威●　　應刪

《全編》引《劉潘墓誌》："曹州使臣之孫，尚書左丞相司空文獻公之子。"按云："'曹州使君'即劉仁軌父。按《新表一上》尉氏劉氏，仁軌父名子威，未列官名。疑貞觀初爲曹州刺史。"今按：《新唐書》卷一〇八《劉仁軌傳》："少貧賤，好學。值亂，不能安業，每動止，畫地書空，寓所習，卒以通博聞。"並無閥閱之家的氣象。故黃永年先生推斷"仁軌父係一絕不知名的布衣而非所謂'曹州使君'。"②按陳夷行《季舅唐故雅州刺史劉府君（煟）墓誌銘并序》（大和四年閏十二月二十七日）："北齊新平、白馬二縣令諱能……生淮陽王參軍、梁州西曹掾諱熾……生處士諱威，不幸早代。克生我高祖右相、左僕射、樂成文獻公諱仁軌。"③劉威即劉子威。誌既以處士相稱，則子威爲白身無疑。其曹州刺史應爲贈官。

卷六九　兗州（魯郡）　　鄭漢璋　　咸通七年—九年（866—868）

《全編》著列鄭漢璋咸通九年刺兗州。清吳廷燮《唐方鎮年表》卷三，雖列鄭漢璋咸通六年至九年在兗海節度使任，然未舉證。按新出《唐故成府君（鐸）墓誌銘并序》（咸通八年八月十八日）："兗海節度使、滎陽公，即府君之親表甥也……方表章休美，陳薦

---

① 洛陽市文物工作隊：《洛陽出土歷代墓誌輯繩》，北京：中國社會科學出版社，1991年，第91頁。
② 黃永年：《讀劉潘墓誌》，王仲犖編：《歷史論叢》第三輯，濟南：齊魯書社，1983年，第194—209頁。後收入氏著《古文獻學講義》，上海：中西書局，2014年，第282—295頁。
③ 趙君平、趙文成編：《河洛墓刻拾零》，北京：北京圖書館出版社，2007年，第535頁。圖版和錄文，另見毛陽光、余扶危：《洛陽流散唐代墓誌彙編》，北京：北京圖書館出版社，2013年，第552—553頁。

聖朝。豈意昊穹殱我良懿,咸通七年十一月遘疾,至十二月廿八日,奄于長安崇義里,壽六十。"①此"兗海節度使、榮陽公",疑即鄭漢璋。則其咸通七年已爲兗海節度使。

卷七二　海州(東海郡)　武太冲(沖)　　中宗時

《全編》引《千唐誌·武幼範墓誌》:"父大冲,北海郡開國公,蜀、德、湖三州刺史。"又引《嘉泰吴興志》卷一四作"武太中",著列其名爲"武大冲(武太中)"。按《隋唐五代墓誌彙編》洛陽卷載此誌圖版較《千唐誌》清晰,"大冲",實作"太冲"。《唐代墓誌彙編》開元四五〇、《全唐文補遺》第二輯等録文,即作"太冲"。《嘉泰吴興志》所載武太中之名,除卷一四《郡守題名》外,其卷八《公廨》、卷一九《橋樑》,凡四見,俱作"武太冲"。② 明董斯張《吴興備志》卷四《官師徵第四之三》引談志,亦作"武太冲"。是知《嘉泰吴興志》郡守題名"武太中"之"中"實"冲"之訛。則其海、蜀、德、湖四州之列名,俱應訂正爲"武太冲(武太冲)"。

第六編　河東道

卷八〇　絳州(絳郡)　李元嘉　垂拱三年一四年(687—688)

《全編》著列李元嘉垂拱四年刺絳州。考《大唐故韓王府記室參軍元君(智威)墓誌銘并序》(載初元年十一月五日):"永淳元年,調補王府記室參軍……以垂拱三年五月廿八日遘疾,終於絳州之官舍,春秋五十有八。"③韓王元嘉,唐高祖第十一子,貞觀十年(636)封韓王。元智威垂拱三年以韓王府記室參軍的職銜終於絳州,則韓王元嘉垂拱三年已在絳州刺史任。

卷八一　晉州(平陽郡)　賀若孝義●　　應删

《全編》引五代杜光庭《歷代崇道記》:"武德元年……天下大定……善行乃告晉州刺史賀君(若)孝義。孝義遂將善行見秦王。"著列賀若孝義武德三年(620)任晉州刺史。按杜光庭此處所記,源出《大唐龍角山慶唐觀紀聖之銘》。考清胡聘之《山右石刻叢編》卷六所載《大唐龍角山慶唐觀紀聖之銘》,"晉州刺史"實作"晉州長史"。④《全唐

---

① 西安市長安博物館編:《長安新出墓誌》,北京:文物出版社,2011年,第299頁。
② 分別見(宋)談鑰《嘉泰吴興志》卷八《公廨·州治》、卷一九《橋樑·儀鳳橋》,《宋元方志叢刊》第五册,北京:中華書局,1990年,第4721頁、第4852頁。
③ 羅振玉:《芒洛冢墓遺文五編》卷四,張本義主編:《羅雪堂合集》二一函四分册,杭州:西泠印社出版社,2004年,第7—8頁。録文及圖版,另見毛漢光:《唐代墓誌銘彙編附考》第一一册,第一〇五五號,臺北:"中央研究院"歷史語言研究所,1991年,第283—287頁。
④ (清)胡聘之:《山右石刻叢編》卷六,《石刻史料新編》第一輯,第二〇册,第15038頁。

文》卷四一玄宗《慶唐觀紀聖銘并序》同。復檢新出《大唐故司衛寺丞賀若君(景忱)墓誌銘并序》(龍朔二年五月):"父孝義,皇朝尚書左丞、青齊虞充同華岐七州刺史、襄邑縣開國公。"①詳列孝義所刺七州之名,而不及晉州。似《歷代崇道記》之"晉州刺史",當從石刻作"晉州長史"爲是。《全編》誤收,應刪卻。

卷八二　慈州(汾州、南汾州、文城郡)　鄭世斌●　應刪

《全編》引《全唐文》卷七九二《滎陽鄭府君夫人博陵崔氏合祔墓誌銘并序》:"高祖世斌,皇左司郎中,磁、隰二州刺史……府君諱遇,字行甫。皇試太常寺協律郎……先夫人之亡蓋卅一霜也。享年六十。"按云:"夫人大中九年正月十七日卒,享年七十六。則遇卒長慶四年,其高祖約仕中宗、睿宗時。其時無'磁州',疑爲'慈州'之誤。"故著列鄭世斌"約中宗、睿宗時"刺慈州和隰州。按是石明成化年間河南滑縣出土。文中之"磁州",圖版實作"礠州"。②"礠"古同"磁",古籍中常互用,俱不作"慈"。考《新唐書》卷七五上《宰相世系五上》"七房鄭氏":敬德,後周青州刺史、新陽伯。生三子:振、機、撝。撝,後周行臺左丞。機,長子世翼,揚州錄事參軍;次子世斌,左司郎中。鄭世斌之仲父鄭撝仕後周爲行臺左丞,則鄭世斌之宦履斷不會遲至中宗、睿宗時。復考《周故大將軍崔君(善福)墓志銘并序》(聖曆二年一月廿八日):"纔及志學,見稱當世,與潁州陳子良、滎陽鄭世翼爲文章之友……武德二年,乃召君爲天册上將秦王府庫真,時年一十有六。"③鄭世翼爲鄭世斌之兄。則鄭世斌當爲隋唐間人。再檢《舊唐書·地理二》:"磁州,隋魏郡之滏陽縣。武德元年,置磁州……六年,置磁州總管府……其年,廢總管府……貞觀元年,廢磁州。"④知鄭世斌出刺之磁州,當即武德時設置之磁州(礠州)。《全編》未審鄭世斌生活之時代,以其時無"磁州",進而疑"磁州"爲'慈州'之誤,顯然欠妥。慈州卷名下屬誤收,應刪除。

卷八三　隰州(大寧郡)　鄭世斌　貞觀前

《全編》著列"約中宗、睿宗時",誤。詳參前文卷八二慈州條。

卷九一　代州(雁門郡)　豆盧寬●　應刪

《全編》代州卷據《考古與文物》一九八一年第一期《唐豆盧仁業碑》錄文:"父寬,

---

① 《西安碑林博物館新藏墓誌續編》,第128頁。
② 圖版見《北京圖書館藏中國歷代石刻拓本滙編》第二二册,第150頁。畢沅《中州金石記》卷三《鄭恒崔夫人合葬墓誌》、王昶《金石萃編》卷一一四、《唐代墓誌彙編》大中一三九條等錄文俱作"礠"。
③ 《洛陽出土歷代墓誌輯繩》,第398頁。另見《唐代墓誌彙編續集》聖曆○○四,第363頁。
④ 《舊唐書》卷三九《地理二》,第1499頁。《新唐書》卷三九《地理三》,磁州作礠州。

唐殿中監、衛尉卿、□衛大將軍、禮部尚書、代州刺史。"著列豆盧寬名於貞觀末。按《考古與文物》僅附《豆盧仁業碑》上半截拓片。全拓收録於張沛先生《昭陵碑石》及《西安碑林全集》。覆檢圖版，"代州刺史"，實作"岐州刺史"。①《昭陵碑石》《全唐文補遺》第一輯及《全唐文補編》録文，俱作"岐州"。② 是知《全編》引據的"代州"爲"岐州"之訛。代州卷下屬誤收，應刪除。

卷九二　蔚州（安邊郡、興唐郡）　崔玄藉（崔玄籍）　咸亨元年—二年（670—671）

《全編》引《千唐誌·崔玄藉墓誌》，列名於咸亨元年。按《崔玄藉墓誌》有云："夫人屈突氏，河南人，唐尚書右僕射通之女也……春秋卌有六，以咸亨二年五月十七日卒於蔚州之官舍。"證知崔玄藉咸亨二年五月尚在任。《全編》失引。

第七編　河北道

卷一〇五　趙州（趙郡）　張道源●　應刪

《全編》引《新唐書》本傳："淮安王神通略定山東，令守趙州，爲竇建德所執……俄而賊平，還，拜大理卿。"列名於武德四年。按武德元年（618）十月，以淮安王神通爲山東道安撫大使。次年九月，"淮安王神通使慰撫使張道源鎮趙州。庚寅，竇建德陷趙州，執總管張志昂及道源。"③《新唐書》卷八五《竇建德傳》："嘗執趙州刺史張志昂、邢州刺史陳君賓、大使張道源等。"證知其時趙州刺史爲張志昂，道源僅爲慰撫大使鎮守趙州。《全編》誤收，應刪除。

卷一〇六　恒州（常山郡、鎮州）　李博乂（李博叉）　貞觀中

李博乂之名，《全編》著作"李義"，誤。詳參前文卷九丹州條。

卷一一〇　德州（平原郡）　武太冲（武太沖）　約武后末

《全編》著作"武大沖（武太中）"，誤。詳參前文卷七二海州條。

卷一一一　棣州（樂安郡）　崔樞（崔世樞）　武德四年至六年間（621至623間）

《全編》疑崔樞"武德中？"刺棣州。檢《舊唐書》卷三八《地理志一》棣州條："武德

---

① 《昭陵碑石》，第80頁。另見高峽主編：《西安碑林全集》第二四函第一九一卷《附録陝西碑石菁華·碑刻》，廣州：廣東經濟出版社/深圳：海天出版社，1999年，第415—418頁。
② 《昭陵碑石》，第209頁。吳鋼主編：《全唐文補遺》第一輯，西安：三秦出版社，1994年，第468頁。《全唐文補編》卷二〇九，第1811頁。
③ 《資治通鑑》卷一八七高祖武德二年（619）九月條，北京：中華書局，2011年，第5977頁。

四年,置棣州……六年,并入滄州。貞觀十七年,復置棣州於樂陵縣。"《新唐書·任敬臣傳》:"任敬臣,字希古,棣州人……(年)十六,刺史崔樞欲舉秀才,自以學未廣,遜去。又三年卒業,舉孝廉,授著作局正字。父亡……服除,遷秘書郎……監虞世南器其人,歲終,書上考,固辭。"①虞世南貞觀七年至十二年任秘書監,見《舊唐書》卷七二本傳。則崔樞出刺棣州,必在武德四年至六年間第一次設置棣州時,而不可能遲至貞觀十七年後。

卷一一七　媯州(北燕州、媯川郡)　　王珗(王元奬)　　聖曆二年(699)

《全編》引《芒洛三編·大周故檢校勝州都督左衛大將軍全節縣開國公上柱國王君墓誌銘并序》,著列王佚於聖曆二年。覈檢羅振玉《芒洛冢墓遺文三編》,確作王佚。②按此誌拓片現藏江蘇省揚州博物館,圖版實作:"君諱珗,字元奬。"圖版"珗"字甚明。③吴鋼先生《全唐文補遺》第四輯,即錄作"珗"。④羅振玉屬誤錄。則王佚之名應訂正作王珗。復檢《唐代墓誌彙編》長安○二二《大周昭武校尉右鷹揚衛平原府左果毅都尉上柱國王公(嘉)墓誌銘》(長安三年二月十七日):"次子元奬,右武威衛將軍、檢校左羽林衛事、檢校勝州都督。"知王珗以字行。

第八編　淮南道

卷一二三　揚州(兖州、邗州、廣陵郡)　　房仁裕　　永徽三年—顯慶二年(652—657)

清陸增祥《八瓊石金石補正》卷三六崔融《贈兵部尚書忠公房仁裕碑并序》:"制葬事官給。尋而奪禮,授金紫光禄大夫、行(缺)江左,制命公杖鉞出征……遷鄭州刺史。屬河洛建都,周漢光宅。"⑤同卷《房仁裕母清河太夫人李氏碑》:"永徽三年二月,歸祔於□□,禮也……未踰十旬,恩詔特加榮命。詔曰:'……前左領軍大將軍房仁裕……宜奪情禮,應兹藩寄,可金紫光禄大夫、行□□□□長史。'……□□□府,已歷五年,劬勞之恩,昊天罔極。今於潤州□寧縣,躬自采石造碑……限以委寄任重,不獲身□□□□

---

① 《新唐書》卷一九五《任敬臣傳》,第5580頁。《全編》引作《任希古傳》,誤。
② 羅振玉:《芒洛冢墓遺文三編》,《石刻史料新編》第一輯,第一九冊,第14129—14130頁。《唐代墓誌彙編》長安○三一、毛漢光《唐代墓誌銘彙編附考》第一四冊,第一三四一號,俱從羅文著錄。
③ 印志華主編:《隋唐五代墓誌滙編》江蘇山東卷,天津古籍出版社,1991年,第32頁。
④ 吴鋼主編:《全唐文補遺》第四輯,西安:三秦出版社,1997年,第399—400頁。
⑤ 本條所引《房仁裕碑》《房仁裕母清河太夫人李氏碑》《李氏碑陰》及陸增祥跋語,俱見《八瓊石金石補正》卷三六,《石刻史料新編》第一輯,第六冊,第4576—4578頁。

長子先禮安立。"又《李氏碑陰》:"太夫人八女一男,洎乎弱冠,位□方岳……又轉左□□大將軍,□授金紫光禄大夫、行揚潤宣常滁和六州諸軍事、揚州都督府長□(史)……(上闕)歲次景辰六月甲午朔十五日戊申,清河府……典藏房神諒等咸承嚴命,卜日而樹。"陸增祥跋云:"清河太夫人李氏碑,李氏,房仁裕之母也。葬于永徽三年二月十五日,至顯慶元年六月十五日,乃立是碑……碑陰歲次景辰上字已缺泐,碑文有'□□□府,已歷五年''今於潤州□寧縣,躬自采石造碑''不獲身□□□□長子先禮安立'等語,合諸歲次景辰,正符五年之數。是歲次景辰上所缺,乃顯慶元年也。"今按:潤州爲揚州都督府轄境。揚州都督府長史房仁裕,永徽四年(656)十月率衆平陳碩貞,見《舊唐書》卷四《高宗紀上》。是知《房仁裕碑》之"尋而奪禮,授金紫光禄大夫、行"、《李氏碑》之"宜奪情禮,應茲藩寄,可金紫光禄大夫、行□□□□長史",所缺之内容,俱爲《碑陰記》所記之"授金紫光禄大夫、行揚潤宣常滁和六州諸軍事、揚州都督府長□(史)"。蓋房仁裕永徽三年五月底或六月初奪情任命;次年十月,平陳碩貞;至顯慶元年六月十五日,於潤州"躬自采石造碑",正符"已歷五年"之數。據《房仁裕碑》,房仁裕由揚府長史遷鄭州刺史,"屬河洛建都",時在顯慶二年十二月(詳參前文卷五三鄭州條)。則房仁裕永徽三年至顯慶二年在任。《全編》揚州卷僅列房仁裕名於永徽四年,失考。

卷一三五　安州(安陸郡)　　韋抗　　開元十年(722)

《全編》引《舊唐書》本傳,著列韋抗開元八年爲安州刺史。覈檢《舊唐書》卷九二《韋抗傳》:"(開元)四年,入爲黄門侍郎。八年,河曲叛胡康待賓擁徒作亂,詔抗持節慰撫……俄以本官檢校鴻臚卿,代王晙爲御史大夫,兼按察京畿……尋以薦御史非其人,出爲安州都督,轉蒲州刺史。十一年,入爲大理卿。"按韋抗代王晙爲御史大夫,時在開元八年九月,見《舊唐書》卷八《玄宗紀上》。而由御史大夫出爲安州都督,其經過緣由,《舊唐書·張嘉貞傳》記之甚詳:"開元十年,車駕幸東都。有洛陽主簿王鈞爲嘉貞修宅,將以求御史,因受贓事發,上特令朝堂集衆決殺之。嘉貞促所由速其刑以滅口,乃歸罪於御史大夫韋抗、中丞韋虚心,皆貶黜。"①《元龜》卷三三八同。②《全唐文》卷二五八蘇頲《刑部尚書韋抗神道碑》:"遷御史大夫、持節朔方軍大總管……以郡縣吏坐贓發

---

① 《舊唐書》卷九九《張嘉貞傳》,第3091頁。同時貶黜者還有御史中丞張洽和河南尹韋凑,見《册府元龜》卷五二二《憲官部·譴讓門》和《新唐書》卷一一八《韋凑傳》。

② 《册府元龜》卷三三八《宰輔部·專恣門》,第4002頁。惟韋抗訛作"韋杭"。又略見《册府元龜》卷三三七《宰輔部·徇私門》,第3985頁。韋抗,仍訛作"韋杭"。

覺,貶安州都督。"碑史完全吻合。知韋抗由御史大夫黜爲安州都督。復檢《全唐文》卷三一三孫逖《東都留守韋虛心神道碑》："肅肅王度,憲臺是式,命公作侍御史,以至於中丞;長人之官,以視百姓,命公作歙、曹二州刺史、荆潞揚三州長史,以至於太原尹。"知韋虛心由御史中丞貶爲歙州刺史。據《元龜》卷一五五,唐玄宗朝堂決殺王鈞,事在開元十年三月。① 則韋抗、韋虛心之貶,當在是年春末或夏初。《全編》引文不當,進而失考。

卷一三六　沔州(漢陽郡)　　臧崇亮　　神龍元年(705)

《全編》引《臧崇亮墓誌》："神龍三年,授沔州刺史。"列名於神龍三年(707)。覆檢原拓,"神龍三年"實作"神龍元年",圖版"元"字甚明。②《全編》録訛。

第九編　江南東道

卷一四〇　湖州(吴興郡)　　武太冲(武太冲)　　中宗時

《全編》著作"武大冲(武太中)",誤。詳參前文卷七二海州條。

卷一四六　衢州(信安郡)　　趙璘　　大中十三年—咸通三年(859—862)

《全編》疑趙璘"約大中末至咸通三年"在衢州刺史任。檢明《衢州府志》卷二"唐刺史"題名:"趙璘,大中十三年任。"③證知趙璘大中十三年已爲衢州刺史。

卷一四八　歙州(新安郡)　　韋虛心　　開元十年(722)

《全編》著列"約開元前期",不確。詳參前文卷一三五安州韋抗條。

第十編　江南西道

卷一五七　洪州(豫章郡)　　榮建緒●　　應删

《全編》引《惠隱禪師塔銘并序》,分别於洪州卷、劍州卷、息州卷著列其名。考《隋書·榮建緒傳》："仕周爲載師下大夫、儀同三司……建緒與高祖有舊,及爲丞相,加位開府,拜息州刺史。將之官,時高祖陰有禪代之計,因謂建緒曰:'且躊躇,當共取富貴。'建緒自以周之大夫,因義形於色曰:'明公此旨,非僕所聞。'高祖不悦,建緒遂行。開皇初來朝……歷始、洪二州刺史,俱有能名。"④又見《北史·榮建緒傳》。⑤證知榮建

---

① 《册府元龜》卷一五五《帝王部·督吏門》,第1878頁。又見《全唐文》卷二八玄宗《誅王鈞詔》。
② 《北京圖書館藏中國歷代石刻拓本滙編》第二〇册,第98頁。
③ (明)林應翔等修,葉秉敬等纂:《衢州府志》卷二《職官志·郡守》,《中國方志叢書》(華中地方),第五八二號,臺北:成文出版社,1983年,第276頁。
④ 《隋書》卷六六《榮建緒傳》,北京:中華書局,1973年,第1559頁。
⑤ 《北史》卷七七《榮建緒傳》,北京:中華書局,1974年,第2619—2620頁。

緒之出刺息州,在北周末年;歷職始、洪,實在楊隋。《全編》上述三州俱誤收,應刪除。

第十一編　黔中道

卷一七五　黔州(黔中郡)　　蕭希諒　　天寶中

《全編》據《新表一下》,著列蕭希諒於"約開元中"。考盧懷亮《唐故萬州刺史太原王府君(仙鶴)墓誌銘并序》(貞元八年十一月廿一日):"天寶初,起家授清江郡録事參軍……采訪使蕭克濟美之,表薦授潭陽郡龍標令,充本道支使。後使蕭希諒,表爲清江郡司馬。"①知蕭希諒都督黔州在蕭克濟之後。《全編》著列蕭克濟約天寶三載至六載刺黔州。則蕭希諒任職當在天寶六載後。

第十二編　山南東道

卷一九〇　鄧州(南陽郡)　　顔振●　　應刪

《全編》鄭州卷據《唐文拾遺》卷六五《顔瑶墓誌》:"皇朝鄭州刺史振之孫,□州都督府長史思貞之子。"疑顔振高宗時在任。復於鄧州卷據《唐代墓誌彙編》所録《顔瑶墓誌》"鄭州刺史"作"鄧州刺史",著録顔振名,兩存以備考。按《唐代墓誌彙編》轉録自《金石苑·蒐古彙編》卷二二。今檢各書所載此誌圖版,漶漫不清,是"鄭"或"鄧",無法辯識。然清黄本驥《古誌石華》卷八首載此誌,"鄧州"作"鄭州"。②毛鳳枝《關中金石文字存逸考》卷五云:"《秦州都督士曹參軍顔瑶墓誌銘》……余友王叔琴大令聯輅,常句當公事至咸甯縣屬之鳴犢鎮,云此石在鎮内古廟壁間。"③毛氏未録文,然特別注明"全文見《古誌石華》"。是其所見拓本文與《古誌石華》相同。而《唐文拾遺》據其文後所注,也録自石刻。三者所見,俱作"鄭州"。似當以鄭州爲是。

卷一九二　隋州(漢東郡)　　李敬　　景龍前

《全編》引《李敬墓誌》:"授随州刺史,又除莊州都督。"著列"約開元初"刺隋州。考《新唐書·地理志七下》江南道:"莊州,本南壽州。貞觀三年以南謝蠻首領謝疆地置,四年更名,十一年爲都督府,景龍二年罷都督。"④知李敬之都督莊州,必在景龍以

---

① 《全唐文補遺》(千唐誌齋新藏專輯),第300頁。圖版見《新中國出土墓誌》河南(三)·千唐誌齋(壹)·上册,第230頁。
② (清)黄本驥:《古誌石華》卷八,《石刻史料新編》第二輯,第二册,第1215頁。
③ 《關中金石文字存逸考》卷五,《石刻史料新編》第二輯,第一四册,第10482頁。
④ 《新唐書》卷四三下《地理志七下》,第1143頁。莊州罷都督府之年,《舊唐書》卷四〇《地理志三》黔州條、播州條在景龍四年。

前。李敬隋州之後始除莊州都督,則其刺隋,必在此前,而不應遲至開元初。

卷二〇一　萬州(浦州、南浦郡)　　冉仁才　武德二年—四年(619—621)

《全編》據《冉寶碑》,著列"約貞觀初期"。考宋王象之《輿地紀勝》卷一七七引《冉仁才碑》:"武德二年,以冉仁才爲使持節浦州諸軍事、浦州刺史。四年,同趙郡王孝恭討蕭銑有功。"①證知冉仁才武德二年至四年在任。《全編》失檢。

卷二〇二　忠州(臨州、南賓郡)　　陳憲　貞觀前

《全編》據《四川通志・職官表》著録,列入待考。考《新唐書》卷七一下《宰相世系一下》:陳氏:江夏王伯義,生三子:"元基,隋穀熟令。察,文州刺史。憲,忠州刺史。"此當爲《四川通志・職官表》所本。復考《唐代墓誌彙編》長壽〇一八《唐故使持節文州諸軍事义州刺史陳使君(察)墓誌銘并序》(長壽二年八月三日):"父伯義,江夏郡王……君即江夏王之第二子也……武德元年,改(陰平)郡爲文州,即授公使持節文州諸軍事、文州刺史……以武德三年二月一日薨於官舍,春秋卅有五。"陳察爲陳憲之兄。則陳憲之任忠州刺史,也當在武德、貞觀時。《全編》失考。

卷二〇四　商州(上洛郡)　　李博义(李博叉)　貞觀中

李博义之名,《全編》著作"李義",誤。詳參前文卷九丹州條。

第十三編　山南西道

卷二〇五　梁州(褒州、漢中郡、興元府)　　張嘉貞　開元初

《全編》引《新唐書》本傳:"進中書舍人。歷梁秦二州都督、并州長史。"著列"約睿宗時。"覈檢《新唐書》卷一二七《張嘉貞傳》:"其始爲中書舍人,崔湜輕之,後與議事,正出其上。湜驚曰:'此終其坐。'後十年而爲中書令。"唐劉餗《隋唐嘉話》卷下略同。知嘉貞始爲中書舍人時崔湜爲中書令。按唐玄宗先天元年(712)八月十三日崔湜爲中書令。開元元年(713)七月初九,流竇州。則張嘉貞之始任中書舍人,只能在此之間。《大唐新語》卷六載張嘉貞"開元初,拜中書舍人。"②則張嘉貞中書舍人之後歷職梁州,當在開元初。

卷二一二　壁州(始寧郡)　　鄭凝績　中和三年—四年(883—884)

《全編》著列乾符中至中和時,誤。詳參前文卷一五隴州條。

---

① (宋)王象之:《輿地紀勝》卷一七七《萬州》,北京:中華書局,1992年,第4589頁。
② (唐)劉肅撰,許德楠、李鼎霞點校:《大唐新語》卷六《舉賢》,北京:中華書局,1984年,第97頁。

卷二一五　蓬州（咸安郡、蓬山郡）　　吴琬　　總章二年（669）

《全編》引《吴黑闥碑》:"總章二年葬……有子師盛,姚州都督;師□,蓬州刺史。"分別於蓬州卷和姚州卷著列吴師□和吴師盛。但覆檢《書法叢刊》第四輯所載此誌圖版,誌文實作:"有子右金吾衛將軍、上柱國、開國子師盛,姚州都督上柱國師,蓬州刺史、上柱國琬等。"①故知姚州都督署名當作吴師,蓬州刺史署名當作吴琬。《全編》徵引誤。

卷二一八　合州（巴川郡）　　盧專　　元和十三年—長慶元年（818—821）

《全編》據北圖藏拓片《盧專造像碑》:"合州刺史盧專于西龕敬造彌勒（下泐）,元和十三年。"著列盧專元和十三年在任。按:《北京圖書館藏中國歷代石刻拓本滙編》第二九册載有此誌圖版,題作:"《盧□造像碑》。唐元和十三年刻。"②然泐蝕不清,多不可識。考民國《合川縣志》卷三一有《盧專造像記碑》,即此碑録文。文云:"合州刺史盧專于西龕敬造彌勒尊佛一軀。緣自元和十三年□□□□,從太子中舍人蒙恩除此官。自到任,首□□□□願修此功德。今並□□□爲□大門皇□□□□及夫人……等……永消災眚。長慶元年六月廿五日立記北巖。其年七月廿三日表慶畢□。"③證知盧專元和十三年始任,至長慶元年六月立記北巖。《唐代墓誌彙編》大中〇八〇崔元範《唐故汴州雍丘縣尉清河崔府君（樅）夫人范陽盧氏合祔墓誌銘并序》（大中七年八月二十六日）:"烈考專,合、□（夔）二州刺史,文學政事,動可師法。夫人即夔州之次女。"夫人卒大中七年（853）六月廿一日,享年六十七。當爲同人。

卷二二〇　渝州（南平郡）　　皇甫珣　　列入待考

《全編》據《蜀中名勝記》卷一七引《圖經》:"唐刺史皇甫珣于巴縣鑿石六丈,得泉,號爲新井。"以爲皇甫珣爲皇甫恂之誤,著列皇甫恂開元中刺渝州。按皇甫珣爲渝州刺史,又見《明一統志》卷六九:"新井,在巴縣治南。周封巴,子都此,因險置城,並在高岡,無水。唐刺史皇甫珣鑿石六丈,方至泉。"④皇甫恂墓誌現已出土,所述仕履甚詳,未曾出刺渝州。⑤皇甫珣當别爲一人,其時待考。

---

① 文物編輯委員會編:《書法叢刊》第四輯,北京:文物出版社,1982年,第41頁。圖版和録文,另見《昭陵碑石》第53頁和第170頁。
② 《北京圖書館藏中國歷代石刻拓本滙編》第二九册,第138頁。
③ 鄭賢書等修,張森楷纂:《民國新修合川縣志》卷三一《金石上》,《中國地方志集成·四川府縣志輯》,第四四册,成都:巴蜀書社,1992年,第71頁。
④ （明）李賢等撰:《明一統志》卷六九《重慶府》,《景印文淵閣四庫全書》第四七三册,臺北:臺灣商務印書館,1982年,第471頁。
⑤ 穆渭生、耿晨:《〈唐皇甫恂墓誌〉考述》,《陝西歷史博物館館刊》第一三輯,西安:三秦出版社,2006年,第176—184頁。

第十四編　劍南道

卷二二二　益州（蜀郡、成都府）　郭行方●　應刪

《全編》引《元龜》卷三五七:"郭行方……（武德）九年爲益州刺史行臺尚書,擊眉州叛獠之衆,大破之。"著列其名於武德九年（626）。考《通鑑》卷一九一:武德九年三月"戊戌,益州道行臺尚書郭行方擊眉州叛獠,破之……戊午,郭行方擊叛獠於洪、雅二州,大破之,俘男女五千口。"①《元龜》卷九八五同。再證之兩《唐書·竇軌傳》、《通鑑》卷一九二,郭行方武德九年六月爲益州道行臺尚書的記載,知《元龜》卷三五七此條之"益州刺史行臺尚書",當爲"益州道行臺尚書"之訛。《全編》失檢,應刪除。

卷二二二　益州（蜀郡、成都府）　李厚德　貞觀二年（628）

《全編》引薛稷《朱隱士圖贊》,著列李厚德於武德初期。按唐武德元年於益州置總管府,以總管兼任州刺史。武德三年四月,廢總管府,於益州置行臺尚書省,加秦王益州道行臺尚書令,實際并不赴任,而許以行臺左僕射竇軌"便宜從事"。至武德九年,行臺廢,置大都督府,以竇軌爲都督。貞觀元年,徵竇軌爲右衛大將軍。至此以後,始有益州大都督府長史理州事之可能。薛稷贊稱"前長史李厚德、後長史高士廉",則李厚德爲高士廉前任。據《全編》所引,吴王恪貞觀二年五月除益州大都督,以高士廉行益州大都督府長史。則李厚德之任蜀州長史,即在此前。《全編》失考。

卷二二四　彭州（濛陽郡）　鄭凝績　中和四年（884）

《全編》著列中和三年,誤。詳參前文卷一五隴州條。

卷二二五　蜀州（唐安郡）　武太冲（武太冲）　約武后時

《全編》著作"武大冲（武太中）",誤。詳參前文卷七二海州條。

卷二二五　蜀州（唐安郡）　楊勵本　開元十八年—二十年（730—732）

《全編》引徐太亨《丈人祠廟碑》:"奉開元十八年閏六月十八日敕,于青城丈人山置祠室。又奉今年八月二十一日敕……銀青光禄大夫使持節蜀州諸軍事蜀州刺史上柱國昌平縣開國侯楊勵本忠孝是資,公清在職。"著列楊勵本開元中刺蜀州。檢《金石録》卷

---

① 《資治通鑑》卷一九一高祖武德九年（626）三月戊戌條,第6112頁。

六："《唐青城山丈人祠廟碑》，徐大亨撰，甘遺榮八分書。開元二十年正月。"①知碑立於開元二十年正月。則碑中所謂"今年"，當爲開元十九年。考民國《灌縣志》卷六有《大唐開元神武皇帝書》，碑側右刻有："金紫光禄大夫、太常少卿、專知禮儀集賢院修撰、上柱國、沛郡開國公韋縚……等，並親奉聖旨……就此青城丈人靈山修齋設醮，並奉龍璧。庚午歲開元十八年六月七日庚申，入浄齋醮；十一月甲子，敬投龍璧。"碑側左，修功德題名有"銀青光禄大夫、蜀州刺史、上柱國、昌平縣開國侯楊勵本。"②所刻與《丈人祠廟碑》相吻合。證知開元十八年楊勵本已在任。復考《故朝議郎沂州長史柱國楊府君（志忠）墓誌銘并序》："父勵本，蜀州刺史致仕，入歷一十一職，出將四州，世二千石，以清白相遺。"③誌主開元廿一年六月十三日卒，碑立於次年正月九日。則蜀本至遲在開元廿一年已卸任。

卷二二七　綿州（巴西郡）　皇甫恂●　應删

《全編》引《通幽記》，列皇甫恂名"約開元中"。考《唐故殿中少監錦州刺史皇甫公（恂）墓誌銘并序》（開元十五年八月廿日）："惟唐六代，有錦州刺史安定皇甫公諱恂，字中孚……嘗以位居親侍，屢進讜言，奉天子之託心，落權臣之猜爪，出爲錦州刺史……開元十三年龍集乙丑冬十有一月甲申，薨于官，公始春秋六十有二。"④《舊唐書》卷九五《惠宣太子業傳》："（開元）十三年，上嘗不豫，業妃弟内直郎韋賓與殿中監皇甫恂私議休咎。事發，玄宗令杖殺韋賓，左遷皇甫恂爲錦州刺史。"史碑印證，知《通幽記》之"綿州"爲"錦州"之形訛。綿州列名當删卻。

卷二二八　劍州（始州、普安郡）　榮建緒●　應删

榮建緒出刺始州在楊隋，《全編》誤收，應删除。詳參前文卷一五七洪州條。

卷二二八　劍州（始州、普安郡）　楊執一　景雲元年—二年（710—711）

《全編》引《楊執一墓誌》："景龍四載，維帝念功，擢拜衛尉卿，還復勳爵，俄除劍州

---

① 《金石録校證》卷六，第100頁。徐大亨之名，《全編》據《全唐文》卷三五一引作"徐太亨"。按《金石録》卷六、《寶刻類編》卷八、《輿地碑記目》卷四《永康軍碑記》，俱作"徐大亨"。《唐代墓誌彙編》開元一七九有《大唐故冀州堂陽縣尉楊公（瓊）墓誌銘并序》（開元十一年十月十七日），"奉義郎、前行亳州山桑縣主簿徐大亨撰"。證知《全唐文》作"徐太亨"誤。
② 葉大鏘等修，羅駿聲纂：《民國灌縣志》卷六《藝文書》，《中國地方志集成·四川府縣志輯》，第九册，成都：巴蜀書社，1992年，第247頁。
③ 傅清音、張寧：《唐〈楊志忠墓誌〉考》，《碑林集刊》第一九輯，西安：三秦出版社，2013年，第28—34頁。另見《秦晉豫新出土墓誌蒐佚續編》，第631頁。
④ 《〈唐皇甫恂墓誌〉考述》，《陝西歷史博物館館刊》第一三輯，第176—184頁。圖版和録文，另見西安市文物稽查隊：《西安新獲墓誌集萃》，北京：文物出版社，2016年，第120—123頁。

刺史。丁内憂,創鉅逾昔。"列作景雲中。《全唐文》卷二二九張說《贈户部尚書河東公楊君(執一)神道碑》亦云:"擢衛尉卿,復初封爵……又授公劍州刺史……内憂遠訃,殞絶逾時。"知楊執一丁内憂去職。按楊執一母高惠墓誌現已出土,誌曰《大唐潞州刺史湖城府君楊公(思止)夫人平原郡太夫人高氏(惠)墓誌銘并序》。據誌文,高惠卒景雲二年二月二日。① 證知執一景云二年二月丁憂解職。

卷二三六　嘉州(犍爲郡)　盧士玾　貞元中

《全編》引《蜀志補罅》:"嘉州十五景,唐貞觀中刺史盧士玾記。"著列盧士玾貞觀中爲嘉州刺史。考《新唐書》卷七三上《宰相世系三上》"四房盧氏":祠部郎中灃,生士玾,漢州刺史。《新唐書》卷四二《地理志六》漢州德陽郡條:"貞元末,刺史盧士玾立隄堰,溉田四百餘頃。"新出《唐故遂州刺史韋公(行立)故夫人范陽縣君盧氏(公寀)合祔墓誌并序》(開成二年四月二十七日):"曾祖朓,皇深州司馬。開元中以文律振燿,聲逸區夏。祖灃,皇檢校祠部郎中……父士玾,皇彭州刺史。粹行積行,博通大要。壽止中年,官未充量。故道屈當世,不能大明於後,君子之所嘆也。"②夫人卒開成二年(837)二月五日,年五十三。上引材料,俱可證盧士玾爲中唐時人。則《蜀志補罅》所記之"貞觀",當爲"貞元"之訛。《全編》著列貞觀中,誤。

卷二三七　邛州(臨邛郡)　李師望　咸通九年—十年(868—869)

《全編》引《新唐書·方鎮表四》:"咸通八年,置定邊軍節度……領巂眉蜀邛雅嘉黎七州,治邛州。"著列李師望咸通八年始爲邛州刺史。考《通鑑》卷二五一咸通九年六月條:"鳳翔少尹李師望上言:'巂州控扼南詔,爲其要衝,成都道遠,難以節制,請建定邊軍,屯重兵於巂州,以邛州爲理所。'朝廷以爲信然,以師望爲巂州刺史,充定邊軍節度,眉蜀邛雅嘉黎等州觀察,統押諸蠻并統領諸道行營、制置等使。師望利於專制方面,故建此策。"《新唐書》卷二〇二中《南詔下》亦云:"初,李師望建言:'成都經摠蠻事,曠日不能決,請析邛蜀嘉眉黎雅巂七州爲定邊軍,建節度制機事,近且速。'天子謂然,即詔師望爲節度使,治邛州。"知定邊軍之置,實出李師望之建議。其設置之時間,《新唐書·方鎮表四》在咸通八年,而《通鑑》在咸通九年。考《文苑英華》卷四五七"翰林制詔",載有鄭畋《授李師望定邊軍節度使制》:"朝議大夫、前鳳翔少尹、上柱國、賜紫金魚袋李師望……可巂州刺史兼御史大夫,充定邊軍節度使、眉蜀邛雅黎等州觀察處置統押

---

① 劉向陽、李小勇:《新見〈唐高惠墓誌〉考釋》,《文博》2014年第1期,第57—61頁。
② 《長安新出墓誌》,第273頁。

近界諸蠻并統領諸道行營兵馬制置等使。"①《翰苑羣書》卷六丁居晦《重修承旨學士壁記》:"相鄭畋,咸通九年五月二十日,自萬年令入。二十四日,改户部郎中充。八月十一日,守本官、知制誥,依前充。十年六月四日,遷中書舍人,依前充。"②是知此制之作,必在咸通九年五月二十日,鄭畋入爲翰林學士之後。則定邊軍始置之時,當從《通鑑》所記,作咸通九年六月爲是。李師望出刺邛州之時,也當在咸通九年。

  卷二四五 姚州(雲南郡)   吴師   總章二年(669)

  《全編》誤作吴師盛。詳參前文卷二一五蓬州吴琬條。

  卷二四七 松州(交川郡) 李博乂(李博叉) 貞觀二、三年(628、629)

  《全編》失收,今補。詳參前文卷九丹州條。

  卷二四七 松州(交川郡) 蔣合(蔣善合) 貞觀三年—八年(629—634)

  《全編》誤作蔣喜。詳參前文卷六六鄆州條。

  卷二四九 扶州(同昌郡) 蔣合(蔣善合) 武德六年—貞觀三年(623—629)

  《全編》誤作蔣喜。詳參前文卷六六鄆州條。

  卷二五○ 龍州(龍門郡、江油郡) 鄭凝績● 應刪

  《全編》據《新書·鄭畋傳》,謂鄭凝績由壁州徙龍州,誤。應删除。詳參前文卷一五隴州條。

第十五編 嶺南道

  卷二五九 循州(海豐郡) 崔玄藉 調露元年—開耀元年(679—681)

  《全編》據《崔玄藉墓誌》:"儀鳳三年,授循州刺史……開耀元年,除袁州刺史。"著列崔玄藉名於儀鳳三年至開耀元年。考《唐故至孝右率府翊衛清河崔君(歆)墓誌銘并序》(聖曆二年一月廿八日):"君即……大周銀青光禄大夫、利州刺史清河公玄藉之第二子也……清河府君以誣受塵謗,遷任嶺表,君不忍遠離,將隨障外。屬蘄春路險,蘭溪水急,時雨新晴,奔流大至,府君人馬漂溺,正當其衝。左右驚惶,莫知爲計。君孝情憤發,自投洪波,攀援扶持,竭力盡命。府君賴以取濟,而君遂不免焉。父存於子,子死於

---

① (宋)李昉等編:《文苑英華》卷四五七"翰林制誥",北京:中華書局,1966年,第2326—2327頁。另見《全唐文》卷七六七。
② (宋)洪遵:《翰苑羣書》卷六《重修承旨學士壁記》,傅璇琮、施純德編:《翰學三書(一)》,瀋陽:遼寧教育出版社,2003年,第50頁。

父,存亡之際,教義同傷。春秋廿有五,調露元年之九月十六日也。"①循州屬嶺南道,爲五嶺之地。誌稱"清河府君以誣受塵謗,遷任嶺表",證之《崔玄藉墓誌》所謂"讒匿弘多,竟遷于五嶺。儀鳳三年,授循州刺史。"知"遷任嶺表",即謂遷任循州。唐高宗儀鳳四年六月,改元調露。知崔歆調露元年九月隨父赴任循州,於蘄春蘭溪救父身亡。《崔歆墓誌》敘事經過詳盡,而捨身救父的孝義之舉更銘心刻骨。疑《崔玄藉墓誌》"儀鳳三年"之"三",爲"四"之誤記。則崔玄藉出刺循州之年,當爲儀鳳四年,即調露元年。

卷二六四　新州(新興郡)　　甯道務　　開元初

《全編》據《考古》一九八四年第三期摘錄的甯道務墓誌,分別於新州卷和封州卷著列寧道務名"約開元中"。按《刺史甯道務墓誌銘》,民國九年(1920)在廣西欽州市平心村出土。② 民國《欽縣志》錄有全文。誌云:"府君諱道務,字惟清,臨淄人也……祖長真,隋光禄大夫、鴻臚卿,皇朝欽州都督、上柱國、開國公……父據,皇朝朝請、授欽州都督,上柱國、開國公之仲子也……(府君)開元初,授朝議郎、新州刺史,俄遷封州焉……蒞郡踰年,遘嬰時疾……春秋五十有六,以疾卒於公廨……□□□□年十二月,旋殯於安業鄉,禮也……粤以皇唐開元廿年歲在壬申十一月庚子□□朔廿七日□寅,將遷座于龍門,遂讀(續)禮也。"③甯道務父甯據、祖甯長真之姓,《全編》欽州卷作"甯",甚是。而新州卷和封州卷著列道務之名,其姓作"寧"。蓋未檢《甯道務墓誌》原文之誤。其姓應訂正爲"甯"。④ 其任職新州和封州的時間,也應訂正爲開元初。

卷二六六　封州(臨封郡)　　甯道務　　開元初

詳參前文卷二六四新州條。《全編》其姓誤作"寧",其時誤作"開元中"。

---

① 《千唐誌齋藏誌》,第456頁。錄文見《唐代墓誌彙編》聖曆〇一三,第933頁。
② 鄭超雄《廣西欽州俚僚酋帥甯氏家族研究》:"碑係陶質。出土時碎爲十片,後經人修復方能段讀拓印。銘文分三十行,每行有四十至五十個字。惜碑在一九三九年被日本飛機炸毀,現僅余六分之一(存於廣西壯族自治區博物館內)。"見《廣西民族研究(參考資料)》1986年第6期,第5頁。
③ 陳公佩修,陳德周纂:《欽縣志》卷一三《藝文志下》,民國36年(1947)石印本,《廣東歷代方志集成‧廉州府部(八)》,廣州:嶺南美術出版社,2009年,第1053—1055頁。另見楊豪:《嶺南甯氏家族源流新證》,《考古》1989年第3期,第269—273頁。《全唐文補遺》第七輯、《全唐文補編》卷一五三,俱據楊毫文迻錄。楊文與《欽縣志》所載相較,略有出入。如甯道務父甯據之名,楊文錄作"甯璩"。檢《新唐書》卷二二二下《南蠻下‧南平獠傳》:"長真死,子據襲刺史。"則作甯據是。
④ 甯道務姓氏之誤,陶敏先生《評郁賢皓〈唐刺史考全編〉》(《中國史研究》2001年第3期),根據《全唐文補遺》第七輯所載墓誌已指出;然郁賢皓先生《〈唐刺史考全編〉補遺》(郁賢皓《李白與唐代文史考論》第三卷《唐代文史考論》,南京師範大學出版社,2008年),卷三一四愛州條,訂正"寧某"爲寧道務,仍訛作"寧道務"。

卷二七二　義州（南義州、連城郡）　　張臣合（張合）　　永徽時

《全編》失收，今據補。詳參前文卷四二瓜州條。

卷三一〇　安南都護府（交州、鎮南都護府）　　曾袞　　乾符四年—廣明元年（877—880）

《全編》僅列於廣明元年。檢元黎崱《安南志略》卷九"曾袞"條："高駢裨將也。嘗爲駢告安南捷。乾符四年，爲安南都護。時南詔王酋龍卒，子法嗣，自號大封人，舉衆侵安南。袞奔邕府，戍兵潰。"①按曾袞爲高駢裨將入告安南之捷，事在咸通七年（866）十月。② 高駢兩任安南都護，時間長達六年。曾袞爲其屬下，諳熟安南情形，故乾符四年得爲安南都護。

附編：開元二十九年前後廢置之州郡

京畿道·四泉州　　張合●　　應刪

張合即張臣合。《全編》福州（泉州）卷已據《張臣合墓誌》著列張臣合名。此處列名之張合，屬失考誤收，應刪除。詳參前文卷四二瓜州條。

隴右道·雄州【《全編》失收】　　竇有意　　調露元年（679）

竇明哲《大唐雄州刺史竇府君故夫人李氏墓誌銘并序》（垂拱元年七月五日）："君曾祖周太傅、鄧國公熾……父皇朝崇政府驃騎……（君）於是始檢校雄州刺史……於是改授越州浦陽府果毅都尉……嗟哉淑人，俄偃巨室。遂以永隆二年五月十一日，遘疾奄薨于府之別館，春秋五十五。"③《舊唐書·地理志三》"涼州都督府"條：天寶縣，"漢番禾縣，屬張掖郡……咸亨元年，於縣置雄州，調露元年，廢雄州，番禾還涼州。天寶三年，改爲天寶縣。"④唐高宗調露二年八月，改元永隆（680），次年五月，竇府君夫人李氏卒於越州浦陽府。疑此竇府君卸任雄州刺史，即在雄州被廢之時。竇府君之名，誌無明文，前賢所著俱付闕。按誌稱"曾祖周太傅、鄧國公熾"，則此"雄州刺史竇府君"爲竇熾曾孫。檢《元和姓纂》卷九河南洛陽竇氏：竇熾，周太保、鄧公。六子，第五子"竇誼孫有

---

① ［越］黎崱著，武尚清點校：《安南志略》卷九，北京：中華書局，2000年，第244頁。
② 《資治通鑑》卷二五〇懿宗咸通七年（866）十月條，第8238頁。
③ 《全唐文補遺》第七輯，第12—14頁。另見崔庚浩、王京陽：《唐長安南郊高陽原地區出土的四方高宗武周時期墓誌》，《碑林集刊》第七輯，第76—86頁；《長安碑刻》，第406—407頁。
④ 《舊唐書》卷四〇《地理志三》，第1640—1641頁。

意,熊州刺史;生元晦,諫議大夫。"①唐武德元年,改隋宜陽郡爲熊州,貞觀元年廢。然依世系年歲而言,竇熾曾孫有意,不可能早至武德時即爲邦伯。《元和姓纂》卷九竇熾曾孫一輩尚有孝仁、孝謙、德宗等爲州刺史,《全編》著列其名俱在高宗、武后時。是知《元和姓纂》所載有意所任之熊州,絕非武德時設置之熊州。而檢兩《唐書》地理志,武德以後,并無熊州之設。按"熊",古通"雄"。《北史》卷三九《羊祉傳》:"及贊戎律,熊武斯裁。""熊武"即"雄武"。疑《元和姓纂》此處之"熊州"當作"雄州"。熊州刺史竇有意,世系、時代、職銜俱與誌之"雄州刺史竇府君"相符契;而誌文稱竇府君五子,第二子元方,名字之首字作"元",亦與有意子元晦之名相吻合,故知此"雄州刺史竇府君",必即竇有意。《全編》引《元和姓纂》,於武德中列竇有意名於都畿道之熊州,當誤,應删除。按此雄州,《全編》失收,今新增。

都畿道·二一熊州　　竇有意●　　應删

詳參前文隴右道·雄州條。《全編》誤收,應删除。

河南道·三五息州　　榮建緒●　　應删

榮建緒任息州刺史之時在北周末年。《全編》失檢,應删除。詳參前文卷一五七洪州條。

河南道·四二濰州　　錢鎮　　光化四年(901)

《全編》於濰州之首敍建置沿革云:"武德二年以北海、營丘、下密等縣置濰州……八年廢濰州,省營丘、下密入北海,以北海屬青州。"按《全編》此據兩《唐書·地理志》書。然兩《唐書》於此實有疏訛,唐末曾復置濰州。考《通鑑》卷二六五:天祐二年(905)五月庚辰,貶"兵部侍郎王贊爲濰州司户"。胡三省注:"唐武德二年……置濰州,八年州廢……此時蓋復置濰州也。"②復檢民國《牟平縣志》卷九有《大唐登州牟平縣崑嵛山無染院(下缺)》碑。碑刻於"光化四年歲次辛酉三月癸未朔十八日庚子"。文末題名有"功德主、銀青光禄大夫、檢校尚書左僕射、守濰州刺史兼御史大夫錢鎮。"③與《通鑑》所載正相印證。是知唐末確曾復置濰州。惟其建置時間不長,正史失載。按錢鎮

---

① 《元和姓纂》卷九"河南洛陽竇氏",第1380頁。《新唐書》卷七一下《宰相世系一下》同。趙超先生《新唐書宰相世系表集校》(北京:中華書局,1998年)卷一:"今本《新表》作誼孫有意。殿本作誼生有意,未敢遽正。"今以此碑騐之,"誼孫有意"是也。

② 《資治通鑑》卷二六五昭宗天祐二年(905)五月庚辰條,第8762頁。

③ 宋憲章等修,于清泮等纂:《牟平縣志》卷九《文獻志三·金石》,民國25年(1936)鉛本,《中國方志叢書》(華北地方):第五八號,臺北:成文出版社,1968年,第1449—1452頁。

任濰州刺史,《全編》闕載,今據補。

  河北道·五六磁州(惠州) 鄭世斌 武德時
  詳參前文卷八二慈州條。
  嶺南道·鸄州(泰州)【《全編》失收】 路文昇(路詮) 貞觀七、八年(633、634)
  詳參前文卷二七秦州條。此州《全編》失收,今新增。

葛洪著作中的山與早期道家

馬思勱 著 姜虎愚 譯

  山在人類的宗教想象中佔據着重要位置。它們聳入雲天,緣之而上則使人更加靠近天神——這些神靈通常也比陰曹地府中的神祇更令人嚮往。但儘管如此,米爾恰·伊利亞德在描述以地軸(axis mundi)爲代表的山時,仍表明它們札根於地下世界。① 他詳細論述了山是如何成爲了神聖體驗的絕佳之地,而無論這種神聖的形式是"顯聖"(hierophanies)還是"揚威"(kratophanies)。② 山還被認爲是蕴含巨大力量的地方,這一點在西方宗教中相當顯著,古希臘宗教中奥林匹斯山被看作是衆神之居所即其明證。莫爾·朗頓 Merle K. Langdon 如此寫道:"山峰突入了諸神的空間——它高於凡間與其他一切空間。它們既象徵了神性之終極,也有助於人們接近諸神所在的神聖頂層。泰吉忒斯山(Taygetos)的牧人與塞薩利的農人一樣了解其中的空間關係,他們也因此入山敬拜。"③在更遥遠的東方,摩西於何烈山("將你腳上的鞋脱下,因你所立之處乃是聖地")與西奈山("於是西奈山上遍處煙霧,因爲主已於火中降臨其上,這煙如窯中所出般騰然上升,整座山體都在劇烈地震顫着")④都歷遇了令人敬畏的耶和華;耶穌在各各

---

① Mircea Eliade, *The Sacred and the Profane: The Nature of Religion* (New York: Harcourt, 1987), 36-42 及 *Patterns in Comparative Religion* (repr.; Lincoln, NE: Bison, 1996), 38-123,他對天上宗教與山的總結經受住了時間的考驗。以人類學方法對伊利亞德之山的觀念進行討論見 Frank Korom, "Of Navels and Mountains: A Further Inquiry into the History of an Idea", *Asian Folklore Studies* 51, no. 1 (1992): 103-125.

② 本文的主要關注點是道教,但啓發我寫作的卻更多是有關山的一般經驗,它在現象上與世界上的任何地方都有所區別。儘管受篇幅所限,無法將該問題充分展開,但我還是會稍盡所能。而就"山的崇高令人不安"之感,Michael Marder(見"On the Mountains, Or the Aristocracies of Space", *Environment, Space, Place* 4, no. 2 [2012]: 63-74)寫道:"在面對山的時候,始終會有一種神秘的感覺:人們會不由自主地感到'不得其所',一切關於我們自身世界的熟悉的日常、對生活的理解以及實用的觀念都變得不再可靠。山征服並左右了我們的感官,它們並非這個世界的存在"(第64頁)。

③ Merle K. Langdon, "Mountains in Greek Religion", *Classical World* 93, no. 5 (2000): 461.

④ Robert Alter, The Five Books of Moses: *A Translation with Commentary*, New York: Norton, 2008, 318-319, 426.

他山被釘上十字架,最終示現神迹。穆罕默德於希拉山接受了安拉的旨意;①但丁則通過攀登煉獄之山而升入天界。

亞洲傳統中的聖山也是靈魂與神明活動的領域,但這些活動者們相比宙斯以及耶和華要更顯溫和。與其説是至高的神明們展示其神威的地方,亞洲傳統中的山更是接受神啓、證得更高靈魂狀態之處,無論這種狀態是解脱、涅槃或是其他超越世俗的形式。麥貝特 I. W. Mabbett 就這些觀念論述如下:

> 須彌山遠不只是宇宙地圖中的一個地標而已。甚至連以地圖作爲譬喻都是誤導性的,因爲地圖只是二維的。而須彌則升起於第三維。它在上升時穿透天際;在穿透天際後,它又超越了時間與空間。在超越時間時,它又成爲了突破平面的神器。須彌在符號象徵的不同層面顯然被替換成了各種事物:宇宙之人(cosmic man)、宇宙中心的神廟、王權的官衙、佛塔、曼荼羅以及密教的神秘主義者們所修習的内在升華。我們必須認識到,須彌可以説並不是"在彼"的地方。它是"在此"的。②

儘管並非迥異於西方傳統中的山林經驗(畢達哥拉斯、巴門尼德及恩培多克勒都與山居生活有關,而蘇格拉底更曾在山洞中向第俄提瑪學習),③但東亞聖山的基本特徵仍在其代表了通向其他世界的大門,以及提供了與諸神聖存在們直接接觸的可能性;這一點適用於西藏、韓國以及日本的聖山及其所藴含的精神。④ 而中國則由於其漫長

---

① 可參如 Juan Eduardo Campo, *The Encyclopedia of Islam*, New York: Infobase, 2009, 492:"在希拉山隱居期間,附近一處的山洞之中,他看見了天使加百列的幻象,並接受了最初的《古蘭經》的啓示。"
② I. W. Mabbett, "The Symbolism of Mount Meru", *History of Religions* 23, no. 1 (1983): 66. 另參 Rolf Stein, *The World in Miniature: Container Gardens and Dwellings in Far Eastern Thought*, trans. Phyllis Brooks (Stanford, CA: Stanford University Press, 1990), 246–272.
③ Yulia Ustinova(見 *Caves and the Ancient Greek Mind: Descending Underground in the Search for Ultimate Truth* [Oxford: Oxford University Press, 2009])用了一整章來論述穴居與畢達哥拉斯、巴門尼德及恩培多克勒傳統之間的共鳴,書中寫道:"與柏拉圖將洞穴作爲無知之地的描述相反,我的研究則關注洞穴給人的餽贈;首先它是將身體沉入洞穴的黑暗之中以尋求覺悟的方式,在洞中停留則成爲了追求終極的超人智慧的途徑。此外,穿過洞穴或者孔道也是通向神聖真理之道路的精神象徵。本文最後還討論了作爲洞穴的,對宇宙的神秘想象"(2)。而道士入山通常居住於他們自己找到的巖穴,之中細節本文不予深究。而山與洞穴會放在一起討論。
④ 如 Toni Huber (*Cult of Pure Crystal Mountain: Popular Pilgrimage and Visionary Landscape in Southeast Tibet* [Oxford: Oxford University Press, 1999]):"毫無疑問在時間與空間上,山都是西藏景觀中最爲崇高且最具文化重要性的特徵。在有史記載的任何時代,西藏人民都認爲不同的山具有各自的屬性、力量或者神聖性"(21);另參 Stein, *World in Miniature*, pp. 196–208。關於朝鮮半島可參如 David Mason, *Spirit of the Mountain: Korea's SAN-SHIN and Traditions of Mountain-Worship* (Elizabeth, NJ: Hollyn International, 1999);日本的情況參 Byron H. Earhart, *Mount Fuji: Icon of Japan* (Columbia: University of South Carolina Press, 2011), esp. 28–34.

歷史與遼闊幅員，承認了更多的聖山，①其中包括有泰山②、昆崙山③、南嶽④、峨眉山⑤，以及羅浮山（葛洪即去往此山）⑥。而這一切又與葛洪作何關係呢？

  本文主要關注葛洪的兩部作品，分別是《抱朴子內篇》（下稱《內篇》）⑦與《神仙傳》⑧。本研究爲以下三個問題提供了更多的信息：（1）天師道由張道陵於公元2世紀建立，那麼是否存在一個更在天師道以前的早期道家傳統，如有，它究竟主要指向某種身體修煉的技術還是哲學思想？（2）葛洪是否可以被認爲是該早期道家傳統的積極奉行者？（3）至早可能在《道德經》最初流傳時就始見萌芽的早期道家，是否已經與山產生了某種特殊聯繫？

---

  ① 關於神聖山嶽在道教經典中重要地位的優秀綜述見 Judith Boltz, *A Survey of Taoist Literature: Tenth to Seventeenth Centuries*（Berkeley: Institute of East Asian Studies University of California/Berkeley Center for Chinese Studies, 1987）, pp. 102-121. 中國藝術中的山（當然還有很多其他關於神山的討論）參 Paul Demiéville, "La montagne dans l'art littéraire chinois", *France-Asie* 183（1965）: 7-32. 山作爲中國朝聖活動的神聖場所參 Susan Naquin and Chün-Fang Yü, eds., *Pilgrims and Sacred Sites in China*（Berkeley: University of California Press, 1992）.

  ② 參 Edouard Chavannes, *Le T'ai-chan: Essai de monographie d'un culte chinois*（Paris: Leroux, 1910）.

  ③ 關於昆崙的研究衆多，其中傑出的作品有 Kristofer Marinus Schipper, *L'empereur Wu（Wou）des Han dans la légende taoiste*, Publications de l'École Française d'Extrême-Orient 58（Paris: Adrien-Maisonneuve, 1965）; Rémi Mathieu, *Étude sur la mythologie et l'ethnologie de la Chine ancienne: Traduction annotée du Shanhai jing*, 2 vols.（Paris: Collège de France, Institut des Hautes Études Chinoises, 1983）; Stein, *World in Miniature*, 223-246; Suzanne Cahill, *Transcendence and Divine Passion: The Queen Mother of the West in Medieval China*（Stanford, CA: Stanford University Press, 1995）.

  ④ 參 James Robson, *Power of Place: The Religious Landscape of the Southern Sacred Peak（Nanyue 南嶽）in Medieval China*（Cambridge, MA: Harvard Asia Center, 2009）. 對當代茅山的觀察見 Ian Johnson, "Two Sides of a Mountain: The Modern Transformation of Maoshan," *Journal of Daoist Studies* 5（2012）: 89-116.

  ⑤ 參 James Hargett, *Stairway to Heaven: A Journey to the Summit of Mount Emei*（Albany, NY: SUNY Press, 2007）.

  ⑥ 參 Michel Soymié, "Le Lo-feou chan: Étude de géographie religieuse", *Bulletin de l'École française d'Extrême-Orient* 48, no. 1（1956）: 1-139.

  ⑦ 本文所引用《內篇》除專門提到以外，均來自王明：《抱朴子內篇校釋》，北京：中華書局，1985年。

  ⑧ 《神仙傳》中近有百篇獨立的傳記，情況複雜。該文獻最初版本已佚，流傳下來的各本之間時有巨大差異。馬俊良於1796年編印了1592年何允中本，重刊於《龍威秘書》（未經確定：世德堂，1796）中。而自力自料全書——四庫全書亦爲恢復此書原貌做出了巨大努力，它所收入的本子則來自毛晉（1599—1659）所編本。更多《神仙傳》的文本歷史參 Stephan Peter Bumbacher, "On the *Shenxian zhuan*," *Asiatiche Studien/Études Asiatiques* 54（2000）: 729-814. 康若柏 Robert Campany（*To Live as Long as Heaven and Earth: A Translation and Study of Ge Hong's Traditions of Divine Transcendents*［Berkeley: University of California Press, 2002］）也自行復原一本並進行了翻譯，其校勘方面的解釋見該書375—386頁。相關評論見 T. H. Barrett, "On the Reconstruction of the *Shenxian zhuan*," *Bulletin of the School of Oriental and African Studies* 66（2003）: 229-235. 除特別提及的以外，本文正文及注釋中所引用的《神仙傳》，均來自《龍威秘書》本。

就前兩個問題,我認爲誕生於公元前 3 世紀的哲學道家,①以及形成於公元 2 世紀的宗教道教之外,②還有一種更早的道家大約出現於公元前 5 世紀。③ 它主要指通常被歸入"養生"一類的身體修煉技術,其中部分已爲《道德經》所歸納或者提及,之後則代代相傳直至葛洪時代。④ 葛洪接受、信奉且徹底地對它進行了改進,而其方式則是將之與另一個完全獨立的傳統——早期中國煉丹術結合起來并加以系統整理。⑤ 而葛洪在融合兩個傳統時所采取的最有效策略,則是將二者的不同理念納入同一個標籤"仙"之下。⑥

---

① 關於早期道家哲學的一般性闡述見 Benjamin Schwartz, *The World of Thought in Ancient China*(Cambridge, MA: Belknap, 1985); A. C. Graham, *Disputers of the Tao: Philosophical Argumentation in Ancient China*(La Salle, IL: Open Court Press, 1989); Chad Hansen, *A Daoist Theory of Chinese Thought: A Philosophical Interpretation*(Oxford: Oxford University Press, 1992); Thomas Michael, *The Pristine Dao: Metaphysics in Early Daoist Discourse*(Albany, NY: SUNY Press, 2005); Steve Coutinho, *An Introduction to Daoist Philosophies*(New York: Columbia University Press, 2014). 陳鼓應於 *Rediscovering the Roots of Chinese Thought: Laozi's Philosophy*, trans. Paul D'Ambrosio(St. Petersburg, FL: Three Pines, 2015)中就老子是中國第一位哲學家提出了很肯定的意見。

② 更多關於張道陵與天師道教的研究參卿希泰編:《中國道教史》,成都:四川人民出版社,1988 年,第 162—200 頁;張繼禹:《天師道史略》,北京:華文出版社,1990 年;Stephen Bokenkamp, *Early Daoist Scriptures*(Berkeley: University of California Press, 1997); Isabelle Robinet, *Taoism: Growth of a Religion*, trans. Phyllis Brooks(Stanford, CA: Stanford University Press, 1997), 53 – 77.

③ 對三類道家傳統的一種見解參 Thomas Michael, *In the Shadows of the Dao: Laozi, the Sage, and the Daodejing*(Albany, NY: SUNY Press, 2015)。本文結論部分還會回到早期道家分類的問題上來。

④ 將養生視作分類標籤的話,其中包含了四類獨立的身體修行實踐:行氣、服食、房中術與導引。而當養生不作爲一類活動,而是某種單獨的鍛煉時則主要指氣方面的活動:行氣、氣功及"吐故納新"。更多早期道家養生的内容參張榮明:《中國古代氣功與先秦哲學》,臺北:桂冠圖書股份有限公司,2003 年;Catherine Despeux, "Le gymnastique daoyin 導引 dans la Chine ancienne," *Études chinoises* 23(2004): 45 – 86; Livia Kohn, *Meditation Works: In the Daoist, Buddhist and Hindu Traditions*, (Honolulu: University of Hawai'i Press, 2008)。關於葛洪對養生之理解的專著參胡孚琛:《魏晉神仙道教:抱朴子内篇研究》,臺北:臺灣商務印書館,1992 年,第 281—96 頁;及 Thomas Michael, "Ge Hong's Xian: Private Hermits and Public Alchemists", *Journal of Daoist Studies* 8(2015): 24 – 51.

⑤ Zhang Ji(*One and Many: A Comparative Study of Plato's Philosophy and Daoism Represented by Ge Hong*[Honolulu: University of Hawai'i Press, 2012], xxv)認爲其中存在"三個流派",即:道家哲學、長生與煉丹,但我只見其中兩流:即道家養生與早期中國煉丹術;參 Michael, "Ge Hong's Xian", 37。Nathan Sivin(*Chinese Alchemy: Preliminary Studies*[Cambridge, MA: Harvard University Press, 1968])及玄英 Fabrizio Pregadio(*Great Clarity: Daoism and Alchemy in Early Medieval China*[Stanford, CA: Stanford University Press, 2006])兩人都在其關於中國煉丹史的重要著作中肯定了葛洪在早期中國煉丹術中的重要地位;另參 Michael, "Ge Hong's Xian",其中爲葛洪如何將兩種傳統合二爲一提供了進一步的支持。

⑥ 更多關於仙及其與道家之可能關係參 Jordan Paper, *The Spirits Are Drunk: Comparative Approaches to Chinese Religion*(Albany, NY: SUNY Press, 1995); Michael, "Ge Hong's Xian", 57 – 60, and *In the Shadows of the Dao*, 119 – 131.

其知識體系在不久之後被上清派所吸納整合，而此後又被衆多道教傳統所吸取。① 儘管葛洪不是哲學或者宗教上的道家信徒，但他卻始終將自己視爲第三種道家的信徒，這種道家我簡單稱之爲"早期道家"。② 以下是對葛洪在使用"仙"一詞時的語義範圍的簡單説明。他系統性地將"爲道者"——《内篇》中他使用了該詞十次——視作道家信徒，後者或以養生之術求在凡間長壽，或以煉丹法求在天上成爲不死仙人；但應注意這兩個目標是有明顯區别的。③ 此外，他還使用了其他可與道家信徒相替换的標籤，其中包括"道者""道家"以及"道士"。他稱呼那些實現了目標的人們爲"仙"或"仙人"。

由於養生長壽與煉丹不死二者的區别，使得没有一個英文單詞作爲譯文能均匀地覆蓋這兩個含義，因此我只將"仙"一詞音譯出來。④ 葛洪還將該詞作爲形容詞使用，比如"仙經"一類的説法，而該用法總是與服食金丹以求不死密切相關。另一個常見於其著作中的説法"神仙"，也常指服丹已得不死，上升天界，卻時而下凡與凡人交流的"仙"。而"神人"一詞則幾乎等同於服丹不死的"神仙"。而另一方面，"神"一詞在被單獨使用時，是指某種神人，而這種存在往往未必會被視作"道家的"；我將其譯爲"神靈"。⑤

---

① Russell Kirkland (*Taoism: The Enduring Tradition* [New York: Routledge, 2004], 86)認爲葛洪"確實對後世道教傳統産生了巨大影響，而後世道徒亦將他視作自己傳統内部的重要人物"。王利器：《葛洪論》，臺北五南圖書出版有限公司，1997年，仍是論述葛洪對傳統中國文化各領域之影響最好的著作，其影響不僅限於道教；書中還有一部分就葛洪對上清派宗師陶弘景的影響進行了内容翔實的介紹（第100—104頁）。關於道教上清派，參卿希泰：《中國道教史》，第337—377頁；任繼愈編：《中國道教史》，上海人民出版社，1990年，第135—45頁；賀碧來 Isabelle Robinet, *La révélation du Shangqing dans l'histoire du taoïsme* (Paris: École Française d'Extrême-Orient, 1984); *Taoist Meditation: The Mao-shan Tradition of Great Purity*, trans. Julian F. Pas and Norman Girardot (Albany, NY: SUNY Press, 1993), 及"Shangqing — Highest Clarity," in *Daoism Handbook*, ed. Livia Kohn (Leiden: Brill, 2000), 196-224.

② 現代學界通常將道家 Daoism 分爲獨立的兩個傳統："哲學道教"（道家）及"宗教道教"（道教）。我不僅認爲還存在着第三個"早期道家"，還認爲早期道家中存在着兩個流派：即主要與《道德經》相關的"早期養生道家"及主要與《莊子》相關的"早期坐忘道家"。本文之内，至少在我展示出所有與葛洪著作相關的早期道家山居的材料之前，所提到的"早期道家"都特别指"早期養生道家"，而不強調它與"早期坐忘道家"之間的關係；之所以如此只是爲了讀者之方便。在結論部分我還會回到分類的問題，此處捎帶提及。

③ Zhang, *One and Many*, 106，中對此進行了簡要的區分，而我在"Ge Hong's Xian"中也做了同樣的工作，見70—77頁。

④ 康若柏將"仙"統一譯作"超越之人"（transcendent），見 *To Live as Long as Heaven and Earth*, 4-5。本文與此相對，更認可 Barrett 的意見，將該詞置之不譯。

⑤ Mathieu, *Étude sur la mythologie*, esp. xi-cxi 明確地堅持了西方語言學對中國神話中"神"的理解：即"精神，靈魂"（spirit）。Michael Puett, *To Become a God: Cosmology, Sacrifice, and Self-divinization in Early China* (Cambridge, MA: Harvard University Asia Center for the Harvard-Yenching Institute, Harvard University Press, 2002)同樣持此意見。Elisabeth Rochat de la Vallée, "*Shen* (spirit, soul) in Chinese Religion and Medicine" (Charles Strong Trust Lecture 2012, http://www.elisabeth-rochat.com/docs/31_shen.pdf)是一篇短小精幹的關於古代中國使用"神"一詞的概述。

《内篇》中的早期道家山居

　　本文的核心問題在於早期道家與山嶽究竟存不存在某種特殊關係。其實學界早已認同了山對於道家的重要性,以及道家信徒們入山活動的頻繁程度;托馬斯·哈恩 Thomas Hahn 如此寫道:"在衆多宜於崇拜活動的自然場所中,山與巖窟自遠古以來在中國就被認爲是第一等的(參《山海經》)。而道教徒們似乎又將這一本土宗教傾向發展到了可觀的新高度。道教在山巖中的雕刻與銘文可上溯至公元 2 世紀。而我們也常常得見道教隱修者們利用起了懸巖峭壁上極少的一點生計支持,即所謂的'懸觀'。"[1]

　　苗建時 James Miller 也注意到了道教與山嶽的密切聯繫:"在整個道教傳統中,山作爲神聖地點的重要性都是廣爲人知的。第一個成規模的道教運動——天師道的始祖張道陵即於公元 142 年在四川鶴鳴山接受其最初的道教神啓。"[2]孔麗維 Livia Köhn 關於山在道教中的重要地位亦別具卓見:"山作爲聖地擁有着神奇動植物及其他存在,它們可以幫助修行者們達成自身的目的。此外山中石窟巖穴及地下空間,山腹中的空隙及其孔道都擁有着人造空間所無法具有的能量。這些空間是存思之室的原型,也是仙人們的典型居所,其中不乏不可思議的現象:諸如大旱之中也能生長出蔥鬱的草木,或者在荒無人居的洞穴中尋得古時的卷帙。"[3]

　　可見道教確實與山嶽存在特殊的重要關係,如張仁寧 Ronnie Littlejohn 所言:

>　　在之後的道教史中,新教派的建立者們往往與山相關。天師道始祖張道陵據說曾在鶴鳴山親遇"道"之化身的神人。天師寇謙之在河南嵩山之上也經歷神降。葛洪則在羅浮山山居期間完成了其最偉大的作品。在長安西南的終南山中,一批高道建立起了被稱作"樓觀臺"的教團。也正於此處,全真教祖師王重陽號稱得大

---

[1] Thomas Hahn, "The Standard Daoist Mountain and Related Features of Religious Geography", *Cahiers d'Extrême-Asie* 4 (1988): 147.

[2] James Miller, *The Way of Highest Clarity: Nature, Vision, and Revelation in Medieval China* (Magdalena, NM: Three Pines, 2008), 34–35.

[3] Livia Kohn, "Healing and the Earth: Daoist Cultivation in Comparative Perspective", in *Environmental Ethics: Intercultural Perspectives*, ed. Ip King-tok (Amsterdam: Ropodi, 2009), 153. 康思奇 Louis Komjathy (*Daoism: A Guide for the Perplexed* [New York: Bloomsbury Academic, 2014], 182–183)特別強調了道教與山之間的關係:"在道教傳統中,山被視作道的體現、通向神聖的門徑以及采集不死之物的地方,它還是自我修行的理想場所等等。許多道教徒入山正是爲了能進行更深入的道教實踐。對於許多道教徒們來說,山乃是天(陽)地(陰)距離最近之處,因此也被當作宗教活動的理想場所。"

仙呂洞賓點化。而上清派則將江蘇南京東南部的茅山作爲其中心。①

儘管山嶽與道教之間的主要關係大體上不存在問題（這重關係至今依然），但早期道家（從《道德經》的最初流布至於葛洪時代）信徒們是否就已經確立了這種關係則仍待解疑。② 早期道家所關注的最基本問題乃是養生這種被認爲可以帶來長壽的身體修煉技術。而有不少信號明確顯示早期道家信徒們格外重視山對其養生之舉的價值。③《内篇》及《神仙傳》中所討論的道徒們在相當程度上都進入過山中，幾乎可以讓這些作品的讀者期待所有的書中人物都如此活動。對此類活動的一般表述是"入山"；僅《内篇》中該詞就出現了至少五十次。而葛洪偏好對這類活動者的其中一個稱呼是"幽隱"。

而"入山"又與另一個重要概念"山林"聯繫密切，該詞在《内篇》中出現二十七次，也頗爲頻繁。在西方語言中，將隱士與進入"山林"等同起來稍顯奇怪，其主要原因是我們通常不認爲森林如山一般地適合成爲他們的容身之所。考慮到西方對阿爾卑斯、洛基及卡斯克德等山的熟悉程度，西方印象里中國的山，至少暫指西藏以東且不包括喜馬拉雅的——它們在現代以前都並非中國文化自我認同中的一部分——並不太高，而森林則是山脉中顯著的組成部分。而在本作中，我將重點關注作爲早期道家隱士們首選之地的山，而其中也包含了森林在内。

《内篇》卷十七中一名弟子在與葛洪的對話中言"爲道者多在山林"，④而《内篇》卷五亦確認了"山林養性之家"的説法。⑤ 如何理解文句中的"家"仍存在疑點：究竟是包括配偶、兒女及僕役在内的住户家庭抑或是成立於師徒個體之間的傳授關係？⑥

早在葛洪以前，《莊子》就已經展示了關於早期道家山居者的大量材料與多種事例

---

① 張仁寧 Ronnie L. Littlejohn, *Daoism: An Introduction* (New York: Taurus, 2009), 51-52.
② 更多就此話題的討論參 Bill Porter, *Road to Heaven: Encounters with Chinese Hermits* (San Francisco: Mercury House, 1993).
③ 參 Thomas Michael, *In the Shadows of the Dao*, and "Hermits, Mountains, and Yangsheng in Early Daoism: Perspectives from the *Zhuangzi*", in *New Visions from the Zhuangzi*, ed. Livia Kohn (St. Petersburg, FL: Three Pines, 2015), 149-164,其中論證了《道德經》應當是養生修行的專家們及其弟子所寫的（或者所背誦下的），而早期道家最初的環境一定程度上就在山中。
④ 《内篇》，第 313 頁。
⑤ 《内篇》，第 111 頁。
⑥ 康若柏對"高人及其家"的理解與此略有不同，參 Robert Campany, *Making Transcendents: Ascetics and Social Memory in Early Medieval China* (Honolulu: University of Hawai'i Press, 2009), 186-198.

（時代大致在《莊子》及葛洪之間的《列仙傳》亦如此）。① 在《莊子》的材料中,庚桑楚的故事則最爲引人注目。② 據説此人入山修習其師老子的養生之教,同時也帶上了他的妻子以及甄選過的一批僕隸弟子。③ 而葛洪入羅浮山生活了八年之久時也同樣携帶了家眷。《内篇》卷四稱"道士須當以術辟身,及將從弟子",④而《内篇》卷十五載張太元入山時"張太元舉家及弟子數十人,隱居林慮山中"。⑤ 此外《内篇》卷十九在記録鄭隱入山也並非隻身前往:⑥"（鄭隱）乃負笈持仙藥之僕,將入室弟子,東投霍山,莫知所在。"⑦

孤身獨居並非入山之必要,然而也有文段描寫了山中的獨居者們,其中一位名叫趙瞿。其患麻風多年幾近死去,家中僕人將其送入"山穴"之中。⑧ 而在山中則有仙人經過,並賜其一囊藥,在山中獨居數月之後,他完全康復返回家中。

道家隱士們之所以入山,明顯是因爲他們認爲此舉有助於他們修道,他們通常稱這是因爲得到了老子教化的啓示。《内篇》卷十則爲入山活動在他人眼中的觀感提供了來自另一方的視角:"而管窺諸生,臆斷瞽説,聞有居山林之間,宗伯陽之業者,則毀而笑之曰,彼小道耳,不足算也。"⑨除了早期道家,選擇避離社會之外在早期中國也並非前所未聞。當現代學者觸及這一話題時往往會優先關注儒家,因爲他們是早期中國最爲顯著的社會群體之一。儒者們不僅是在有關他們的記載中被凸顯的人物,也是這些記載本身的作者。當儒家士人們選擇生活於社會之外時,其中也包含了自我炫示與政治宣言的意味,所謂政治宣言乃指他們有感於自身所在的政權配不上他們的道德與批

---

① 此處並不準備討論《列仙傳》,我本人正對該文獻做進一步的研究,置於本文之中則未免枝蔓。
② 《莊子》中的這些材料一直爲西方學界所忽視,但張仁寧 Littlejohn, 在 *Daoism*, 51 中爲更嚴謹地討相關材料開了一個好頭:"在《莊子》中,我們可以發現其中的高人們與山相關聯。在姑射山住有四子(1g, 34),肩吾得道於太山(6a, 81),無名人居於殷山(7c, 93 - 4),而黄帝則被描述爲於空同之山上向廣成子求道(11d, 118 - 19),又見大隗於具茨之山(24c, 265),而莊子亦曾隱居山中(20a, 209)。高士庚桑楚居於畏壘之山(23a, 348),徐無鬼也生活在山中(24a, 261),南伯子綦居於山穴,而善卷則與其治天下寧可入深山(28c, 309 - 10)。" Michael 在 "Hermits, Mountains, and *Yangsheng*" 對《莊子》中早期養生道士的著名傳説做了更具體的觀察（相對於早期坐忘道徒）,其中包括有雲將、鴻蒙、南伯子綦、黄帝及廣成子、無爲謂及狂屈。本文正基於相關討論之上。
③ 郭慶藩撰:《莊子集釋》卷二三,北京:中華書局,1961 年,第 769 頁。更多關於庚桑楚及早期道徒山居的討論見 Michael, "Hermits, Mountains, and *Yangsheng*," 150 - 152。
④ 《内篇》,第 85 頁。
⑤ 同上,第 267 頁。
⑥ 鄭隱乃是葛洪之師;見任繼愈:《中國道教史》,第 74—78 頁;Pregadio, *Great Clarity*, 2 - 6。
⑦ 《内篇》,第 338 頁。
⑧ 《内篇》,第 206 頁。
⑨ 《内篇》,第 185 頁。

判性標準。但絕大多數的儒家士人並未入山,而是選擇了鄉間田里的生活;對於他們來説,這就已經足夠保持距離的了。①

在早期史料中,這種離群生活通常被稱爲"隱居",而如此行動者則被叫做"隱士"。在翻譯這些概念時,當代學界已經展示了"recluse"(隱士、離群索居者)、"reclusion"(隱居、離群索居)、"hermit"(隱修者)及"eremitism"(宗教隱修)等諸多概念之間相互定義時具有一定的靈活性。② 但是它們恐怕並不適用於早期道家。③ 這些概念背負了太多來自基督教自我節制之傳統的包袱,即所謂"狂信"(*religosi*),而它會使得基督教修士們時而進行極端苦修一類的宗教實踐。我在論及早期道家時避免使用"隱士"或者"隱居"這樣的標籤,因爲該現象背後還有其他複雜的問題。我更傾向於在提及道家山居者時使用"幽隱"一詞。"reclusion"(隱居)源自拉丁文 *recludere*(封閉於隔絶之處)。早期道家信徒們希求山居,但並未將自身隔絶於社會之外,入山更多只是因爲該處之"氣"——養生的首要因素——更加的淳樸鮮潔。將隱居與隱士英譯爲"reclusion"及"recluse"則無法體現"入山"所包含的特性:與自然世界和諧相處並與氣相循環。這些都顯示了早期道家專家們居於山中並非僅僅爲了追求長生不老,雖然這些的確也是其目的的一部分。而之所以入山一個更爲直接的原因則是,山中環境有助於他們獲得遇神之經歷。正如張仁寧所言:"所有的主要道派都以某種方式與神聖的山相聯繫。早期高道們入山與道相合,並且磨煉了他們自身的技能。而山則是來自宇宙的氣之能量

---

① 關於這點,Matthew V. Wells(*To Die and Not Decay: Autobiography and the Pursuit of Immortality in Early China*[Ann Arbor, MI: Association for Asian Studies, 2009], 71 - 72)寫道:"真正的隱士們或許不會爲一般大衆所知,也不會被記載下來。而其實一個人究竟有無真實地隱居並不重要,對隱修生活的描述中真正重要的乃是關於隱居的'表演',以及它是否會被讀者身份的第三方觀察者們所接受。"這也是經常回避相關問題的現代學者們的主流意見,即隱居或者入山究竟是不是"真實的";對於他們來説更重要的則是這種作秀背後的政治話語。但這一意見對認識早期道家並無益處。

② Alan Berkowitz, *Patterns of Disengagement: The Practice and Portrayal of Reclusion in Early Medieval China* (Stanford, CA: Stanford University Press, 2000), xi - xii,特別關注了古漢語中的"隱居",並對其多種變體展開了有趣的討論。

③ 與此同時,《莊子》也給出了不少早期坐忘道士的典型來,他們的主要關注點並非"養生",而是"坐忘"的精神修煉;參 Harold Roth, "The *Laozi* in the Context of Early Daoist Mystical Praxis," in *Lao-tzu and the Tao-te-ching*, ed. Livia Kohn and Michael LaFargue (Albany, NY: SUNY Press, 1998), 59 - 96, 及 *Original Tao: Inward Training (Nei-yeh) and the Foundations of Taoist Mysticism* (New York: Columbia University Press, 1999).更多關於養生及坐忘道士之間的區别,參 Michael, "Hermits, Mountains, and Yangsheng"及 *In the Shadows of the Dao* 13 - 14, 111 - 112.《莊子》中的坐忘道士們以沉默且回避的姿態面對社會/政治世界,但仍舊生活於其中(而非入山,這是他們與養生道士的重要區别),比起養生道士他們或許更應該叫做"隱士",而後者在這一意義上更接近於"隱修者"。王博 Wang Bo 在 *Zhuangzi: Thinking through the Inner Chapters*, trans. Livia Kohn (St. Petersburg, FL: Three Pines Press, 2014), 197 - 210,就這一問題進行了相當有力的闡述。

猶其精粹之處。"①無論"隱居"或"隱士"都建立在"隱"字之上,其作爲動詞或形容詞均爲"隱藏"之義。與早期道家相應,我也將隱居理解爲"隱蔽地生活",而隱士則是"隱蔽者"。我如此對"隱"進行翻譯並非沒有文獻依據:《道德經》第四十一章事實上就曾説過:"道隱無名"。作爲"隱"之特徵的"隱蔽"本身就是《内篇》及《神仙傳》的核心特徵之一;《内篇》卷五言道:"夫得之(長生)者甚希而隱,不成者至多而顯。世人不能知其隱者,而但見其顯者,故謂天下果無仙道者也。"②

但將"隱"譯爲"隱蔽"可能也有失當的隱患,因爲道家隱修者們並沒有讓自己"逃避"在社會之外,他們只是隱在暗處,而山恰好就是適宜如此的所在。③ 葛洪也時常強調這一點,如《内篇》卷十:"山林中非有道也,而爲道者必入山林,誠欲遠彼腥膻,而即此清净也。"④《内篇》卷七更進一步説道:"何必修於山林,盡廢生民之事,然後乃成乎?亦有心安静默,性惡喧嘩,以縱逸爲歡,以榮任爲戚者,帶索藍縷,茹草操耜"。⑤

早期道家山居所面臨的危險

道教與山嶽間的密切關係自無待言;而本文所提出的問題則是道家山居最初是何時成立於歷史之中。⑥ 就這一點來説,葛洪所信奉之道家的歷史基礎則深深植根於與《道德經》相關的養生技術當中,而他也相信該傳統毫無缺環地傳承到了自己手中。這種道家與其在哲學及宗教方面的表現形式非常不同,我簡單稱之爲"早期道家"(下文還會更詳細地對此展開)。這種早期道家是具有其内在一致性與完整性的,這種屬性在很大程度上由師徒之間傳授養生技巧而得以維繫,這也從邏輯上要求了我們對師徒傳授關係中的道家信徒們作進一步的認識。而葛洪的著作則系統性地將這種傳授關係

---

① Littlejohn, *Daoism*, 51.
② 《内篇》,第 111 頁。
③ 儘管確實"隱蔽",但如果有人誠心想要拜師,哪怕在山中,這些隱修者們還是能被找到。而只要隱修者們願意,他們也可以締結師徒關係。
④ 《内篇》,第 187 頁。
⑤ 《内篇》,第 147 頁。
⑥ 在我的 *In the Shadows of the Dao* 一書中,我考察了(但最終並未接受)一些當代學者的重要意見,即不光作爲獨立傳統的道教直到公元 2 世紀才誕生,甚至道教山居本身也要到公元 5 世紀才出現。這些意見背後的聲音主要基於某種過於本質化的道教研究方法論,這些意見包括了 Nathan Sivin, "On the Word 'Taoist' as a Source of Perplexity", *History of Religion* 17 (1978): 303 – 330; Michel Strickmann, "The Mao Shan Revelations: Taoism and the Aristocracy", *T'oung Pao* 63 (1977): 1 – 63; Aat Vervoorn, *Men of the Cliffs and Caves: The Development of the Chinese Eremitic Tradition to the End of the Han Dynasty* (Hong Kong: Chinese University Press, 1990); and Berkowitz, *Patterns of Disengagement*.

置於山林環境之中。

葛洪對早期道教山居生活的敍述貫穿其著作當中,而這種生活又是相當危險的,《内篇》第十七卷即其明證。該卷開篇頗爲直白,也常常爲人所引用:"凡爲道合藥,及避亂隱居者,莫不入山。"①葛洪在本章中詳細討論的一個觀點即:道家信徒希望入山,但若要成功則需在山中生活的必要知識。② 這也是由於居於山中的神靈們所導致的;③ 他如此寫道:

> 山無大小,皆有神靈,山大則神大,山小則神小也。入山而無術,必有患害。或被疾病及傷刺,及驚怖不安;或見光影,或聞異聲;或令大木不風而自摧折,巖石無故而自墮落,打擊煞人;或令人迷惑狂走,墮落坑谷,或令人遭虎狼毒蟲犯人,不可輕入山也。④

祁泰履(Terry Kleeman)就這些山神爲我們描繪了一幅特別生動的畫面:

> 中國山嶽中的超自然居民是異人與怪獸的駭人組合。拿與岷山有關的神來説,它們有着馬身與龍頭;而大騩之山的神們則三首各有人面。中國古人們所想象出的山中生靈更接近於半動物型的存在,而非嚴肅呆板的五嶽式鎮護一方的統治者……極爲長壽的生物,比如動物中的龜鶴或植物中的松樹等,在積攢了足夠的"精"之後便獲得了蜕變之力量。這便是上面所描述的那些生物,而且本性則通常對人有害。葛洪將此類等同於"魅",而我將該字譯爲"妖",因爲通常它都與一些

---

① 《内篇》,第299頁。這一説法可能會顯得有些奇怪,根據我對葛洪的理解,他在這篇文章中結合了入山尋求道家技術的渴望以及逃避"政治禍亂"的強烈政治意向,我想在此引用Marden就山與追逐政治權力之間的分裂的看法:"於是山也象徵了某種異常的狀態,在這裏政治法律與日常生活的習慣都無法得到應用,而統治權,即掌握生死的至高權力也在易於統治的平原與難以駕馭的高地的衝突間被凸顯了出來。"("On the Mountains," 69)而以我對葛洪這段話的理解,入山修行與入山逃避政治權力之間並沒有不可跨越的鴻溝。在全世界任何一種山居傳統中也從未存在這樣一種殊爲隔絶的區别。

② Marder("On the Mountains," 65)以現象學方法對此進行觀察:"山不會自動向來者開放;它們不歡迎入侵的人類,除非他們是有經驗的登山者,能够解讀山坡上的種種記號,從而得知距離登頂還需多少步。"Marder只是想確認山中的自然危險;葛洪也是如此,但他還承認有超自然的危險,而兩種危險都是不易克服的(他也絶非唯一認同此點之人)。

③ 更多關於早期中國對山中的神奇生物的觀念參Richard Strassberg, ed., *A Chinese Bestiary: Strange Creatures from the Guideways through Mountains and Seas* (Berkeley: University of California Press, 2002).

④ 《内篇》,第299頁。

恐怖怪物的名字聯繫在一起。①

葛洪的《内篇》卷十七处处是關於如何在山中生存的辦法，也顯示了早期道家山居確實是充滿危險的，需要被嚴肅對待的問題。② 其中討論了在合適之時入山的必要性，這也要求了隱修者們需要對特定的時辰、日、月、季節及年份都具備正確認識，對關於這些時間的衆多禁忌都得特別留意。葛洪還對如何禮敬山中神明，以恰當的方式對它們進行奉獻請禱做出了指示。他也提供了蛇蝮毒蟲及其他有害動植物的應對方法；關於害人的精魅（許多乃是大樹與石頭成精）與危險動物（不少會現出人形）的對策；以及如何應付兇險的天氣等等。而葛洪所提倡的生存道具則是丹藥、各種以氣辟邪的存思之法、經過附魔的匕首、能現精魅真形的鏡子、諸如可以通過封印其足迹以避退老虎的印以及最重要的、功能各異的護身及辟邪之符契。

《内篇》與《神仙傳》都記載了大量不僅在山中生存下來，更於山中發迹的道徒們的故事。③ 按照葛洪的想法，他們之所以能够駕馭山居的危險正在於他們掌握了克服危難的策略。此外，《内篇》還特別關注了某些道徒們所入之山及其中精怪，只有掌握了這些山嶽及其相應精怪的知識才可以召劾制服他們。《内篇》中分别在兩卷中提到了這些山嶽。卷十七開列了西部的太華、南部的霍山（鄭隱曾入）、北部的恒山、中部的嵩高及東部的太山。④ 卷四則提到了二十八處山名（包括葛洪所入之羅浮山），其中又特別提醒了讀者要注意不同山中各自精怪的特異之處。⑤

《神仙傳》中的早期道家山居

《神仙傳》對早期道家山居的關注點與《内篇》有所不同。書中全是理想化的傳記

---

① Terry Kleeman, "Mountain Deities in China: The Domestication of the Mountain God and the Subjugation of the Margins," *Journal of the American Oriental Society* 114 (1994): 230-231.
② 見上書，第 230—233 頁，更多對付山神的技術見《内篇》卷十七。
③ Littlejohn (*Daoism*, 53) 認爲："山中窟穴爲求道者提供了蔽身之處，避離村鎮也能生活、做飯以及練習入定。它們被稱作'地肺'，後世的高道則認爲它們充滿了'精氣'，因爲它們匯聚了給予萬物生長成形之能量的氣。道士師徒們時常進入只有依靠繩索及石階才能進入的洞穴中。而每當有人靠近這些山洞，試圖在該處集氣時，他們就會注意到保護這一空間的道士們所留下的記號。"換句話說，無論是入山、登山或者山居，包括山神在内的一切都是不可以被想當然地對待的。
④ 《内篇》，第 300 頁。
⑤ 《内篇》，第 85 頁。

（康若柏稱此類爲"聖徒行傳"），①傳主偕他人一道入山者寥寥無幾，無論是其家屬、弟子或者同道。其中所提供的關於早期道徒們最初如何開始其道家生涯的具體信息亦不多見；通常只是潦草地陳述某仙來自某處，少即好道。如《樂子長傳》："樂子長者，齊人也。少好道。"②有時則會給出傳主們最初所拜師傅的名字來，如《華子期傳》："華子期者，淮南人也。師禄里先生"。③

想了解一個人是如何選擇道家爲其生涯則需要一些想象性的歷史重建。人物最初與道家相接觸一定會有某地某因，很可能是在早期中國的集市、廟會上甚至是在行旅的館驛之中。他們獲得了關於行氣及其他早期道家養生技巧之療效的最初體驗，這種體驗則來自偶爾下山在集市中擺攤的道家隱修者們，於是人物間便產生了聯繫。這些隱修者及其醫療技術在公衆社會中佔據了頗爲顯眼的位置，其服務幾乎可以提供給每一個人。④ 而更爲靈驗的秘傳要道則不輕易分享宣傳。

魯威儀（Mark Lewis）概述了這一現象，但我們必須要注意他也堅持司馬虛（Michel Strickmann）的著名規定，即不應將"道教"的標籤賦予任何公元2世紀大師道誕生以前的現象。⑤ 此外魯威儀所提到的"醫生"，依我見最好被看作是偶爾下山的早期道家隱修者們，他的文章如下：

> 居住/經濟型城市的其中一個核心區域是市場，該區域一直是各種社會集會的場所，這些集會的特點則是各種挑戰官方及其所規定秩序的活動。考慮到其中人群及所匯集的商業財富，的確有些市場活動躲過了政府的控制。這些非官方許可的活動至少包含了三類人：商人、"遊俠劍客"及成群成派的閒雜青年、卜筮者與醫生等各種秘傳之術的專家。好辯者們主要就兩點攻擊這些巫覡、卜者以及巫醫，認爲此輩擾亂社會秩序。第一，其人妄言超自然力量以圖惑衆。第二，這些巫醫卜筮

---

① 康若柏 Campany（*To Live as Long as Heaven and Earth*, 95）寫道："道經所告訴我們的是高人們賴以成仙的方法，以及這些方法背後的宇宙論及意識形態。而聖傳向我們傳達的則是這些神聖人物的聲譽是如何建立起來的——他們是如何被他們社會中的同儕、信衆及贊助者們視爲仙人的。聖傳不僅在驗證這種看法，同時也在表現其過程。"儘管我非常讚同康若柏對《神仙傳》所應用的社會學方法與詮釋，但我不完全肯定葛洪也會這麽認爲。
② 《神仙傳》，2：4b。
③ 《神仙傳》，2：4a。
④ 更多關於葛洪對中國醫藥傳統的貢獻參 Wang, *Ge Hong Lun*, 84–96.
⑤ Michel Strickmann, "On the Alchemy of T'ao Hung-ching," in *Facets of Taoism: Essays in Chinese Religion*, ed. Holmes Welch and Anna Seidel（New Haven, CT: Yale University Press, 1979），165.

之徒誑誘浮游青年不務正業,轉而上了他們名聲狼藉且潛爲牟利的當。①

鲁威儀似乎已經專門提到了在早期中國市場中,"醫生"們在也窺尋着潛在的弟子,但他不願將此類人群視爲真正的道家養生專家的看法則會在《神仙傳》的衆多傳記中遇見麻煩。② 如《李八伯傳》中傳主"或隱山林,或在鄽市"。③ 而傳記中的李阿則"常乞於成都市,而所得隨復以拯貧窮者,夜去朝還,市人莫知其所宿也。"④

而關於早期道家高人們如何下山於市中擺攤,明爲行醫、暗則尋找合適弟子,《神仙傳》中最值得注意的記載見於《壺公傳》,儘管該傳的主要人物實際是費長房。而費長房時至今日仍在對東亞社會的想象當中頗具影響力,以下是該傳開頭部分的相關內容:

> 汝南費長房爲市掾時,忽見公從遠方來,入市賣藥。人莫識之,賣藥口不二價,治病皆愈。語賣藥者曰:服此藥必吐出某物,某日當愈,皆如其言。其錢日收數萬,而隨施與市道貧乏饑凍者,所留者甚少。
>
> 常懸一空壺於屋上,日入之後,公輒轉足跳入壺中。人莫知所在,唯長房於樓上見之,知其非常人也。長房乃日日自掃公座前地,及供饌物,公受而不謝。如此積久,長房不懈,亦不敢有所求。公知長房篤信,謂房曰:"至暮無人時更來。"長房如其言而往……⑤

壺公收費長房爲弟子,帶其入山並授以道術。無論在《内篇》或者《神仙傳》中,山與早期道徒們的關係都相當一致:山爲早期道家師徒技藝相承的團體之發展提供了有利環境。年輕人於集市中遇見高道,成爲弟子,進而隨其入山,並開始其道徒生涯——《壺公傳》即便不是這種故事的原型也可稱之爲典型。這一過程或直接或間接,在《神仙傳》中還能見到不少。

---

① Mark Edward Lewis, *The Construction of Space in Early China* (Albany: State University of New York Press, 2006), 160–166.
② 除了醫術外,康若柏(*Making Transcendents*, 153–165)將占卜也作爲與仙人密切相關的技藝之一,他將這些内容都置於社會學語境的"奇觀、故事與觀衆"當中。
③ 《神仙傳》,3:4b。
④ 《神仙傳》,3:5b。
⑤ 《神仙傳》,9:1a—1b。

入山標誌着早期道徒們的生活進入了另一階段,即從社會/家庭導向的定居生活轉向全職道士式的山居。人們或許會認爲"入山"不過是葛洪所使用的一個比喻,但這一現象確實經久不息地成爲自《莊子》出現以來早期道家的標誌。此外它還是養生道士與煉丹道士之間重要的關聯之處。而根據葛洪的著作,兩種道士都無法擺脱與山嶽網絡之間的關係,無論是青精先生(詳下)一類的養生隱士還是左慈般的煉丹道士。① 這些高人們之所以"隱"是因爲他們定居或者絶大部分時間都生活在山上,即便是《神仙傳》也很難捕捉到他們的事迹。需要重申的是,早期道家無論與哲學道家或者宗教道教都存在着巨大的差别。

《神仙傳》中出現的早期道士們與養生方技有着密切聯繫,但不能認爲只要入山就能獲得相關的技術。因爲養生方技的傳統還須由師徒之間代代傳授,只是這種傳授更多是在山中,而非城市内的講堂。兩個較爲明白的例子見彭祖及吕恭的傳記:"今大宛山中有青精先生者,傳言千歲,色如童子,行步一日三百里,能終歲不食,亦能一日九餐,真可問也。"②

《神仙傳》中關於青精先生再無其他記載,或許由於他從未離開山中(我們也可作他猜想),這可能也是他没有獨立傳記的一個原因。但他在所居之處,願意收徒傳法,如文中間接所提到的般"真可問也"。我們或許也可以認爲有志於道士生活者能夠前往青精先生之山,而冀望由個中高人授以一派之法。

對於真心實意想要一生接受道家訓練的人,即使是新于也知道當去何處以及該處大概傳授何法。察葛洪字裏行間之意,青精先生也已建立起養生之一派,在其身後亦有弟子代代相傳。

《吕恭傳》也生動地展現了山是如何成爲早期道家最重要的傳授之地的:

> 吕恭……少好服食,將一奴一婢於太行山中采藥,忽有三人在谷中,因問恭曰:"子好長生乎?"而乃勤苦艱險如是耶? 恭曰:"實好長生,而不遇良方,故采服此物,冀有微益也。"……(三人)皆太清太和府仙人也,"時來采藥,當以成授新學者……是公命當應長生也。若能隨我采藥,語公不死之方。"恭即拜(三人)……二

---

① 左慈是葛玄之師,而葛玄則是鄭隱之師。更多關於左慈參 Ngo Van Xuyet, *Divination, magie et politique dans la Chine ancienne* (Paris: Presses Universitaires de France, 1976), 138–139; Ren, *Zhongguo daojiao shi*, 74–78; Pregadio, *Great Clarity*, 2–6; Littlejohn, *Daoism*, 113.

② 《神仙傳》,1: 4b—5。

日,乃授恭祕方一通,因遣恭還,曰:"可歸省鄉里。"恭即拜辭,仙人語恭曰:"公來雖二日,今人間已二百年。"恭歸到家,但見空野,無復子孫……①

呂恭將其一生都貢獻給了個人的道家修行,而他也明白個中的天壤之别:如果没有真正的師傅,是斷難成功的;即如葛洪在别處所言之"務學不如擇師"。② 呂恭入山並在其處遇見了真正高級的修道者:三名天上仙人。而關於其耗費的時間,無論是二天還是兩百年其實都說明了同一個問題:他在山中經歷了漫長過程以向高人學習,而這些技術是他在過去所生活的社會與家庭的世界中無法獲得的。在掌握了道術之後,當他回到過去的世界,卻發現家人早已不在。但此時的他已然是徹頭徹尾的仙人了。

養生書與煉丹經

《呂恭傳》中稱仙人"教授秘方一通",但關於這一"秘方"的媒介爲何,傳中語言則相當模糊:它究竟是口頭還是書面的?"授"這一動詞也不能使得情況更爲清晰,康若柏也只是簡單地將其譯爲"教授"。③

但就道經傳授的情況看,從嚴格意義上説,"教""授"之間或許也有着相當的區别:如果"教"意味着教義或者文本之類的傳授時伴隨着指導與解釋,那麽"授"則更多地表示授予時不加解釋。而如《呂恭傳》所示,仙及其他神人在"授"其文本的同時没有提及"教"這樣的動詞,那麽認爲這個過程伴隨着對文本的解釋同樣缺乏根據。

除"教""授"外,《神仙傳》還中使用了"賜",如《沈羲傳》中羲得上天一見老君。而當其還歸地上時,天仙"乃以一符及仙方一首賜羲。"④"賜"之義比起"教"則更接近於"授",而我在下文中也會嚴格地將"教""授"及"賜"區别開來。

回到《呂恭傳》中,所謂"一通"的説法也未能説明"秘方"是口頭還是書面的。但"方"卻多少能説明問題,然而"方"在早期中國詞彙中亦頗爲複雜。德沃斯金(Kenneth DeWoskin)傾向於不將該詞譯出:"'方'在其各種一般語境中有'效''藥方的''類似的''相關的''對比的''醫藥的''鬼神的'或'神秘的'等意義。"⑤但他卻没有討論其

---

① 《神仙傳》,2:2a—2b。
② 《抱朴子·内篇》,第124頁。
③ Campany, *To Live as Long as Heaven and Earth*, 251.
④ 《神仙傳》,3:2b。
⑤ Kenneth DeWoskin, *Doctors, Diviners, and Magicians of Ancient China: Biographies of "Fang-shih"* (New York: Columbia University Press, 1983), 1.

名詞性的用例。康若柏將其翻譯爲"秘傳事物",①但就《吕恭傳》的情況,如夏德安(Donald Harper)所譯,作"藥方"②甚至某種"方文"③(*fang*-literature)似乎更爲妥當,而夏德安也認爲"方"通常以書面媒介的方式流傳。儘管夏德安此説頗爲合理,但"藥方"(recipe)一詞對西方讀者來説稍覺奇怪,因此我將"方"譯爲"方法"(formula),因爲方法與處方一樣,也常常以書面媒介的形式出現;因此我將文中的"授方"理解爲"授以方法"。而其中意義又何在呢?

山,很大程度上被排除於人情世故的社會/政治世界種種紛擾之外,而其處之氣又新鮮純净,因此爲養生道士們提供了最爲質樸的環境。而同時山又爲煉丹道士們提供了絶然不同的東西:即遇見神人,得受其所示文本的機會。④ 苗建時也注意到了這點:"隨着(道教)傳統的建立,山與神聖文本的啓示間的關係亦開始正規化……山嶽因其乃是神人居所及經典貯藏之處而越發重要。其結果就是許多山嶽成了道觀道壇的所在地,并成爲隱士及隱修者們的家園。"⑤

在《神仙傳》中,早期煉丹道士(相對於早期養生道士)的標準特徵之一就是入山而受神人所傳之"經"。儘管道教關於其經典之神聖來源的觀念直到葛洪之後才被系統描述出來(並由上清道士將該體系完全建立),但葛洪已經認識到原創這些經典的既非人亦非精怪,這些經典本身就是現實宇宙構造的主幹,並永久存在於原始上天之中。⑥

---

① Campany, *To Live as Long as Heaven and Earth*, 6.
② Donald Harper, "Warring States Natural Philosophy and Occult Thought", in *The Cambridge History of Ancient China*, ed. Michael Loewe and Edward L. Shaughnessy (Cambridge: Cambridge University Press, 1999), 825.
③ Donald Harper, *Early Chinese Medical Literature* (London: Kegan Paul, 1998), 52.
④ 就山對於煉丹道士們的價值,傅飛嵐 Franciscus Verellen("The Beyond Within: Grotto-Heavens [dongtian] in Daoist Ritual and Cosmology", *Cahiers d'Extrême-Asie* 8 [1995]: 268-269)寫道:"而山還是文明的避難所:它是隱退、解脱與超越的地方,高人們可以在其中尋找神奇的草藥與礦物——其中包括了能滋養生命的'乳'中的碳酸鈣成分,據信是由石灰岩洞穴中的鐘乳石所滴下。聖山還是籌備煉丹所需要的礦物和其他原材料的産地:這裏可以找到金與水銀,它們分別是金屬及礦物經過漫長精粹過程之後的結晶,此外還有玉,對於煉丹與成仙來説也同樣珍貴。此外山還支撐着'感遇'隱士及仙人們的願景。探索山巔及峽谷,也包括尋找作爲仙人洞府的窟穴在内,一直都是道教傳記文學的主要内容之一。换個角度,山又是初始之地,它是如此神奇又充滿敵意之地,使得定居的凡人們,農耕平原上生活的男女們幾乎没有在其處生存的希望。但道士們却樂意將文明抛之腦後,通過自己的神符、寶鏡以及儀式舞蹈來佔據這片滿是鬼神的高地。而山又是戒律與苦行之處。這裏遠非生産穀物的農田,高人欲圖成仙則冀望於草藥、菇菌、礦石藥物以及生理上的静止以恢復其生命狀態,此外還有吸收來自宇宙的能量,直到他們最終能徹底不再需要進食,如同石穴中的不死蝙蝠一般,不再依賴普通食物也能獲得永生。"
⑤ Miller, *The Way of Highest Clarity*, 34-35.
⑥ 就經典整體上的詳細研究參 John Henderson, *Scripture, Canon and Commentary: A Comparison of Confucian and Western Exegesis* (Princeton, NJ: Princeton University Press, 1991);關於道經的宇宙論起源參 Robinet, *La révélation du Shangqing*, 107-122, 及 *Taoist Meditation*, 19-28; Stephan Peter Bumbacher, *Empowered Writing: Exorcistic and Apotropaic Rituals in Medieval China* (St. Petersburg, FL: Three Pines, 2013), 113-133.

而編寫於公元 6 世紀的《太上老君開天經》或許可以反映葛洪是如何看待該問題的。經中説道："太初（天地始生之前的創世階段）之時，老君從虛空而下，爲太初之師，口吐《開天經》一部，四十八萬卷，一卷有四十八萬字，一字辟方一百里。"①

　　大約在葛洪過世後二十五年左右，由楊羲編寫於 364—370 年間的《靈書紫文上經》也爲我們描述了這些來自宇宙的經典是如何傳給人類的。② 對着這些天書沉思過漫長歲月之後，先天的原始天神們將它們口授予後天之神，後者則將其轉録爲天書。而包括山神在内的次級神靈能直接進入貯藏這些經典之上天的，就會接受並將這些經典帶回山中。而山神們又時而將它們開示於被認爲合格的山居煉丹道士們。

　　在《神仙傳》及《抱朴子》中，這些神啓經典中包括了長生不死的宇宙奥秘以及如何準備各種丹方藥劑的指引。而養生道徒們的著作卻不具備這樣的神聖起源，其人亦罕聞擁有這類神啓經典。

　　整部《神仙傳》中均未見養生道士與"經"之間的關係；唯獨《彭祖傳》中對養生著作進行了一些實質性的討論，而這些著作至少從其題目中都看不出什麽神聖淵源。彭祖列舉了幾部其養生修行時藉助過的文獻，其中包括了"節解""韜形"與"開明"。③ 此類養生書常以"圖"的形式出現，難以被認爲是由神啓而來，或許更類似於馬王堆《導引圖》，可能包含了許多動作圖解。④ 儘管養生之術也是秘傳的，但一般並不被認爲來自神靈向人類的傳授。又雖然存在《導引圖》這樣的圖解，但這一技術並不甚依賴文本，而更需要某種親身教授的、直接的教學方式，練習過現代太極拳的人們一定不會對此感到陌生。

---

① 《道藏》，1437。更多關於該經典的研究參 Franciscus Verellen，"*Taishang Laojun kaitian jing* 太上老君開天經，"in *The Daoist Canon: A Historical Companion to the Daozang*, vol. 1, *Antiquity through the Middle Ages*, ed. Kristofer Schipper and Franciscus Verellen（Chicago: University of Chicago Press, 2004），108 - 109; Edward Schafer, "The Supreme Scripture of the Opening of Heaven by the Most High Lord Lao," *Taoist Resources* 7, no. 2（1997）: 1 - 20; Paul R. Goldin, "The Myth That China Has No Creation Myth", *Monumenta Serica* 56（2008）: 1 - 22, esp. 18 - 20.

② 《道藏》，639。更多關於該經典參 Robinet, *La révélation du Shangqing*, 101 - 110; Bokenkamp, *Early Daoist Scriptures*, 275 - 366.

③ 《神仙傳》，1: 7b。更多細節參 Campany, *To Live as Long as Heaven and Earth*, 180.

④ 馬王堆所出土《導引圖》（同時出土的還有馬王堆《老子》）時間大約在公元前 168 年，是一幅繪有四十四個人體導引練習圖示的圖像，而這種練習可幾乎等同於養生。這些圖示可見於湖南省博物館的網頁等處（www.hnmuseum.com）。參 Catherine Despeux, "Gymnastics: The Ancient Tradition", in *Taoist Meditation and Longevity Techniques*, ed. Livia Kohn（Ann Arbor: University of Michigan Center for Chinese Studies, 1989），pp. 225 - 261; Harper, *Early Chinese Medical Literature*, esp. 310 - 327; Michael, *In the Shadows of the Dao*, 113 - 118。關於此類圖在現代道教中的地位，一項優秀研究見 Catherine Despeux, *Taoïsme et corps humain: Le Xiuzhen tu*（Paris: Éditions de la Maisnie, 1994）。

煉丹道士及其山中經典

《神仙傳》中的煉丹道士一般都據稱從小受過文字教育,其中猶以"五經"(《易經》《尚書》《詩經》《春秋》及《易經》)爲重,而養生道士受過何種教育卻未見記載,其中不少人甚至頗有文盲之嫌。① 這或許反映了兩者之間經濟地位的差異,因爲這種教育相當昂貴,且需要家庭提供經濟上的支持。②

煉丹道士中受過有專門指導之教育的例子如王遠"博學五經";③劉根"少時明五經"(8∶10b)及介象"學通五經,博覽百家之言,能屬文"(9∶6b),此外還有不少。

書面文本,特别是"經",與煉丹道士關係密切。他們文化水平頗高,乃是其少年時高强度的教育的成果,而接受這種教育則是家境寬裕的精英少年們的日常主業。他們所需習得的五經之中古奥複雜的書面語言爲日後掌握"方文"(如夏德安所論)、書寫符契以及丹經中尤其繁複的語言打下了基礎。

《神仙傳》中幾乎每一個煉丹道士都不外乎是以下三個要素的組合:(1)在山中得授經典,通常乃是神靈或者仙人的恩賜;如左慈"得石室中九丹金液經"(8∶2b)。(2)他們從自身在山中獲得經典的其他煉丹道士處得到傳授,如葛玄"從仙人左慈受九丹金液仙經"(8∶1a)。(3)他們使用書寫而成的符籙,並認爲符籙的寫法反映了原始先天的寫法,而後者則是天上經典在被傳授給人間合適之人以前被轉寫的結果,④如

---

① 在衆多對五經的現代研究之中,Michael Nylan, *The Five Confucian Classics* (New Haven, CT: Yale University Press, 2001),經受住了時間的考研,依舊是個中研究中的佼佼者。
② 康若柏 Campany, *Making Transcendents* 是爲數不多的以社會學視角聚焦於葛洪作品之中以及其相關之"仙"的現代學術作品之一。如上所言,康若柏將仙譯爲"transcendents"(超越者)這樣單獨的一詞,也因此忽略了一個重要區別,即養生術所保證的長壽及煉丹術所保證的不死二者間的區別,而這正是我在"Ge Hong's Xian"一文中的主要關照。考慮到康若柏的研究思路基本以社會學爲主,我們可能會期待他對之後成仙者的幼年教育問題也予以關注,但他並没有討論這一問題。誠然,日後成仙者的童年經歷與教育在文獻中缺乏材料,但如本文所述,葛洪曾在大部分他所編撰的煉丹道士傳記的開頭,較詳細地介紹了他們的相關經歷。無論其他史料能不能就這些仙人提供類似的文獻證據(如富裕家庭的年輕人與較貧困家庭年輕人之間的差異),但對於葛洪來説,幼年是否受過五經教育就是將較爲私密的隱仙與較爲公衆的煉丹道士兩種仙人加以區別的決定因素。
③ 《神仙傳》,3∶6b(在下文中也附帶引用了)。
④ 其他提供了這些符籙的視覺表現的研究參 Philip Rawson and Laszlo Legeza, *Tao: The Eastern Philosophy of Time and Change* (New York: Bounty, 1973), esp. 115-120. 道教符契之研究參 Anna Seidel, "Imperial Trea-sures and Taoist Sacraments: Taoist Roots in the Apocrypha", in *Tantric and Taoist Studies in Honor of Rolf Stein*, 2 vols., ed. Michel Strickmann (Bruxelles: Institut Belge des Hautes Études Chinois, 1983), 2: 291-371;王育成,《中國古代道教奇異符銘考論》,中國歷史博物館館刊 1997 年第 2 期,第 25—50 頁;Campany, *To Live as Long as Heaven and Earth*, 61-69;另外 Catherine Despeux, "Talismans and Diagrams", in *Daoism Handbook*, ed. Livia Kohn (Leiden: Brill, 2000), 498-540 中以一個簡短章節介紹了畫符時應注意的規矩。

《葛玄傳》中就有不少關於此類符籙之功效的介紹,①但必須要注意的是從未有記載顯示煉丹道士們可以自由地創作經典或者符籙。②

接受神啓經典乃是煉丹道士生涯中的決定性事件,而該事件則一成不變地發生於山中。《神仙傳》中的傳記套路幾乎没有保留這些經典被傳授、學習以及實踐的細節,而《内篇》卷十九僅有一次提到過"歃血而盟",③同時也對經典是如何傳授進行了相當值得注意的描述:

---

① 見《神仙傳》,8:1a—2b。
② 但編撰這些内容的事實上很有可能就是他們。關於這一點,我在本文及"Ge Hong's Xian"中都將葛洪著作中的養生道士(私密的隱士)與煉丹道士(公開的煉丹者)嚴格區别開來。但具體材料顯然要比這兩簡單的兩分法來得複雜,其中也有大量的例外,特别是《神仙傳》中所記載的宗教道教的道士們並不關心養生或煉丹(儘管他們的故事也集中發生於山中)。張道陵是其中一個重要例外,而成爲葛洪岳父的鮑靚(260—327)在這一評判標準中也值得特别關注,他也曾在山洞中目睹最重要道經之一的《三皇文》的自然生成。出於某種原因(或許是二人翁婿關係),葛對鮑在《神仙傳》中的傳記處理較爲保守,其篇幅亦明顯受限,這之中又旁涉我難以再在本文中展開的若干情節。而另一方面,張道陵傳稱其在入山遇神之後,他確實自行造作了道書,據《神仙傳》4:8a:"作道書二十四篇",所指或許就是《老子想爾注》,該書一般被認爲是張道陵所作,但其作者應該另有他人。我的意見則是張道陵不應被視作養生或者煉丹道士中的任何一者,而他也是《神仙傳》中寥寥無幾的被認爲創作過獨立道書的仙人(當然葛洪也認爲老子本人自行創作了《道德經》,這也是衆多值得重新評判的例外中的一個。)進一步説,儘管我已經引用了不少探討道教對自家經典來源之認識的當代學術作品,但其中罕有談論這些文本實際編寫過程的,如果我們還認爲這些經典其實是人爲作品的話。這一問題不僅貫穿道教經典超過兩千年的文獻生產史,也同樣存在於包括五經(儘管中國傳統上認爲孔子本人"刪定"了它們;但這確實和"編寫"不能混爲一談)及《論語》(也不會有人認爲是孔子本人"編寫"了該書)在内的大量其他早期中國文獻當中。我在 In the Shadows of the Dao 一書中,猶其是第 68—74 頁,檢視了若干就《道德經》編寫過程的看法,其中也討論了其他現代學者是如何看待其他早期中國文獻的實際編寫過程的。關於道教傳統對其經典來源與實際編寫過程之間的認識,我們還有更多關於道教文本成立的學術範例可參,其中傑出者(數量太多不及一一列舉,而柯若樸 Philip Clart 就這一題目進行的學術工作始終是令人尊敬的)爲 The Flying Phoenix: Aspects of Chinese Sectarianism in Taiwan (Princeton, NJ: Princeton University Press, 1986),我們可以從中發現所謂的"扶乩",但該現象通常與前現代的"經典"相關,而這些經典又被認爲從宇宙伊始之時就已存在,其中關於實際人爲編寫的信息則相當匱乏。楊羲(330—386)亦是歷史上頗爲值得注意的人物,他被認爲是許多上清經的製作者,儘管如此,其"原創"仍是在恍惚中以"扶乩"方式完成。更多關於楊羲及其"扶乩"參 Robinet, La révélation du Shangqing; Michel Strickmann, "The Mao Shan Revelations", 及 Le Taoïsme du Mao Chan: Chronique d'une révélation (Paris: Institut des Hautes Études Chinoises, 1981); Thomas E. Smith, Declarations of the Perfected, Part One: Setting Scripts and Images into Motion (St. Petersburg, FL: Three Pines, 2013).
③ Mark Edward Lewis, Sanctioned Violence in Early China (Albany, NY: SUNY Press, 1990), 43–50; Mu-chou Poo, "Ritual and Ritual Texts in Early China," in Early Chinese Religion, Part One: Shang through Han (1250 BC–220 AD), ed. John Lagerwey and Marc Kalinowski (Leiden: Brill, 2009), 1: 281–313,就"歃血爲盟"及其與道教經典秘傳之間的關係進行了很好的研究。關於經典傳授時儀式的本質的重要研究參 Rolf Stein, "Textes taoïstes relatifs à la transmission des livres rélévés", Annuaire du Collège de France 68 (1969): 453–457; Lü Pengzhi, "Daoist Rituals", in Early Chinese Religion, Part Two: The Period of Division (220–598 AD), ed John Lagerwey and Lü Pengzhi (Leiden: Brill, 2010), 2: 1245–1349, esp. 1258–1266; Dominic Steavu, "The Many Lives of Lord Wang of the Western Citadel: A Note on the Transmission of the Sanhuang wen 三皇文 (Write of the Three Sovereigns)," Journal of the International College for Postgraduate Buddhist Studies 13 (2009): 112–118; Campany, To Live as Long as Heaven and Earth, 36–41.

余聞鄭君言,道書之重者,莫過於三皇內文五嶽真形圖也。古者仙官至人,尊祕此道,非有仙名者,不可授也。受之四十年一傳,傳之歃血而盟,委質爲約。諸名山五嶽,皆有此書,但藏之於石室幽隱之地,應得道者,入山精誠思之,則山神自開山,令人見之。如帛仲理者,於山中得之,自立壇委絹,常畫一本而去也。有此書,常置清潔之處。每有所爲,必先白之,如奉君父。①

《內篇》卷六則頗具詩意地談到了這些山中經典:"黄老玄聖,深識獨見,開祕文於名山於名山,受仙經於神人,蹶埃塵以遣累,凌大遐以高躋,金石不能與之齊堅,龜鶴不足與之等壽"。②

《介象傳》中也清晰地描述了入山與遇神授經之間的關係:"聞九丹之經,周遊數千里求之,不值明師,乃入山精思,冀遇神仙。"③

儘管一開始試圖值遇"明師"不成,介象入山之後"精思"即冥想入定,果真遇見了授經予他的仙人。這名仙人不知名號,但她被描寫爲"一美女年十五六許"(這也是塑造女仙形象的常用年齡)。④ 她讓介象斷穀三年以清潔身體(這種養生修行是煉丹的重要前提之一)之後再來找她。⑤ 而當介象再回來時,她"乃以丹方一首授象"。⑥

《劉根傳》則提供了山中神人授經的另一種記載,傳中以第一人稱説道:

昔入山精思,無處不到,後入華陰山,見一人乘白鹿,從千餘人,玉女左右四人,執彩旄之節,年皆十五六。余再拜頓首,求乞一言,神人乃住,告余曰:"汝聞昔有韓衆否乎?"答曰:"嘗聞有之。"神人曰:"即我是也。"⑦余自陳"少好長生不死之道,而不遇明師,頗習方書,按而爲之,多不驗,豈根命相不應度世也?今日幸逢大神,是根宿夜夢想,從心所願,願見哀憐,賜其要訣。"……乃以神方五篇見授……⑧

---

① 《內篇》,第336頁。
② 《內篇》,第122頁。
③ 《神仙傳》,9:7a。
④ 《神仙傳》,9:7a。
⑤ 如我在"Ge Hong's Xian" 47-48頁中所言,養生道士無一例外全力於養生以求長壽,而煉丹道士們則學習養生技術作爲延長性命的初步準備,之後則會藉煉丹術以求不死。該過程需要漫長時間來完成。
⑥ 《神仙傳》,9:7a。
⑦ 更多關於韓衆參 Campany, *To Live as Long as Heaven and Earth*, 243.
⑧ 《神仙傳》,8:12b—13b。

該文中再次可見山、遇神以及得神授以神啓丹經之間的關係。而《劉根傳》中一個有趣的特徵則是劉根在之前一晚的夢境中得到了這一際遇的預兆;更具體地説,他自稱在夢境中希求遇見神靈。我希望能够獲得更多的具體信息,即關於通過精思入定及夢境以歷遇神靈的必需條件,而這條花絮儘管有趣,卻仍僅是未知整體情形的一個片段而已。①

關於煉丹道士得山中神靈授經,我最後想要討論的傳記乃是《帛和傳》,其情節亦相當曲折。此傳從帛和前往西城山侍奉仙人王君開始:

（王）君謂曰:"大道之訣,非可卒得,吾暫往瀛洲,汝於此石室中可熟視石壁,久久當見文字,見則讀之,得道矣。"和乃視之,一年了無所見,二年似有文字,三年了然,見《太清中經》神丹方、《三皇文》《五嶽圖》,和誦之上口。王君廻曰:"子得之(道)矣。"②

王君命其坐而面壁沉思三年之久,頗爲可疑地令人聯想起菩提達摩之禪宗來,當然後者的目的是爲了證得覺悟,而非遇神得授經典。③面壁凝視以求經典似乎還是屬於山居道家框架之内,且經由師徒傳承以共享知識的宗教實踐系統,而諸如禪宗等則借用其形式,形成了一些自己的實踐活動。

帛和在窟壁上看到的文字是《太清中經》,或者如康若柏所提到的《帛和傳》異文:"乃古人所刻:《太清中經》,《神丹方》及《三皇天文》大字、《五嶽真形圖》。皆著石壁。"④這一異文告訴我們壁上之字乃"古人"所刻,所以我們無法確認這些文獻其一或其全部真是"神授"的,但如果我們再認真觀察一下它們的題目(如"來自太清界"的經典及"天文"),那麽很顯然在道徒們的思想中,它們仍舊來自天上。

結　　論

在西方宗教史中,山是最爲重要的地方,既是最高神明們展現其神力之處,也是它們得以下凡爲人所認識的通道。而在東方宗教史中,山同樣是凡俗與神聖間的孔道,但

---

① Brigitte Baptandier, "Entrer en montagne pour y rêver: Le mont des pierres et des bambous", Terrain 26 (1996): 99-122,爲相關研究做出重要貢獻。
② 《神仙傳》,7: 3b。
③ Bernard Faure, The Rhetoric of Immediacy: A Cultural Critique of Chan/Zen Buddhism (Princeton, NJ: Princeton University Press, 1994)是對道教與禪宗間相關聯繫的出色研究。
④ Campany, To Live as Long as Heaven and Earth, 135.

方向卻多少顛倒過來：由凡人登山以期遇神，並獲得神聖智慧與存在狀態上的蛻變。儘管中國並不缺乏山發揮這類通道功能的歷史，但道家與山之間的關係還是格外密切的，這一關係遠在葛洪以前就已經形成。

在接觸、接納並系統規劃早期道家山居生活的過程中，葛洪將山視爲訓練新手道士、傳授道法、遇見神人並接受神聖經典的核心場所。他尊崇山嶽的信念是如此强烈，以至於本人亦入山八年直到擔任公職的結束。而他對山嶽的關注（甚至是可稱之爲敬畏）只會讓他對後世道教山居傳統的影響進一步鞏固。這一認識也促使我們對初始及早期階段的道家史的概念問題重新進行思考。

現代學界傾向於將"道家（Daoism）"劃分爲"哲學的"（道家）或者"宗教的"（道教）。若要將一種道家標記爲"哲學的"，即是要把它的表現都全部歸入這樣一個純粹的範疇之内：首先它必須完全致力於哲學探究，而這其中或許涉及了生命存在方式的選擇（比如入山），或許没有；但如果有，它充其量也是次要於哲學探索的。① 而另一方面，如果認爲道家是"宗教的"，就會在打量西方學界對"宗教"及"宗教的"之經典理解而外，多少也給亞洲的他者性留出了一些餘地。因此，"宗教道教"就應是與"哲學道家"被冠以完全不同名號的存在，而這兩個標籤都足够穩固，可以用來確保自身獨立與自發的認同。

而另一個較晚的學術觀點認爲只有宗教道教才符合"道教"的名稱；② 如果某種宗教道教不多少與天師道直接相關，那它就根本不能被算作道教，無論從其形成、觀念或者形式上來説。③ 但與此相對，仍有大量證據顯示道教是有更早的傳統或者流派的。我本人試圖更具體地區分這些流派，這一努力也使得我認識到《道德經》强有力地展現

---

① 但阮籍（210—263）爲自己選擇了獨特的生活方式，成了非山居的道家信徒，且慣於裸袒身體。儘管這也相當引人注目，但與入山還是有所不同，葛洪作品中也没有提到此人。更多關於阮籍參 Richard B. Mather, *Shi-shuo Hsin-yü: A New Account of Tales of the World* (Minneapolis: University of Minnesota Press, 1976); Donald Holzman, *Poetry and Politics: The Life and Works of Juan Chi, A. D. 210-263* (Cambridge: Cambridge University Press, 1976); Brit Hinsch, *Passions of the Cut Sleeve: The Male Homosexual Tradition in China* (Berkeley: University of California Press, 1990), 65-75.

② 之中也有例外，如上文所引 Harold Roth, Livia Kohn 及 Louis Komjathy 的著作。但現代中國學者們並不認同這一意見，他們絶大多數都肯定先秦道教的存在。我在 *In the Shadows of the Dao* (21-46)中非常認真地討論了中西方學界的相關意見。

③ 司馬虚在"On the Alchemy of T'ao Hong-ching", in *Facets of Taoism: Essays in Chinese Religion*, ed. Holmes Welch and Anna Seidel [New Haven, CT: Yale University Press, 1979], 123-192 中提供了這一現代學術傾向的經典表述："因此，我建議只有以下人群可以被稱作道教徒：他們要麽承認張道陵的歷史地位，要麽崇拜道的純粹化身，而非大衆的俗神，此外我還想再補充一點，道教徒們還會保存延續自己的知識，并通過神秘儀式進行傳授。换句話説，我應當將'道教'一詞嚴格限定於天師道以及其所衍生出的組織當中。"(165)

了"養生"這種身體修行的理念,《莊子》則强調"坐忘"的精神鍛煉。① 而《論語》及《荀子》(只需要泛觀一下早期中國各種各樣的個人修養活動)則就道德修養提供了非常不同的理念。②

《道德經》與《莊子》在觀念、行爲與話語上都有着足够多的共通之處,二者可以順理成章地被置於同一種道家的標籤之下。它們共有着兩個基本要素:以"道"爲中心的世界觀與直接源自該世界觀的修道體系——儘管前者主要針對身體,而後者主要針對精神。③ 儘管也曾有意見試圖鬆動二者間的關係,但二者間的相似之處不是任何早期中國鬆散的哲學、宗教及修養體系可以比擬的。④ 其間的親和關係甚至遠非維特根斯坦的"家族相似性"可以解釋。⑤

兩分的道家/道教標籤完全不足以容納或早或晚的一切道家的歷史現象,考慮到近

---

① 儘管有可能會使得問題益發複雜,但我還是必須得承認《神仙傳》中明確存在一個早期養生道家的分支,我將其稱作"在家道家",而這一支系則以彭祖爲代表。這一分支的産生乃是以下時代的重要産物:《道德經》從多少有些私密性(口述)的、由早期養生山居道士們所擁有的文本成爲被 Donald Harper 稱作"方士"的群體所信奉的公衆經典,而方士們又融攝了 Harper 所謂"長生保健"(macrobiotic hygiene)之傳統。我在 In the Shadows of the Dao (122-132)中就此問題進行了更深入的思考,但出於我在該書中所提供的理由,我按照胡孚琛的説法,將後者視爲"方仙道"團體中的參與者。參氏著:《道學通論:道家、道教、仙學》,北京:社會科學文獻出版社,1999 年,第 260—272 頁。

② 葛浩南 Romain Graziani, "The Subject and the Sovereign: Exploring the Self in Early Chinese Self-Cultivation", in Lagerwey and Kalinowski, *Early Chinese Religion*, Part One, 1: 459-517 可能是關於早期中國自我修煉之觀念的最佳著作,但葛浩南還是回避了將任何一種修養項目歸入某一特定的傳統、師承或者團體中去。戴思博在 "Le gymnastique daoyin 導引 dans la Chine ancienne", *Études chinoises* 23 [2004]: 45-86 肯定地論證了專屬於道教的修煉項目。在 *In the Shadows of the Dao* 一書中,我爲相關問題與《道德經》之間頗受質疑的聯繫提供了支持性的意見。

③ 我在 *The Pristine Dao* 一書中從宇宙生成論、宇宙論、本體論及救世論等角度探究了以道爲中心的世界觀,但該書並未涉及與修煉相關的内容。

④ 這正是 Herlee G. Creel 在 *What Is Taoism? And Other Studies in Chinese Cultural History* [Chicago: University of Chicago Press, 1970], 1-24 中所試圖構建出的差異,即其所謂《道德經》的"目的論道家"與《莊子》的"沉思性道家"之間的分異,而 Sivin 在不久之後就嘗試進一步鬆動兩部早期道家著作之間的任何可能關係,他寫道:"'哲學道家'並無社會學上的意義。哲學道家也並非一個團體,只是若干散見於歷史中的作者。"("On the Word 'Taoist' as a Source of Perplexity," 305.) 司馬虛("On the Alchemy of T'ao Hung-ching," 166)更是給出了被許多現代學者視作決定性意見的發言:"尤其以《道德經》及《莊子》爲代表的'哲學道家'經典是在戰國時匿名編纂而成的。"就試圖割裂《道德經》及《莊子》的諸種嘗試的深入探討見 Michael, *In the Shadows of the Dao*, 21-34. 正是這些嘗試剥奪了早期道家這一名稱的意義與實用性。

⑤ "與其説産生了某種與我們所謂語言有共同之處的存在,我更認爲這些現象之間根本就没有相同之處可供我們用同一詞語來囊括它們全部——然而它們之間又是以種種不同方式相聯繫⋯⋯如果你觀察它們,根本找不到其整體有什麼共同點可言,但它們之間又存在着相似性、關係以及整體連續性。需要重申的是:别去想!只是看!⋯⋯而這種審視的結果則爲:我們能看見相似性的網絡相互重疊又交錯縱横:有時則是整體上的相似。我找不到比'家族相似性'更好的説法來描述這一特徵了;即同一家族中各成員的諸種相似性:體格、容貌、瞳色、步態、性情等等,以同樣的方式重疊交錯着。"(Ludwig Wittgenstein, *Philosophical Investigations*, trans. G. E. M. Anscombe, 3rd ed. [Oxford: Blackwell, 1986], 31-32.)

來甚至想要連"哲學"道家都一并否認的學術動向(其所步乃是席文與司馬虛之後塵),這一點尤其如是。但我想葛洪的關於山的言論可以打破這些意見。山是令人敬畏的地方,而早期養生道士們就試圖生活於其中。無論這一說法是否真具有歷史正確性(我對此保有自信),但這就是葛洪對他自己所信奉的早期道家之歷史的看法。

附記:本文原載《宗教史》2016 年第 56 期第 1 輯,第 23—54 頁,*History of Religions* 56, no. 1 (2016), pp. 23 – 54. 本文英文原文版權由芝加哥大學出版社(University of Chicago Press)全權所有,譯者和本刊已經獲得中國大陸地區中文版權授權,若有使用敬請注明。詳見 https://www.journals.uchicago.edu/t-and-c.

本輯作者工作和學習單位

胡秋銀	安徽大學歷史系
羅　凱	四川大學歷史文化學院
戴衛紅	中國社會科學院歷史研究所
嚴耀中	北京師範大學歷史學院特聘教授
赫兆豐	南京大學文學院古典文獻研究所
姜望來	武漢大學歷史學院暨中國三至九世紀研究所
陸　帥	南京師範大學社會發展學院歷史系
周文俊	中山大學歷史系
趙　傑	山西大學歷史文化學院
郭　碩	四川大學歷史文化學院專職博士後
朱　海	武漢大學歷史學院暨中國三至九世紀研究所
齊子通	中南民族大學民族學與社會學學院
楊　銘	西南民族大學西南民族研究院
曹海花	浙江圖書館
劉安志	武漢大學歷史學院暨中國三至九世紀研究所
曾　潤	重慶西部人力資源有限公司
馬思勘	北京師範大學哲學學院
姜虎愚	武漢大學歷史學院暨中國三至九世紀研究所博士研究生

稿　　約

　　《魏晉南北朝隋唐史資料》是武漢大學中國三至九世紀研究所主辦的學術集刊，1979年由著名歷史學家唐長孺先生創辦。本刊注重實證研究，主要刊載有關中國中古史研究的學術論文，適當譯載國外學者相關研究的重要成果，也刊載與本段歷史密切相關的資料整理成果。

　　本刊接受紙質投稿和電子稿投稿，實行匿名審稿制。來稿請附上中文摘要、關鍵詞、英文題目，及作者姓名、單位、職稱、通訊地址和電子郵箱。稿件不予退還，敬請作者自留底稿。自收到稿件起三個月内，無論采用與否，均將告知作者。

　　郵寄地址：

　　(430072)湖北省武漢市珞珈山武漢大學中國三至九世紀研究所，《魏晉南北朝隋唐史資料》編輯部　收

　　電子郵箱：wjnbcstszl@whu.edu.cn

撰 寫 規 範

一、標題序號

文內各章節標題序號，依一、(一)、1、(1)等順序表示。

二、注釋位置

注釋采用頁下注(腳注)，序號用①、②、③……標識，每頁單獨排序。正文中的注釋序號統一置於包含引文的句子(詞或片語)或段落標點符號之後。

三、古籍引用

首次引用時須注明作者、整理者、書名、卷次、篇名、部類(選項)、出版地點、出版者、出版時間和頁碼。"二十四史"、《資治通鑑》《太平御覽》等常用文獻，可省去作者。如：

《梁書》卷二五《徐勉傳》，北京：中華書局，1973年，第377頁。

《太平御覽》卷七五《地部四〇》引《江夏記》，北京：中華書局，1960年，第351頁。

(梁)蕭繹撰，許逸民校箋：《金樓子校箋》卷二《聚書篇第六》，北京：中華書局，2011年，第515頁。

四、今人論著

首次引用時須注明作者、篇名、書名、出版者、出版時間和頁碼。如：

唐長孺：《跋唐天寶七載封北嶽恒山安天王銘》，《山居存稿》，北京：中華書局，1989年，第273—292頁。

五、期刊論文

首次引用時須注明作者、文章題目、期刊名、刊期、頁碼。如：

田餘慶：《〈代歌〉、〈代記〉和北魏國史》，《歷史研究》2001年第1期，第51—64頁。

六、西文文獻

可參照中文論著順序標引，文章題目用引號注明，書名、期刊名使用斜體。如：

Stephen F. Teiser, *The Ghost Festival in Medieval China*, Princeton University Press, 1988, pp. 58–62.

Dennis Grafflin, "Reinventing China: Pseudobureaucracy in the Early Southern Dynasties", in Albert E. Dien, eds., *State and Society in Early Medieval China*, Stanford University Press, 1990, pp. 49 – 72.

Patricia Ebrey, "Tang Guide to Verbal Etiquette", *HJAS*, Vol. 45, No. 2(1985), pp. 581 – 613.

七、數字使用

年號、古籍卷數等采用中文數字,序數用簡式。公元紀年請用括號內阿拉伯數字標注。如:

《舊唐書》卷一六八《韋溫傳》。

唐貞觀十四年(640)。

八、稿件統一使用繁體字,正文用宋體五號,單獨引文用仿宋體五號,注釋用宋體小五號。

圖書在版編目(CIP)數據

魏晉南北朝隋唐史資料. 第三十八輯／武漢大學中國三至九世紀研究所編. —上海：上海古籍出版社，2018.11
ISBN 978-7-5325-9084-1

Ⅰ.①魏… Ⅱ.①武… Ⅲ.①史評—中國—魏晉南北朝時代②史評—中國—隋唐時代 Ⅳ.①K235.07②K241.07

中國版本圖書館CIP數據核字(2019)第020281號

魏晉南北朝隋唐史資料（第三十八輯）
武漢大學中國三至九世紀研究所 編
上海古籍出版社出版發行
（上海瑞金二路272號　郵政編碼200020）
　（1）網址：www.guji.com.cn
　（2）E-mail：guji1@guji.com.cn
　（3）易文網網址：www.ewen.co
啟東市人民印刷有限公司印刷
開本787×1092　1/16　印張17.75　插頁2　字數316,000
2018年11月第1版　2018年11月第1次印刷
ISBN 978-7-5325-9084-1
K·2593　定價：88.00元
如有質量問題，請與承印公司聯繫